劳动者忠实义务研究

王喜荣——著

法律出版社
LAW PRESS·CHINA
——北京——

图书在版编目（CIP）数据

劳动者忠实义务研究 / 王喜荣著. -- 北京 : 法律出版社, 2021

ISBN 978 - 7 - 5197 - 5976 - 6

Ⅰ. ①劳… Ⅱ. ①王… Ⅲ. ①劳动者 - 权利与义务 - 研究 - 中国 Ⅳ. ①D922.504

中国版本图书馆 CIP 数据核字(2021)第 199022 号

劳动者忠实义务研究
LAODONGZHE ZHONGSHI YIWU YANJIU

王喜荣 著

策划编辑 似 玉
责任编辑 似 玉
装帧设计 李 瞻 臧晓飞

出版发行 法律出版社
编辑统筹 法律应用出版分社
责任校对 朱海波
责任印制 刘晓伟
经　　销 新华书店

开本 710 毫米×1000 毫米 1/16
印张 22　　**字数** 304 千
版本 2021 年 10 月第 1 版
印次 2021 年 10 月第 1 次印刷
印刷 北京建宏印刷有限公司

地址:北京市丰台区莲花池西里 7 号(100073)
网址:www.lawpress.com.cn
投稿邮箱:info@lawpress.com.cn
举报盗版邮箱:jbwq@lawpress.com.cn
销售电话:010 - 83938349
客服电话:010 - 83938350
咨询电话:010 - 63939796

书号:ISBN 978 - 7 - 5197 - 5976 - 6
定价:88.00 元

前　言

随着社会变革的不断深入和人类法治文明的持续推进，以人为本的观念已经深入人心。劳动者忠实义务在经历了“发现—被利用—质疑—复兴”的历史演进轨迹后，破茧成蝶，重获新生。由无条件、完全的忠实于雇主的“愚忠”蜕变为有条件、有限度的忠实于职业与契约的“理性忠实”。然而，近年来，劳动者忠实义务在我国不仅在理论上争议颇大，在实践中也问题重重，甚至有学者主张用“劳动合同附随义务”取代劳动者忠实义务。因此，对其展开研究具有重大的理论意义和丰富的实践意义。劳动者忠实义务看似是一个小问题，却事关“弘扬工匠精神、厚植工匠文化”的“大格局”，重构雇佣伦理、塑造职业道德的“大学问”。鉴于此，有必要在立法论与解释论上对劳动者忠实义务进行较为系统的研究，在澄清理论争议的基础上，妥善回应劳动者忠实义务在主要内容、豁免制度和责任承担中面临的理论与实践问题。对于促进劳动法学研究范式和法学方法论转型，完善中国特色社会主义法律体系，推进国家治理能力和治理方式现代化，具有重要意义。

劳动者忠实义务是劳动合同众多附随义务中的一部分，也是一种专属义务，具有职业道德和法律义务的双重属性。忠实义务既是劳资之间的“心理契约”，也是职业道德的法律化。因此，忠实义务是劳动法的一个基础理论问题，“一发不可牵，牵之动全身。”对忠实义务展开深入研究，首先必须厘清其义务类型、法律和理论的边界。在此基础之上才能进一步深入论证劳动者忠实义务的价值取向和独特功能。在价值上,劳动者忠实义务履行中实现了正义与效率、公益与私益和劳动者企业外行为的平衡;在功能上,劳动者忠实义务不仅可以弥补传统契约理论的局限,还是维系劳资伦理关系的纽带,可以有效助力劳动法治回应社会现实需求。

在挖掘忠实义务的文化根基并追溯其历史源头后,我们发现,劳动者忠实义务深受儒家传统"忠恕文化"的滋养。即使在今天,作为一种职业伦理,劳动者忠实义务依然留存着"忠于职守"的明显印记。"忠实"在中国道德和法律文化中具有强大的生命力,而且在民族情感中也具有强烈认同。劳动者忠实义务的研究是以对劳动关系本质的认识为基点的,对劳动关系本质认识的社会背景和历史变迁包含了劳动者忠实义务的产生、变化和发展的轨迹。因此,将研究视角主要转向对我国现有劳动法制产生过深刻影响的,以德国为代表的西方法制发达国家,借镜观形、展望未来。劳动者忠实义务在经历"发现—被利用—质疑—复兴"的发展轨迹之后,凤凰涅槃,重获新生。虽然在新的历史时期,传统劳动法理论正在经历诸多挑战,但忠实义务对劳动关系的意义尚未产生根本变化。

那么,忠实义务作为劳动法基本制度的正当性、必要性、理论依据及合理限度何在?第一,劳动者忠实义务具有正当性。劳动者忠实义务实质上是将作为道德要求的"忠实"上升为法律义务,是法律对道德规范的介入。劳动关系在本质上就属于一种特殊信赖关系,劳资信赖是劳动关系和谐与劳动合同目的实现的前提条件。第二,劳动者忠实义务具有存在的必要性。劳动者忠实义务的目的在于保护并促进雇主形成合理期待,劳动者要对合理信赖其言行的雇主负责。劳动关系的发展变革也急需重塑职业伦理。第三,劳动者忠实义务具有理论依据。经济学上的代理成本理论是忠实义务的重要经济学依据。将代理成本理论运用于劳动关系研究,为劳资双方权利义务的分析提供了一个全新的视角。劳动者忠实义务的法理基础则是信赖保护原则和最大诚信原则,信赖保护原则更加注重劳动关系的信赖维护;劳动契约社会化演进过程中被注入了"品性""信任"等元素,由一般诚信上升到最大诚信。劳动者忠实义务的伦理基础则是劳资伦理的要求,劳动法治应彰显劳资伦理的价值和精神追求。第四,劳动者忠实义务具有合理限度。在主体上防止泛化,并非所有劳动者负担全部忠实义务;在对象上,劳动者忠实义务不再是对雇主个人的忠实,而是一种对职业与契约的忠实;在内容上,既要防止劳动者忠实义务的道德化,也要防止"愚忠";在制度上,保障劳动者的拒绝权、举报权和获得救济的权利。总而言之,在新的历史时期,忠实义务在劳动法中的地位不但丝毫没有动摇,其正当性、必要性也毋庸置疑。劳动者忠实义务既有理论依据,也存在合理限度。

劳动者忠实义务作为一个统称的概念,从学理上对其进行具体化与类型化研究,不仅有助于对其内容的理解,也有助于法律的正确适用。劳动者忠实义务源于劳动关系的人身属性,伴随雇主的照顾义务而产生,并在实践中逐渐衍生出以服从义务、兼职限制义务、保密义务、竞业限制义务、不当言论限制义务和积极增进雇主利益的义务为代表的众多具体义务。由于劳动者忠实义务随着劳动合同客观环境的变动而有所不同,很难对其内容、要件及效力作统一的体系化研究。所以,只能选择劳动关系中最为重要的、具有代表性的几类具体义务进行研究。服从义务是劳动者在劳务给付过程中服从雇主指挥监督的义务,服从雇主指示被认为是劳雇关系维持的第一要务,与服从义务相对应的是雇主的指示权。虽然学界对于服从义务是否符合当代劳动者关系的理解存在争议,但劳动者无服从雇主指示的义务是不可思议的。劳动者服从义务在本质上仅限于劳务给付,服从的范围以劳动关系的目的为限,超越劳动关系范围以外的事情以及工作时间外,并无服从的义务。兼职限制义务是指在劳动关系存续期间,劳动者同时受雇于其他雇主,从事多重或双重有报酬的职业劳动,不得影响劳动合同的正常履行。劳动者兼职的前提是能够完全履行现有劳动合同义务,不因兼职而妨碍在先成立劳动合同义务的履行。《劳动法》和《劳动合同法》也没有禁止劳动者兼职,而且在有限的范围内承认了双重或多重劳动关系。根据兼职是否与原雇主形成竞争,可以将劳动者兼职分为竞争性兼职与非竞争性兼职进行讨论。秘密信息保护在劳动关系领域更具迫切性,这是由劳动合同的从属性特征和秘密信息自身性质共同决定的。平衡雇主营业秘密的正当利益与劳动者生存、发展权益是忠实义务的重要内容。竞业限制作为一项重要的法律制度对于维护竞争秩序、和谐劳资关系有着非同寻常的意义,不仅涉及雇主经营权与劳动者劳动权的内部冲突,还涉及由劳动关系所引发的经营权与竞争权的外部冲突。不当言论限制的目的在于辅助工作义务完成,并不能逾越这个范围强调忠实,对劳动者言论的规范不仅涉及劳资双方基本权利的保障,还可能涉及社会公共利益的维护。增进雇主利益的义务包含了工作障碍及危害通知义务、减少损失义务和清廉义务三个方面的内容,即劳动者对其所承担的劳动,应尽合理注意为之,有关业务的开展情况应就其所知陈述意见或报告雇主以求业务之增进,不得因收受利益或其他事由给业务带来不利益。

公益告发是讨论劳动者忠实义务时一个绕不开的话题,告发行为可能泄露雇主秘密或影响其利益,与忠实义务存在伦理冲突,本应成为惩戒对象,但因其以公益为目的并满足一定要件,则作为正当行为受到保护。当代企业组织方式同时产生了忠实义务和公益告发两种制度需求,在“理性忠实”的概念下,公益告发不存在伦理困境,而成为一种伦理职责,有利于推动企业与社会治理现代化、实现公私利益平衡。借鉴域外法治经验,以美国为代表的分散立法模式,为各领域劳动者公益告发提供了保护,与其劳动法和解雇保护制度具有一致性;以英国、日本和新西兰为代表的统一立法模式,具有更佳的保护、激励效果。结合现实国情,统一立法模式更符合我国法律体系和法治实践。劳动者公益告发的行为类型可以分为揭发行为、反对行为和参与法律程序的行为。在法律构造方面,主体可由劳动者扩大解释为知情的内部人员;主观上,动机必须具有公益性,且内容基于合理相信;内容上,告发事项须是违法或重大不当行为;程序上,根据内部告发—主管机关告发—外部告发的划分,设计阶梯式的保护要件,由内而外的三阶段模式更有利于劳、资、社利益冲突的平衡。此外,对劳动者公益告发应给予制度激励,但要预防借此牟利;应给予身份保密、责任豁免和反报复机制的保障,防止劳动者受到不利益对待。总之,我们身处的并非忠实义务独大且关键的时代,公益告发与劳动者忠实义务必须放在同一层面予以观察。

根据传统民法上契约附随义务理论,劳动者忠实义务违反构成不完全给付,应当承担相应的违约责任,造成雇主固有利益损害,成立加害给付的,可能发生违约责任与侵权责任的竞合。不同于违约责任的归责原则,严格责任原则并不适合忠实义务违反的归责,而应该适用过错责任原则。在责任承担方式上,借鉴责任层次理论,劳动者违反忠实义务的责任是一个包含道义责任、纪律责任和法律责任的多元化、全方位的综合性体系。从而有助于改变责任形式单一,动辄适用经济惩戒、解雇惩戒的弊端。雇主权利救济具有综合性、层次性的特点,但其履行请求权和同时履行抗辩权受到严格限制;同时,要警惕合法雇佣行为和惩戒方式掩盖之下的报复性雇佣行为。

总而言之,作为一种劳动合同的附随义务,忠实义务具有职业伦理和法律义务的双重属性,在劳动法规范体系和现代社会中发挥着补偿契约法理论的局限,维系劳资信赖,回应现实需求的功能。基于劳动关系人身性和劳动合同继续性契约的特征,劳动者忠实义务在世界各国法律制度中都有其存在的正当性和必要性。当然,劳动者忠实义务并非无原则、无限度、无条件服从的"愚忠",而是一种有条件、有限度的"理性忠实"。劳动者对忠实义务的违反构成不完全履行,但公益告发因符合理性忠实的内涵得以豁免其责任。由于写作时间、篇幅和作者水平有限,对于忠实义务的具体类型及违反的侵权责任未能充分展开,特别是对雇主防御请求权,理论争议颇大,有待进一步研究。本书以期能对我国劳动者义务体系的完善贡献绵薄之力,若有丝毫贡献实乃笔者之幸。

目录

图表目录

导　论

“尽己之心为忠,推己及人为恕。”[1]忠实作为一种优秀的道德品质,自古就受到推崇,无论对于个人、集体,还是对于国家、社会,都是难能可贵、不可或缺的。因此,作为道德要求存在的“忠实”近年来悄然侵入法律文本和实践之中,“忠实”正在通过立法者和司法者之口逐步成为人们需要信守的法律义务。法律虽不能成就道德,却可以培植道德。[2] 成为法律义务的“忠实”规范着法律主体之间的特殊信任关系。但是,现代法律意义上的“忠实”绝非鼓励对特定个人和意识形态的盲目服从。在公法规范上,“忠实”强调对共同体价值目标的认同与遵行;在私法规范上,“忠实”意在补充契约法理论的局限,强调信赖利益的维护。在劳务供给的社会关系中,雇佣契约最为典型,雇佣关系与其他私法契约关系不同,而是包含了必须予以考虑的人身关系,当事人相互之间对于信赖有着特殊的需求。[3] 劳动契约从雇佣契约发展而来。作为雇佣契约社会化的类型,劳动契约与其他劳务供给契约的最大区别就是具有“从属性”,是尤其强调契约当事人信赖基础的继续性契约,

---

〔1〕 (宋)朱熹:《中庸章句》,第9页,载朱熹注:《四书章句集注》,商务印书馆1936年版。

〔2〕 参见华燕:《论“忠”之法律义务及其限度》,载《法律科学》(西北政法大学学报)2011年第6期。

〔3〕 See Weiss M., Biagi M., *Employee Loyalty in Germany*, Comparative Labor Law and Policy Journal, 20, February 1999, pp. 237-248.

基于人格从属性的特质而产生了一系列的附随义务。[1] 发端于雇佣契约的社会化,个人品性、相互信任和特定技能就被逐渐注入劳动契约中,当事人违反最大诚信不仅影响各方合同利益,而且可能危害社会公共利益。[2] 劳动契约在理论上属于私法契约,但又与单纯的私法契约不同,劳动契约具有浓厚的人的结合关系,集身份要素与债的要素于一身,雇用人的保护义务与受雇人的忠实义务则基于身份的因素而产生。[3] 忠实义务[4]被认为是劳动合同附随义务的重要内容,也是信赖保护、"最大诚信"原则和劳动伦理对劳动者提出的要求。尽管各国社会文化存在差异,但基于劳动关系的现实,劳动者对雇主负有忠实义务,雇主对劳动者负有保护照顾义务,这一对基本义务逐渐成为各国学术界和司法实践中的共识。

2017 年上半年,震惊食品界和法律圈的"老干妈"员工泄密事件又一次将劳动者应该负担的忠实义务拉回了人们的视线之中。其实,早在 2014 年福禧过期肉举报事件和沃尔玛解雇揭黑员工事件中,劳动者忠实义务与公益告发的冲突就引起了社会公众的重视,并直接促动了 2015 年《食品安全法》修订时对告发劳动者给予法律保护。同时,三起事件也触碰了法学界敏感的神经,劳动者负担的忠实义务与对雇主不当行为的告发,成为法学界研究与实务界讨论的热门话题。[5] 笔者对这个话题也进行了追踪、研究。虽然我国《劳动法》和《劳动合同法》中没有明确使用"忠实义务"这一表述,但已经

[1] 刘士豪:《劳动契约双方当事人的权利义务》,载台湾"劳动法学会"编:《"劳动基准法"释义——施行二十年之回顾与展望》,台北,新学林出版股份有限公司 2005 年第 2 版,第 92 页。

[2] 黎建飞:《从雇佣契约到劳动契约的法理和制度变迁》,载《中国法学》2012 年第 3 期。

[3] 史尚宽:《劳动法原论》,台北,正大印书馆 1978 年版,第 23 页。

[4] "忠实义务"也称为"忠诚义务""诚实义务""效忠义务"。为了与现有私法规范文本保持一致,本书统一使用了"忠实义务"。例如,我国《公司法》第 148 条规定了董事、高级管理人员对公司负有忠实勤勉义务,《婚姻法》第 4 条规定夫妻应当互相忠实,但引文保留了原有表述。

[5] 关于三起事件的报道、研究可以参见扬琴:《"老干妈"遭离职员工泄密,涉案金额过千万元》,载《法制生活报》2017 年 5 月 12 日,第 3 版;《"老干妈"如何遭泄密?嫌疑人月薪近万　曾被罚工资》,载凤凰网:http://news.ifeng.com/a/20170509/51066089_0.shtml,2017 年 12 月 5 日访问;《麦当劳、肯德基供应商福禧使用过期肉》,载腾讯网:http://sh.qq.com/zt2014/meat/,2017 年 12 月 5 日访问;《人民日报谈沃尔玛开除揭黑员工:不能听之任之》,载新浪网:http://finance.sina.com.cn/review/jcgc/20140918/084020333032.shtml,2021 年 8 月 21 日访问;赵强:《为实名举报支起"安全伞"》,载《人民日报》2014 年 9 月 18 日,第 5 版;钱兆成:《沃尔玛解聘举报员工呼唤"吹哨人"制度》,载《中国商报》2014 年 9 月 23 日,第 6 版。

规定了劳动者忠实义务的部分内容。例如,《劳动合同法》第 23 条规定了劳动者的保密义务和竞业限制义务,劳动者负有保守用人单位商业秘密和知识产权的义务,违反竞业限制约定的还应该支付违约金;第 50 条第 2 款规定了解除劳动合同时劳动者有义务按照双方约定进行工作交接;第 39 条第 4 项规定了不得兼职的义务。由此可见,劳动者应该负有忠实义务不仅具有现实需求,也具有法律规范文本的依据。但遗憾的是,由于人们对以人身依附与控制为重要特征的"主仆关系"依然心有余悸,对封建制度和专制帝制等万恶的旧制度的警惕,劳动者忠实义务的法理和制度探讨未能继往开来,劳动者忠实义务的研究在我国劳动法学界一直未能深入。整体而言,劳动法学的研究为平衡劳资利益、保障劳动者合法权益、构建和谐劳资关系做出了不可磨灭的贡献,关于劳动者应予保护的权利已经形成复杂的权利体系,可谓蔚为壮观。任何一项权利的实现都必然伴随一个或几个,有时甚至是一组义务的保证。可惜关于劳动者应该负担的义务不仅没有形成应有的体系,系统性的研究更加乏善可陈。可以说,劳动法学研究有热衷于构建劳动者权利体系和保护规则,而忽视义务体系构建和规则研究的倾向,劳动法学的研究在某种意义上存在一种"跛脚"状态。

在比较法上,雇员负有忠实义务是雇佣合同法律关系的应有之义。英国、新西兰、美国等国家主要通过普通法中合同默示条款理论,发展出雇员的忠实义务。例如,在英国普通法上,雇员的义务体系不仅包含了服从雇主命令、尽到合理注意及合理行使职权的义务,还有忠诚、诚实、不竞争、保密、不妨碍雇主业务、详细报告等义务类型。[1] 在加拿大,关于忠实义务的定义非常广泛,雇员有义务对雇主保持忠实,雇员必须以忠实、诚实的态度为雇主工作,任何有损雇主声誉或与雇主利益冲突的行为都属于对忠实义务的违反。《美国雇佣法重述》明确规定雇员对雇主负有忠实的义务。在法国、德国、意大利、日本、瑞典等国家,劳动者忠实义务不仅有成文法的依据,判例在雇主的保护照顾义务和劳动者忠实义务的发展完善中也功不可没。在意大利,雇

---

〔1〕 参见《劳动法》,甘勇译,武汉大学出版社 2003 年版,第 24~25 页。

员的忠诚义务主要是法定概念,《意大利民法典》第 2105 条禁止雇员直接或代表他人与雇主竞争,并泄露有关雇主管理或生产方式的信息,抑或制作使用它们,以防对雇主造成任何伤害。在司法实践中,法院结合诚信、公平原则在劳动法领域建立起一般的但有些模糊的忠实义务,该概念已经成为一个普遍的标准,不仅包括员工服从、与雇主的竞争、保护商业秘密信息等问题,而且包括了实施不正当竞争的准备活动。[1] 在德国,忠实义务被认为是雇佣关系隐含的附随义务,包含于学术著作和法院判例之中,没有制定法的依据。[2] 雇员有义务服从雇主、保守雇主商业秘密和勤勉工作。[3] 综观各国法制,尽管在传统上各有不同的特征,但都体现了同样的基本原则,即这些国家要求雇员在职期间的表现应该维护而不是损害或阻碍雇主的商业利益。

一直以来,忠实义务理论在劳动法学界表面上已经通论达识,无须多论,实质上却分歧颇大,从术语名词的选择到具体规则都争议颇多,在司法实践中也问题重重,仍有深入研究之必要。一方面,学术界热衷于对劳动者权利保障的研究,对劳动者忠实义务研究的态度"高冷",以至于造成劳动合同法规范和研究的"跛脚"现象,一定程度上引发了我国劳动保护标准过高的误解;另一方面,在经济变革浪潮中,劳资关系双方之间的道德标准和行为准则处于紊乱状态。劳动者违反忠实义务的情形屡见不鲜,企业对于维护员工忠诚度则"热情高涨"。在司法实践中,忠实义务的内涵不明、适用条件不统一,裁判、履行和执行方式随意性大。"一冷一热"对比鲜明、矛盾突出。基于此,笔者开始关注忠实义务在法学理论上的正当性及合理限度,如何澄清忠实义务在学说上的争议,劳动者忠实义务的具体内容及与公共利益的冲突,违反忠实义务的法律后果及制度完善。以上研究已经成为我国劳动合同制度中一个重要而紧迫的课题。

---

〔1〕 See Aaron Benjamin, *Employees' Duty of Loyalty: Introduction and Overview*, Comparative Labor Law and Policy Journal, 20, 1998, p. 145.

〔2〕 See Weiss M., Biagi M., *Employee Loyalty in Germany*, Comparative Labor Law and Policy Journal, 20, February 1999, pp. 237 – 248.

〔3〕 参见王益英主编:《外国劳动法和社会保障法》,中国人民大学出版社 2001 年版,第 86 ~ 87 页。

历经“从身份到契约”的进步运动之后，现代社会的法律关系主要通过契约形成，但这并不意味着现代社会已经没有身份关系的存在。劳动关系作为现代社会最为重要的社会关系之一，集债的因素与身份因素于一身，在新的历史时期劳资双方之间结合的紧密程度和信赖要求发生了重大变化，双方之间的忠实义务问题可谓历久弥新。劳动者忠实义务看似一个小问题，却事关“弘扬工匠精神、厚植工匠文化”的“大格局”，重构雇佣伦理、塑造职业道德的“大学问”，解决中国社会、文化、经济生活中存在的“大问题”。因此，本书对于促进劳动法学研究范式和法学方法论转型，完善中国特色社会主义法律体系，推进国家治理能力和治理方式现代化，具有重要的理论和实践意义。

一方面，劳动者忠实义务本身是一个重要的基础性理论问题，对其展开研究具有重大的理论价值。首先，忠实义务的研究着眼于中国传统与现实国情，为丰富解决中国问题的劳动法学研究做出贡献。法律不可能明确规定劳资双方之间发生的全部权利义务，当事人也不可能通过劳动合同穷尽列举双方的权利义务，从劳动关系与劳动合同的本质出发，对双方的基本权利义务进行研究，从立法论的角度，可以指导和完善立法；从解释论的角度，可以弥补当事人约定的不足，有利于劳动合同的履行，为当事人寻求法律救济提供法理支持。[1] 在劳动关系中，劳动者应当承受的诸多义务形成了一个庞杂的义务群，对其进行系统的学术梳理和类型化研究，不仅有利于澄清学说争议，还能够使其在法学理论上正当化、定型化，从而可以促进我国劳动立法水准的进一步提升，为劳动合同条款、劳资双方权利义务和责任体系的完善提供学理支撑。其次，践行以中国问题和中国语境为导向的、多元视角的法学研究方法，构建劳动法学与其他学科对话交流的学术平台。本书将解释论与立法论作为基础的研究方法，充分借鉴法哲学、伦理学、劳动关系学、经济学、心理学等其他法学学科和人文、社会科学，甚至自然科学的已有研究成果和方法。

---

〔1〕 参见谢增毅：《劳动法的改革与完善》，社会科学文献出版社 2015 年版，第 40 页。

另一方面，劳动者忠实义务的研究具有丰富的实践意义。首先，忠实义务是劳动关系得以维系的信赖基础，是道德法律化在劳动法领域的体现，对劳动法与职业伦理道德之间的关系展开研究，适度掌握劳动关系中的道德标准和尺度，对缓解劳资矛盾、促进社会和谐，构筑劳动关系领域道德调整与法律调整的良性互动模式，形成劳资利益共同体大有裨益。因此，对劳动者忠实义务进行系统深入的研究，对于构建“和谐”“敬业”的职业伦理新风尚，践行“诚信”“友善”的社会主义核心价值观具有重要的战略意义。这也正契合了民族伟大复兴进程中，优秀传统文化复兴的伟大实践。其次，为立法、司法、执法、社会需求之间搭建沟通机制，促进劳动法律规则的完善更加贴近劳动关系和司法、执法实践的需求，法律解释适用规则更加成熟、统一，劳动执法行为更加规范、高效。本书将在现行法律文本分析和理论探究的基础上，选择近年来发生的关注度比较高的部分典型案例作为分析样本和论据，总结立法和司法过程中存在的规律和问题，探寻劳动者忠实义务解释适用规则，提出立法或修改法律的建议。

第一章　劳动者忠实义务的基础理论阐释

法只能从伦理的有效性推导出自己的有效性，法的规则之所以有效，是因为它们作为伦理规范而拥有道德之品格。[1]

——拉德布鲁赫

劳动者忠实义务兼具伦理道德和法律义务的双重属性。从比较法上观察，尽管各国具有不同的特点，劳动者忠实义务本身也是一个动态变化的概念，但都体现了相同的基本原则，他们要求劳动者在职期间的行为应该增强而不是损害或妨碍雇主的商业利益，因为这些利益可能是通过法律确定的。[2] 劳动者忠实义务对劳动者具体义务类型的设立、研究和运用始终具有重要的影响。因此，劳动者忠实义务的内涵界定、准确定位、价值取向、功能和法律边界的研究，是本书进一步展开的前提。劳动合同是现有法律体系中平衡劳资利益、保护劳动者权利的主要机制，劳动者忠实义务是劳动合同中诸多附随义务的一部分。在劳动合同存续期间，劳动者忠实义务的内容还可能根据合同履行情况，或双方补充协议予以明确、扩张、限缩。

---

〔1〕［德］拉德布鲁赫：《法律智慧警句集》，舒国滢译，中国法制出版社2001年版，第10页。

〔2〕See Aaron Benjamin, *Employees' Duty of Loyalty: Introduction and Overview*, Comparative Labor Law and Policy Journal, 20, 1998, pp. 143 – 153.

第一节　劳动者忠实义务的内涵界定

法律概念是解决所有法律问题必不可少的工具，如果没有专门的概念，人类就不可能清楚地和理性地思考法律问题。[1] 法律概念是一种简化问题的认识工具，用以辨识具有相同或共同要素的典型情形。在劳动法上，劳动者负担的工作义务、忠实义务、附随义务形成了一个义务体系，其发展主要依赖判例学说，名称尚未统一，界限也难以完全确定。要系统地说清楚劳动者忠实义务的问题，就要从基本概念开始，因此，对劳动者忠实义务的法律定义、内容、渊源进行分析论述，乃是本部分首当其冲需要完成的任务。

一、劳动者忠实义务的法律定义

现行《劳动法》将劳动合同关系建立于主要义务之上，劳动者的主要义务就是提供劳务，也称作“劳动义务”“工作义务”，雇主的主要义务是报酬给付义务，也称作“工资给付义务”。雇主基于劳动合同关系，有权向劳动者请求劳务给付；劳动者基于劳动合同关系，有权向雇主请求给付劳动报酬。但劳动合同之债并不仅限于主要义务。因劳动合同具有人身性、继续性及从属性，在其发展过程中，基于信赖保护和最大诚信原则，仍可能发生忠实义务和其他附随义务。例如，劳动者应主动报告不正常的营运状况，在合同履过程中，不得泄露雇主的营业秘密、发表不利于雇主的言论等。此类义务在学说上已经多有承认，但其用语名称和法律定义却言人人殊。

（一）“忠实义务”用语的选择

对于“忠实义务”用语和定义表述，劳动法学界可谓莫衷一是。笔者在有限的阅读范围内，共收集了20本（篇）有代表性的书籍或文章中的用语和定义表述。这些著作或文章涵盖了中国大陆、德国、英国、中国台湾、日本等国家和地区的主要学者比较有代表性的著作。特制作“附表1：劳动者忠实

---

〔1〕 参见［美］E. 博登海默：《法理学——法律哲学与法律方法》，邓正来译，中国政法大学出版社1999年版，第486页。

义务内涵之学说梳理”,以期为下文有针对性的讨论奠定基础。

通过比较发现,学者们的用语除“忠实义务”外,还有“忠诚义务”“注意义务”“诚实义务”“附随义务”“效忠义务”“从义务”“体谅义务”等。学者对用语的选择反映出其背后的价值倾向,德国学者普遍放弃了“忠实义务”“忠诚义务”的表达,而选择了传统债法的用语,如“附随义务”“从义务”“注意义务”“体谅义务”等。英美法系的学者们则比较多地使用“雇员的忠实义务”(*Employees' duty of loyalty*)。在中国大陆和台湾地区,则使用“忠实义务”或“忠诚义务”更为普遍,且二者基本处于混用状态,有的甚至在同一著作中分不同语境同时使用二者。用语不同也反映出学界对基本概念的研究不足,内涵不清。

忠实义务与忠诚义务的核心词都是一个“忠”字,意指“赤诚无私,诚心尽力”,〔1〕二者在基本含义上差别不大,只是使用习惯不同。德国学者维克多·埃伦伯格(Victor Ehrenberg)曾经恰如其分地指出,忠诚是因两个人间所产生的关系,一个人负有义务,以其最好的智、能,以言、行来增益他方。〔2〕梳理现有法律规范文本,不难发现忠实义务在各类法律关系中是广泛存在的,主要集中于因身份或契约所生的法律关系。例如,我国《公司法》第147条第1款规定了董事、高级管理人员对公司负有忠实勤勉义务;原《婚姻法》第4条规定,夫妻应当互相忠实;《教师法》第3条规定,教师应当忠诚于教育事业;《法官法》第3条规定,法官必须忠实执行宪法和法律;《检察官法》第3条规定,检察官必须忠实执行宪法和法律。“体谅义务”“附随义务”“注意义务”“从义务”等概念显然是从传统债法理论解读劳动合同关系的产物,体现了近年来德国劳动法学界的研究范式与倾向。在我国学术界和实务界,坚持了史尚宽先生1934年在其《劳动法原论》中的表述,劳动者负担的义务分为劳动义务、忠实义务和附随义务。为了保持劳动法学研究的传统,也为了与同是私法规范的《公司法》规范文本保持一致,本书统一使用了“忠实义务”,

---

〔1〕《新华字典》,商务印书馆2011年第11版,第653页。

〔2〕参见陈新民:《德国公法学基础理论》(增订新版·上卷),法律出版社2010年版,第262页。

但引文保留了原有表述。

(二)劳动者忠实义务内涵的学界诸论

关于劳动者忠实义务,不仅用语名称不尽统一,对其内涵界定也意见纷呈,见仁见智。不同的界定方式,不仅涉及忠实义务的含义,而且关乎忠实义务的具体内容、分类及与劳动者其他义务的关系等重要问题。不同学说之间有关内涵的争议,也反映出劳动者忠实义务存在的法理基础在认识上并未统一。因此,研究劳动者忠实义务首先应从学界对其内涵的界定开始厘清。通过仔细对比,笔者发现,德国学者普遍主张不再使用忠实义务的称呼,我国大陆和台湾地区的大部分学者、英美法系的学者们则继承了忠实义务的称呼。笔者将这22种定义方式分为三大类八小类,具体如下:

第一类是"替代论",即主张用劳动合同附随义务、从义务、体谅义务、注意义务替代劳动者忠实义务,具体包括:(1)"劳动者忠实义务 = 劳动合同附随义务",例如,德国学者雷蒙德·瓦尔特曼、W. 杜茨、曼弗雷德·魏斯、马琳·施米特、沃尔夫冈·多伊普勒,我国学者郑尚元和台湾地区学者刘士豪。(2)劳动者忠实义务是劳动合同附随义务的一部分,例如,黄程贯。主张"替代论"的学者多从义务的具体内容进行界定,与以往忠实义务的主要内容差别不大,实质上"换汤不换药"。例如,德国学者 W. 杜茨在其《劳动法》中将劳动者的义务分为劳动的义务和从属义务,从属义务又进一步分为体谅义务(忠实义务)和特别从属义务。关于忠实义务的概念,按照现在学术界的主流观点,其决定性的内容已有定论,不应再作调整。忠实义务是关于劳动者"体谅"雇主合法利益的义务,它既可能是一种积极作为义务,也可能是一种消极不作为义务,它的法律基础是双方的劳动合同。[1] 但在劳动关系履行障碍中关于母亲保护的部分又按照需要使用了"忠实义务",认为忠实义务对于女性雇员保护具有意义。[2] 林佳和教授对于德国忠实义务的学说有过精辟的总结,虽然已被当前学术界多数学说所扬弃,改以"附随义务"取代

---

〔1〕 参见[德]W. 杜茨:《劳动法》,张国文译,法律出版社2005年版,第58~65页。

〔2〕 参见[德]W. 杜茨:《劳动法》,张国文译,法律出版社2005年版,第98~99页。

之,但是在事实上仍然扮演着处处可见的“幽灵”一样的角色。[1] 这与劳动者忠实义务在德国的历史发展轨迹有关,本书将在第二章详述。

第二类是“核心要素式”定义,即尝试从核心要素进行定义的模式。具体又分为:“一元论”,即仅表述忠实义务主要内容,如史尚宽、林嘉、郭玲惠、谢增毅。“二元论”,即表述了两种不同核心要素的定义模式,又分为:(1)目标+内容,如黄越钦、杨通轩;(2)法理基础+内容,如林丰宾、刘邦栋、王全兴;“三元论”即表述了三种不同要素的定义模式,如许建宇,黎建飞教授也持同样的观点。“核心要素式”定义对劳动者忠实义务的界定主要包括存在目标、法理基础和主要内容三个要素。

第三类是“内容描述式”定义,即对劳动者忠实义务进行描述性说明,具体分为:(1)以雇主的最佳利益展开界定,如李坤刚、英国学者史蒂芬·哈迪。(2)以诚信原则为核心进行界定,如蒋月、潘峰。

(三)本书对劳动者忠实义务的概念界定

如此纷繁复杂的定义模式,容易让人深陷“定义的迷雾”而“难以自拔”。笔者认为“核心要素式”定义包含了学者们形成的共识性要素,既概括了劳动者忠实义务的存在目标、法理基础,又罗列了主要内容,能够获得更加广泛的认可。根据以上分析思路可知,劳动者忠实义务,是指为了更好地维护和实现雇主的合同利益,基于劳动关系的本质属性以及信赖保护和诚实信用原则,劳动者应对雇主履行的,以服从、兼职限制、保密、竞业限制、不当言论限制和利益增进等为主要内容的,作为和不作为义务的统称。

二、劳动者忠实义务的定性

从忠实义务的用语选择与内涵界定的争议就可以看出,学界争议如此之大的重要原因,就是对忠实义务的性质存在认识上的不统一,而这种不统一的根源在于对劳动关系的本质属性存有争议。

---

〔1〕 参见林佳和:《劳动关系的公益与私益冲突?——从德国劳工忠诚义务的演进轨迹谈起》,载“国立”高雄大学政治法律学系主编:《公益揭发——职场伦理新趋势》,高雄,巨流图书股份有限公司2010年版,第67~108页。

(一)劳动者忠实义务属于劳动合同附随义务

劳动合同义务的分类及附随义务理论主要借鉴了传统的债法理论,因此研究劳动合同附随义务首先要从传统债法关于附随义务的理论说起。附随义务是为了保障债权实现,或保护债权人人身、财产利益,债务人除主给付义务之外负担的作为或不作为义务。劳动者忠实义务是以维护和实现雇主的利益为目的,基于劳动关系的本质及信赖保护,在劳动给付义务之外负担的作为或不作为义务。

1. 债法中附随义务的构造

传统的债法理论在解析债的关系上义务群时,将其区分为给付义务、附随义务和不真正义务。[1] 给付义务是契约关系中最基本的义务,决定契约的类型,可以进一步区分为主给付义务和从给付义务。附随义务是附随于主给付义务的,根据个别债的关系发展情况,要求债的一方当事人有所作为或不作为,目的是维护相对人的利益。附随义务不受特定债务关系类型的限制,种类很多,于任何债的关系都可能发生。附随义务的功能在于辅助主给付义务的实现,避免侵害债权人的人身和财产利益,从而保障债权人利益得到最大限度的满足。[2] 肇始于德国的积极侵害债权是指虽然履行了债务,但履行时间或方式没有按照债务目的的实现进行,或给付标的存在瑕疵,从而造成侵害债权的不当履行。根据积极侵害债权理论,违反债的义务类型可以分为不良给付、附随义务违反和拒绝给付三种。[3] 积极侵害债权既有违反主给付义务的情形,也有违反附随义务的情形。[4] 2002 年《德国债法现代化法》正式将附随义务纳入民法典,并按照与主给付义务履行的相关程度将其区分为与履行相关的附随义务和与履行不相关的附随义务,其中与履行相关的附随义务自身没有独立意义,主要是对主给付义务进行补充,为主给付义

---

〔1〕 参见王泽鉴:《民法学说与判例研究》(第 4 册),北京大学出版社 2009 年版,第 67 ~ 74 页。

〔2〕 参见王泽鉴:《民法学说与判例研究》(第 4 册),北京大学出版社 2009 年版,第 70 页。

〔3〕 参见苑书涛、谢雪凯:《论德国民法中的积极侵害债权——以德国〈债法现代化法〉为背景》,载《江西社会科学》2011 年第 5 期。

〔4〕 参见黄茂荣:《债法通则二——债务不履行与损害赔偿》,厦门大学出版社 2014 年版,第 175 页。

务的实现提供支持和保障；与履行不相关的附随义务就是指保护义务。[1] 传统上，债的内容主要基于法律规定和当事人约定而产生，现代法明确了可以依据诚信原则产生的义务。[2] 学界通说认为，附随义务是依据诚实信用原则所产生的一种义务，债的当事人按照债之性质、目的、交易习惯所应当承担的，以通知、协助、保密为主要内容的义务。具体内容包括保护义务、忠实义务、告知义务、相互照顾和协助义务、警示通知义务、保密义务。附随于主给付义务并不意味着不重要，在许多情况下，违反附随义务可能给另一方造成重大损害。我国原《合同法》开历史之先河，接受了附随义务理论，于第60条第2款明文规定了合同当事人之间可发生通知、协助、保密等附随义务。(见图1－1)

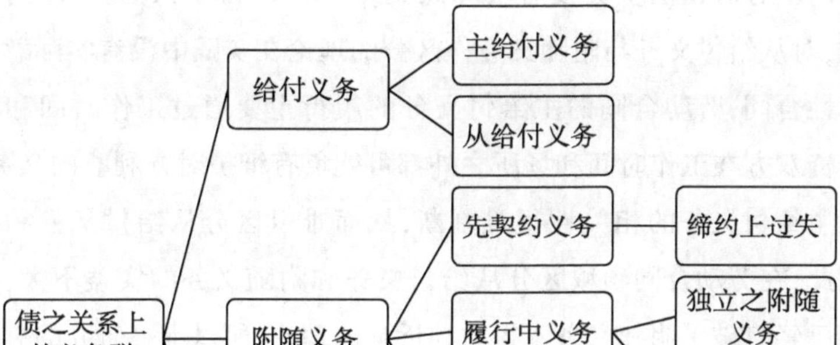

图1－1　传统债法中义务群及附随义务

---

〔1〕 参见李昊：《德国新债法中附随义务的构造》，载《环球法律评论》2009年第5期。

〔2〕 参见王利明：《债法总则》，中国人民大学出版社2016年版，第20页。

2. 劳动合同附随义务理论

劳动契约是典型的继续性契约，特别强调双方信赖基础，要求当事人各尽其力实现债之目的，除给付义务之外，还有各种附随义务以维护当事人的利益，且附随义务在契约存续期间不断衍生。现代契约法理论发展的显著动向之一是广泛地承认给付义务之外的附随义务，这暗示着“约定”作为契约法上的发生根据的地位已经在动摇。[1] 在劳动合同中，劳动者的主给付义务是工作给付没有争议，但附随义务的范围则争议较大。劳动者附随义务具有超越劳动合同、工作时间、工作场所、工作内容，甚至广泛深入劳动者个人私生活的可能，而且极可能涵盖笼罩劳动者全部人格与全部生活。[2]

关于主给付义务、从给付义务、附随义务的区分也受到了质疑，有观点认为详细的区分对司法实务没有实际意义。[3] 潘峰博士认为，具体到劳动合同领域，对从给付义务与附随义务作区分的理论在实践中没有实际意义。作为继续性合同，劳动合同的主给付义务的履行主要通过工作时间和场所判断。劳资双方在工作时间和场所之外都可能负有维护对方利益的义务，附随义务与主给付义务的相关性很难判断，从而难以区分从给付义务和附随义务。因此，在劳动合同领域区分从给付义务和附随义务的实益不大，而且现有判例已经打破了附随义务不得单独诉请的理论，所以本书研究的忠实义务不再区分从给付义务。劳动合同的违约责任奉行劳动者责任限缩和雇主责任扩张的理念，与民事合同存在很大不同，对于附随义务是否可以独立起诉、是否解除契约或行使同时履行抗辩权等问题，劳动法有不同规定。劳动法学者大体上将劳动契约之债区分为主要义务和附随义务。[4] 通常主要义务不再进一步区分为主给付义务和从给付义务，雇主的主要义务为报酬给付义

[1] 参见[日]内田贵：《契约的再生》，胡宝海译，载梁慧星主编：《民商法论丛》（第3卷），法律出版社1995年版，第311页。

[2] 参见黄程贯：《劳动法中关于劳动关系之本质的理论》，载《政大法学评论》1998年总第59期。

[3] 参见林慧贞：《附随义务与民事责任之发展》，台湾大学法学院2005年博士学位论文，第54页。

[4] 参见黄越钦：《劳动法新论》，台北，翰芦图书出版有限公司2015年第5版，第286～291页；吕荣海、余慧君：《“劳动基准法”实用2——员工对老板的效忠义务》，台北，蔚理法律出版社1987年版，第78～82页。

务,劳动者的主要义务为劳务提供义务。由于劳动契约的主要义务被界定于报酬给付和劳务提供,因此造成了传统民法所讨论之从给付义务,大多被归入了劳动契约的附随义务之中,从而造成了劳动契约附随义务的庞杂。[1]正如其他合同关系一样,劳动合同附随义务也因其多样性及不可预见性而无法在法律中或合同中予以明确规定,而是从《民法典》第7条和《劳动合同法》第3条所导出。[2] 因劳动关系兼具财产价值交换与道德伦理的色彩,因此劳动合同的附随义务已被提升为一种较高的保护义务,在劳动者方面为忠实义务,在雇主方面为照顾义务。在《劳动合同法》制定过程中,有学者曾经呼吁,将劳动者保密、兼职的限制以及竞业限制义务立法化,从而引导正当的竞争关系与良好职业道德的树立,因为当前市场经济持续繁荣的同时,职业道德滑坡的现象急需法律规范的强制力介入。[3] 林嘉教授则支持主合同义务说,基于劳动合同身份性所衍生的权利义务,不同于一般意义上的附随义务,应当视为主合同义务,这些义务的履行也构成了劳动合同的基本义务。[4] 但在劳动合同关系中,劳动者应予注意的义务等重要内容,目前甚至是由工作规则取而代之,而工作规则又是资方单方面制作而成,对劳动契约之私法性质,以及其公平性造成相当大的伤害。

"劳动契约系具有人格法上性质之特别结合关系,除一方服劳务,他方支付报酬之给付义务外,在当事人间尚产生所谓之附随义务,即劳工对雇主负有忠实义务,而雇主对劳工负有照顾保护等义务。"[5]附随义务也称为"从属义务",劳动合同上从属义务不受劳工斗争的影响,因为劳动关系在这方面仍然继续存在。劳动者仍然有义务保守商业秘密以及遵守竞业限制义务。即

[1] 参见杨通轩:《个别劳工法——理论与实务》,台北,五南图书出版股份有限公司2011年第2版,第263页。

[2] 2020年5月28日通过的《民法典》第7条规定:"民事主体从事民事活动,应当遵循诚信原则,秉持诚实,恪守承诺。"《劳动合同法》第3条第1款规定:"订立劳动合同,应当遵循合法、公平、平等自愿、协商一致、诚实信用的原则。"

[3] 参见黎建飞、丁广宇:《竞业禁止义务规范研究——以英国法为比较视角》,载《法学杂志》2006年第4期。

[4] 参见林嘉:《劳动法的原理、体系与问题》,法律出版社2016年版,第157页。

[5] 王泽鉴:《民法学说与判例研究》(第7册),中国政法大学出版社1998年版,第123页。

使罢工导致劳动关系的基本给付义务暂停,参与劳资斗争的劳动者可以免除劳动义务,参加斗争的雇主可以免除其雇佣和支付工资的义务。[1] "与所谓从给付义务不同的是,此附随义务性质上独立,他的目的在于保障契约双方当事人,即维持一相互的保护关系,但其基础却非本于契约,而毋宁是来自不加害于他人的罗马法基本原则,是以与主给付义务之交换关系无关;就劳工之附随义务而言,雇主可于劳务给付义务之外而独立请求履行,如劳工拒不履行,虽非构成主给付义务之违反,但已可能成立所谓积极侵害债权,而须负损害赔偿责任。"[2]

(二)劳动者忠实义务是一种专属义务

"盖劳动关系为对人的关系,故为受雇人专属的给付。"[3] 劳动契约作为具有强烈身份属性的契约,劳务给付的义务原则上是专属于劳动者的义务,只有经雇主同意或者习惯上允许他人代为劳动的,或者按照劳动的性质,由他人代为劳动并无差异的,劳动者才可以让第三人代服劳务。[4] 法律上的专属义务是指,法律规定或当事人约定专属于某些特定主体负担的,不可转让给他人的义务。现有法律中专属义务大致包括三种类型的义务,第一类是不作为义务,既包括针对绝对权设定的不作为义务,如不得侵犯所有权的义务,也包括针对某些相对权设定的不作为义务,如劳动合同中规定的竞业限制义务。第二类是民事主体在意思自治原则范围内约定的不得转让的义务。第三类是与特定债务人的人身密不可分的义务,例如,在表演合同、劳务合同、绘画合同或委任合同中,债务人的义务往往都是基于其拥有的特殊技能,或者当事人之间特别的人身信任关系而产生的,不具有转让性。[5] 劳动合同中劳动者负担的工作义务和附随义务多属于与债务人的人身具有密切联

---

[1] 参见[德]W. 杜茨:《劳动法》,张国文译,法律出版社2005年版,第255页。

[2] 林佳和:《劳动关系的公益与私益冲突?——从德国劳工忠诚义务的演进轨迹谈起》,载"国立"高雄大学政治法律学系主编:《公益揭发——职场伦理新趋势》,高雄,巨流图书股份有限公司2010年版,第67~108页。

[3] 史尚宽:《劳动法原论》,台北,正大印书馆1978年版,第20页。

[4] 参见林更盛:《论劳动契约之特征"从属性"》,载《台湾本土法学杂志》2002年第36期。

[5] 参见王长发、稽中安:《我国首例赡养义务转让案质疑——兼论专属义务的性质及债务履行承担》,载《鸡西大学学报》2004年第6期。

系的义务,基于劳动者的特定知识和技能产生,内含特别的人身信任关系。附随义务也以不作为义务居多,忠实义务中包含的兼职限制、保密、竞业限制、不当言论限制等均为不作为义务。有些专属义务可因合同履行而消灭,如劳动者特殊情况下的减损义务;但有些专属义务却不因债务履行而消灭,如劳动者兼职限制和不得泄露雇主商业秘密的不作为义务,这种义务可能是永恒存在的,直至权利义务关系结束或者权利、义务主体消灭。部分专属义务的履行既不允许让渡给其他人,也不允许由义务人以外的第三人代替,例如,竞业限制的不作为义务;个别专属义务的履行虽不允许让渡给其他人,但却可以由义务人之外的人代替,这就是所谓的债务履行承担,有的作为义务可以由他人代为履行,如本书将要探讨的工作障碍及危害通知义务。

三、劳动者忠实义务的谱系概览

忠实义务的内容谱系是建立于劳动者义务体系之上的。劳动者附随义务范围与内容的决定,意义与影响十分重大,尤其对劳动者而言更是如此。从前述劳动者忠实义务的内涵可知,其内容囊括了雇主为实现自身合法权益而要求劳动者负担的各类作为或不作为义务。第一,忠实义务涉及的履行样态种类多样,劳动者忠实义务既包括了服从义务、工作障碍及危害通知义务、减损义务等作为义务,也包含了保密、兼职限制、竞业限制、不当言论限制等不作为义务形态。第二,忠实义务的性质涉及不同的民事私法领域,不仅涉及劳动合同上的义务约定,在一定程度上也可能涉及侵权之债、人格权保护等其他私法领域,有时还可能涉及公民言论自由、人权保障等公法领域的问题,例如劳动者公益告发行为的免责与保护。第三,劳动者忠实义务的履行时段具有延展性,既包括了劳动关系存续期间,如劳动者兼职限制义务,也可能延续至劳动关系结束后的一段时期内,如保密义务和竞业限制义务。

上述忠实义务所包含的每一项子义务,其内涵界定、履行边界和具体内容都存在诸多理论与实务问题,本书将在第四章进行详细讨论。但此处应予特别强调的是:第一,并不是每一个劳动者都负有忠实义务项下的全部子义

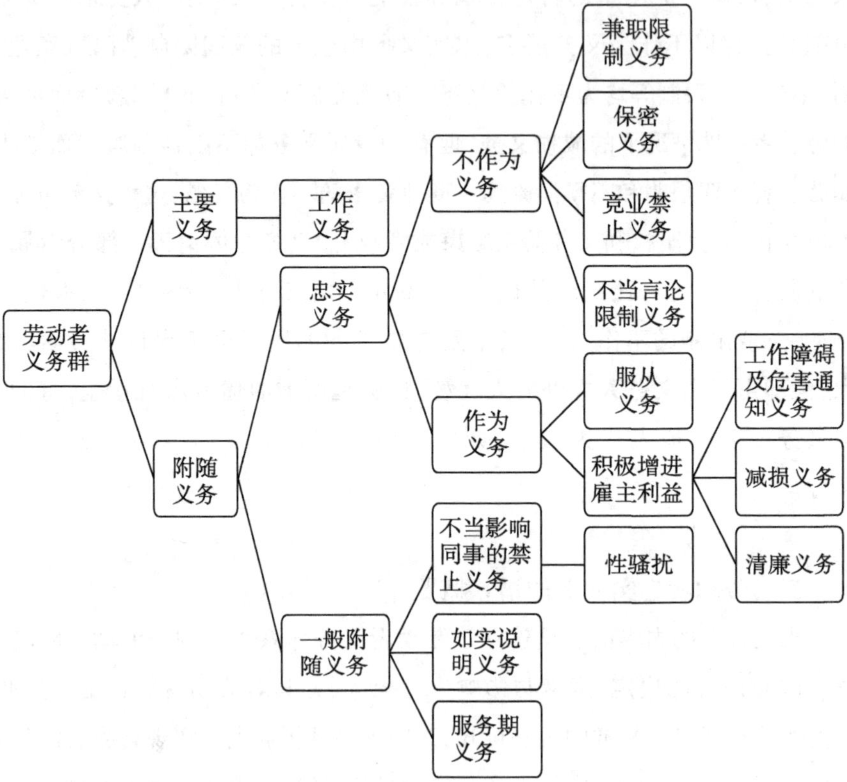

图1-2　劳动者义务群及忠实义务的内容谱系

务。尽管图1-2所示的各项义务都归属忠实义务的范畴,但具体到个别劳动者应该履行的义务内容和边界,还要根据个案实际情况进行判断。例如,身处底层的普通劳动者通常是无须承担保密和竞业限制义务的,即使需要承担也应与其所处岗位和能够获取的信息相匹配。特别是在劳动关系实践中,法律和劳动合同不可能对劳动者忠实义务的内容规定事无巨细。当仲裁或司法机关对某个劳动者是否负有某一项忠实义务或者是否违反了某项子义务进行判断时,应该根据诚实信用、信赖保护原则,综合个案具体情况与忠实义务的分类标准予以厘清和认定。第二,劳动者忠实义务的内容谱系是一个变动不居的开放系统。放眼劳动法制发展的历史长河,劳动者忠实义务的历史演进轨迹异彩纷呈,从最初仅限于服从、保密义务等寥寥数项义务类型,演化至今已然涵盖兼职限制、不当言论限制等诸多方面的义务类型。伴随经济社会的加速变革和劳动关系的非典型化发展,未来忠实义务的内容谱系仍会进一步细化和拓展。

四、劳动者忠实义务的渊源

劳动者忠实义务兼具道德和法律的双重属性,因此,其产生既有道德渊源,又有法律渊源。劳动法借助法的强力将其中最基本的道德义务转化为法律义务,忠实义务的履行既需要劳动者善意、诚信的主观心理状态,也离不开适度外部强制的辅助,从而有条件地实现了道德基础和法律基础在劳动者忠实义务中的完美结合。

(一)劳动者忠实义务的法律渊源

劳动法具有规范体系上的复杂性,其一方面承袭私法原则、具有私法自治的意味,劳动合同属于自治性规范,同时劳动关系又受到社会连带原则的制约,具有公法上的监督规范,工会缔结的团体协议也对其发生拘束力。[1]因此,劳动合同附随义务具有丰富的法源体系,劳动者忠实义务的法源基础也具有多元化的特色。虽然制定法已经规定了部分忠实义务的内容,有利于减轻法院的论证负担和统一裁判尺度,但已经成文法化的规定还不多,大部分忠实义务的规范并未被纳入制定法。即使已经成文化的义务内容也过于原则,需要结合诚实信用原则、信赖保护原则予以解释和细化。因此,劳动者忠实义务需要通过多重法源予以确定,包括了狭义的法律与自治性法源。[2]法律、诚实信用原则、信赖保护原则、劳动合同、集体合同和企业规章制度共同发挥着规范和调整忠实义务的作用。

具体包括:(1)法律规定的忠实义务。债法理论上,附随义务法定化已经成为一个重要的发展趋势,但具体到劳动合同法上的附随义务,其法定化的实现路径与程度均不可同日而语。理论上,劳动者忠实义务的制定法法源

---

〔1〕 参见黄越钦:《劳动法新论》,中国政法大学出版社2003年版,第20页。
〔2〕 参见潘峰:《劳动合同附随义务研究》,中国法制出版社2010年版,第42页。

包括了宪法、法律、行政法规、部门规章、地方性法规和规章、最高人民法院的司法解释、我国批准生效的国际劳工公约及其建议书。但主要集中于劳动基准法、劳动合同法、集体合同法(我国尚未制定)、社会保障法、竞争法、公司法等法律当中。劳动基准法与劳动合同法是忠实义务最重要的渊源,劳动合同法中的具体规范是诚实信用原则和信赖保护原则的体现,例如,我国《劳动合同法》第23条、第24条规定了保密义务和竞业限制义务。劳动基准法作为国家对劳动条件干预和介入之法,通过法律规范的强制性规定对劳动合同当事人的契约自由进行限制。因此,劳动基准法上的公法义务适用于劳动合同附随义务的内容,成为劳动者忠实义务的限制,例如,劳动基准法对于竞业限制补偿金的规定。过于追求忠实义务的成文法化并非明智之举。首先,可能限制劳动契约自由,雇主与劳动者通过劳动合同与集体合同去共同决定合同权利义务将受到限制,因而难以达成适合于个别劳动关系特定需要的一致意见。其次,不同的行业、岗位对劳动者义务的要求差异极大,制定法极易造成忠实义务的范围与内容过于刚性,难以适应劳动关系弹性化的需要。最后,即使没有上述问题,制定法对劳动者忠实义务的设置也只是相对确定的,具体劳动关系中的利益平衡还需要个案判断。(2)劳动合同。作为契约附随义务的自治性法源,劳动合同是劳资双方根据生产经营特点和劳动关系实践明确权利义务的载体,是判断劳动者忠实义务种类、范围、强度的重要依据。当然,基于劳动关系的特性,忠实义务的约定可能涉及劳动者基本权利和人格尊严,理应受到严格的司法审查。(3)集体合同。集体谈判可以有效克服劳资个别协商导致的利益失衡,集体合同已经成为一种重要的劳动关系调整机制。劳动合同的形成、变更、消灭不仅受到法律的约束,还受到集体合同的影响。集体合同不仅包括劳动者的契约保障,也包含对雇主管理权限的认可,是雇主谋求劳资关系和谐与工业利润的手段,是协调劳资间经济利益的有效途径。[1] 我

---

〔1〕 参见程延园:《集体谈判——现代西方国家调整劳动关系的制度安排》,载《教学与研究》2004年第4期。

国《集体合同规定》第 8 条规定了 15 项协商内容,[1] 虽然集体合同被批评为象征意义大于实际意义,劳动条件依然主要依靠劳动法确立,但集体合同在明确劳资双方权利义务方面大有可为。(4)规章制度。规章制度是雇主为了在工作场所创设统一的雇佣规则和条件而制定的一套规则体系。[2] 既可以补充劳动合同并促进效率,也具有集体法上的意义,[3] 加强集体劳动的协作与效率。有学者认为,规章制度被视为法律,甚至超越了法律,大多数劳动者根据规章制度而不是法律确定工作场所的行为规范。[4] 根据最高人民法院《关于审理劳动争议案件适用法律问题的解释(一)》第 50 条的规定,规章制度在我国劳动法法源体系中具有准法律规范的地位。[5] 在劳动关系实践中,很多劳动者忠实义务的具体内容都是通过规章制度确定的,至少数量在所有法源中是最多的。(5)诚实信用和信赖保护原则。民法上诚实信用原则是附随义务的法源基础。在劳动法领域,部分附随义务已经法定化,一方面这些规定应对纷繁复杂的司法实践可谓杯水车薪,另一方面现有法律所提供的规则还是抽象的行为标准,需要结合个案具体情形进行判断,诚实信用和信赖保护原则具有补充忠实义务法源不足的功能,法官可以据此进行利益衡量和解释。

(二)劳动者忠实义务的道德渊源

劳动关系中的许多冲突其实反映了不同道德理念之间的对抗,和谐劳资

---

〔1〕《集体合同规定》第 8 条规定:"集体协商双方可以就下列多项或某项内容进行集体协商,签订集体合同或专项集体合同:(一)劳动报酬;(二)工作时间;(三)休息休假;(四)劳动安全与卫生;(五)补充保险和福利;(六)女职工和未成年工特殊保护;(七)职业技能培训;(八)劳动合同管理;(九)奖惩;(十)裁员;(十一)集体合同期限;(十二)变更、解除集体合同的程序;(十三)履行集体合同发生争议时的协商处理办法;(十四)违反集体合同的责任;(十五)双方认为应当协商的其他内容。"

〔2〕参见[日]荒木尚志:《日本劳动法》,李坤刚、牛志奎译,北京大学出版社 2010 年版,第 41 页。

〔3〕参见郑尚元、王艺非:《用人单位劳动规章制度形成理性及法制重构》,载《现代法学》2013 年第 6 期。

〔4〕See Bird Robert C., *Employment as a relational contract*, Social Science Electronic Publishing, Junuary 2005, p. 149.

〔5〕2020 年最高人民法院《关于审理劳动争议案件适用法律问题的解释(一)》第 50 条规定:"用人单位根据劳动合同法第四条规定,通过民主程序制定的规章制度,不违反国家法律、行政法规及政策规定,并已向劳动者公示的,可以作为确定双方权利义务的依据。用人单位制定的内部规章制度与集体合同或者劳动合同约定的内容不一致,劳动者请求优先适用合同约定的,人民法院应予支持。"

关系的构建也应该强化劳资双方认同的道德基础。[1] 道德作为价值取向,在相当程度上影响着劳动关系的性质,为更好地理解与规范劳动关系提供了理论框架。对此,有学者尝试用功利、自由、责任、公平、美德、关怀六种道德理论框架分析对劳动关系的影响。[2] 笔者赞同这种研究的积极意义,但同时认为影响劳动关系的道德观念应该是多元且动态发展的。不同民族、国家在不同的历史时期会产生不同的道德观念、原则、要求。如果将劳动关系中形成的劳资伦理分为两个层面,一方面是雇主伦理,即雇主对劳动者的伦理道德,包括工作环境、工作时间、工资水平、同事关系等各个方面;另一方面是职业伦理,即劳动者提供劳务过程中的行为准则,包括保守雇主秘密、忠实、正直、勤勉、清廉、服从合理命令等。"忠实"作为一种价值选择,没有确定的存在形式,可能存在于集体协议、劳动合同、工作规则、劳资惯例,甚至单方许诺之中。

在法律渊源和道德渊源的关系上,劳者忠实义务作为一种法律原则或法律规范,首先源于职业伦理的精神和原则,这是忠实作为法律义务从道德价值获得正当性的需要,表现为职业伦理的主动法律化。在职业道德的推进中有时也需要借助法的强制力,从而将最基本的准则法制化,表现为职业道德对法律功能的需要,是被动的法律化。作为一项法律义务,如果劳动者忠实义务想真正落到实处,不仅有赖于立法者将其法定化和作出细化规定,更有赖于执法者根据劳资伦理,通过司法解释、指导性案例等方式进行利益平衡。

第二节　劳动者忠实义务的双重属性

法律与道德的关系问题被喻为法学中的好望角,若想解决这个问题,不亚于以一叶扁舟横渡风暴角。[3] 劳资关系是包含了特定的伦理内涵的法律

---

〔1〕 参见乔健:《试论劳动关系的道德基础》,载《中国劳动关系学院学报》2010 年第 4 期。

〔2〕 参见[美]约翰·W. 巴德:《人性化的雇佣关系——效率、公平与发言权之间的平衡》,解格先、马振英译,北京大学出版社 2007 年版,第 97 页。

〔3〕 参见[美]庞德:《法律与道德》,陈林林译,中国政法大学出版社 2003 年版,第 121 ~ 122 页。

关系,[1]忠实义务是劳动者与雇主之间的“心理契约”,[2]具有职业道德和法律义务的双重属性。劳动者忠实义务的伦理道德属性表现为劳动者自我约束的能力,这种自律性本质上是劳动者对职业精神的价值判断和价值信仰,依赖社会舆论、劳资惯例、良心发现等来维持和保障。法律属性则表现为他律性,通过外在制度的强制性约束劳动者的职务行为,不至于违反忠实义务。

一、劳动者忠实义务的道德属性

忠实是带有道德约束力的承诺。道德内涵被认为是构成忠实义务的重要成分。“忠诚这一义务虽然最初建立于承诺之上,而且,在一定时期之内,后者为前者提供支持;但是,很快地,忠诚自己成长起来,产生出一种不依赖于任何协议的原始约束力与权威。”[3]契约法是遵循市场法则的,除非因为契约的性质,使当事人之间产生忠实关系;否则,当事人都是致力于实现自己利益的利己主义者,利己是生活的常态,对利己行为的限制只有在对方有特定要求时才会出现。相反,负有忠实义务的劳动者则须为雇主的利益而努力,利他成为常态,只有在法律有所规定或合同另有约定的情形下,劳动者才可以请求额外报酬——为利己的行为。正因为有此区别,劳动者与一般合同的债务人所负担的责任不同,同一行为所造成的损失,劳动者较一般民事合同的债务人更容易被课予纪律责任或损害赔偿责任。

劳动者忠实义务具有道德自律性。劳动者是受雇主雇佣从事工作获致

---

〔1〕 参见秦国荣:《劳资伦理——劳动法治运行的价值判断与秩序维护》,载《社会科学战线》2015年第7期。

〔2〕 “心理契约”是相对于有形劳动契约而言的,它虽然不是有形的契约,但发挥着有形契约的作用,其核心是员工满意度。“心理契约”是美国著名管理心理学家施恩(E. H. Schein)教授提出的一个名词,在人力资源管理中有较多的研究和实践,本书将这一概念借鉴到劳动法学研究中,意在强调劳动者与雇主之间往往以双方劳动关系的存在为前提,以承诺和感知为基础,在有形劳动契约之外,双方彼此之间形成大量责任和义务的信念,而且这种责任和义务是无形、内隐、不能书面化的。这些责任和义务的信念更多地属于劳资伦理的范畴,对于维系劳资信赖和劳动过程实现具有重要作用。有时心理契约的内容可能远超过有形契约的内容,或者有形契约的部分内容是心理契约的书面化。

〔3〕 [英]大卫·休谟:《人性论》(下册),贺江译,台海出版社2016年版,第585~586页。

工资者。[1] 劳动者忠实义务要求劳动者在履行劳动给付义务即工作的过程中,以及与工作相关的行为中,要尽心尽力、忠于职守。劳动者因劳动关系被纳入雇主组织,成为组织成员服务于雇主,劳资双方以组织共同体为载体,在内部分工协作的基础上,形成一种相互信赖、分工明确、紧密协作的合作关系。处于劳资信赖关系中的劳动者在谋求自身利益最大化过程中要求有所限制,否则,毫无限制将不可避免地损害这种信赖关系,所以职业伦理应该要求劳动者具有一定的忠实观。因此,劳动者忠实义务既包括了消极的不作为义务,也包括积极的作为义务。消极的忠实义务要求劳动者不得从事可能损害雇主利益的任何行为,只要是不诚实的、可能有损雇主声誉的或使自身利益与雇主利益冲突的,都不得从事,这也是一般公民不损害他人利益的道德要求在劳动领域的升华。积极的忠实义务要求劳动者不仅要服从雇主的指挥管理,还要主动维护、实现雇主的利益,尽到合理的注意义务,甚至包括要挺身反对同事对雇主不忠实的行为和按照企业规章制度举发违法不当行为。在这个意义上,劳动者忠实义务中积极作为的面向,与公益告发在客观上起到预防违法不当行为,控制损害扩大,在积极增加企业利益方面得到辩证统一。

劳动者忠实义务表现为一种职业忠诚和契约忠诚,职业忠诚既是职业伦理,也是一种职业责任和工作能力;契约忠诚既是交易伦理,也是一种交往关系和信赖力量。职业劳动不仅是经济活动的领域,也是伦理活动的领域,劳动关系的普遍性使得强调职业伦理和明确职业伦理责任显得更为重要。在劳动关系的实际运行中,劳资信息不对称可能导致劳资信赖受损和代理成本增加。维系劳资信赖、降低代理成本既需要法律介入调整,也需要职业道德的润色。忠实义务就是要求劳动者具备一种“爱岗敬业”的职业操守和自律精神。拥有职业精神的劳动者,在提供劳务时,才能以岗位利益为本位,在企业或组织运行中为滥权、谋私利、低效行为的可能出现树立一道心灵盾牌,其效果就表现在职业自律性的增强、职业能力和组织效

[1] 参见林更盛:《论劳动契约之特征“从属性”》,载《台湾本土法学杂志》2002年第36期。

率的提升。

二、劳动者忠实义务的社会法属性

"忠实"已经成为一种价值选择,与其相对的是义务与责任的承诺,违背承诺通常意味着"失信"与"背叛"。但法律化的忠诚则具有更强的执行力,无论市场竞争多么复杂,人心多么难以叵测,失去的"忠实"终究可以得到"补偿"。[1] 道德规范中的基本准则上升为法律义务后,就成为法律关系主体承担的某种必须履行的责任。法律义务通常明确规定或隐含于法律规范之中,且在法律关系之中实现,义务主体依据法律规范必须为一定行为或不为一定行为,保障权利人的权利得以实现。在法律意义上,劳动者忠实义务是一种制度,一种依赖他律才能得以完全实现的制度,一种需要法律加以强化和保障的制度。事实上,关于劳动者忠实义务不仅有现实需求,也有规范上的依据;既有部门法的依据,也有基本法上的依据。我国《宪法》第53条[2]规定了公民遵守劳动纪律和社会公德的义务,宪法规定人民的基本权利旨在保障人民免于遭受权力滥用的侵害,这些基本权利的规定可以通过民法和劳动法中概括条款的具体化实践其规范效力。《劳动法》第3条[3]则规定了劳动者遵守劳动纪律和职业道德的义务。

按照劳动关系本质理论的通说,在劳动关系债法因素与人身因素的双重面向上,基于从属性因素和继续性合同的特性,劳动者与雇主在各自利益实现和自利动机上存在永恒的矛盾和冲突,劳资双方既存在分工协作,也存在利益对立。劳动合同目的的实现需要忠实义务弥补契约法理论的缺陷和雇主指示权的不足,维系劳资双方基本信赖关系,单靠道德自律尚不足以平衡劳资利益,维护劳资关系和谐。各国大多在劳动立法与司法实践中逐步形成

---

〔1〕 参见金伟峰、姜裕富:《公务员忠诚义务的若干问题研究——对〈公务员法〉第12条的解读》,载《行政法学研究》2008年第1期。

〔2〕 我国《宪法》第53条规定:"中华人民共和国公民必须遵守宪法和法律,保守国家秘密,爱护公共财产,遵守劳动纪律,遵守公共秩序,尊重社会公德。"

〔3〕 我国《劳动法》第3条第2款规定:"劳动者应当完成劳动任务,提高职业技能,执行劳动安全卫生规程,遵守劳动纪律和职业道德。"

了劳动者忠实义务,在确认劳动者基本权利和自由的同时,规定劳动者从事兼职、营业和发表言论时,必须注意克制和保留。劳动者忠实义务的他律性具有综合性的特点,既包括企业内部基于规章制度的纪律责任,也包括基于法律规定的民事责任、行政责任甚至刑事责任。

三、劳动者忠实义务的法律化

(一)法律介入劳动者忠实义务的基础

在现代知识体系中,尽管道德与法律分属不同的社会规范领域,但是二者具有相同的价值指向,道德是法律的基础,作为社会控制的工具,法律必然具有一定的伦理性。[1] 道德规范与法律调整之间的关系是法哲学领域经久不衰的话题。伴随我国经济社会转型,有关职业伦理道德的一些案件曾经引起广泛关注,如前述"老干妈"员工泄密事件、沃尔玛解雇揭黑员工事件。实证主义者认为法的效力或准确性与道德正确性之间不存在必然联系,非实证主义者则认为法的效力或准确性与道德正确性之间存在某种必然联系。[2] 一方面,法律是道德的下限。根据美国学者富勒对道德分层的理论,愿望的道德是以人的最高境界为出发点的,而义务的道德则是以人最低要求为出发点进行界定的。[3] 法律被认为是一个社会当中通行的最低伦理道德要求的法律化,也就是富勒所说的义务的道德的法律化。另一方面,道德也成为法律评价的标准。法律的有效性只能从伦理的有效性进行推导,法律规范之所以被认为是有效的是因为其同时作为伦理规范符合通常的道德品格。[4] 在特定条件下,道德瑕疵可能废止法的效力,在其他条件下则很难出现此类情形。道德法律化是道德与法律相互需要的产物。[5] 因此,作为最低限度的伦理道德,法律拥有介入道德的法理基础。从这个角度观察,通过劳

[1] 参见刘长秋:《法律介入道德——基础、限度与对策》,载《东方法学》2012 年第 1 期。
[2] 参见[德]罗伯特·阿列克西:《法与道德——告别演讲》,雷磊译,载《华东政法大学学报》2015 年第 5 期。
[3] 参见[美]富勒:《法律的道德性》,郑戈译,商务印书馆 2005 年版,第 6 ~ 12 页。
[4] 参见[德]拉德布鲁赫:《法律智慧警句集》,舒国滢译,中国法制出版社 2001 年版,第 10 页。
[5] 参见王淑芹:《道德法律化正当性的法哲学分析》,载《哲学动态》2007 年第 9 期。

动合同立法、司法规范劳动关系中的忠实义务在法理上具有正当性和合理性。

(二)法律介入劳动者忠实义务的限度

将法律和道德彻底分开或者完全等同都是错误的。[1] 由于法律和道德存在于不同的规范领域,价值层面也存在根本的差异,因此,法律介入伦理道德的方式只能是分层次的、局部的干预,而不可能是全方位的"入侵"。法律应该也只能调整和维护最低限度的道德要求,也就是富勒所说的"义务的道德",是维系经济、社会正常运转的最基本要求,法律介入道德义务并将其有条件地转化为法律义务具有正当性。而"愿望的道德"是道德理想价值层面较高的要求,往往强调利他和奉献,特定情形倡导放弃一定的权利和自我牺牲,法律介入则需要满足特定的要求,适宜通过权利设置和倡导等激励的方式。当然,这并不意味着法律不能以赋予义务的方式介入"愿望的道德"领域。当社会道德水平和法律意识发展到一定程度,法律能够为道德实践提供坚强的后盾、保障相关道德义务的履行避免招致不利后果,可以有选择地将某些高层次的道德义务法律化。例如,《德国刑法典》规定的"知情不举罪"和"见危不救罪",就需要较高的社会道德水准和法治基础。

劳动者负担的忠实义务是一个义务群,法律介入调整的前提是对义务内容的类型化,按照类型化的方式思考介入的条件和要求。关于道德衡量的尺度,学者富勒曾经说过:"当我们考虑各种类型的道德问题的时候,我们可以很方便地设想出某种刻度或标尺,它的最低起点是社会生活的最明显要求,向上逐渐延伸到人类愿望所能企及的最高境界。在这一标尺上有一个看不见的指针,它标志着一条分界线——在这里,义务的压力消失,而追求卓越的挑战开始发挥作用。"[2] 本书对劳动者忠实义务展开全方位的研究,根本目的在于探寻道德标尺上那个所谓的"看不见的指针",试图勾勒出劳动者忠实义务中愿望的道德与义务的道德二者之间的"分界线"。忠实义务中包含

---

[1] 参见[美]庞德:《法律与道德》,陈林林译,中国政法大学出版社2003年版,第106页。

[2] [美]富勒:《法律的道德性》,郑戈译,商务印书馆2005年版,第12页。

的某些类型的义务属于义务的道德,需要法律的介入和调整,例如,保密义务、竞业限制等;某些类型的义务属于愿望的道德,法律不能轻易介入调整,例如,法律可以鼓励劳动者举报雇主的违法行为,但不宜规定举报的义务,即使作出规定也只能是倡导性规范。具体到每一个义务类型,找寻道德标尺上的"指针"也具有重要理论和实践意义,当某一义务类型的范围和强度尚处于道德标尺的"指针"之下时,法律应该作出强制性的规范,当某一义务类型的范围和强度超过道德标尺的特定"指针"时,法律则不应再介入调整。

(三)法律介入劳动者忠实义务的对策

道德对法律的影响方式有两种,要么借助立法直接地和公开地进入法律,要么通过司法裁判寂然无声地进入法律,但后一种方式需要一个可以依托的桥梁,这就是诚实信用原则。[1] 诚实信用和信赖保护原则是劳动者忠实义务正当性的法理基础。关于基本道德法律化的问题,各国法治具有很多共性,一般都直接转化为具体的法律规范,但对于高层次道德法律化的问题各国则差异较大,存在的问题也较为复杂。具体到我国劳动法治实践,现行《劳动法》《安全生产法》等法律不仅有较高层级的道德原则,例如,劳动者对雇主违反生产安全的举报权,而且也遵循了权利设置的调整原则。但客观地说,法律实践和道德实践之间的协调衔接机制尚未全面建立,立法与司法实践还没有能力对高层次道德原则的法律化供给足堪信赖的支撑。我国目前对劳动者实施公益告发的保护和激励机制还不健全。特别是司法功能发挥不足,无法为高尚行为和公益行为提供足够的支撑和保障。基于道德水平滑坡严重的社会现实,法律应该适度介入到高层次的愿望道德领域,发挥其维系、引导社会道德水平的功能。忠实义务设置的目的在于雇主权利的保护,根据权利义务对应的原则,雇主权利对应设置忠实义务。另一种就是通过法律规定直接设置某种义务类型。"法律义务不仅可以对应于另一方的权利产生,也可以根据法律规范产生。这种规范把某种行为定为义务,却并不给予

[1] 参见王洪亮:《缔约上过失制度研究》,中国政法大学研究生院 2001 年博士学位论文,第 96 页。

另一个人一种权利。”[1]

第三节　劳动者忠实义务的类型化思考

现代职业劳动日趋复杂，环节日多、技术日繁。在劳动关系演进过程中，由于其复杂性、差异性和变动性，劳动者忠实义务主要依赖于判例和学说建立起来。尽管一些具体的义务类型，如兼职限制、保密义务、竞业限制等已经在学说和实务界达成一定共识，但脱离具体案件意图穷尽列举劳动者忠实义务几乎是不可能的。如此背景下劳资双方当事人的权利义务设定，合同文本即使再完善也很难周全，更何况，许多权利义务之私法规范与公法规范交织，无法判定哪些是合同约定义务，哪些是法定义务。因此，全面分析和运用劳动者忠实义务理论，即使不见法条同样也可以操作自如。唯有借助类型化的思考方式，类型化思维是为了解决抽象概念思维的局限而发展出来的一种思维方法。[2] 类型化的研究虽然不能保证将劳动者忠实义务的一切内容包罗在内，但是却可以增进认识劳动者忠实义务的规范内容，对于法律的解释适用大有裨益。

一、法定义务与意定义务

说某人“有义务”或“负担义务”是隐含着规则的，或者指向既存的行为标准，或者从一般规则在特定个案中得出结论。[3] 按照法律义务所隐含规则的来源不同，劳动者义务群总体上可以分为法定义务和意定义务两种，劳动合同附随义务和劳动者忠实义务莫不如此。法定义务一般是通过法律规范明文规定的义务形式，存在并限定于法律明文规定的范畴，不得任意推定和扩大适用。[4] 法定义务已经突破了习惯和道德义务上的行为要求，是一种有更大强制力且有明确指向的义务类型。虽然法定义务的重要来源是制

---

〔1〕 [德]卡尔·拉伦茨：《德国民法通论》（上），王晓晔等译，法律出版社2003年版，第267页。

〔2〕 参见[德]卡尔·拉伦茨：《法学方法论》，陈爱娥译，商务印书馆2005年版，第338页。

〔3〕 参见[英]H. L. A. 哈特：《法律的概念》，许家馨、李冠宜译，法律出版社2006年第2版，第81页。

〔4〕 参见徐永康主编：《法理学专论》，北京大学出版社2008年版，第138页。

定法通过强制性和禁止性规范明确设定的私法义务,但并不是唯一渊源;虽然这些义务规范设置的目标在于保障包括雇主在内的社会公众利益免于遭受侵害,但其往往难以涵盖社会生活的一切领域,所以,在制定法明文设置的法定义务之外,必然有其他形式的法定义务存在。这些私法义务在学理上被称为"非制定法上的义务"。例如,在侵权法中,制定法以外存在的义务被称为"注意义务"。而在劳动法中,制定法以外的义务都属于从义务的范畴。例如,劳动者不当言论限制义务虽然没有制定法上的依据,但根据劳动关系的本质属性和劳动者忠实义务,在劳动关系存续期间劳动者对其言论理应适当克制,已经达成共识。

所谓意定义务或契约义务,是劳动合同双方当事人自主协商确定的合同义务,并非基于法律规定而产生,既包括合同条款明示确定的义务,也包括了当事人可能隐含的默示义务。参照英美法系合同法上的默示条款理论,当事人隐含的默示义务又可以分为事实上的默示义务和习惯上的默示义务。例如,劳动者离职后的竞业限制义务属于当事人的意定义务,双方当事人在法律确定的范围内可以对禁业范围、期限、经济补偿进行自主约定。当然,在劳动合同订立实践中,往往是雇主拟定并提供合同条款,按照我国《民法典》关于解释规则的规定,理应由雇主承担合同条款不完整或有歧义的风险。

尽管有些注意义务是通过契约约定的,但这并不意味着此类义务只是一种契约性的意定义务,其实质上还是一种法定义务,本质上是法律对任何行为人提出的最低行为准则。例如,劳动者保密义务和在职竞业限制义务虽然是劳动合同的重要条款,但其本质上仍然是一种法定义务。惯例和道德是法定规则之外的第二类法定义务产生的根据,诚实信用原则和信赖保护原则是劳资惯例与职业道德进入劳动者忠实义务的桥梁。此处所谓法定义务,是指法定的劳动合同义务,是直接依据法律规定产生的而非由当事人约定的义务。也是宪法和法律规定劳动者必须履行的义务。虽然有学者认为,劳动者忠实义务是基于诚信原则产生的合同当事人应当承担的一般义务,其性质应当属于合同义务,而非法定义务,英国判例法上将其视为劳动合同默示义务,而非法定义务。[1] 我国《劳动法》和《劳动合同法》中关于保密义务和竞业限制义务的明确规定属于授权性规则，是否签订保密条款和竞业限制条款，授权劳动合同双方当事人自由决定。但劳动者基于忠实义务负有保守商业秘密和在职竞业限制义务不因劳动合同是否约定而有差异，因此这类义务属于法律上的默示条款规定，是一种在法律运用中所暗含的条款。

二、作为义务与不作为义务

私法上关于契约给付的规定是以义务为出发点的，法律义务可以是针对特定行为的作为或不作为。[2] "作为"是行为人负有法律义务去做什么，它可以是实施一种完全的事实行为，比如劳动者工作障碍及危害通知的义务；也可以是给付某种特定事实的成果，例如承揽契约中交付某种制作物；还可以是给付某种法律成果，例如完成买卖物的所有权转移。"不作为"即不从事一定行为，包括忍受他人的行为或者某种状态。劳动者所负担的不作为义务非常广泛，凡是可能对雇主发生损害的一切行为均不得作为。举例而言，劳动者不应泄露雇主营业秘密和从事竞争性营业，不得发表可能影响雇主营业名誉或信用的言论，但出于保护更高利益的目的则不在此限。[3] 由于现行合同法、劳动法和强制执行法都是以给付义务为规范基础，如何适用于不作为义务，需要重点加以说明。

（一）不作为义务

简单地说，不作为就是有所不为，包括保密义务、竞业限制义务、兼职限制义务、不得损害雇主名誉的义务等。但是，为了履行不作为给付义务，有时候债务人需要为一定的作为。例如，关于离职后保密义务的约定，需要劳动者配合工作交接，将涉密资料移交雇主。不作为义务的发生可以基于法律的

---

〔1〕 参见黎建飞、丁广宇：《竞业禁止义务规范研究——以英国法为比较视角》，载《法学杂志》2006年第4期。

〔2〕 参见[德]卡尔·拉伦茨：《德国民法通论》（上），王晓晔等译，法律出版社2003年版，第266页。

〔3〕 参见黄越钦：《劳动法新论》，台北，翰芦图书出版有限公司2015年第5版，第289页。

特别规定,也可以基于合同约定,当事人的约定是否为不作为义务及其具体内容,应该通过合同解释加以认定。我国《民法典》规定的有名合同都以作为给付为内容,并未规定以“不作为”为给付内容的合同,当事人可自由创设此类合同。但根据《民法典》第8条的规定,无论是作为义务,还是不作为义务,都不得违反法律的强制性规定和公序良俗,否则合同约定无效。[1] 不作为义务多属于限制他人的自由,是否悖于公序良俗应是法律审查的重点。[2] 关于不作为义务的约定违反公序良俗,实务上《最高人民法院公报》有一则案例,深具启示性,可供参考。在王云飞诉施耐德电气(中国)投资有限公司上海分公司劳动争议纠纷案中,原告于2005年8月29日到被告公司工作,同时双方也签订了劳动合同、保密和竞业限制协议,约定在解除劳动关系一年之内,禁止原告在中国境内直接或间接地投资或从事与雇主竞争的业务,或成立有竞争业务的组织,或者为竞争对手提供服务或向其披露保密信息,不得正式或临时受雇于竞争对手或作为竞争对手的代理人或代表从事活动。雇主向劳动者支付相当于其离职前一个月基本工资的补偿费。劳动者违背合同义务的,雇主除有权要求其停止侵害外,并要求赔偿相当于竞业限制补偿费三倍的违约金。法院认为,劳动者拥有的专业技能不可避免会与雇主经营的业务存在一定程度的联系,而且这些技能是其重新求职就业的重要依托。劳动者离职后,为了个人及其家庭的生活需要重新就业,履行竞业限制义务可能对其寻找新的工作造成障碍,影响其个人和家庭的正常生活。因此法律规定由雇主给予劳动者一定的经济补偿。没有明确约定或者约定的竞业限制经济补偿过低的,竞业限制协议不具有法律约束力。[3] 该判决以劳动者就业和生存权作为审查的出发点是法学上的进步,但法律依据究竟是什么,未臻明确。一直以来,契约自由被视为私法自治的基本原则之一,所以对违反公序良俗的不作为义务进行司法审查必须符合比例原则,在斟酌限制营

---

[1] 《民法典》第8条规定:“民事主体从事民事活动,不得违反法律,不得违背公序良俗。”

[2] 参见王泽鉴:《民法学说与判例研究》(第8册),北京大学出版社2009年版,第88页。

[3] 案件详情参见《最高人民法院公报》2009年第11期。关于未约定竞业限制经济补偿或补偿数额过低,竞业限制约定的效力问题存在争议,具体论述见本书劳动者竞业限制义务部分。

业的期间、范围、项目及保护客体的基础上,探究目的与手段的均衡,慎重地予以认定。如果上述判决能够依据公序良俗原则对劳动者不作为忠实义务进行审查,法律依据和论证则更加充分。

根据债的相对性原理,不作为债权只能向相对人请求。不作为债务的清偿只需要有不作为的事实即可,债务人有无清偿的意思表示在所不问。债务人不为特定行为的原因,对于清偿效果的发生也不受影响。例如,雇主与劳动者约定,劳动者离职后负有保密义务,只要劳动者在离职后未泄露或利用雇主的营业秘密,即属于债务的履行,至于劳动者未泄露或利用营业秘密的原因,对于债务的履行和请求给付经济补偿没有影响。关于不可代替之行为与不行为请求权的强制执行方法,无法采取直接强制与代替执行,所以采间接强制方法。[1] 我国大陆地区民事诉讼法并未详细区分行为与不行为的强制执行方法,但我国台湾地区"强制执行法"有详尽的区分,间接强制手段除给予财产上的不利益,科处怠金或以债务人的费用去除行为结果外,给予人身上的不利益,即管收,较长时间限制其人身自由。[2] 去除行为结果可以与科处怠金和管收同时适用。不作为义务通常不会发生给付迟延,其给付也无受领的必要,但例外情形也会出现。没有法律上的原因(不当得利)所受的利益,如果是不作为给付,依其性质是不能返还的,但理应给予相应补偿,补偿价额应斟酌约定的对价、市场价额等因素综合决定。例如,如果保密或竞业限制协议无效,但劳动者已经履行了保密或竞业限制的不作为义务,雇主因此受有利益则构成不当得利,因不作为行为无法返还,法律只能综合约定、

---

〔1〕 参见许士宦:《"强制执行法"》,台北,新学林出版股份有限公司 2014 年版,第 57 页。

〔2〕 参见我国台湾地区"强制执行法"第 128 条第 1 款规定:"依执行名义,债务人应为一定之行为,而其行为非他人所能代履行者,债务人不为履行时,执行法院得定债务人履行之期间。债务人不履行时,得处新台币三万元以上三十万元以下之怠金。其续经定期履行而仍不履行者,得再处怠金或管收之。"第 129 条规定:"执行名义系命债务人容忍他人之行为,或禁止债务人为一定之行为者,债务人不履行时,执行法院得处新台币三万元以上三十万元以下之怠金。其仍不履行时,得再处怠金或管收之。前项情形,于必要时,并得因债权人之声请,以债务人之费用,除去其行为之结果。依前项规定执行后,债务人复行违反时,执行法院得依声请再为执行。前项再为执行,应征执行费。"

过错、行业惯例等要求雇主折价补偿。[1]

(二)作为义务

作为义务就是有所作为,行为人需要积极的实施某些行为以维护他人利益,避免他人遭受不合理的损害。劳动者忠实义务中作为义务包括服从义务、工作障碍及危害通知义务、遵守劳动保护规范义务等。例如,作为是行为人身体状态的一种积极的动态表现,区分作为与不作为应采客观标准,即考察行为人表现出来的外部行为状态,而非主观心理状态。例如,劳动者报告工作开展情况的行为就是作为,不得泄露雇主营业秘密就是不作为。将忠实义务分为作为义务和不作为义务两类的意义在于,劳动者是否违背忠实义务的判断标准不同。“作为义务,以不作为为义务之违反。不作为义务,以作为为义务之违反。”[2]另如前述,对于作为义务和不作为义务的请求权的执行存在显著不同,法院对作为义务的执行,除执行程序法规定的其他执行措施外,可以命令第三人代为履行,由债务人承担相关执行费用。即使债务人的行为性质不能由他人代为履行的,法院也可以确定债务履行期限和逾期不履行应支付迟延履行金。[3] 作为义务的来源在理论界一直存在争议,笔者综合各位学界前辈的观点,总结作为义务的来源如下:(1)法律规定,即法律综合考量当事人之间的特殊关系,给行为人附加的积极作为义务。法律规定的作为义务行为人必须遵守,否则需要承担相应的法律责任。根据我国《劳动

[1] 关于补偿数额的确定,可以参照2013年最高人民法院《关于审理劳动争议案件适用法律若干问题的解释(四)》(已废止)第6条规定:“当事人在劳动合同或者保密协议中约定了竞业限制,但未约定解除或者终止劳动合同后给予劳动者经济补偿,劳动者履行了竞业限制义务,要求用人单位按照劳动者在劳动合同解除或者终止前十二个月平均工资的30%按月支付经济补偿的,人民法院应予支持。前款规定的月平均工资的30%低于劳动合同履行地最低工资标准的,按照劳动合同履行地最低工资标准支付。”2020年最高人民法院《关于审理劳动争议案件适用法律问题的解释(一)》第36条作了相同规定。

[2] 梁慧星:《民法总论》,法律出版社2011年第4版,第82页。

[3] 《民事诉讼法》第252条规定:“对判决、裁定和其他法律文书指定的行为,被执行人未按执行通知履行的,人民法院可以强制执行或者委托有关单位或者其他人完成,费用由被执行人承担。”第253条规定:“被执行人未按判决、裁定和其他法律文书指定的期间履行其他义务的,应当加倍支付迟延履行金……”最高人民法院《关于人民法院执行工作若干问题的规定(试行)》第60条第3款规定:“对于只能由被执行人完成的行为,经教育,被执行人仍拒不履行的,人民法院应当按照妨害执行行为的有关规定处理。”

法》第56条第1款规定，劳动者必须遵守安全卫生规程，即遵守劳动保护规范的义务。(2)合同约定，即当事人通过合同约定承担的为特定行为的义务。行为人违反合同约定，应该作为而不作为，需要承担相应法律后果。例如，劳雇双方可约定离职后的竞业限制义务。(3)忠实义务中因特定职业或岗位而产生的作为义务最为典型，具有特定专业知识和专业技能或者从事特定职业的劳动者，让雇主及公众产生特殊的信赖，该具有专业素质的劳动者对其实施的专业行为负有报告、通知等作为义务。例如，在雇主组织内涉及复杂人际关系的情形，担任管理和监督职位的劳动者在职责范围内有报告下属或监督对象的危害行为的义务，而没有明确职责要求的普通劳动者对其他同事轻微的不忠实行为，则没有报告的义务。

此外，劳动者的不作为义务与作为义务具有紧密相关性。从某种意义上说，作为与不作为义务往往构成某一类义务的不同侧面，相互之间是补充与配合的关系，将它们截然分开似有不妥。举例而言，劳动者一方面具有不侵占雇主利益的不作为义务，另一方面应积极履行工作障碍及危害通知义务和减少雇主损失的作为义务，两方面的义务都围绕着如何增进雇主利益这一内容而展开，这被称为“积极增进雇主利益的义务”，详细内容可见本书第四章第六节的内容。

三、明示义务与默示义务

英美法系国家的合同理论与大陆法系国家的合同理论存在显著差异，合同义务一般被区分为明示的义务和默示的义务，而且这一合同理论对我国劳动合同具有重要的借鉴意义。

(一)明示义务

所谓明示义务，是当事人以语言文字固定于合同文本中的条款所确定的义务。一般用语明确具体、权利义务清晰，是合同得以成立、存续的基础。劳动合同的效力直接源于合同表述的明示条款，权利义务的主要内容也应按照合同表述的明示条款确定。在理论上，明示条款应该是合同的主要条款，明示义务也构成合同当事人的主要义务。但由于当事人认知能力的有限性与合同条款本身概念外延的封闭性，明确表述于合同文本中的条款通常难以详尽、准确地表达当事人所追求的权利义务。[1] 只有当合同条款表述不清或者存在歧义时，才能根据默示条款作出解释。默示条款也可能成为合同的主要条款，确定合同权利义务的主要内容，甚至可能发生与明示条款确定的权利义务发生冲突的解释，此时默示条款的效力可能强于明示条款。但对于劳动合同默示条款和默示义务的解释应该受到严格限制，劳动合同的人身性决定了义务的履行可能涉及劳动者人权等基本权利的保护。

（二）默示义务

默示义务是基于默示条款的约束而产生，合同中没有明确约定，但履行合同应当或必然包括的条款，是通过法院对合同的解释确立起来的。“有些条款虽然没有明示，但对增强当事人意欲达到的交易有效性是必要的。”[2] 默示义务是合同明示义务的补充，与明示义务具有同等重要性。在劳动合同领域，如果当事人之间的合同中欠缺法院认为非常重要的，应存在于每一个劳动合同中的条款，法院将此类条款作为默示条款加入劳动合同。而且，这些默示条款不因当事人未约定而不存在，因此反映了劳动合同的性质以及当事人之间的基本权利和义务。默示条款主要存在于合同履行过程中，对当事人行使权利构成某种限制，反映了劳动合同的独特性。之所以称为“默示义务”，是因为这些义务没有体现在双方劳动合同的明示条款中，应该属于雇佣关系当事人之间“不言而喻”“约定俗成”的义务。在英国，尽管成文法规的地位和作用越来越重要，但是普通法的默示条款仍然保持相当的重要性，人们还能不断发现新的“默示条款”。传统上，法院判定默示条款的标准是主观的，尽管没有明示说明，但能够断言它仍在发挥重要作用。

劳动合同中默示条款以三种形式存在：(1)事实上的默示条款，指由于案件所处特定环境而产生的默示条款，是当事人自身可能隐含的意图；(2)习惯上的默示条款，是指交易习惯被认为默示隐含于合同之中；(3)法律

---

〔1〕 参见高向阳：《论合同的默示条款》，载《现代法学》1997年第4期。

〔2〕 《劳动法》，甘勇译，武汉大学出版社2003年版，第21页。

上的默示条款,是因合同本身性质而隐含于特定合同类型中的条款,而非基于当事人意图的推断。事实上的默示条款是通过在普通合同标准中植入劳动合同条款,按照普通合同的判断标准,包括了交易的有效性(商业效果原则)和管闲事的旁观者(多事旁观者原则)标准。在英国,关于雇员的默示义务有:(1)服从合理命令的义务,随着经济社会的发展和人们对于工作认识的改变,早期判例确立的雇主有权因一次的不服从就解雇其雇员的原则已经不再适用。在合理命令领域值得探讨的是,雇员是否有义务,或者在何种程度上有义务适应新的工作方法或工作条件的改变?如果这种变化需要改变合同条款,雇主只能在合同中有授权条款对合同作根本改变或者雇员同意作这种改变时变更合同内容。(2)保持忠诚,具体包括不得接受贿赂、不得谋取秘密利益、不得为同事的不当行为保守秘密,这些义务在竞争方面经常见到。(3)竞争禁止义务,作为一般原则,雇员离职后可以不受限制的与以前的雇主展开竞争,但是有两个例外。首先,雇员被雇佣时不能做任何违背忠诚义务的事情。但是,如果雇员不再为雇主服务后去游说其原来的雇主的客户与他做交易则是完全合法的。而且,雇员有权运用其在前任雇主的工作中所获得的知识和技巧,但是商业秘密一类的信息除外。在某种程度上,离职雇员的默示保密义务要比在职雇员的保密义务范围狭窄。其次,贸易限制条款的载入,雇员与前任雇主不受限制的竞争的另一个例外,就是劳动合同中加入了贸易限制条款,即所谓的"花园休假条款"。(4)不妨碍雇主业务的义务。因此,劳动者忠实义务中很多子义务都是从合同的默示条款解释而来,后面我们将详细论述。

四、独立的忠实义务与非独立的忠实义务

债法中,按照附随义务有无独立目的及能否请求履行为标准,可将其分为独立(补充)的附随义务和非独立(辅助)的附随义务。这一分类对债法义务体系的构造,采纳了狭义的给付义务概念,着重强调债的主给付义务,采用了广义附随义务的观点,即不限于保护或维护相对人权益的附随义务,而是包含了有辅助功能的附随义务——从给付义务。劳动法上对劳动者义务体

系的构建可谓循途守辙,遵循了基本的债法理论,即劳动者的主给付义务为工作义务,采狭义的概念;而劳动者的附随义务采广义的概念,涵盖了除工作义务外的所有义务类型。劳动者忠实义务也可以相应地分为非独立的忠实义务、独立的忠实义务。

非独立的忠实义务与劳动关系中的工作义务关系密切,没有自身独立的目的,是为了辅助工作义务的履行,保证劳动合同目的的实现。例如,劳动者服从合理指示的义务和兼职限制义务。非独立的忠实义务与工作义务直接关联,以工作义务的存在为前提,虽然不能导致劳务给付结果的实现,但其不履行可能严重影响劳务给付的效果。独立的忠实义务与劳动关系中工作义务的关系不是特别密切,具有相对独立性,甚至不以合同关系或主要义务存在为前提,有其自身的某种目的,是劳动者对雇主生命、健康、人格、所有权或其他财产利益应予注意、照顾、避免侵害,为担保劳动合同的目的完全实现。例如,保密义务、竞业限制义务、不当言论限制义务、积极增进雇主利益的义务。债法理论上关于附随义务是否可诉的争议很大,传统观点认为从给付义务可以诉请履行,但狭义附随义务不可诉请履行。随着债法理论的发展,附随义务是否能够诉请履行的划分受到了质疑,附随义务不履行被认为属于契约关系债务不履行责任的法律效果,新近的发展接受了一种不依赖于这种划分的可诉性,即如果能够避免诉讼的发生就可诉。[1] 但笔者认为这种传统的与债法理论相对应的区分还是有意义的,例如,能否对一个劳动者提起诉讼,要求其服从雇主的合理指示,尽管劳动者对此肯定有义务。当劳动者违反忠实义务时,对某些具有重要意义的独立附随义务,雇主有权请求法院强制实施。

从上述对劳动者忠实义务的类型化研究来看,各类型之间的边界很难做到泾渭分明,而是存在或多或少的交叉与重合。同一劳动关系中的忠实义务,合同双方不仅可以对劳动关系存续期间的保密义务进行约定,也可以对劳动关系终止后的保密义务进行约定;既可以作为劳动合同义务通过明示的

---

〔1〕 参见[德]W. 杜茨:《劳动法》,张国文译,法律出版社 2005 年版,第 84 页。

方式表现出来，也可以用默示的附随义务形式表现出来。同时，如果这项忠实义务已经法定化，被法律所承认和保护，那么它又可能成为一项法律义务。由此可见，如果研究从不同的角度展开或者采用不同的方法，就会对忠实义务的内涵、性质得出不同的结论。我们之所以进行上述类型化的研究，就是为了能够更深入地了解劳动者忠实义务的性质与特点，从而挖掘劳动者忠实义务的新内涵，赋予其新的生命力，为建构和解释劳动者忠实义务奠定基础。

第四节　劳动者忠实义务中的几类关系

在准确界定劳动者忠实义务的具体内容之前，一个重要的问题就是厘清该义务的法律和理论边界，防范司法实践中对劳动者忠实义务过度扩张适用，也有助于防止义务履行失范的弊端。

一、劳动者忠实义务与附随义务的关系

既然劳动者忠实义务在性质上属于劳动合同附随义务的一种，那么，二者的关系和具体边界必须厘清。关于劳动者附随义务与忠实义务的关系，学界存在两种观点。第一种观点将忠实义务等同于附随义务，持该观点的学者有郑尚元和刘士豪教授。例如，刘士豪教授指出："在劳工方面有关劳工附随义务的名称并未统一，以往有称为忠实义务，有称为忠诚义务，其意旨为劳动者应尽注意义务提供劳务，并忠实维护雇主合法利益。"[1]也有学者将劳动合同附随义务概括为劳动者忠实义务与雇主保护义务两部分。[2] 这种直接等同、替代的方法从一个侧面反映了劳动者忠实义务日益扩张的倾向，但直接等同的方法似乎有点草率和简单，原因在于：首先，对于劳动者忠实义务的性质与具体内容，学界和实务界并未达成共识。例如，瑞典劳动法将"雇员对雇主的批评权和工作场所信息的公开权""雇员参加针对雇主的法律程序"

---

〔1〕 台湾"劳动法学会"编：《"劳动基准法"释义——施行二十年之回顾与展望》，台北，新学林出版股份有限公司2005年第2版，第113页。

〔2〕 参见杨苏：《浅谈劳动合同附随义务》，载董保华主编：《劳动合同研究》，中国劳动社会保障出版社2005年版，第315页。

也列为雇员忠实义务的具体内容,[1]这种情形在其他国家和地区则较为少见。笔者认为,忠实义务虽是附随义务的核心内容,但两者并不等同。其次,从有些学者提到的下位义务来看,也很难被劳动者忠实义务所涵盖。例如,如果将所谓"禁止不当影响同事义务"[2]列为劳动者的附随义务,尚有一定的合理性;但若将其视为忠实义务之一,无论从义务的内容还是从义务相对人来看,均显得牵强附会。第二种观点将"忠实义务"作为"附随义务"的上位概念,在"忠实义务"的概念下再导出其他附随义务。这是一种传统的劳动法理论,持该观点的学者有王泽鉴教授。第三种观点认为忠实义务是劳动合同附随义务的一种。忠实义务应该被认为是劳动合同附随义务中最为重要和基本的类型,是部分附随义务的重要法理基础与来源。第四种观点可以概括为主合同义务说,林嘉教授支持主合同义务说,基于劳动合同身份性所衍生的权利义务,不同于一般意义上的附随义务,应当视为主合同义务,这些义务的履行也构成了劳动合同的基本义务。[3] 笔者赞同第三种观点。劳动合同附随义务所包含的内容是比较宽泛的,而且在不同时代会有不同程度的发展,而劳动者忠实义务仅包含了其中具有共同法基础的部分附随义务,忠实义务本身也是劳动合同的附随义务。这一观点不仅符合债法原理,也是我国劳动法学术传承的体现,更契合了劳动法理论与实践发展的要求和期待。

二、劳动者忠实义务与法定化的关系

劳动者忠实义务是基于劳动关系的基本属性,以及诚信和信赖保护原则而产生。总体而言,忠实义务具有默示条款的性质,即不论法律是否明文规定,抑或当事人在劳动合同中是否明确约定,劳动者都应履行此项义务。同时,不容忽视的是,随着劳动关系实践的迅速变革和立法技术的逐渐成熟,合

[1] 参见李坤刚:《瑞典劳动法中雇员忠诚义务及其启示》,载《安徽大学法律评论》2009 年第 1 期。

[2] 台湾"劳动法学会"编:《"劳动基准法"释义——施行二十年之回顾与展望》,台北,新学林出版股份有限公司 2005 年第 2 版,第 114 页。

[3] 参见林嘉:《劳动法的原理、体系与问题》,法律出版社 2016 年版,第 157 页。

同法上附随义务的法定化逐渐成为一种趋势。劳动法将常见的附随义务通过实定法予以明文化,不仅是劳动合同法科学性和与时俱进的体现,也为劳动者合法权益的维护提供了更为有利的法律保障。[1] 我国《劳动合同法》对兼职限制义务、保密义务和竞业限制义务已经作了明确规定。对此,有学者认为,部分劳动者附随义务已经有了法律明文规范,无须再通过诚实信用原则的法理导出这些义务。[2] 但是,我们并不能由此认为法定化的附随义务就变成了新的义务类型,其基本性质并未发生转化。恰恰相反,劳动者忠实义务法律化的基本法理依据依然是劳动关系的人身性、继续性因素以及信赖保护、诚实信用原则的要求,立法者将其法定化仅是为了适用上的明确具体。忠实义务成文化的趋势,并没有动摇诚信原则和信赖保护的法源基础地位,因为成文法中的忠实义务规范,大多是一些"标准性质"的"模糊性"的规定,而非可以严格区分假定条件、行为模式和法律后果的具体性规则。当现有法律条款出现含义不明或者不能满足司法实践的需求时,执法者与司法者选择法律解释的方法仍须以信赖保护和诚实信用原则作为出发点,填补法律漏洞的法理依据并未发生改变。所以,对于劳动者忠实义务的法定化而言,其最重要的法律意义就在于赋予其法律适用上的优先性,在适用效力上遵循法定优于约定、约定优于默示,不可能排除信赖保护和诚实信用原则的适用。况且,从劳动者忠实义务产生发展的轨迹来看,每一项子义务都无一例外的由司法实践经验总结提炼而来,在立法明文确认之前多以判例和法理的形式存在,法官对其正当性的论证也只能从劳动关系的人身因素、继续性和信赖保护、诚实信用原则寻找依据。

三、多重劳动关系中劳动者忠实义务的分配关系

如果劳动者存在兼职或多重劳动关系的情形,因为其与多个雇主建立了

---

〔1〕 参见吴文芳、韦炜:《论劳动合同中的附随义务——兼评〈中华人民共和国劳动合同法(草案)〉的相关条款》,载《法商研究》2006 年第 4 期。

〔2〕 参见台湾"劳动法学会"编:《"劳动基准法"释义——施行二十年之回顾与展望》,台北,新学林出版股份有限公司 2005 年第 2 版,第 114 页。

劳动关系,就可能面临多个忠实义务之间如何分配的问题,这也是劳动者兼职限制义务的主要来源之一。对此,妥善处理忠实义务的冲突应当遵循几项基本原则:第一,按照权利位阶优先保护在先权利。不管劳动者构成多重劳动关系,还是存在劳动关系与雇佣关系冲突的情形,都应坚持优先保护在先建立的劳动关系或雇佣关系,在先雇主的权利优先于在后雇主的权利。因为一方面雇主签订劳动合同时具有审查劳动者之前合同是否终结的义务,[1]另一方面劳动者从事兼职工作不得影响其本职工作正常完成。根据《劳动合同法》第 39 条第 4 项规定,劳动者同时与其他雇主建立劳动关系严重影响本职工作,或者经雇主明确提出,但其拒不改正的,雇主有权单方解除劳动合同。由此可以看出,忠实义务的分配是兼职或多重劳动关系中的重要问题,立法者早有主张。即使是非全日制用工情形,虽然《劳动合同法》第 69 条第 2 款规定劳动者可以建立多重劳动关系,但后建立的劳动关系也不得影响先订立劳动合同的完全履行。第二,不得违反劳动基准的原则。劳动基准具有强行法的性质,其中的规定多是为了保护劳动者的人格权与身心健康,因此劳动者在多个劳动或雇佣关系中履行各项忠实义务的累加值,不得违反劳动基准法的要求。例如,劳动者在多个劳动关系中均履行服从义务和减损义务,但其工作时间的总和以及劳动条件不得超过法定基准的要求。当然,考虑到劳动关系实践的复杂性和多重劳动关系的特殊性,兼职往往涉及各种非标准劳动关系的样态,很难用现有劳动基准予以规范,劳动立法应该主动适应实践发展,及时制定特殊的劳动基准和运行规则。司法判例制度具有灵活性和适应性的特征,应该大有可为。第三,忠实义务履行的妥当性原则。在劳动者合法的兼职或多重劳动关系中,对忠实义务的界定必须将不同义务之间的利益平衡纳入考量指标。当劳动者受雇于多个雇主时,这些雇主都有制定和适用劳动规章制度的权力,不同雇主的规章在内容上不可避免地产生冲突和抵触。对劳动者忠实义务的分配,应符合利益衡量和比例原则的精神,

---

〔1〕《劳动合同法》第 91 条规定:"用人单位招用与其他用人单位尚未解除或者终止劳动合同的劳动者,给其他用人单位造成损失的,应当承担连带赔偿责任。"

坚持个案对待，不能因此违反劳动基准的规定，或侵害劳动者的合法权益，对劳动合同、规章制度和雇主惩戒行使情况严格审查。

四、劳动者忠实义务与其他主体忠实义务的对比

如前文所述，现有规范文本中，忠实义务在法律关系中是广泛存在的。但是，劳动者忠实义务与其他主体承担的忠实义务在法理基础、必要性、功能、限度、责任等方面都存在显著差别。本部分选取现有法律关系中比较典型的公务员和公司董事、高级管理人员的忠实义务，与劳动者忠实义务进行对比研究，以期达到深化认识的作用。

（一）劳动者忠实义务与公司董事、高级管理人员忠实义务的差别

在英美公司法上，公司与董事、高级管理人员之间的关系被认为兼有代理和信托的关系，董事、高级管理人员兼具代理人和受托人的双重身份。发展至今日，公司与董事之间的关系逐渐成为一种独立的信义关系。在大陆法系国家和地区，对于公司与董事之间的关系，学说上并不统一：瑞士、日本及我国台湾地区，均认为两者之间属于委任关系，即董事是公司的受托人。委任是指委任人委托受任人处理事务的合同，委任的目的是处理一定的事务。受任人给付劳务只是一种手段，除当事人另有约定外，为了完成委任的目的，受任人可在委任人授权范围内，自行裁量决定处理一定事务的方法。法国和德国则认为董事是公司的代理人。但无论是信托说、委任说，还是代理说，董事都应对公司承担信义义务，二者被认为成立一种信义关系，据此董事对公司承担忠实义务。因此，信义关系在本质上是特定当事人之间形成的一种不对等的法律关系，而劳动者忠实义务则是当事人之间的一种相互信任关系，这也是董事忠实义务与劳动者忠实义务在本质上的不同。作为受信人的董事处于一种相对优势的地位，而作为受益人的公司则处于相对弱势的地位。董事以自己的行为影响公司利益，董事的决策与对外实施的法律行为可以直接拘束公司，而公司必须接受这种行为后果。这实际上是权力—责任关系的另一面，与劳动者和雇主之间的强弱对比态势恰好相反。为了防止董事滥用权力的可能和保障公司的合法利益，法律通过董事对公司高标准的忠实义务

规定,维持双方的信赖关系。董事必须忠实和善意的为公司的利益行事,以公司利益作为自己行为的最高准则,不得追求自己和他人的利益。[1] 而法国和日本公司法并没有要求董事为公司最大利益着想,只有在违背公司利益的情况下,董事才可能受到法律制裁;如果董事并没有违背公司利益,即使没有为公司利益着想,也不需负任何责任。但英美法系对董事忠实义务的要求比法国或日本的规定更高,董事必须忠实和善意地为公司最大利益着想,否则便是违反忠实义务。即使没有产生直接或现实的利益冲突,董事如果将自己置于个人利益和公司的利益可能存在冲突的位置,也违背了忠实义务。因而,董事忠实义务标准应顾及其在公司的优势地位,从最大诚信的角度加以考量,而法律对劳动者忠实义务的标准则相对较低,二者显然是不同的。

(二)劳动者忠实义务与公务员忠诚义务的差别

与劳动者忠实义务最为相似的法律制度,非公务员忠诚义务莫属,比较研究有助于我们深化对二者的认识。从世界各国的规定来看,关于公务员和政府之间法律关系的规定不尽相同,主要学说有主仆关系、代理关系、服务关系、雇佣关系等。[2] 即使采用雇佣关系说,认为公务员与政府之间的法律关系是基于雇佣契约而建立,我们依然可以发现这种雇佣关系和劳动关系存在巨大差别。公务员与政府之间对权力服从关系的要求远高于劳动者忠实义务的要求,公务员忠诚义务也具有更加强烈的伦理性质,其范围甚至从职务领域扩张到了公务员的个人生活中,与劳动者企业外行为原则上不受干预形成鲜明对比。法国最高行政法院在一则判决中有过经典论述,公务员在执行公务时不得让人对其中立态度和他对现行政治制度的忠诚产生怀疑,因为公务员对所属政府负有层级服从义务。[3] 正是基于公务员不同于社会公众的地位和其负有的特殊职位义务,要求其无论是在工作范围之内还是在工作范围之外,在政治方面要特别注意保持应有的温和节制。多数国家的法律对公务员政治中立原则进行了明确规定,即使政治相对开明的法国也不例外,法

---

〔1〕 参见张民安:《公司法的现代化》,中山大学出版社 2006 年版,第 403 页。
〔2〕 参见邝少明、周映华:《论公务员与政府的法律关系》,载《法学评论》2004 年第 4 期。
〔3〕 参见潘峰:《劳动合同附随义务研究》,中国法制出版社 2010 年版,第 97 页。

律一方面保障公务员的信仰自由和参加政党活动的自由，另一方面也规定了公务员参与政党活动、罢工和发表政见时注意克制和保留的义务。[1] 这一点在我国更加明显，公务员受到更多的约束。对公务员职位的约束与劳动者相比更为宽泛，甚至扩充到了职务以外的行为领域，因为既然自愿加入公务员的行列，就意味着放弃了部分基本权利。公务员在职务之外的部分私人行为之所以仍然受到职务纪律的约束，主要目的在于维持公务员应有的公共职业形象和声誉。对此，我国《公务员法》第 59 条列举了十多项违反纪律的行为，既有职权行为也包括部分职务外的行为，所谓"违反职业道德、社会公德"，就可能涵盖纯粹私人生活领域的言行。而且公务员离职后，在一定时间内仍然受到忠诚义务的约束，例如，《公务员法》第 107 条规定的职业限制义务。劳动者忠实义务的对象是雇主，且必须是与授权相关的事务，对于与授权无关的事务，忠实义务人对托付人无忠实义务可言，对于雇主以外的人也无忠实义务可言，而可以为自己的利益而努力。而且雇主如果没有重大利益存在，不能干预劳动者的私人生活，一般在劳动关系终止后，劳动者也不再受到忠实义务的约束。

第五节　劳动者忠实义务的价值取向

虽然某些实证主义者，如凯尔森，认为价值判断是纯主观的，无法作为客观现象纳入法律研究，从而意图取消法学研究中的任何价值判断因素。但价值判断，如道德因素，往往是法律产生、发展的时代、环境特征，我们不可能无视价值判断在法律活动中的作用。[2] 也有学者认为，法律的价值被认为是法律的理想，既不能用事实来证明，也无法用逻辑去论证。[3] 但法律价值取向的重要性是无可辩驳的。劳动法的价值取向则是劳动关系法治化的基本

---

〔1〕 参见金伟峰、姜裕富：《公务员忠诚义务的若干问题研究——对〈公务员法〉第 12 条的解读》，载《行政法学研究》2008 年第 1 期。

〔2〕 参见[英]丹尼斯·劳埃德：《法理学》，法律出版社 2007 年版，第 39 页。

〔3〕 参见吕世伦、文正邦主编：《法哲学论》，中国人民大学出版社 1999 年版，第 421 页。

点。[1] 劳动者忠实义务的价值取向决定着法律原则的选择。故而,探讨劳动者忠实义务的价值取向是明确其基本原则和正当性的基础。

一、劳动者忠实义务履行中效率与正义的平衡

产权理论和法经济学理论认为,不同的权利义务的配置结构会产生不同的社会成本,所以我们应该选择成本最低的权利义务配置结构。合同附随义务理论的出现和发展,本质上就是为了提高合同履行的效率。具体到劳动合同领域,合同主义务的履行才能保证劳动合同主要目的的实现,雇主保护照顾义务和劳动者忠实义务的最终目的都是保障合同主义务的履行和目的的实现。首先,法律概念和制度本身的抽象性、概括性和权威性具有提高社会效率的作用。雇主照顾义务和劳动者忠实义务所包含的规则具有普遍适用性,不仅减少了劳资谈判、协商成本,而且有利于劳资纠纷的化解,保障劳资和谐,提高交易效率。其次,在雇主照顾义务和劳动者忠实义务的制度设计上也体现了效率原则。雇主照顾义务所包含的安全保障、健康检查、促进义务和告知义务,其本身不仅包含了巨大的经济效益,而且有利于换取劳动者的忠实。劳动者忠实义务所包含的服从、保密、兼职限制、竞业限制等子义务,都以促进和实现雇主生产效率和经营管理效益为目的。最后,劳动者忠实义务在实践运行中也注重追求社会效益的最大化。例如,在英国普通法发展过程中,禁止或限制竞业的契约通常会被认定为自始无效,甚至会遭受刑罚制裁,而且这种情形一直持续到20世纪才有所改变,维护社会公共利益是重要理由,其中增进效能是很重要的考量因素。[2]

无疑,劳动者忠实义务有利于提高企业管理效率,减少代理成本,从而有利于社会整体效能的提升。关于忠实与自由之间的关系,类似于个人与组成国家、个人与组成家庭一样,劳动者接受一份工作,就是通过劳动契约让渡一

---

〔1〕 参见徐小洪:《劳动法的价值取向——效率、劳动者主体地位》,载《天津工会管理干部学院学报》2009年第1期。

〔2〕 参见焦兴凯:《重要英美法系国家对受雇者竞业禁止规范之研究》,载《万国法律》2003年第131期。

部分自由。就像个人拥有自由但不能为所欲为一样,劳动者拥有自由的基本权利,但也需要服从企业的管理和尊重企业的利益。但过于强调劳动者忠实义务可能损害其合法利益,有违劳动关系中的正义原则。人既是物质性的存在,也是精神性的存在,劳动权本身蕴含着人格利益,即劳动者的人格尊严和意志。[1] 劳动者在履行忠实义务的同时,也交出了自己的行动自由。所谓的"人格从属性"是指服从雇主合理的指示,其精神和肉体的活动都受到相当程度的限制。因此,有学者主张,劳动者忠实义务应严格限制在实际生产过程、实际劳动过程中,或对此等过程必定会造成重大影响的范围之内;相对的,雇主的附随义务或所谓照顾保护义务则不应限缩其适用范围,反而应基于劳动者的人格保护的需要,为克服劳动者的从属性和物化现象,应该广泛予以肯定,不宜进行限缩。[2] 保护劳动者人格尊严是劳动法的最高价值之一,是劳动法实现社会正义的重要手段。

二、劳动者忠实义务履行中私益与公益的平衡

劳动关系中私益与公益的平衡,是指劳资双方当事人的利益与社会公共利益发生冲突时,通过法律的协调使双方的利益在共存和相容的基础上得到最大限度的合理优化。通常,利益冲突能够依靠社会的自我调整机制解决,但是当利益形式逐步多元化、利益需求不断膨胀发展时,利益冲突就会超出社会自我调整的能力范围,只能诉诸法律的手段进行调整。劳动者忠实义务以维护和实现雇主利益为主要目的,在义务履行过程中,必然会发生雇主私益与社会公共利益的冲突。例如,我国《劳动法》第 56 条第 2 款规定了劳动者对用人单位危害生命安全和身体健康的行为有权检举、控告;《安全生产法》第 51 条规定了劳动者对本单位安全生产中存在的问题有权提出检举和控告,用人单位不得因此而降低其工资、福利待遇或者解除劳动合同。上述法律明确规定劳动者享有告发雇主违法不当行为的权利,劳动者行使上述权

---

〔1〕 参见冯彦君:《劳动权的多重意蕴》,载《当代法学》2004 年第 2 期。

〔2〕 参见黄程贯:《劳动法中关于劳动关系之本质的理论》,载《政大法学评论》1998 年总第 59 期。

利是否构成对忠实义务的违反呢？虽然有些法律未明确赋予劳动者实施公益告发的权利，但劳动者作为普通公民理应享有基本法上的检举权利，况且公益告发也是劳动者履行应尽的公民责任与专业责任的体现。例如，我国《环境保护法》第57条规定了任何人对污染环境和破坏生态的行为都有权向环境主管部门举报；《消费者权益保护法》第6条规定了任何人对损害消费者合法权益的行为都可以进行监督。

法律对可能的利益冲突进行调整，首要的就是对利益的上下位阶与先后顺序作出妥善安排，在此基础之上对可能出现的利益评价事先预备答案，在人们追逐利益之前就已经准备好相应的评价规范。之后才是凭借稳定的评价规范对产生的利益冲突进行评判，故而，法律作为一种兼具稳定性与有效性的利益冲突调整机制，能够使冲突各方的利益处于相对平衡状态。劳动者忠实义务是根据劳动关系的特征和法律规定所应承担的一项义务，劳动关系存续期间，劳动者应积极增进雇主的合法利益，消极地避免或减少雇主不必要的损害。劳动者忠实义务的主要目的在于维系劳资信任，保持劳动关系的和谐稳定。当代劳动法上的忠实义务已经不同于劳动法早期史中主仆关系的要求，也不同于“仆从式雇佣模式”中员工相对于组织的附属性、工具性特征，“个人主义雇佣模式”下员工就业能力和职业主义是显著特征，忠实的指向发生了重大改变，职业忠实将取代组织忠实成为新型劳动关系的特征。[1]只要劳动者拒绝提供劳务等有害于雇主利益的行为确实具有合法正当事由，不应再以劳动者忠实义务等名目予以限制。[2] 劳动者基于公共利益维护的告发行为被认为并非因维护公益而牺牲雇主私益，而是完全符合劳动者忠实

〔1〕 劳动关系学者按照生产模式所具有特点的不同将劳动关系划分为“仆从式雇佣模式”和“个人主义雇佣模式”，福特主义生产模式的特点是标准化、低技能，劳动者丧失了劳动过程的自主性和控制性，对组织忠实既是组织需要，也是劳动者个人需要，其对应的是“仆从式雇佣模式”；后福特主义生产模式更强调高度专业化的技能和具有较高自主权的劳动过程，以便实现基于环境变化的生产过程调整，其对应的是“个人主义雇佣模式”。参见郭志刚、刘昌宇：《国外劳动关系发展变革及其对我国的启示》，载《理论与改革》2017年第1期。

〔2〕 参见黄程贯：《劳动法中关于劳动关系之本质的理论》，载《政大法学评论》1998年总第59期。

义务要求的行为。[1] 因此,法律上雇主负有容忍劳动者公益告发行为的义务,即不得因劳动者的告发行为而给予不利益待遇。只要现行法律没有明确的禁止性规定,在雇主有违法行为时,诸如非法雇佣、忽视安全规则、违反垃圾和环境保护法的规定、违反肉制品加工规定以及结算欺诈等,或者国家机关和社会公众对雇主组织内部违法状态,对公共安全与秩序的威胁等的知情利益,绝不能因为源于劳动关系不能精确确定的忠实义务而让步。在私法中不能不顾及根据事理对国民权利的保障,排除违法状态和对公共安全与秩序的威胁状况属于公共利益。[2] 当然,既然称之为利益平衡,劳动者进行公益告发就不能任性妄为,法律应当对公益告发内容的真实性、目的的正当性和程序的妥当性进行判断。例如,英国和日本的公益告发立法所采内部通报前置主义,就是平衡雇主私益与公益的考量的产物。公益告发是否具有正当性,是劳动者能否获得法律保护的前提。

三、劳动者忠实义务与企业外行为的平衡

既然劳动者忠实义务是劳动合同的附随义务,其履行范围就不应该超出劳动关系的界限。按照现代法律精神,基于对人格权的尊重,工作和生活必须分得很清楚。雇主的指示权原则上不能扩张到劳动者工作时间以外的行为,劳动者也没有义务遵守类似的指示,因为企业外行为已经超越了劳动关系的范围,除非有确切证据表明该行为已经对雇主的经营和声誉造成影响。[3]

原则上,劳动者作为公民拥有参加社会活动的自由,而且超出职责范围的企业外行为也属于劳动者私生活的范畴,一般不会与雇主权益产生矛盾,雇主也不应轻易介入该领域,劳动者发生于该领域的行为也不应成为雇主惩

---

〔1〕 See Robert A. Larmer, *Whistleblowing and Employee Loyalty*, Journal of Business Ethics, February 1992, pp. 125 - 128.

〔2〕 参见[德]雷蒙德·瓦尔特曼:《德国劳动法》,沈建峰译,法律出版社 2014 年版,第 154 ~ 155 页。

〔3〕 参见台湾"劳动法学会"编:《"劳动基准法"释义——施行二十年之回顾与展望》,台北,新学林出版股份有限公司 2005 年第 2 版,第 116 页。

戒的对象。特别是涉及劳动者个人私生活中的隐私,法律明确予以尊重和保护,个人私生活在社会道德上的评价属于另一层次的问题,与法律上如何处理不能混为一谈。但企业常在劳动契约或规章制度中规定,劳动者在工作时间之外不得有妨害公司名誉、信用的行为,这种规定实质上已经将劳动者私生活列入企业干预的范围。根据忠实义务,劳动者也负有不损害雇主经营利益和信誉的义务,所以劳动者企业外的行为也存在违反忠实义务的可能,如果企业外行为确实侵害了雇主的正当利益,扰乱了正常经营秩序,就极有可能成为雇主惩戒和法律规制的对象。我国《劳动合同法》第39条规定劳动者被追究刑事责任的,用人单位可以解除劳动合同,而不论该犯罪行为在雇主组织内外,都可作为惩戒解雇的对象,可见法律也认可企业对劳动者私生活的适当干预。因此,原则上劳动者私生活如果与企业活动有关联,而且可能毁坏企业的名誉、评价时,为了维护生产经营秩序,企业可以惩戒劳动者,具体包括以下两种情形:(1)劳动者企业外行为已经妨碍其劳务提供,如劳动者酗酒成性,带着酒气从事需要注意力高度集中的工作,或者吸食药品、毒品,影响劳务提供的品质;(2)劳动者在企业外的行为损及企业名誉、信用,譬如劳动者散发传单诽谤企业产品品质、性能或对雇主有恶意性、虚构性的言论攻击。[1] 例如,2013年备受瞩目的空姐微博吐槽解雇案,上海市长宁区人民法院以空姐吐槽违反忠实义务作出判决。[2]

对劳动者企业外行为是否违反忠实义务的判断,不仅要综合劳动者企业外行为的性质、程度,劳动者在企业内的岗位和职责,以及该行为对企业权益带来损害的可能与程度;还要考察企业的性质、规模及其在经济社会中的影响、形象、所占地位与经营方针等因素。如果劳动者私生活的不良行为确实在客观上对雇主组织造成了重大的负面影响,劳动者可以成为雇主惩戒、承担纪律责任的对象。如果劳动者在企业外从事违法犯罪活动,可能使企业的

---

〔1〕 参见刘志鹏:《"劳动法"解读——劳资争议致胜锦囊》,台北,月旦出版社股份有限公司1996年版,第27页。

〔2〕 参见《空姐微博吐槽遭解雇起诉航企,法院判解雇有理》,载民航资源网:http://news.carnoc.com/list/255/255318.html,2018年3月20日访问。

社会声誉受到重大不利影响,或者劳动者的行为可能严重影响企业经营秩序或职场纪律,对劳动者该种行为的纵容必然会导致职场纪律松懈,对雇主维持职场秩序带来恶劣影响的,则劳动者该企业外行为构成对忠实义务的违反,企业基于规章制度的相关条款可以介入并实施惩戒处分。[1]

第六节 劳动者忠实义务的功能

本节所要论述的问题,是劳动者忠实义务本身的功能,或者说,是劳动者忠实义务对劳动关系的积极影响。如前所述,劳动者忠实义务的功能在于使劳动过程的实现能够在积极、注意的情形下进行,因此劳动者忠实义务对劳动关系极为重要。

一、劳动者忠实义务可以补充契约法理论的局限

伴随整体社会关系历经"从身份到契约"的进步运动,现代社会形成了国家与社会相对分离,以市民法为基础的开放社会,在自由主义法律观念之下,市民关系主要基于契约而形成。具体到劳动关系,在这种具有强烈伦理性的法律关系之中,则表现为从身份到契约——从契约到身份与契约相统一,这样一个发展过程。[2] 劳动合同法的调整对象以劳动与工资给付为主要内容,究其本质依然是契约关系。劳动合同虽然具有人身性、继续性等特别属性,但其仍然属于私法契约,理应遵循契约自由的原则。

(一)传统劳动契约法理论的局限性

从"身份到契约的运动"[3]是人类发展史上的巨大进步,是人平等身份逐步发现与确立的过程。劳资双方以平等协商的方式订立契约、确立彼此之间的利益关系,是这一阶段劳动关系的主要特征。雇主以支付工资或者生活资料为对价,获取对劳动力的支配权;劳动者以让渡自身劳动力的支配权为

---

〔1〕 参见田思路、贾秀芬:《日本劳动法研究》,中国社会科学出版社 2013 年版,第 140 页。

〔2〕 参见秦国荣:《劳资伦理——劳动法治运行的价值判断与秩序维护》,载《社会科学战线》2015 年第 7 期。

〔3〕 [英]梅因:《古代法》,沈景一译,商务印书馆 1959 年版,第 97 页。

对价,获得工资或生活资料。劳资双方以平等与自由的方式实现了货币资本与劳动力的结合。因此,传统的契约关系遵循了意思自治、契约自由等基本的市场法则,法律也为当事人追求自己利益的最大化提供庇护,利己主义盛行,当事人的利己追求只有在对方明确要求时才能加以限制。伴随这一运动而来的是经济社会地位的强者对弱者的实质性的支配。19 世纪末期以来,伴随资本主义生产方式的快速发展,相对于契约在传统地位上的重要性,身份变得日益重要。"社会开始根据某种关系——而不是根据自由意志组织起来。"[1]法律以身份作为规范基础,典型的表现为法律对消费者、劳动者的保护。[2] 劳资经济社会地位的不平等形成了一种新的身份关系,强者与弱者的关系。国家开始意识到个体社会差异和力量强弱,通过立法保护弱者,规制强者,追求社会实质正义和法的妥当性成为法律发展或转向的新课题。在劳动关系中,劳动者基于雇主的信赖而加入雇主组织,提供劳务、获取报酬,是一种为他人利益的行动,双方形成一种忠实关系。[3] 在这种忠实关系中,劳动者理应为雇主的利益而付出努力,呈现出一种"利他"的样态,尽管不能排除劳动者就此享有请求相应报酬的权利,但劳动者的权利主张一般以工作义务和附属义务的完全履行为前提。劳动者在履行劳务给付义务时,除一般契约性要求外,还要受到一定程度的道德约束,忠实义务就是如此。劳资之间的关系用契约法理论加以解释开始"捉襟见肘",道德色彩的加入恰恰反映了传统契约法规制的不足。

(二)关系契约理论对忠实义务的解释

关系契约理论认为,契约的首要根源来自现实社会。[4] 任何一个契约背后实际上都受到种种社会关系的约束,各种社会的伦理和信义是构成这种

---

〔1〕 [美]伯纳德·施瓦茨:《美国法律史》,王军等译,中国政法大学出版社 1989 年版,第 201 页。

〔2〕 参见邓小荣:《契约、身份与近现代民法的演变》,载梁慧星主编:《民商法论丛》(第 15 卷),法律出版社 2000 年版,第 724 页。

〔3〕 参见谢哲胜:《忠实关系与忠实义务》,载《月旦法学杂志》2001 年第 3 期。

〔4〕 参见[美]麦克尼尔:《新社会契约论》,雷喜宁、潘勤译,中国政法大学出版社 1994 年版,第 1~2 页。

社会连带的基础，约束当事人的契约义务并非都来自当事人的意思表示一致。[1] 例如，劳动契约中的兼职限制、保密义务和在职竞业限制等，均没有当事人意思表示一致的痕迹。契约的拘束力以及伴随契约的各种义务是基于社会关系而产生的。当事人之间的权利义务也根据当事人之间的关系和事实的变化而发生变化，当事人权利义务的根据与其说是缔约时的合意，不如说是当事人之间形成的且不断发展变化的关系本身。在劳动关系这种忠实关系中，劳动者必须获得雇主的信任或授权才能有效地处理事务，但劳动者也有辜负信任和滥用授权的风险。而且这种风险仅靠当事人之间的合同约定是无法彻底消除的，即使建立了第三人或其他外在监督机制，也会产生过高的管理和交易成本，降低边际收益率，从而减少双方当事人从这种忠实关系中获得的利益。基于减少劳资关系中代理成本的考量，消除雇主对于劳动者可能辜负其信任和滥用授权的疑虑，从而产生了劳动者忠实义务。而且劳动契约是一种继续性契约，是一种长期的契约安排，是动态的发展过程。在这种复杂的、继续性的契约关系中，合意充其量只能发挥一种触发性的作用，那种将合意与复杂的契约发展过程等同起来的看法是愚蠢的。[2] 因此，劳动合同中必须对当事人的权利义务进行动态把握，结合劳动关系的实践和劳动合同的履行来确定劳动者的义务范围和限度。

二、劳动者忠实义务是维系劳资伦理关系的纽带

伦理道德是人的秩序，这个秩序直接关系到家庭、族群和社会的安危。劳动法治运行不仅要尊重劳资双方的意思自治与合法权益，而且要在此基础上对劳动者给予适当的倾斜保护。劳资伦理关系的维系也变得越来越重要，在组织共同体可持续发展的基础上，劳资双方相互信任、分工合作所带来的利益才可能持续，而利益共享机制是这种伦理关系维系的必备要素。劳资伦

---

〔1〕 参见侯国跃：《契约附随义务研究》，法律出版社 2007 年版，第 159 页。

〔2〕 参见[美]麦克尼尔：《新社会契约论》，雷喜宁、潘勤译，中国政法大学出版社 1994 年版，第 45 页。

理包含了职业伦理和雇佣伦理。[1]

（一）劳动者忠实义务是维护劳资信赖的润滑剂

在哲学家的眼里，自私是人类的天性，即使存在一定的慷慨也是极其有限的，因此人很难被诱导去从事有利于陌生人利益的行为，除非他们期望由自己的行为得到某种交互利益。而且追求这种利益别无他途，唯有通过自己做出让他人受益的行为才有得到的可能和希望。[2] 如果将劳动者忠实义务纳入心理契约和社会契约的研究范畴，忠实关系无疑会促进契约双方增加对于共同事物的投入，并造成退出契约关系的障碍或产生相应的机会成本。当一方对另一方付出信任之后，另一方也会相应地投桃报李，给予适当的回报。这是一种雇主与劳动者之间的双向交流机制，劳动关系中的双方当事人随时都在对各自的投入与收益进行着评估，雇主对劳动者进行公正的工作绩效考核，不仅有利于合同目的实现，也对劳动者工作义务和忠实义务的履行产生导向和激励作用。同时，劳动者忠于职守、勤勉尽责不仅可以让雇主合同利益实现最大化，也能够得到雇主照顾义务的回报。当然，维护劳资信赖的关键责任还在雇主一方，组织的绩效考评和酬薪管理机制能否以人为本至关重要，以人为本的人力资源管理理念意味着劳动者是劳动关系的主体，而不是管理活动中被动的客体，劳动关系中充满人文关怀的理念，有助于摒弃僵化的管理模式。总而言之，科学的酬薪管理就是要对忠于职守的劳动者给予褒奖，为持续的忠实行为提供不竭动力；公正的绩效考评就是要对劳动者的忠实度做合理的测量。因此，劳动者忠实义务作为维护劳资信赖的润滑剂，对于维护劳资关系和谐具有核心作用。

（二）劳动者忠实义务是职业伦理规范的基础

在黑格尔哲学思想中，承认与服从被认为是一般伦理法则，利己主义和利他主义的历史鸿沟因此而消除。[3] 忠实义务的道德色彩因强调劳动者处

---

〔1〕 参见秦国荣：《劳资伦理——劳动法治运行的价值判断与秩序维护》，载《社会科学战线》2015 年第 7 期。

〔2〕 参见［英］大卫·休谟：《人性论》（下），关文运译，商务印书馆 2009 年版，第 555 ~ 559 页。

〔3〕 参见张君平：《黑格尔人学思想研究》，知识产权出版社 2015 年版，第 98 页。

理雇主事务的利他目标，为个人主义和利他主义建立起沟通的桥梁。劳资关系与陌生人之间的关系不同，陌生人之间的交往、合作，更多的是出于利益的相互性；而在劳资之间的忠实关系中，如果剔除了利益的因素，就需要职业伦理作为维系纽带。服从雇主合理命令、增进雇主利益是劳动者忠实义务的重要内涵，也是职业伦理规范的基础。缺乏最起码的忠实观念，所谓爱岗敬业、勤勉工作等更高的职业伦理要求都是奢谈。况且，忠实义务作为职业伦理规范的基础，不仅涉及雇主的利益，可以弥补契约的缺陷和雇主指示权的不足，而且影响着社会整体的利益，社会整体的利益亦包含劳动者的利益。因此，忠实义务强调劳动者积极增进雇主利益，也是为了实现和维护社会整体的利益，从而塑造一种利人利己的社会氛围。作为职业伦理规范的基础，劳动者忠实义务是带有道德约束力的"许诺"，很多内容属于"义务道德"的范畴，对于特定职业伦理规范的形成，意义非同寻常，需要法律介入调整。劳动法治建设就应以维护职业伦理为价值支撑。

（三）劳动者忠实义务有助于推动雇佣伦理规范的形成

如同劳动者忠实义务对应于雇主的照顾义务，与职业伦理对应的就是雇佣伦理，二者相辅相成，互相促进。当今社会，雇主的伦理责任已经不仅仅局限于对外向社会提供物有所值、符合安全标准的产品与服务，履行提供工作机会和照章纳税等企业社会责任，还要承担对消费者、社区和环境的责任，更重要的是内在生成过程中对人的价值的关注，即以什么样的方式和路径实现其功能，在实现功效的过程中及完成其功用以后，其以何等伦理姿态面对社会。换个角度考虑问题，雇主建构和维系雇佣伦理的意义不限于创造充满人性关怀的和谐劳动关系，而且包括公平、公正地对待劳动者，可以激发劳动者的积极性、主动性、创造性，从而增强组织的凝聚力和结构体系的稳定性。在其他条件不变的情况下，组织的结构越牢固，适用于组织成员的道德规范就越多，组织统摄其成员的权威就越大。[1] 雇主组织积极健康的雇佣伦理文化，有助于理性忠实观念的形成，激发劳动者自觉履行忠实义务、维护雇主最

〔1〕 参见［法］涂尔干：《职业伦理与公民道德》，渠敬东译，商务印书馆2015年版，第8页。

大和长远利益。研究表明,劳动者公益告发意愿的产生就受到组织伦理文化与积极情感因素的交互作用。[1] 因此,劳资伦理关系维系的关键在雇主,只有雇主恪守雇佣伦理规范,真正把劳动者当作"手段与目的相统一的人"进行善待,才能实现劳资和谐、合作共赢。

三、劳动者忠实义务是法律回应社会现实的需求

忠实是一种许诺,许诺是以社会的需要和利益为基础的人类的发明,但没有法律作为后盾的许诺是没有力量的。[2] 现代社会,工作是个人价值实现与交换的主要平台,劳动关系发展受到信息技术革命和社会价值观等多方面变革的影响,[3]传统劳资伦理受到前所未有的冲击和破坏。为了重建维系劳资之间和谐的伦理规范,劳动法治介入调整责无旁贷。将劳动者忠实义务设置为劳动合同法基本义务条款就是表现之一。[4] 一般权利义务条款不仅是一个立法技术问题,也是一个劳动合同法能否有效实施的问题。设置一般权利义务条款有利于缓解成文法的稳定性与社会适应性之间的紧张关系。类似于英美合同法理论中的"法律上的默示条款"。

《劳动合同法》应当设定一般权利义务条款,无论合同双方是否将一般条款纳入合同约定都不影响双方遵守。[5] 忠实义务作为一个需要价值填补的包容性概念,可以授权法官在个案的法律适用中进行自由裁量。第一,从劳动合同法律规范的性质看,劳动合同是劳动者与雇主确定劳动关系、明确双方权利义务的协议,忠实义务作为劳动者一般义务条款符合其规范性质。虽然劳动法由于国家公权力介入而具有很强的公法色彩,其大部分内容属于强制性规范,而劳动合同法中的任意性规范相对比较集中,很多内容属于半

---

[1] See Julia Zhang, Randy Chiu, Liqun Wei, *Decision-making process of internal whistleblowing behavior in China: Empirical evidence and implications*, Journal of Business Ethics, 88, 2009, pp. 25-41.

[2] 参见[英]大卫·休谟:《人性论》(下),关文运译,商务印书馆2009年版,第555~559页。

[3] 参见郭志刚、刘昌宇:《国外劳动关系发展变革及其对我国的启示》,载《理论与改革》2017年第1期。

[4] 参见林嘉:《劳动法的原理、体系与问题》,法律出版社2016年版,第157~158页。

[5] 参见林嘉:《在〈劳动合同法〉中设定一般权利义务条款之思考》,载《当代法学》2006年第6期。

自治性规范。双方当事人在订立劳动合同时,可以平等、自由协商合同的内容和条款。一方面,劳动合同依然遵循民事合同的基本原则,劳动者与雇主可以就是否订立合同及合同的具体内容进行自由协商。另一方面,法律对当事人协商的内容有最低标准的限制,不能违反法律的强制性规定,只能在最低标准之上进行协商。法律授权当事人进行自由协商,可能使劳动合同的部分内容超出法律的强制性规定,也可能出现当事人没有明确约定的情形,设置一般权利义务条款可以确保将双方的协商内容始终置于法律的理性之内。第二,基于劳动合同具有身份性要素的特点,其与普通民事合同相比往往会衍生出更为复杂、丰富的权利义务内容,劳动者与雇主互负有忠实义务、照顾义务就是典型。而且这些权利义务内容构成了劳动合同履行的基本内容。因此,将劳动者忠实义务设置为一般义务条款,不仅有利于劳资双方基本权利义务的明确,而且会使劳动合同中的权利义务内容更加契合当前处于变革中的劳动关系。第三,将忠实义务设置为劳动者的一般义务条款也是劳动合同立法技术进一步完善的表现。即使单从法律技术方面进行考量,也应当加入一般义务条款。曾几何时,人们对法典无上膜拜,希望一部法典就能够事无巨细、包罗无遗,准确预知未来社会生活的一切变化,法官仅是一边输入事实和法律,另一边自动得出判决的"自动判决机"。这一点在传统大陆法系国家尤甚,19 世纪初的《拿破仑法典》已然流芳百世,20 世纪初《德国民法典》成为法律技术的集大成者。时至今日,法典化的潮流正在席卷神州大地。[1] 毋庸置疑,过于完美的想象很难在现实世界中通行。由于事前抽象规定具有的特殊性,而且现实中的合同条款很难事无巨细、包罗万象,人类尚未有能力准确预知未来并真正做到"算无遗策"。而法律规范普遍适用性的特征又必然要求具有概括性和凝练的特质,体现为一定程度上的概括性、抽象性和普遍适用性。忠实义务条款可以使《劳动合同法》的适用更具灵活性。

将劳动者忠实义务设置为劳动法的基本义务条款具有重要的规范功能:

---

〔1〕 参见王喜荣:《法典化潮流下的劳动法判例制度研究》,载《学习与探索》2017 年第 6 期。

第一,忠实履行职责是劳动者履行合同义务时所应遵守的基本行为规范。即使劳动合同中自由约定的内容也不得超越法律的基本规范,否则任意约定的条款可能因与基本义务规范抵触而无效,比如双方约定事项可能侵害劳动者基本人格权的;或者,有些基本义务内容即使未能明文进入双方合同之中,也应作为默示义务构成双方共同遵守的合同内容;劳动者不履行自己明示或默示的合同义务造成雇主实际损害的,应该依法承担相应的纪律责任或法律责任。第二,忠实义务的一般条款也是劳动仲裁机构和法院的裁判规范。在司法实务中,法律不仅授权仲裁员或法官依据强制性规范审查合同的效力,还可以利用一般权利义务条款确定和划分劳资双方的责任,既避免了法律规定过于粗疏的弊端,又缓解了动辄使用抽象原则审理具体案件的尴尬。

正如有学者所言,在各种社会关系的分类中,纯粹的伙伴型关系是不适宜通过法律进行调整的。因为在诸如婚姻、亲属等伙伴型关系中,成员的动机比法律拥有更高的价值观,相互之间的态度、情感也通常由彼此之间的信任、感情所保证,而不是由正义和应当绝对遵守的法律义务等方法调整。[1]劳动法学者也喜欢将劳资关系与婚姻关系做类比,因为劳资之间剔除债法因素外,还有强烈的人身、情感因素在里面,是一种介于陌生人与婚姻、亲属关系之间的社会关系。如果按照社会关系的分类,劳动关系则是一种介于"伙伴关系"与"契约关系"之间的社会关系,现有劳动法的作用在于保证这类关系更接近契约型关系,而不是权力型关系的性质,忽略了"伙伴关系"的属性。[2] 劳动者忠实义务是作为一种关系上的概念而存在的,其本身具有情感和行为的双重面向。从这个意义上说,在以这种特殊信任为前提形成的劳资关系中,忠实作为一种法律义务,可以弥补法律单纯度量行为的缺陷,从而成为社会关系的润滑剂,使劳资之间的配合、协作、和谐成为可能。

---

〔1〕 参见[英]彼得·斯坦、约翰·香德:《西方社会的法律价值》,王献平译,中国法制出版社2004年版,第33页。

〔2〕 英国学者彼得·斯坦和约翰·香德将社会关系的典型类型分为"伙伴关系""契约关系""权力关系""冲突关系"四种,并且认为劳动关系本应该是一种伙伴型关系,但现有劳动关系实践与此相去甚远。参见[英]彼得·斯坦、约翰·香德:《西方社会的法律价值》,王献平译,中国法制出版社2004年版,第36页。

本章小结

劳动法是一部以劳动者权利为中心建立的法权体系。[1] 因此,长久以来,劳动法的研究以权利体系为中心,而忽视了义务体系的研究。事实上,对劳动者义务体系的研究,特别是廓清劳动者忠实义务的边界和限度,对保护劳资双方合法权益,维护劳资和谐的具有重要意义。虽然哈特认为,法律与道德之间各种各样的链接都是偶然性的,并不存在概念上的必然联系,法律上的"权利"和"义务"并不需要道德上的理由,或者说法律并不需要道德的力量。[2] 但这种情形并不适用于具有强烈伦理性的劳动法领域,因为人本身天然地具有衡量法的尺度。"他固然要服从外部权威的必然性和支配,但这与他服从自然界的必然性截然不同,因为他的内心经常告诉他,事物应该是怎么一个样儿,并且他在自身中找到对有效东西的证实或否认。在自然界中有一般规律存在,这是最高真理,至于在法律中,不因为事物存在而就有效,相反地,每个人都要求事物适合他特有的标准。"[3] 劳资之间本应存在相互信赖的温暖精神,如果完全用冷冰冰的、相互之间权利义务这样的规定取而代之,是十分令人遗憾的。劳动者忠实义务具有道德和法律的双重属性,道德伦理的有效性增强了法律的实效性。通过回应社会现实需求,劳动者忠实义务具有了补偿劳动契约理论缺陷和维系劳资伦理的功能。

---

〔1〕 参见曹燕:《劳动法基本概念的法哲学研究——基于和谐劳动关系法律建构视角》,中国法制出版社 2012 年版,第 141 页。

〔2〕 参见[英]H. L. A. 哈特:《法律的概念》,许家馨、李冠宜译,法律出版社 2006 年第 2 版,第 249 页。

〔3〕 [德]黑格尔:《法哲学原理》,商务印书馆 2016 年版,第 17 页。

第二章 劳动者忠实义务的社会背景与历史演进

法律显示了国家几个世纪以来发展的故事，它不能被视为仅仅是数学课本中的定律及推算方式。[1]

——霍姆斯

涉及劳动者权利义务的司法判决和学术研究，关于劳动关系本质的探讨都是前置性的话题，劳动者是否负担一定的义务，或者享有何种权利，都是以劳动关系本质为基点展开的。[2] 因为雇佣的性质不仅决定着劳动者的生活质量，还影响着整个社会的经济运行、民主的生命力和对人权的尊重程度。[3] 劳动者忠实义务的研究也是以劳动关系本质为基点的，关于劳动关系本质认识的社会背景和历史变迁包含了劳动者忠实义务的产生、变化和发展的轨迹。我国劳动法学术史上关于劳动关系本质的研究寥寥无几，从历史形成的背景来看，一方面我国劳动法研究的起步较晚并中断了很长时期，另一方面劳动法学术界对于20世纪以来，特别是21世纪我国政治、经济和社会制度的巨大变革缺乏理论回应。当然，劳动法理论研究对我国社会现实的

---

〔1〕 [美]霍姆斯：《普通法》，冉昊、姚中秋译，中国政法大学出版社2006年版，第2页。

〔2〕 参见黄程贯：《劳动法中关于劳动关系之本质的理论》，载《政大法学评论》1998年总第59期。

〔3〕 参见[美]约翰·W.巴德：《人性化的雇佣关系——效率、公平与发言权之间的平衡》，解格先、马振英译，北京大学出版社2007年版，第1页。

关照并非本书主要着力研究的方向，但对于劳动者忠实义务的社会背景和历史演进，我们不得不将研究视角主要转向对我国现有劳动法制产生过深刻影响的，以德国为代表的西方法制发达国家。

第一节　劳动者忠实义务的历史文化渊源

忠实不仅在中国道德和法律文化中具有强大的生命力，而且在民族情感中也具有强烈认同，是因为其有博大精深的文化根基和源远流长的历史积淀。几千年的传统文化演进过程中，伴随政治、经济和社会的变迁，忠实观念经历了由宽而窄、由相对向绝对的演化过程。[1] 我们应当看到，深植于忠恕文化的劳动者忠实义务身上，留下了"忠于职守"的明显印记。

一、劳动者忠实义务的传统文化根基是"忠恕"文化

作为一种文化现象，忠实在不同的国家和民族文化中都有所体现，但也因价值观和国民性的不同而有所差异。"忠恕"是中国儒家文化的重要内涵与范畴，被认为是儒家伦理思想的核心之一，甚至被人们誉为"道德行为的第一准则"。[2] 在儒家伦理思想之中，忠诚首先用于君臣这种被注入政治伦理的特殊人际关系，同时也是作为人与人之间交往的原则存在。北宋时期重要的政治家司马光在其《四言铭系述》中有过经典论述："尽心于人曰忠，不欺于己曰信。"[3] 儒家文化对中国传统文化的影响是根深蒂固的，即使在现代也具有不可逾越的地位，"忠"与"信"作为人际关系处理的润滑剂，一直存在于国人的行为规范之中。一代圣贤曾子每日三省吾身，首要的就是"为人谋而不忠乎？"忠信也一直被孔子视为待人处事的基本原则。[4] 这些伦理思想

---

〔1〕 参见鄯爱红：《传统忠德在现代行政伦理中的转化与创新》，载《中国人民大学学报》2016年第4期。

〔2〕 参见龙倩：《忠恕之道——道德建构与道德实现的伦理方法》，载《道德与文明》2013年第6期。

〔3〕 王玉堂：《读懂忠诚》，载《党政干部之友》2017年第2期；程郁缀：《有一种美德叫忠诚》，载《北京大学学报》（哲学社会科学版）2010年第6期。

〔4〕 参见孔祥林：《孔子"忠"的意义及其当代价值》，载《孔子研究》2003年第4期。

于国人而言,已经内化于心,外化于行,具体到劳动关系领域则表现为劳动者的忠于职守。无独有偶,19 世纪末 20 世纪初美国哲学家罗伊斯也将忠诚看作伦理行为的中心德行,他认为忠实的精神是永恒不变的,即使崇奉的主义会有不同,时空环境也会有所差异,但这些都不过是暂时流动的外形而已。[1] 也就是说,忠实的意义和内容可以超越时空的局限,具有永恒的价值。

要真正发挥传统文化中的忠实在当代社会的价值,我们就要辩证地看待传统文化,必须正确对待"忠君"的问题和反对愚忠。提到忠实、忠恕,人们首先容易将其与"忠君"等对个人的贬低、控制联系在一起,"忠君"只是"忠"在特定时期被赋予了特殊的政治含义,古代政治伦理将忠君和爱国联系在一起,虽有忠于国君个人的意涵在其中,但也是极力反对"愚忠"的,更为重要的还是对国家的忠于职守。以孔子继承人自居的荀子,对此就曾有过经典论断,所谓"从道不从君"[2]。古人尚且能够正确认识忠君思想,我们更应有理性合理的判断,岂能轻言抛弃忠信,另觅他途。如果说忠君思想使忠实变为单向的、无条件的,实质上是一种"愚忠",是适用对象上的限缩和原初伦理价值的退化,那么,忠实在更广泛的意义上还有人际交往和职业道德上的伦理价值。何况,帝制已经被推翻,君主制也已经不复存在,忠实理应恢复其本意,作为以"利他"为核心的普遍的伦理规范和道德要求,强调尽心尽力谋求他者的最大利益。[3] 如果将公法规范上忠诚的特殊政治含义确定为忠于国家,以利国、利民、利他之心处理个人与国家和人民的关系,则提供了忠于谁、为了谁和服从于谁的价值判断基准,有利于现代行政伦理规范的构建。私法规范上将忠实定义为利他的普遍伦理和职业伦理规范,倡导践行爱岗敬业、诚信友善的核心价值,则提供了衡量自身利益与他人利益、私人利益与公共利益的准则,有利于经济生活中诚信危机和组织中忠实危机的法律应对。利

---

[1] 参见[美]罗伊斯:《忠的哲学》,青年协会书局 1936 年版,第 4~5 页。

[2] 《荀子·臣道》。

[3] 参见华燕:《论"忠"之法律义务及其限度》,载《法律科学》(西北政法大学学报)2011 年第 6 期。

己主义和利他主义、私人利益和公共利益的鸿沟虽然不能被彻底消除，但得以缩小并逾越。

综上，儒家忠恕文化对于国民性格与职业道德的养成，以及对类似问题的认识产生了深远的影响。在中国忠恕文化沃土中茁壮成长起来的忠实义务，在新的历史时期对于解决中国问题必将成绩斐然。

二、劳动者忠实义务的传统形式是“忠于职守”

儒家伦理对“忠”的发展，使“忠”由利民、利国、利公、利君等单纯的政治伦理规范发展为利他的社会伦理规范，从处理个人与集体之间的关系到处理人与人之间的关系，[1]从处理人际关系的伦理发展成为“忠于职守”的职业伦理规范。

(一)“忠”是古代知识分子的职业伦理

如果说忠实、忠诚在古代是儒家对所有人提出的对待国家、君主的伦理规范，那么，对于古代知识分子来说，“忠”则是一种职业道德。学而优则仕，古代知识分子实际上是以“事君”“事主”为职业的，孟子曰：“士之仕也，犹农夫之耕也。”[2]中国古代的国是一家一人的国，从理论上讲，君主的利益与意志同国家的利益与意志是一致的，因此，忠君与报国是一致的，有利于国家社稷和百姓的行为就是忠君。当君主利益与国家利益发生冲突时，忠实的职业道德要求知识分子忠于职守，劝谏和规约君主的行为，没有尽心就是违背了自己的职业道德。[3]

由于君臣之间的关系被视为古代最为重要的职业关系，先秦诸子和儒家典籍对此多有精彩论述，从而奠定了古代知识分子职业道德观的基础。在漫长的历史演进过程中，在这种职业道德观的影响下培植了“从道不从君”、不畏强权、凭着自己的良知、信念和职业道德做事的处事原则。概括而言，就是

---

〔1〕 参见孔祥林：《孔子“忠”的意义及其当代价值》，载《孔子研究》2003 年第 4 期。

〔2〕《孟子·滕文公下》。

〔3〕 参见白奚、范鹏：《传统“忠”德与现代职业道德》，载《首都师范大学学报》（社会科学版）1998 年第 2 期。

一种“忠于职守”的职业伦理,即忠于职责、忠于操守,不仅要对工作岗位职能设定的工作责任有所担当,在为人处事的过程中还要遵守一定的道德原则和心灵法则。这种职业道德观也逐渐由知识分子的群体意识转化为整个社会的职业伦理,并作为一种评价系统和激励机制在历史上发挥着作用。事实上,所有的职业活动中都贯穿着相似的道德要求,即尽心尽力、忠于职守是做好任何一项工作必须具备的主观心态。这种广义的职业道德可以视为忠实义务原则在社会各行各业中的落实和体现。

(二)传统文化中的忠实、中庸与现代职业道德

忠实作为一种道德规范,是古代社会人际交往与社会活动中形成的最为重要的行为准则,也逐步演进为现代职业道德的基本精神。忠实在原初伦理价值上,指的是尽心尽责,恪尽职守。事实上,忠于职守是任何国度、任何时代都普遍提倡的全人类的共同道德。只要我们对忠诚、忠实作出符合时代的解释,赋予新的时代内涵,忠实完全可以成为现代职业道德中的一个基本原则。[1] 儒家文化对国民性的另一重大影响就是中庸思想,奉行中庸可能的积极意义在于邻里和睦与组织内部的和谐,但消极意义也是极为明显的。我们从小受到的教育是“自扫门前雪,莫管他人瓦上霜”,在面对集体的违法不当行为或意见出现重大分歧时,绝大多数人偏好明哲保身,只要事不关己,就选择“高高挂起”。对于侵害集体或公共利益的行为很容易选择沉默或者视而不见,甚至寄希望于他人出面。

现代社会,各行各业都存在特定的职业伦理。劳动者忠实义务不同于各种具体的职业道德规范,而是作为一种内涵丰富的普遍精神或原则贯穿于各种具体的职业伦理中,对各类职业活动都具有广泛的、普遍的道德指导意义。忠实虽然是最初产生于封建社会的道德观念,但并没有因为封建社会的解体而失去价值,而是具有超越时空环境的普遍意义和历史继承性。只要我们能够正确认识忠实的原初价值,就能将愚忠和忠君思想从忠实的合理内涵中剔

---

〔1〕 参见白奚、范鹏:《传统“忠”德与现代职业道德》,载《首都师范大学学报》(社会科学版)1998年第2期。

除出去。作为职业伦理的忠实应当是一种思辨的哲学,在忠实对象和内容上发生了翻天覆地的变化,对个人的忠实和盲目服从已经一去不复返,面对组织违法不当行为对公共利益和个人利益的侵越,立场鲜明地反对和告发也是一种对契约和职业伦理的忠实,是超越狭隘的个人利益和眼前利益的"大忠"或"理性忠实"(rational loyalty),所谓"小利,大利之残也;小忠,大忠之贼也"。[1]

第二节　劳动者忠实义务的历史演进轨迹

劳动法虽然是一种现代现象,但当代关于劳动者忠实义务的法律规定却可以追溯到早期的历史,虽然当时的经济和社会条件差异很大。[2] 劳动法的产生和发展与劳动分工化生产方式的出现是紧密相连的,虽然其历史是短暂的,但包含着理解现代劳动法理念和规范的历史素材。只有回顾相关法律理念和规范形成的历史情况,很多现有劳动法制度才能得到更好地解释。况且,虽然劳动法产生的历史是短暂的,但其产生的过程绝不是与既往历史隔绝的,如果我们将工业化时代之前所形成的,调整由他人决定的劳动法律规则划归劳动法的"早期史"的话,现代劳动法的很多领域依然可见历史的缩影,劳动者忠实义务既是一例。我国劳动法制也不能例外,始于 20 世纪初的劳动立法和法学研究,继承和发扬了人类法学研究的优秀成果。任何事物的演变都带有历史的惯性。新的历史时期,劳动关系同整个社会一样面临千年未有之大变局,如何应对这种挑战与变革,我们不妨通过梳理历史借镜观形。

一、劳动法"早期史"中的忠实义务

不管劳动法学者是否愿意承认,罗马法上的劳动租赁、英国普通法上的

〔1〕《吕氏春秋·权勋》。

〔2〕 See Aaron Benjamin, *Employees' Duty of Loyalty: Introduction and Overview*, Comparative Labor Law and Policy Journal, Vol. 20, 1999, p. 143.

主仆关系理论、基尔克所谓的日耳曼—德意志法中的“忠诚勤务契约”[1]与传统的农业雇佣关系,对后来的劳动关系中双方权利义务配置产生了重要的影响。本节试图对劳动法“早期史”中的忠实义务做一个简单的梳理,目的在于找出这一历史文化传统对忠实义务的影响脉络。

(一)“租赁劳动”时代的忠实义务

在漫长的人类历史发展进程的早期,几乎所有人类活动都被纳入家庭领域。家庭领域内并不存在自由,劳动一直作为奴隶主庄园里与地主家族里的家务而存在,从来都不是社会公共领域内的活动,家庭领域内的劳动也未能上升成为政治的核心议题。劳动者一直作为忠实的“家里人”或者“仆人”而存在。在法律上,他们作为物而存在,并没有独立的人格,不能表达自己的意志,无法参与任何社会活动。[2] 因此,这一时期并没有所谓的忠实义务存在,因为忠实义务存在于两个独立的主体之间。

在罗马法上,奴隶为主人以外的人提供劳务被视为一种租赁,称为“劳动租赁”。与物的租赁相对称,是介于物的租赁与承揽契约二者的中间形态,受物的租赁契约规则调整。以契约规则调整劳务供给关系被认为是劳动思想史上划时代的进步。[3] 真正的现代意义的劳动合同在法源中没有出现。以至于文艺复兴后,罗马法劳动租赁规则对欧洲各国依然产生了深远的影响,作为近代民法典型的《拿破仑法典》,因其主要调整财产权的确立与保护,所以仍然沿袭了租赁的观念。百年之后的《德国民法典》才改为雇佣契约,然而劳动力依然被视为权利客体,作为拥有劳动力的劳动者才能被视为权利主体。[4] 黑格尔在《法哲学原理》中对此有过经典论述:作为奴隶,他们的全部活动范围都已经毫无保留地让渡给主人了,[5]对主人百分

---

〔1〕 基尔克将法兰克时代德意志法中的“忠诚劳役合同”视为劳动合同的原型。参见黄程贯:《劳动法中关于劳动关系之本质的理论》,载《政大法学评论》1998 年总第 59 期;[德]雷蒙德·瓦尔特曼:《德国劳动法》,沈建峰译,法律出版社 2014 年版,第 27 页。

〔2〕 参见[美]汉娜·阿伦特:《人的境况》,王寅丽译,上海人民出版社 2017 年第 2 版,第 18~23 页。

〔3〕 参见黄越钦:《劳动法新论》,中国政法大学出版社 2003 年版,第 4 页。

〔4〕 参见史尚宽:《劳动法原论》,台北,正大印书馆 1978 年版,第 3 页。

〔5〕 参见[德]黑格尔:《法哲学原理》,范扬、张企泰译,商务印书馆 1961 年版,第 75 页。

之百的忠实。

（二）日耳曼“共同体关系”时代的忠实义务〔1〕

不同于罗马法以债法中契约关系规范劳务供给关系，日耳曼法是以身份法的奉公关系规范。〔2〕日耳曼法律思想中提供劳务的关系被视为是主从之间的忠勤关系，中世纪日耳曼世界的劳动关系，无论是手工业、商业、采矿业，还是商船海运业等，“忠实关系”是其最大特征。德国学者基尔克认为日耳曼法中的“忠诚勤务契约”是劳动合同的原型。〔3〕所谓忠诚勤务契约，就是明确约定雇佣者与受雇者之间相互负有特定忠实义务的合同，最为重要的是当事人之间形成的“共同归属意识”，雇佣者与受雇者个人之间因紧密结合关系的存在，以至于形成共同体感情，都自愿为了更高的共同利益而放弃自我利益，以劳动追求共同的最大利益。〔4〕忠实劳役关系的主要特征在于劳役接受者与劳役提供者之间的人身约束，也就是相互之间的忠实义务。虽然日耳曼民族后来继受罗马法的劳动租赁、工事租赁，新增了雇佣契约、承揽契约，但此种义务的影响却根深蒂固的保留着。〔5〕新近德国学界的研究表明，中世纪的德国并不存在统一的劳动合同类型，工商业劳动关系的法律规则并没有按照“忠诚勤务契约”设计，在不同的工作类型和工商业组织间存在差别。但是基尔克的观点却深刻地影响了现代劳动法。〔6〕现代劳动合同法中

---

〔1〕“共同体关系”时代是借鉴黄越钦教授“团体主义”时代的划分方法，中世纪日耳曼法具有强烈的身份色彩，所谓的“忠诚雇佣契约”（忠诚勤务契约）当事人之间形成“共同归属意识”，雇佣者与受雇者之间形成“共同体”，笔者认为“共同体关系”更能反映当时的法律思想。参见黄越钦：《劳动法新论》，中国政法大学出版社 2003 年版，第 4 页；林佳和：《劳动关系的公益与私益冲突？——从德国劳工忠诚义务的演进轨迹谈起》，载高雄大学政治法律学系主编：《公益揭发——职场伦理新趋势》，高雄，巨流图书股份有限公司 2010 年版，第 67 ~ 108 页；[德]雷蒙德 · 瓦尔特曼：《德国劳动法》，沈建峰译，法律出版社 2014 年版，第 27 ~ 28 页。

〔2〕参见黄越钦：《劳动法新论》，中国政法大学出版社 2003 年版，第 4 页。

〔3〕参见[德]雷蒙德 · 瓦尔特曼：《德国劳动法》，沈建峰译，法律出版社 2014 年版，第 27 页。

〔4〕参见林佳和：《劳动关系的公益与私益冲突？——从德国劳工忠诚义务的演进轨迹谈起》，载高雄大学政治法律学系主编：《公益揭发——职场伦理新趋势》，高雄，巨流图书股份有限公司 2010 年版，第 67 ~ 108 页。

〔5〕参见陈继盛：《“我国”劳动契约法制之研究》，我国台湾地区“行政院”劳工委员会，1989 年 7 月，第 7 页。转引自杨通轩：《个别劳工法——理论与实务》，台北，五南图书出版股份有限公司 2011 年第 2 版，第 34 页。

〔6〕[德]雷蒙德 · 瓦尔特曼：《德国劳动法》，沈建峰译，法律出版社 2014 年版，第 28 页。

劳动者忠实义务和雇主广泛的照顾义务的形成,以及对劳动合同中人身因素的强调无不根源于此。但是中世纪日耳曼法上的服从、忠实和照顾思想的背后是终身的人身约束理念,与现代劳动法格格不入。

当然,现代劳动法中劳动的概念,与罗马法中劳动租赁和中古世纪"忠诚勤务契约"中的劳动,充其量只是呈现形式具有相似性而已,但在实质上却"貌合神离"、截然不同。现代意义的劳动法完全是工业革命的产物,其调整对象主要是从事工业生产的产业劳动者,之后随着劳动关系实践与劳动法理论发展,调整范围才逐渐扩大至其他劳动者。[1] 但历史上同是规范劳务供给关系的法律制度,对工业革命后的劳动法律的影响是深远的。例如,1810 年普鲁士一般邦法中对受雇人义务履行就作出明确规定,受雇人应该谋求雇主最佳利益。[2] 即使是 1804 年《法国民法典》和相隔百年之后的《德国民法典》关于雇佣契约的规定也都留下了明显的痕迹。继承日耳曼法思想的英国法,最初也将劳务契约规定于主从之间的身份法契约之中。[3] 对于司法实践的影响则更加显著,本书后续章节将会进行详述。

(三)"主仆关系"时代的忠实义务

在英国,主仆关系在很长一段时期都是一种重要的社会关系。17 世纪以前,仆人作为主人的家庭成员而存在,主仆关系包含着强烈的人身依附关系;[4]17 世纪以后,伴随着经济社会发展和文艺复兴运动,仆人逐渐从一种身份转变为一种职业,但这一过程是渐进式、缓慢的,整个十八九世纪,主仆关系一直没有摆脱传统的影响,变为资本主义性质的平等的雇主与雇员之间

---

〔1〕 参见黄程贯:《劳动法》(修订再版),台北,空中大学印行 1997 年版,第 5 页。

〔2〕 1810 年普鲁士一般邦法第二篇第五章第 70 条规定:"家庭营业受雇人在劳务以外,应支持雇主之最佳利益,且努力避免对其之损害与不利益。"参见林佳和:《劳动关系的公益与私益冲突?——从德国劳工忠诚义务的演进轨迹谈起》,载高雄大学政治法律学系主编:《公益揭发——职场伦理新趋势》,高雄,巨流图书股份有限公司 2010 年版,第 67~108 页。

〔3〕 参见黄越钦:《劳动法新论》,中国政法大学出版社 2003 年版,第 4 页。

〔4〕 当时的家庭的概念与现在的家庭存在很大不同,它不仅包括父母双方,加上未婚或尚未独立的子女,居住在主人家中的仆人、学徒、雇工等也被视为"家人"。

的关系,这一渐变过程最终彻底完成是在20世纪。[1] 这一情形在英国历史学家阿萨·布里格斯所著《英国社会史》中得到了印证,他认为英国并未因工业革命而快速变革为一个单纯的工业社会,一些"传统"的影响一直持续、普遍存在,即使到了维多利亚长期统治(1827~1901年)的最后几十年仍然如此,包括了工业化以前的社会等级制度所遗留的各种形式,以及伴随等级制度的各种价值。[2] 由此也验证了传统雇佣关系理念对后来劳动法制度的影响。

英国普通法上关于主仆关系的理论继承了日耳曼法的思想,受雇者与雇主之间形成一种密切的家属关系,主仆之间负有法律上的默示义务。雇主应该善待仆役,负有合法、合理加以雇用的默示义务,而不能让自己的仆役身处完成正常工作义务之外的危险状态。雇主的默示义务还包括保证仆役仅提供雇用范围内的劳务,并提供适宜的住宿、良好卫生的食品等。相对而言,仆人则被视为对主人负有广泛的默示义务,包括勤劳并忠实服务的义务、服从合理命令的义务、以尊敬的态度对待主人的义务,以诚实的态度、采用合理的方式提供劳务,并充分注意主人的利益和业务,在主人家庭中要合乎道德的行事等。[3] 调整劳动关系的法在不同的历史时期也有不同的称谓,1867年曾通过带有浓厚封建色彩的主仆关系法(Master and servant Law,1867),后于1875年被废止。[4] 在历经百年之后,美国、加拿大、澳大利亚、新西兰等重要英美法系国家,都发展出各具特色的个别雇佣法律制度来,但是英国普通法传统上的主仆关系理论,对雇主与劳动者彼此之间权利义务的认定,仍发挥着实质的影响力。[5] 一方面,现代劳动法中的从属性理论和雇主规章制度的制定权力就源于主仆关系时代;另一方面,现代英美国家雇佣法上

---

[1] 参见刘晓玮:《试论19世纪英国的主仆关系》,华东师范大学人文学院历史学系2006年硕士学位论文,第1页。

[2] 参见[英]阿萨·布里格斯:《英国社会史》,陈叔平等译,商务印书馆2015年版,第277页。

[3] 参见焦兴凯:《重要英美法系国家对受雇者竞业禁止规范之研究》,载《万国法律》2003年第131期。

[4] 参见王益英主编:《外国劳动法和社会保障法》,中国人民大学出版社2001年版,第26页。

[5] See Aaron Benjamin, Matthew Finkin, *The Law of Employee Loyalty in the United States*, Comparative Labor Law and Policy Journal, Vol. 20, 1999, pp. 321-341.

的“相互信任默示条款”也由此发展而来，是法官在雇佣关系中强调诚实信用，运用合同默示条款理论解决劳动合同、集体合同或立法未明确规定的事项。

(四)传统农业雇佣关系中的忠实义务

特定职业领域中适用的特殊规则，对劳动法的发展可谓居功至伟。中世纪晚期和近代早期《德意志行会条例》中包含了大量关于伙计、学徒的规定，一般伙计和学徒都吃住在师傅家中，并且被接纳为家庭成员，同样具有很强的人身约束。[1] 伙计和学徒也同样负有维护师傅最大利益的忠实义务。在劳动法的“早期史”中，农业雇佣是较为普遍的另一特殊职业，现有研究表明，传统农业雇佣在东西方具有相似性。本节将聚焦于农业雇工的忠实义务对于后世劳动者义务的影响。

中世纪英国的农业庄园中从事雇佣劳动的，既有暂时工作的雇工，也有长期受雇的全职庄仆，领主给付的报酬是其维持生计的主要来源。[2] 一般来说庄仆从事一定的专项工作，但并不意味着专业分工已经形成，领主可能指挥庄仆完成其他要紧的工作，在收获季节可能所有的人都会参与收获。一般庄仆有自己的固定居所，但也有吃住在庄园中的，但无论庄仆提供劳务的形式有何差别，庄仆都负有服从合理命令、保持忠实，并尽到合理的注意及合理行使职权的义务。随着工业革命的推动和经济社会不断发展，工业对劳动力吸收能力逐渐增强，经营农业也变得无利可图，庄仆逐渐退出历史舞台。劳动力流向了新型工业领域，传统农业雇佣像主仆关系一样转化为资本主义雇佣模式。

在中国，传统农业雇佣既有与西方相似的地方，也有特殊之处。文献资料显示，中国传统农业雇佣最早可以追溯到战国时期。据《史记》记载，秦末农民起义的领袖陈涉就以“佣耕”为生。[3] 在中国古代史中，由于重农抑商政策的推行，这一雇佣形式主要存在于农业领域，雇佣者和受雇者之间的

---

〔1〕 参见[德]雷蒙德·瓦尔特曼:《德国劳动法》，沈建峰译，法律出版社 2014 年版，第 28 页。
〔2〕 参见王超华:《中世纪英国庄仆探微》，载《史学理论研究》2012 年第 3 期。
〔3〕 参见杜文玉:《论唐代雇佣劳动》，载《渭南师专学报》1986 年第 1 期。

人身依附性也较强。北魏至唐初期均田制的推行，延缓了农业雇佣的大量出现，奴婢在农业劳动中占有重要位置。唐代农民人身依附关系有所削弱，随着土地兼并现象的严重，奴婢则主要从事家务劳动，地主经营土地的主要劳动力除佃农外，农业雇佣普遍用于生产和家务领域。[1] 农业受雇人的法律和社会地位是极其低下的，甚至不如佃农，受雇人随雇主意志行事，“任其驱使、忠于其事”，损坏农具者需如数赔偿，雇佣契券规定了雇佣者对于违约受雇人的责罚权。[2] 至明清时期，雇佣制度已经发展成熟，农业雇佣关系则更加普及。雇工按时间长短分为长工、短工和月工，而长工平时吃住在雇主家里，除农业劳动外，也要从事雇主家内的许多工作。[3] 长篇小说《白鹿原》中长工“鹿三”这一形象就是典型的清末民初受雇于“主家”的受雇者，鹿三常年吃住在主家白嘉轩家里，而主家白嘉轩也将鹿三视为家人，鹿三以其“诚实”的劳动取得白家两代人的信任，踏实地领取薪俸（粮食和棉花），白家也从未发生短斤少两的事，双方恪守一种默示雇佣伦理。[4]

二、纯粹债法契约观念下的劳动者忠实义务

虽然工业革命使劳动关系成为人类社会的普遍现象，产生了现代意义的劳动法，但其初期对法律上层建筑的影响却是有限的。在最早受到工业革命影响的欧洲，自由主义思潮为资本主义的快速发展和罗马法的复兴奠定了思想文化基础，从属性劳动者与雇主之间的法律关系仍然适用被各国继受的罗马法。劳动关系的调整依然未脱罗马法体系的窠臼，雇佣关系被视为纯粹的财产给付交换关系，其内容由合同劳雇双方通过合意方式共同决定。如同前

---

〔1〕 参见陈良文：《唐代地主庄园中雇佣劳动者的几个问题》，载《中国社会经济史研究》1986 年第 4 期。

〔2〕 参见陈良文：《唐代地主庄园中雇佣劳动者的几个问题》，载《中国社会经济史研究》1986 年第 4 期；乜小红：《对敦煌农业雇工契中雇佣关系的研究》，载《敦煌研究》2009 年第 5 期。

〔3〕 参见尚海涛：《民国时期华北地区农业雇佣习惯规范研究》，中国政法大学出版社 2012 年版，第 53～64 页。

〔4〕 参见陈忠实：《白鹿原》，北京十月文艺出版社 2008 年版，第 56～57 页。

述罗马法体系中的劳动租赁,劳动关系被当作是物之租赁的特殊类型,而非独立的契约类型。劳动者将自己像牛马一样出租给雇主,供雇主使用。[1]《法国民法典》第 1710 条规定:"称劳动力租赁者,谓当事人约定,一方为他方完成一定的工作,他方约定支付报酬的契约。"从此以后,在漫长的历史发展过程中,劳动关系的法律调整始终都被置于劳动租赁项下。在这种法律制度中,雇主可以借契约自由和意思自治全面扩张自身的权利,除刑法上的禁止或限制规定外,几乎可以任意支配处分其购买的劳动力。劳工也无须负担未经规定的不成文的作为或不作为义务。雇主和劳动者享有充分的自由,但有人戏称劳动者的自由是"鸟自由",像天空中飞翔的鸟一样,随时可能有被射杀的危险。[2] 因此,笔者将这一时代称为"自由劳动"时代。

劳动者忠实义务与雇主的保护义务显然与这种法律制度是不相容的。受到束缚但同时得到庇护的"徒弟""农奴",从束缚中解放出来的同时,也失去了庇护,为了生计不得不接受雇主恶劣条件的雇佣,[3]造成了劳动者悲惨的际遇,"饥饿工资"、工业事故、大量雇佣童工女工、非人道的劳动条件等,都是当时比较普遍的现象。这一点与旧中国工业化初期劳动者的悲惨命运何其相似,"芦柴棒"是夏衍先生通过其报告文学作品《包身工》塑造的典型形象,也是当时雇工的真实写照之一。"没有光,没有热,没有希望……没有法律,没有人道。这儿有的是二十世纪的烂熟的技术、机械、体制,和对这种体制忠实服务着的十五六世纪封建制度下的奴隶。"[4]统计资料显示,1937 年包身工占上海纱厂女工三分之一左右,多达七八万人。[5] 受古典自由主

---

〔1〕 参见黄程贯:《劳动法中关于劳动关系之本质的理论》,载《政大法学评论》1998 年总第 59 期。

〔2〕 参见黄程贯:《劳动法》(修订再版),台北,空中大学印行 1997 年版,第 6 页。

〔3〕 参见[日]星野英一:《私法中的人——以民法财产法为中心》,王闯译,载梁慧星主编:《民商法论丛》(第 2 卷),法律出版社 1994 年版,第 304 页。

〔4〕 夏衍:《包身工》,解放军文艺出版社 2000 年版,第 15 页。与以德国为代表的欧洲国家不同的是,20 世纪初中国劳动者的悲惨命运不仅仅是法律制度的不完善,根据夏衍在其《〈包身工〉余话》中介绍,当时国民政府的《六法全书》和《工厂法》已经实施,由于当时社会的动荡不安,有法律不能执行,劳动者的权利保障只能停留在纸面上。

〔5〕 参见李宝元主编:《中国劳动关系简史》,企业管理出版社 2016 年版,第 230 页。

义的影响,1900 年《德国民法典》施行后,并未出现根本改善,在纯粹的给付交换关系下,雇主所负的义务不会比一个物的买受人或定作人所负的义务多。在这个自由主义主宰的时代,自由主义的贡献是将劳动契约定性为债法契约,完成了劳动关系领域"从身份到契约"运动,但自由主义也要为视劳动力为商品负起责任。在劳动作为商品,为他人劳动只是债法契约问题的时代,忠实关系的概念与自由主义和资本主义制度成为矛盾的命题。例外的是,学者基尔克与门格尔对德国民法第一次草案彻底罗马法倾向的批判,深合当时政治、经济和社会对劳动保护的呼声,《德国民法典》通过其第 617 条〔1〕、第 618 条〔2〕、第 619 条〔3〕规定了雇主在劳务给付本质许可的范围内,保护劳动者免于生命和健康的危险。这一法制历史的发展过程基本涵盖了工业革命以来至 20 世纪初期。〔4〕

---

〔1〕《德国民法典》第 617 条规定:"(1)在完全或主要地要求劳务给付的义务人的职业活动的继续性雇佣关系的情况下,义务人被接入家庭内同住的,劳务权利人必须在义务人生病的情况下,向义务人给予最长为期 6 星期但不超过雇佣关系的终止的必要给养和医疗,但以疾病非由义务人故意或因重大过失而引起为限。给养和医疗,可以通过将义务人接至医院类给予。费用可以算入生病期间所应支付的报酬。劳务权利人因义务人生病而依照第 626 条通知终止雇佣关系的,不考虑因此引起的雇佣关系的终止。(2)给养和医疗已由保险机构或公共病人护理机构提供的,不发生劳务权利人的义务。"参见《德国民法典》,陈卫佐译,法律出版社 2006 年版,第 235 ~ 236 页。

〔2〕《德国民法典》第 618 条规定:"(1)劳务权利人必须配置和保持其为执行劳务而须置备的房屋、装置或器具,调度须在其命令或领导下实施的劳务给付,使义务人在劳务给付的性质许可的限度内,受到免遭生命和健康危险的保护。(2)义务人被接入家庭内同住的,劳务权利人必须在起居室和卧室、给养以及工作与休闲时间方面,做出照顾到义务人的健康、德行和宗教的必要配置和安排。(3)劳务权利人不履行其就义务人的生命和健康所担负的义务的,劳务权利人的损害赔偿义务,准用第 842 条至第 846 条适用于侵权行为的规定。"参见《德国民法典》,陈卫佐译,法律出版社 2006 年版,第 235 ~ 236 页。

〔3〕《德国民法典》第 619 条规定:"劳务权利人依照第 617 条、第 618 条所担负的义务,不得预先以合同废止或限制之。"第 619a 条规定:"与第 820 条第 1 款不同,就因违反基于劳动关系而发生的义务所形成的损害,仅在义务违反可归责于受雇人时,受雇人始须向雇主给予赔偿。"参见《德国民法典》,陈卫佐译,法律出版社 2006 年版,第 235 ~ 236 页。

〔4〕有学者认为发展过程至第一次世界大战之前。参见黄程贯:《劳动法中关于劳动关系之本质的理论》,载《政大法学评论》1998 年总第 59 期。

三、突破传统债法樊篱后的劳动者忠实义务[1]

19 世纪末 20 世纪初,德国民法起草过程中,基尔克对雇佣契约继续坚持罗马法契约基调进行了严厉的抨击,关于劳动关系本质的学术交锋在德国达致巅峰。虽然基尔克、门格尔的学术批判与当时的学术讨论深刻地影响了学术界和实务界,为纯粹的财产交换契约关系加入了"一滴"人格色彩,甚至在魏玛共和国后期和纳粹统治时代成为主流,改变了对劳动关系本质的认识,但未从本质上动摇将劳动关系视为财产法上交换关系的出发点。

1989 年,基尔克在维也纳法学会的演说中强调私法的社会任务,私法中必须滴入社会主义的"油",特别是当人格成为契约所拘束的客体时,健康的私法必须以人格概念为核心,在无法确定未来个别劳务内容的雇佣契约中更应如此,他认为德国民法雇佣契约简直就是罗马奴隶法、照搬实物租赁模式的劳动租赁的翻版,这是令人难以想象的法制倒退。在基尔克看来,第一次民法草案中的雇佣契约根本否定了劳动者人格法上的连接关系,由于企业本身属于私法上的统治团体,雇佣将自然人的人格整合到了经济组织体之内,法律回避或否认这一事实是严重的错误。基尔克认为,私法必须倾斜保护社会弱者,否则它就不配叫作私法,只有通过保护劳动者的人格免于被侵害,保护弱者不被剥削,承担起保护照顾义务,才能真正建立起具有伦理内涵的劳动法律关系。1895 年,基尔克提出在营业主、勤务主,与其雇用的公务员、工人、雇员之间,应有所谓"人格法上的拘束关系"存在,此类关系中当事人间的相互义务,都可回溯到作为基本义务的"忠实义务"之上。这就是德国劳动法学界一般所言"人格法上共同体关系"的起源,虽然基尔克本人从未明确提出这一概念,但确实来自其所倡导的理念。雇主与劳动者之间成立的人格法上的共同体关系中,忠实义务是最具体的表现。

基尔克和门格尔极力主张私法社会化,对正式通过的《德国民法典》产

[1] 本部分内容参考了我国台湾地区学者林佳和教授的论述。参见林佳和:《劳动关系的公益与私益冲突?——从德国劳工忠诚义务的演进轨迹谈起》,载高雄大学政治法律学系主编:《公益揭发——职场伦理新趋势》,高雄,巨流图书股份有限公司 2010 年版,第 67 ~ 108 页。

生了巨大的影响,雇佣契约的规定突破了传统债法契约的樊篱。相对于第一次民法草案将雇佣契约做租赁契约对待的8个条文,正式通过的民法典共有20个条文,最具突破性的是明确规定了雇主的照顾义务,包括劳动者存在给付障碍时雇用人的工资给付义务,纳入家庭生产组织内的劳动者的疾病照顾义务,劳动者提供劳务过程中的保护义务等。据德国民法立法理由书记载,此等规定并非基于整体的本质思维,而是出于社会政策和人道主义的考量,因此这些规定只是偏离债法原理的例外而已。基尔克并未因此而满足或放弃,而是对雇佣契约从历史观察的角度和文化轨迹上进行追根溯源,于1914年发表了《雇佣契约的起源》一文,通过考察日耳曼人不同时期四个阶段的雇佣关系,基尔克认为与德国民法上雇佣契约存在法律上的承继,雇用人对受雇人的保护与照顾,劳动者的奉献与忠实,双方维系着人格上的拘束关系,但受雇人未因此而牺牲其人格。日耳曼最早的"忠诚勤务契约"是德国法上雇佣契约的前阶段,其中蕴含的相互忠实义务所呈现的人格法上的内涵,是民法雇佣契约的本质内容,与继受自罗马法上的劳动租赁毫无关系。基尔克的贡献是不容小觑的,在《德国私法》(Deutsches Privatrecht)一书中主张,雇佣契约建立了一种人格上的统治关系,因此,在给付义务之外,劳动者还负有服从义务和忠实义务,虽然当时未能成为学界通说,但逐渐被司法实务界所采纳,帝国最高法院1915年的一项判决援引了基尔克的理论,将忠实关系作为劳动者负有技术创新保密义务的基础。[1] 实际上,基尔克另辟蹊径的目的在于消除欧洲社会全面继承罗马法的盲目,从日耳曼人自己的历史文化发展轨迹中寻找克服传统债法契约理论缺陷的良方,通过提倡共同体关系、忠实关系,具体表现形式就是忠实义务。虽然其结论存在争议,但其影响和贡

---

〔1〕 参见RGZ 86, 315。转引自林佳和:《劳动关系的公益与私益冲突?——从德国劳工忠诚义务的演进轨迹谈起》,载高雄大学政治法律学系主编:《公益揭发——职场伦理新趋势》,高雄,巨流图书股份有限公司2010年版,第67~108页。

献却是不可磨灭的。[1]

四、带有人格因素的债权契约关系中的忠实义务

魏玛共和时代的劳动法理论肯定了劳动关系中的人身因素,通说认为忠实义务是一种独立的行为义务,劳动者与雇主之间忠实与照顾义务得以普遍建立。在魏玛共和国于1923年草拟完成的一般劳动契约法草案中,劳动者忠实义务作为一章独立存在,内容涵盖保密义务、竞业限制义务和禁止劳动者收受客户利益等内容。这一时期虽然接受忠实义务的概念,但对忠实义务的内容还缺乏共识,并没有改变劳动契约属于债法契约的立场,主流观点仍认为劳动关系是带有人格色彩的债权契约关系。[2]

虽然劳动契约的债法本质经常受到批评,但学界通说认为劳动契约所建立雇主与劳动者之间的联系,并未彻底超出债之关系的范畴。所谓的共同体关系,虽然也包含债法关系的成分,但人格法上的关系是重点。不可否认,劳动契约带有诸多明显的人格因素,比如劳动者与雇主之间的忠实与照顾义务,劳动者也确实处于雇主的指挥命令权之下。但人格法上的轨迹并非劳动契约的核心,真正的核心依然在于劳务提供义务。即使债务必须由本人提供劳务,必须服从雇主的指示,但依然是债法上的义务,并不因此而使雇主取得对劳动者劳动力的直接处分支配权;这样的情形,只存在于奴隶法或父权式的劳动关系之中,与劳动契约思维,与劳动者拥有人格上自我支配权的理念,是完全背道而驰的。即使劳动者与雇主处于其组织共同体关系中,劳动契约只是给予雇主请求劳动者提供劳务的请求权,无疑属于债法的性质。[3] 即

---

〔1〕 有学者认为将劳动关系认定为人格法上共同体关系实际上并未带来任何认识上的进步。参见黄程贯:《劳动法中关于劳动关系之本质的理论》,载《政大法学评论》1998年总第59期;林佳和:《劳动关系的公益与私益冲突?——从德国劳工忠诚义务的演进轨迹谈起》,载高雄大学政治法律学系主编:《公益揭发——职场伦理新趋势》,高雄,巨流图书股份有限公司2010年版,第67~108页。

〔2〕 黄程贯:《劳动法中关于劳动关系之本质的理论》,载《政大法学评论》1998年总第59期。

〔3〕 参见Hueck/Nipperdey, Lehrbuch des Arbeitsrechts, Bd1,2 Aufl,Mannheim 1928,S. 87f。转引自林佳和:《劳动关系的公益与私益冲突?——从德国劳工忠诚义务的演进轨迹谈起》,载高雄大学政治法律学系主编:《公益揭发——职场伦理新趋势》,高雄,巨流图书股份有限公司2010年版,第67~108页。

使是第一次世界大战形成的所谓“劳资停火、共赴国难”的“劳动共同体”，某种程度上承认了劳动者对抗与合作的权限，但个别劳动关系在层次上仍停留在债法契约上，并未导致人格法上的质变。但在劳动法释义学体系上，建立了一个劳动者忠实义务群，并得到了学界和实务界的认可与采纳，包括保密义务、不收受不当利益义务等不为侵害雇主利益的所有行为，但其范围必须通过诚实信用原则导出，符合交易伦理和社会普遍观念，作为义务包括了可能造成损害的通知义务等。

劳动法起步于公法。[1] 魏玛时代是劳动法取得历史性飞跃发展的时期，许多劳动保护法令都是在这一时期出现的，例如，团体协约命令、员工代表会法等。雇主的照顾义务体系得以全面建立，劳动者忠实义务体系也不断丰富发展，但依然在债法本质的基础上被适用，是停留在契约忠诚范畴内的量变积累，并未出现人格法上的质变。即使劳动者忠实义务可以理解为某种人格因素在劳动关系中的流露，但与人格法上统治关系相去甚远。同时，这一时期的劳动法思潮对我国劳动法制产生了很大影响，史尚宽先生成书于1936年的《劳动法原论》中，认为劳动契约有身份契约的性质，基于身份要素产生劳动者的忠实义务与雇主的照顾保护义务，基于债的要素产生劳动者的劳务给付义务与雇主的报酬给付义务。[2] 其中劳动者义务体系分为劳动义务、忠实义务和附随义务，忠实义务包括服从义务、秘密义务、增进义务。这与先生于魏玛时代早期留学德国的影响有关。[3] 我国台湾地区制定于1936年但尚未实施的“劳动契约法”中，第二章劳动者义务规定了服从、注意、报告、竞业限制等忠实义务内容。

五、“人格法上共同体关系”中的劳动者忠实义务

魏玛时代的末期，德国实务界首先开始转变立场，逐步接受基尔克的理

[1] 参见[德]雷蒙德·瓦尔特曼：《德国劳动法》，沈建峰译，法律出版社2014年版，第29～30页。

[2] 参见史尚宽：《劳动法原论》，台北，正大印书馆1978年版，第23页。

[3] 参见台湾“劳动法学会”编：《“劳动基准法”释义——施行二十年之回顾与展望》，台北，新学林出版股份有限公司2005年版，第94～95页。

论,抛弃纯粹给付关系的见解。将共同体思想、劳资双方相互连带思想引入劳动关系之中,德国帝国法院与劳动法院以1920年《企业代表会法》为基础,发展出劳资双方共同合作的法律原则,组成所谓劳动共同体。如前所述,这种法律理念一方面使雇主的照顾义务体系得以建立,另一方面也使劳动者义务范围的扩张变得容易,为后来被纳粹政权扭曲利用埋下了隐患。同时,共同体理念不仅要求雇主与职工代表协商决定就业规则中的惩戒事由,而且决定惩戒的实施,由此主流学说上也认为雇主惩戒是一种违约责任。

1933年纳粹党取得政权后,企业共同体思想和劳资双方相互连带的思想,甚至被明文规定在制定法中。国家社会主义时期最重要的两部劳动组织法——1934年颁布施行的《国家劳动秩序法》(包括2个实施条例)与《公共管理和公共企业中的劳动秩序法》(包括5个实施条例)几乎废除了20年代颁布的大部分劳动法律。[1]《国家劳动秩序法》第1条规定:“企业中,企业主为企业的领袖,劳动者与工人为随从,共同促进企业的目的与民族和国家的共同福祉。”第2条规定:“企业的领袖决定,有关随从的所有本法所定的企业内事项。领袖应照顾随从的福祉。随从保持企业共同体所生的忠诚。”[2]按照帝国劳动法院的见解,该法的核心就是人格法上的共同体关系。随着企业领袖原则被引入劳动法体系,劳动者忠实义务的解释也从契约忠实转变为对企业主的忠实。该理论体系套用但极大扭曲了基尔克的理论,人格法上共同体关系又重新找到了新的生命力。当时德国劳动法学术界的通说也采与帝国法院和劳动法院一致的理论,认为劳动关系与其他以财产给付交换为目的的债法契约的确存在不同,劳动关系中雇主与劳动者之间形成一种紧密的人格上的结合与连带,因此劳动关系可认为是一种共同体关系。劳动者提供劳动力需要进入雇主支配的范围内,受到雇主规章制度和组织秩序的管理,劳动者被认为是编入雇主所统治的组织系统的成员,由雇主赋予了特定职能,

---

〔1〕 参见[德]雷蒙德·瓦尔特曼:《德国劳动法》,沈建峰译,法律出版社2014年版,第35页。

〔2〕 林佳和:《劳动关系的公益与私益冲突?——从德国劳工忠诚义务的演进轨迹谈起》,载高雄大学政治法律学系主编:《公益揭发——职场伦理新趋势》,高雄,巨流图书股份有限公司2010年版,第67~108页。

接受雇主的领导指挥并使用其生产资料提供劳动，劳动者因而失去其独立自主性。劳动者因被纳入雇主的劳动、生产组织而形成共同关系，而雇主的工作场所是劳动、生产的具体表现形式。劳动者因被纳入雇主组织而具有从属性，更为重要的是基于劳动者被纳入雇主的劳动、生产组织或被纳入雇主的私人生活领域而产生的人格上的结合与连带。这种结合与连带的作用，劳动者在很多情况与场合都能感受到、意识到，从而使劳动关系具有人格性质的内容。在劳动关系中，劳动者的忠实义务与雇主的保护义务是构成共同关系应有的典型内容，也是一般财产性质给付交换关系所不具备的内容。所谓的“人格法性质”或“人格性质”，是指劳动关系具有人格上结合与连带的特征，通常指身份法上或亲属法上的某些关系，例如，婚姻关系、家庭关系、父母子女关系等。而财产关系则以纯粹的给付为内容，是具有非人格性质的客体。雇主与劳动者之间并非单纯的财产交换性质的，债权人与债务人之间的权利义务关系，由于劳动力与劳动者的不可分离性，劳动者本人应亲自提供一种人格上从属于雇主的劳务，劳动者不得不将其劳动力完全置于雇主的处分或支配之下。事实上，劳动者的人格被涵盖于这一义务的履行之内，在性质上与单纯的物的给付义务截然不同。正因为存在上述特性，如果继续将劳动力当作普通的商品，继续将劳动关系视为雇主用金钱购买劳动力的财产性质的给付交换契约，无疑是张冠李戴、名不符实。所以，劳动关系应该是一种包含忠诚、照顾保护内容的人格法上共同体关系，而且在劳动关系形成与存续过程中，忠诚与照顾保护始终作为最基本的原则存在。因此，劳动合同应该是一种人格性质的合同，劳动关系也被极端的解释为一种人格性质的关系，人的自身和人格也就是这种关系的内容，而且双方当事人间的这种关系需要忠实原则的指导，基于这种拘束劳资双方人格的忠实义务，劳动关系也相应地被视为一种共同体关系。当事人互负忠实义务是共同体关系的典型固有特征，这一理论下忠实义务对当事人的拘束力甚至远超过一般财产性的契约关系，这种人格上的拘束力对当事人维护对方的利益有着更高的要求，具体到劳动关系，劳动者在其可期待的范围内要尽自己最大可能去维护雇主的利益。

谈及劳动者的忠实义务，不得不提起德国纳粹时期的劳动法律。就个别劳动法而言,纳粹政府保留了魏玛共和国时期的法律结构,通过法律解释的途径达到"为我所用"的目的。在这一时期,"企业领导与职工和睦相处"、劳动者对雇主负有"忠诚义务"、雇主对劳动者负有"帮助义务"等一系列观念,成为法律解释的决定性标准,从而保证法律解释的方向符合纳粹旨意。[1]在法秩序的顺畅运作中,纳粹时期法学者的努力功不可没,一方面发展出整套反映纳粹意识形态的抽象理论,另一方面发展出法释义学和方法论的规范适用体系。也可以说,正是在魏玛时代关于劳动契约的债法契约本质的基础上,劳动法学者在忠实义务的"缺口"上,看似不费力气与功夫地过渡到纳粹的意识形态体系中。在这里必须予以澄清的一点是,以上这些观念并非纳粹党的创造,而是早就存在于劳动法学讨论的领域之中,只不过被纳粹政权在特定时期扭曲并恶意利用。忠实义务本身不应被贴上善与恶的标签,就像火药的发明不能用好与坏来评价一样,火药既可以制造美丽的烟花,用以造福人类,也可以用来制造威力巨大的武器,用于战争和屠杀。

六、归全反真后债法契约中的劳动者忠实义务

第二次世界大战结束后,纳粹政权的垮台并未导致人格法上共同体关系和劳动者忠实义务群的消亡,德国劳动法学界和实务界的通说仍采人格法上共同体关系,劳动者忠实义务也继续发挥着规范作用。究其原因,一方面,战前与战后的劳动法学者几乎是同一批人;另一方面,从形式上看,忠实与照顾保护义务作为法学概念,表面上是政治中立的,与纳粹思想没有直接的关系。[2] 魏玛时代和纳粹时代重要的劳动法学者阿尔弗雷德·胡克(Alfred Hueck)认为,按照基尔克的理论,劳动契约双方人格上的紧密关联可以导出相互忠实的共同体关系,与纳粹的意识形态和纳粹时期的国家劳动秩序法无关。另一位战前和战后都很重要的学者阿图尔·尼基什(Arthur Nikisch)也认为,忠实义务的存在与纳粹无关,而是很早就存在于法学和立法中的概念,

---

〔1〕 参见[德]曼弗雷德·魏斯、马琳·施米特:《德国劳动法与劳资关系》,倪斐译,商务印书馆2012年版,第20~21页。

〔2〕 参见黄程贯:《劳动法中关于劳动关系之本质的理论》,载《政大法学评论》1998年总第59期。

司法实践也经常遵循忠实义务的思维和共同体思想，因为其来源于劳动关系的本质。[1]

直至20世纪六七十年代，人格法上共同体关系受到了激烈的抨击。德国劳动法学界兴起了一场重新恢复契约属性为劳动关系基础属性和强调个人自治的复兴运动。劳动关系与民法上普通债之关系的不同，并不会导致给付交换关系质变为人格法上共同体关系，劳动契约中广泛的附随义务也不会因量的累积质变为共同体关系中的忠实义务与照顾保护义务。共同体理论是一种非理性哲学，其倡导的个别人对他人的彻底贬低、统治与支配，与自由民主的社会价值背道而驰，违背了意思自治为基础的契约制度，是历史的倒退。在司法实践层面，共同体关系理念的实际效果也受到了批判，雇主照顾保护义务被适用的比例远低于劳动者的忠实义务，造成了劳资双方义务范围的不对等。批判是为了构建更加合理的理论，在这一批判过程中形成了合伙契约理论、角色理论、回归债法关系理论、冲突对立理论四种学说。合伙契约理论认为，参与决策制度使劳动关系转变为雇佣关系与合伙关系的混合关系，此理论一经提出就受到严厉的批判，劳动关系不符合合伙的要件，劳资双方地位相差悬殊，劳动者工资是基于劳动关系的劳动力对价，而非基于合伙契约的利润分配。[2] 角色理论主张劳动者的义务应按照其工作岗位及在企业中的位置、作用来决定，反对将劳动者义务涵盖及于整个人或人格，此理论因过于模糊且对解决问题没有实益，与合伙契约理论一样没有引起学界重视。[3] 冲突对立理论认为劳动关系的本质是冲突对立的，劳资双方之间利益并非一致，也不是相互信赖的，所谓的“劳动三权”（工会结社权、集体谈判权、争议行动权）就是承认冲突对立的产物，劳动者只有在可能危及雇主重大利益但又不违反自身正当利益时，才负有维护雇主利益的义务，该理论认识到了劳资冲突对立的一面，但忽略了个别劳动关系中双方合作的一面，也未

---

〔1〕 参见林佳和：《劳动关系的公益与私益冲突？——从德国劳工忠诚义务的演进轨迹谈起》，载高雄大学政治法律学系主编：《公益揭发——职场伦理新趋势》，高雄，巨流图书股份有限公司2010年版，第67～108页。

〔2〕 参见黄程贯：《劳动法中关于劳动关系之本质的理论》，载《政大法学评论》1998年总第59期。

〔3〕 参见黄程贯：《劳动法中关于劳动关系之本质的理论》，载《政大法学评论》1998年总第59期。

能成为学界主流观点。[1]

回归债法关系理论主张,通过债法释义学的操作,完全可以达到构建劳动契约中权利义务体系、保障劳动者合法权益与维护雇主合法正当利益的目的,合同之债发展出的特定的附随义务完全可以满足这种需求。回归债法给付交换关系之所以成为学界主流,主要原因有以下三点:首先,私法社会化的改造使"民法上对人的对待向现代法变迁",承认社会上和经济上强者与弱者的存在,抑制强者、保护弱者,被称为民法上人的再发现与复归。[2] 民法与劳动法之间在基本理念上的差别逐步缩小,特别是传统债法的改革,积极侵害债权理论与附随义务的发展包含了保护照顾义务和忠实义务,与劳动关系带有人格色彩的债法契约理念发生了耦合。劳动法的新发展又一次搭了民法的"便车"。其次,法律解释技术的发展有助于防止法律解释适用的恣意;加之,对共同体关系理论的批判未能激发更加逻辑自洽的理论体系,法学界不得不将目光投向了债法释义学的操作。

劳动关系回归现代意义的契约法理念是一次"归全反真"的过程,绝不是回到传统的债权给付交换关系。劳动关系作为一种继续性债的关系,在双方之间形成一种紧密结合的信赖关系,在单纯的给付交换关系与主给付义务履行之外,还存在保护对方其他合法正当利益的需要,特别是基于从属性劳动中人格上指挥监督的结构状态,而具有人格上的因素。[3] 劳动者的忠实义务被认为是雇佣关系隐含的附随义务,劳动合同不仅包含了当事人的主要权利义务,而且还包括保证当事人忠实履行合同的附随义务,忠诚义务远远超出了劳动合同的条款,一般由民法上诚实信用原则导出,没有制定法的依

---

〔1〕 参见黄程贯:《劳动法中关于劳动关系之本质的理论》,载《政大法学评论》1998 年总第 59 期。

〔2〕 参见[日]星野英一:《私法中的人——以民法财产法为中心》,王闯译,载梁慧星主编:《民商法论丛》(第 2 卷),法律出版社 1994 年版,第 297 页。

〔3〕 See Weiss, Manfred, *Employee Loyalty in Germany*, Comparative Labor Law and Policy Journal, Vol. 20, 1998, p. 237. 转引自林佳和:《劳动关系的公益与私益冲突?——从德国劳工忠诚义务的演进轨迹谈起》,载高雄大学政治法律学系主编:《公益揭发——职场伦理新趋势》,高雄,巨流图书股份有限公司 2010 年版,第 67 ~ 108 页。

据,多由学术著作和法院的司法判例形成。[1] 德国联邦劳动法院也改采给付交换关系说,劳动者负有包括忠实义务在内的广泛的附随义务,必须注意、维护雇主的利益,劳动者负有避免雇主发生损害的义务。德国联邦劳动法院于1985年2月27日作出的一则关于继续雇佣请求权的判决中明确其立场,所谓的忠实义务是源于诚实信用原则。[2] 德国学术界和实务界形成的通说对我国台湾地区和大陆产生了巨大影响,目前已经成为我国劳动法学界的主流。

小　结

劳动法产生之前的“早期史”是漫长的,劳动关系经历了从身份法调整到契约法调整的缓慢的进步过程,雇佣者对受雇人的控制也经历了从身份控制到契约控制的转变,受雇者对雇佣者的忠实义务被作为法律义务确定下来,实质上是作为身份控制的手段而延续;工业革命以来至《德国民法典》颁行之前,受罗马法复兴和古典自由主义思潮的影响,劳动关系被视为纯粹债法上的劳动租赁,不管雇佣双方的照顾、忠实义务有着怎样潜移默化的影响,但至少在制定法上没有获得承认;《德国民法典》颁行后劳动关系逐渐冲破了传统债法的樊篱,劳资双方的照顾义务和忠实义务作为债法例外而存在,并逐渐获得司法者和学界的认可;第一次世界大战后的魏玛时代,劳动关系中的人格因素逐步受到重视,司法实务上开始接受人格法共同体关系,法释义学上构建了忠实义务群,我国台湾地区颁布于民国时期的“劳动契约法”就深受其影响;第二次世界大战时期,人格法上共同体关系理论取得主导地位,劳动者广泛的忠实义务被视为社会荣誉的义务;第二次世界大战后,对于人格法上共同关系理论虽有批评的声音,但在初期仍被视为通说,忠实义务依然作为基础性义务;20世纪六七十年代,学术界或实务界均转采带有人格色彩的债权契约关系理论,由诚信原则导出范围广泛的附随义务,劳动者忠实义务被认为是劳动合同附随义务,此一见解成为德国、我国台湾地区及大

[1] See Weiss Manfred, *Employee Loyalty in Germany*, Comparative Labor Law and Policy Journal, Vol. 20, 1998, p. 237.

[2] 参见黄程贯:《劳动法中关于劳动关系之本质的理论》,载《政大法学评论》1998年总第59期。

陆迄今之通说。

第三节 劳动者忠实义务的法制发展概况及趋势

随着劳动关系日渐成熟和劳动法理论研究的深入,劳动者忠实义务的理论与实践价值逐步得到了认可。但从各国法制实践看,劳动者忠实义务依然主要存在于法学研究和判例之中,而劳动者忠实义务的诸多子义务正在逐步进入法律之中。比较法的研究表明,劳动者忠实义务的发展、变化对劳动关系并未产生根本性的影响。

一、中国劳动者忠实义务的法制概况

我国《劳动法》和《劳动合同法》中并没有劳动者忠实义务或忠诚义务的明确规定,但劳动者忠实义务的子义务则广泛存在于现有法律体系中(见表2-1)。遗憾的是,这些规范依然不能满足劳动关系实践的需求,劳动者忠实义务作为重要的雇佣伦理和习惯,未能进入《劳动合同法》成为一般权利义务条款。有学者批评这种立法思维,除了涉及国内少数民族和外交关系问题时,我国当代的制定法一般是轻视习惯的。[1] 这一状况在劳动法领域更加普遍,很多调整劳动关系的重要劳资伦理、习惯未能法律化或进入现有法律体系。在原《合同法》制定过程中,由学者起草的《合同法(建议草案)》中将"雇佣合同"作为一种有名合同予以专章规定,其第454条规定了受雇人的忠实义务及违反忠实义务应予承担的法律责任。[2] 虽然原《合同法》正式颁布时并未包含"雇佣合同"章,但我国《劳动法》第3条第2款规定的"遵守劳动纪律和职业道德",《劳动合同法》第3条第1款规定的"诚实信用原则",解释上被认为是劳动者忠实义务的重要渊源。将民法中诚实信用原则引入劳动法,结合我国《民法典》第7条规定,从体系解释的角度不难得出劳动者恪

---

〔1〕 参见苏力:《当代中国法律中的习惯——一个制定法的透视》,载《法学评论》2001年第3期。

〔2〕 《合同法(建议草案)》第454条规定:"受雇人于提供劳务期间,有服从雇用人指示,保守秘密,重大情况告知和照顾雇用人利益的义务。受雇人故意或者因重大过失违反前款规定的义务,致雇用人遭受重大损失时,雇用人有权终止合同,并请求损害赔偿。"参见梁慧星主编:《民商法论丛》(第4卷),法律出版社1996年版,第526页。

守承诺、忠实敬业的义务。相对而言，具体义务类型虽然尚未形成体系，但已有零散规定，如保密、竞业限制、工作交接和遵守规章制度义务；还有一些可以从现有法律规定解释而来的义务类型，例如，从拒绝服从不合理指示的权利和举报权反推出服从合理指示的义务，从“严重失职”推出勤勉义务，从《劳动合同法》第 39 条第 4 款推出不得兼职的义务。但这些规定并未体系化，缺乏违反义务的责任规定，实践中的认识也不统一。应当说，当前社会职业伦理和雇佣伦理遭受严重破坏，法律保障不足具有不可推卸的责任。

表 2－1　涉及劳动者忠实义务的主要立法

义务类型	法律条文
服从义务	《劳动法》第 3 条第 2 款、第 56 条，《劳动合同法》第 32 条，《职业病防治法》第 33 条第 3 款、第 39 条第 2 款，《安全生产法》第 54 条，《矿山安全法》第 22 条第 1 款
兼职限制义务	《劳动合同法》第 39 条、第 69 条，《中小企业促进法》第 37 条第 3 款，《律师法》第 6 条、第 10 条，《促进科技成果转化法》第 27 条，《商业银行法》第 52 条，《老年人权益保障法》第 47 条，《证券法》第 125 条第 3 款，《公司法》第 69 条，《企业国有资产法》第 25 条，《职业教育法》第 36 条第 2 款，《劳动争议调解仲裁法》第 19 条第 2 款，《注册会计师法》第 22 条第 5 项，《关于推进和规范医师多点执业的若干意见》、国家科委《关于科技人员业余兼职若干问题的意见》
保密义务	《劳动法》第 22 条、《劳动合同法》第 23 条、《公司法》第 148 条第 1 款第 7 项、《反不正当竞争法》第 9 条
竞业限制义务	《劳动合同法》第 23 条第 2 款、第 24 条，《公司法》第 148 条第 1 款第 5 项
不当言论限制	《宪法》第 35 条、《公民权利和政治权利国际公约》第 19 条
利益增进义务	工作障碍及危害报告义务：《职业病防治法》第 34 条第 3 款、《安全生产法》第 56 条、《使用有毒物品作业场所劳动保护条例》第 46 条第 1 款；减损义务：《劳动法》第 25 条第 3 项、《劳动合同法》第 39 条第 3 项、第 50 条第 2 款（工作交接义务）；清廉义务：《反不正当竞争法》第 7 条

二、域外劳动者忠实义务的法制概况

纵观域外各国法制实践，劳动者负有忠实义务被认为是劳动关系的应有之义,但忠实义务依然主要存在于判例或学理之中,即使是成文法国家也少有立法例。但不论是普通法还是制定法建构,或者是两者的混合物,明示或暗示的,忠实本身被证明是一个动态的、灵活的概念。

在英国、美国、新西兰等普通法系国家,受"主仆关系"时代的影响,雇员的忠实义务主要通过雇佣法中相互信任默示条款发展出来。《美国雇佣法重述》明确规定雇员对雇主负有忠实义务。在澳大利亚,多数雇佣都没有书面合同,雇佣关系确立后主要通过法律上的默示条款、事实上的默示条款和习惯上的默示条款确立双方义务。[1] 在英国,雇员忠实为雇主服务是一项存在于普通法上的基本义务,这一基本义务可通过明示合同进行扩展,即使合同没有规定,雇员的义务也存在于基本的法律默示中,是每个劳动合同的基本默示义务。受《人权法》和《公益披露法》的影响,公众工作中言论自由的知情权受到保护,人们开始逐步脱离主仆关系下的忠实义务,以诚信、互信的忠实概念来处理劳动关系日益增长的个性化、多样化和不安全感。[2] 在加拿大,雇佣法中坚定地确立了忠实义务,雇员的忠实义务是雇佣合同的默示条款之一。雇员必须以忠实、诚实的态度为雇主工作,任何有损雇主声誉或与雇主利益冲突的行为都属于忠实义务的违反,雇主可以实施纪律处分。雇员离职后依然负有忠实义务,法院对前雇员违反竞业限制和保密义务发出禁令或判令损害赔偿。[3]

法国、德国、意大利、日本、瑞典等成文法国家,劳动者忠实义务不仅有成文法的依据,判例在劳动者忠实义务的发展完善中也功不可没。德国是大陆法系的典型代表,《德国民法典》第 242 条关于附随义务一般性原则的规定被认为是劳动者忠实义务的成文法基础,但作为雇佣关系隐含的附随义务,主要存在于学术研究和法院判例中,没有制定法的依据,而且影响力在不断减

---

〔1〕 See McCallum Ronald, Andrew Stewart, *Employee Loyalty in Australia*, Comparative Labor Law and Policy Journal, Vol. 20, 1998, p. 155.

〔2〕 See Hepple Bob, *Employee Loyalty in English Law*, Comparative Labor Law and Policy Journal, Vol. 20, 1998, p. 205.

〔3〕 See Oakley James C., *Employee Duty of Loyalty-A Canadian Perspective*, Comparative Labor Law and Policy Journal, Vol. 20, 1998, p. 185.

弱。但忠实义务依然是劳动者与雇主竞争行为及对外交流的界限。[1] 在法国,"协议必须真诚的执行"是拿破仑时代写入民法典的,这一条款在劳动法律领域经常得到适用,也适用于雇员对雇主不忠实的行为。雇员的"适应责任"被认为是一种法律责任,而不仅是一种道义责任。[2] 在瑞典,忠实义务包含的范围很广,不同的义务之间也有很大差别,但忠实义务是高于其他所有义务类型的。也就是劳动者要把雇主的利益放在第一位。[3] 在有些大陆法系国家,其债法或劳动法中对劳动者忠实义务也有明文规定。例如,《意大利民法典》第 2105 条将雇员忠实义务确立为法定概念。实践中,法院结合诚信、公平原则在劳动法领域建立起一般的但有些模糊的忠实义务,该概念已经成为一个普遍的标准,不仅包括涉及员工服从、与雇主的竞争、保护商业秘密信息等问题,而且包括了实施不正当竞争的准备活动。[4]《瑞士债务法》第 321a 条明文规定了"注意义务和忠实义务"。"受雇人,应谨慎执行雇用人交付的工作,并忠诚保护雇用人的合法利益。……在劳务关系存续期间,受雇人负有忠实义务……"[5] 在日本,由于"终身雇佣"的存在,忠实义务被认为是理所当然的,法律对此也关注甚少,但近年来竞业限制和保密义务正在受到重视。[6]《公益通报者保护法》对雇员忠实义务与言论自由、社会公共利益作出了平衡。

虽然各国法制传统不一样,英美法系国家基于雇佣合同的相互信任默示条款,通过判例确立了类型丰富的忠实义务类型。大陆法系国家或者基于成文法的明确规定,或者基于民法原则的解释,在判例中累积了多样化的忠实

[1] See Weiss Manfred, *Employee Loyalty in Germany*, Comparative Labor Law and Policy Journal, Vol. 20, 1998, p. 237.

[2] See Ray Jean-Emmanuel, Jacques Rojot, *Loyalty and Non-Competition in France*, Comparative Labor Law and Policy Journal, Vol. 20, 1998, p. 225.

[3] See Fahlbeck Reinhold, *Employee Loyalty in Sweden*, Comparative Labor Law and Policy Journal, Vol. 20, 1998, p. 297.

[4] See Aaron Benjamin, *Employees' Duty of Loyalty: Introduction and Overview*, Comparative Labor Law and Policy Journal, Vol. 20, 1999, p. 145.

[5] 《瑞士债务法》,戴永盛译,中国政法大学出版社 2016 年版,第 365 页。

[6] See Araki Takashi, *Legal Issues of Employee Loyalty in Japan*, Comparative Labor Law and Policy Journal, Vol. 20, 1998, p. 267.

义务类型,但雇员在合理范围内维护而不是损害雇主商业利益的基本原则是一致的。总体而言,判例制度在法律适应性方面的优势更加明显,英美法系忠实义务的类型更加多样、灵活。

三、劳动者忠实义务的发展趋势分析

劳动法从其产生之日起就具有发展和变动性,在经济变革与社会政策挑战的背景之下,将来依然会在立法和司法实践中得到进一步发展。如果说前述各阶段的忠实义务都属于仆从式雇佣模式,那么个人主义雇佣模式正在成为一种主流,忠实义务的内容还将不断发展。

(一)非典型劳动关系对忠实义务的挑战

随着经济全球一体化的进一步发展,各个行业对劳动关系增加弹性化的现实需求增加,世界各国都面临雇佣关系灵活多样的改革趋势,因而带来了劳动领域的深刻变化,劳动关系中债法因素逐渐增强,身份因素弱化,劳动合同的给付交换属性被进一步强调。雇佣模式柔性化、非典型雇佣不断扩大和劳动力供需体制出现多样化是世界各国雇佣体系正在共同经历的变化。[1]各国均出现了劳动法去管制的改革趋势,各个领域对非标准劳动关系的应用更加广泛,标准劳动关系的占比正在逐渐下降。传统劳动关系中对市场调节起到限制和平衡作用的制度,如劳动基准和工会制度,都受到挑战并正在被削弱。[2] 传统劳动关系本质理论与社会经济现实之间存的冲突越来越明显。

非标准劳动关系的身份因素进一步削弱。为了应对这种挑战,劳动合同从属性理论首先作出修正,将人身从属性与经济从属性,扩大到组织从属性与技术从属性,促使劳动合同制度贴近从属劳动关系的新现实。其次,在法律制度上,世界各国都在探索对劳动关系灵活管制的途径,通过不同程度地

〔1〕 参见[日]马渡淳一郎:《劳动市场法的改革》,田思路译,清华大学出版社 2006 年版,第 3 页。

〔2〕 参见[美]约翰·W.巴德:《人性化的雇佣关系——效率、公平与发言权之间的平衡》,解格先、马振英译,北京大学出版社 2007 年版,第 2~3 页。

降低劳动保护法的规范水准、提高当事人的自治能力和自律性,以增加劳动合同制度的弹性、适应变动多样的劳动市场。劳动合同之外新的契约种类不断出现,如劳务派遣合同、劳务外包合同、兼职合同、人事关系代理等,可谓花样繁多。制定更加灵活的特别规范进行保护,非标准劳动合同中的权利和义务配置与承揽合同更加相似。从属性观念的修正对劳动合同附随义务的分配已经产生并将带来更加重大的影响。在非标准劳动关系中,劳动合同是否还存有身份要素发生了争议,劳动者与特定雇主之间的联系也削弱了,相互间的信任不再是人格信任,而是一种基于媒介的系统信任。例如,雇主对劳动者工作能力的考察是通过职业资格、学历等进行的,劳动者对雇主可信度的考察则是基于品牌、业绩、企业文化。传统劳动法上雇主保护义务和劳动者忠诚义务的内容面临重新调整,法律也不得不修正适应非标准劳动关系。意大利学者马克·比亚乔(Marco Biagi)指出,传统上对《意大利民法典》第2105条的解释已经不能再适用于非标准劳动关系,劳动者忠实义务本身都应被修正以适应劳动关系的不同情形。[1]《德国员工出让法》虽然采一重劳动关系的立场,认定派遣劳动者与派遣机构之间形成劳动关系,但又承认用工主体对劳动者的劳务请求权,根据劳动力的实际提供与使用情况,劳动者与用工主体之间形成忠实与照顾义务。[2]

(二)个人契约模式对劳动者忠实义务的挑战

有学者认为,我们当前正在经历第四次产业革命,如果说前两次产业革命实现了机器对人体力的部分替代,那么第三次产业革命实质上开启了对脑力的辅助与模仿,计算机和通信技术取得飞速发展是这一时代的典型特征,而第四次产业革命则可能是第三次的升级版,人脑的辅助和模仿升级为部分替换。[3] 所谓“有意义的工作”模式开始盛行,越来越多的人开始追求个人

---

〔1〕 See Biagi Marco, *Employee Loyalty in Italian Labor Law*, Comparative Labor Law and Policy Journal, Vol. 20, 1998, p. 249.

〔2〕 参见黄程贯:《德国劳工派遣关系之法律结构》,载《政大法学评论》1998年第60期。

〔3〕 参见汪克强:《让创新释放出引领发展的雄浑力量》,载《人民日报》2017年6月11日,第5版;于扬清:《面对第四次科技革命,中国能不能“弯道超车”》,载 http://cul. qq. com/a/20160908/010274. htm,2017年10月2日访问。

价值的实现,工作不再仅仅是谋生的手段,而是生活的一部分。经济组织模式也进入"后福特主义"组织形态,这种生产、组织模式下对无形资产的投入和知识性员工的产出测量成为难题,工作完成的好坏更多地取决于劳动者的能力高低、忠实与否和参与的态度等个体化因素。"劳动关系基于集体谈判的同质性集体契约转向基于个体特征的个人契约形式。"[1]随着经济社会的发展,在现代雇佣关系中,利用雇员专业技能和知识的雇佣越来越多,雇主通过指示和控制雇员的方式降低风险的可能也越来越小,对劳动者忠实的要求也越来越高。因此,加强对劳动者忠实义务的理论研究和实践探索更加具有必要性和紧迫性。

(三)劳动者忠实义务内涵与适用范围的限度

随着经济社会的发展和人本主义思潮被广泛接受,劳动者忠实义务的内涵与适用范围发生了重大变化,经历了"发现—被利用—质疑—复兴"的历史演进轨迹,破茧成蝶,重获新生。由无条件、完全的忠实于雇主的"愚忠"蜕变为有条件、有限度的忠实于职业与契约的"理性忠实"。

本章梳理了劳动者忠实义务从早期史到现代的发展变化。在忠实义务被发现之前,社会关系主要依赖身份调整,提供劳务的双方被认为是一种"主仆关系",是身份关系决定了"劳动者"的忠实义务,此时的忠实是一种无条件、完全的对雇主个人的忠实。在经历社会变革和文艺复兴运动后,社会关系不再倚重身份调整而是更加注重契约,劳资关系被认为是一种"契约关系",个别学者甚至认为是一种"冲突关系",法律强调双方权利义务对等、地位平等,是契约决定了劳动者忠实义务。此时的忠实义务是一种极其有限的忠实,相应地,雇主也只承担有限的照顾义务。过程中虽然经历了被误用、质疑等波折,但忠实义务发展的总趋势并未中断。随着社会变革的持续推进和人本主义思潮被广泛接受,人们对平等的认识从形式平等转向实质平等,社会关系调整的着力点从契约逐渐回归身份。劳资双方被认为是一种介于"伙

---

[1] 郭志刚、刘昌宇:《国外劳动关系发展变革及其对我国的启示》,载《理论与改革》2017年第1期。

伴关系”与“契约关系”之间的社会关系，私法权利义务对等和地位平等并不能完美地适用于劳动关系，劳资关系存在先天的不平等性和身份性。于是倾斜保护的理念被注入劳动关系，人们对雇主课以保护照顾义务，相应地，劳动者报以忠实义务。此时的忠实义务是基于劳、资、社各方利益和公共政策考量的一种衡平适用。

借鉴雇佣模式划分的理论，如果将过去所有的雇佣模式统称为仆从式雇佣模式的话，现代的雇佣模式则是一种个人主义雇佣模式。在仆从式雇佣模式下，劳动者忠实义务是一种无条件、完全的忠实于雇主的“愚忠”。在个人主义雇佣模式下，劳动者忠实义务是一种有条件、有限度的忠实于职业与契约的“理性忠实”。

（四）雇员忠诚保险对忠实义务挑战的回应

雇主救济方式多元化也是劳动者忠实义务的重要发展趋势。不同于以往的认识，劳动者违反忠实义务，雇主不仅可以诉诸损害赔偿，而且形成一个道义责任、劳动纪律责任与法律责任相统一的责任体系，雇主还可以通过忠诚保险转嫁风险。现代社会文明发展使得传统社会人际信任保障机制受到巨大挑战，为了应对“忠实”这种道德品质的弱化，雇员忠诚保险应运而生。所谓雇员忠诚保险，又称为“雇员诚实保证保险”，是承保因被保证人（雇员）不忠实的行为，而使权利人（雇主）遭受直接经济损失，保证人（保险公司）承担赔偿责任，承保的常见风险包括雇员在雇佣期间欺骗、偷窃、伪造账目、侵占、非法挪用、故意误用等受到的经济损失。所以，雇员忠诚保险是分散雇员违反忠实义务的风险、消化相关损失的一种保证保险。忠诚保险承保的是雇员不忠实行为引发的保险责任事故，其承保对象是雇员的品德，雇主是保险权利人，雇员是被保证人，雇主可以选择投保其所有雇员，也可以投保其指定的个别雇员。在我国，雇员忠诚保险是改革开放初期，为满足外国投资者需求，保险公司借鉴国外保险业的经验开发的。忠诚保险在西方国家是较为普遍的保险品种，不仅承保企业雇员的道德风险，也有的承保地方官员不忠实行为给政府造成损失的风险。[1] 我国各大保险公司都已推出雇员忠诚保险,但多数雇主对该保证保险的认识不足,国内企业投保该险种的还不多,有待进一步推广。

一方面,上述发展趋势还处于不断发展、变动之中,现在预测劳动者忠实义务问题最终只会成为个别或集体劳动合同中另一个可以讨价还价的问题或许还为时过早。如果没有特别说明的话,忠实义务对雇佣关系的影响尚没有根本性变化,未来会发生怎样的变化还只是预测。另一方面,未来雇主似乎可能会提供更多具体的就业保障措施,以换取劳动者在合同中明示或暗示的忠实义务。在这方面如何平衡雇主和劳动者的利益,是 21 世纪社会面临的重要挑战之一。[2]

本 章 小 结

劳动忠实义务的内涵,必须放在不同的政治、经济、社会、文化氛围与环境中进行理解与运用。在以人为本的发展理念之下,保障劳动者人格独立和"体面劳动"(Decent work)是法治发展和社会进步的前提,但是简单地抛弃忠实义务理论并不能改变劳动关系的从属性,对其进行与时俱进的理念更新也许更为现实。德国法制对我国法律体系的影响是深远的,这一点在劳动法中更加显著,劳动者忠实义务理论的兴衰就是典型。正如本章所述,劳动者忠实义务"被利用"是特定历史时期和特定社会环境使然,已然时过境迁。面对新的历史挑战和社会变革,我们不能无视自身文化根基和社会现实,依然奉行"拿来主义",抱残守缺、亦步亦趋。中华民族历来具有"受人之托、忠人之事"的优秀传统文化,在新时代将其发扬光大,借鉴世界法治发达国家劳动法制的经验,赋予劳动者忠实义务以新的内涵和生命力无疑是不二之选。

---

〔1〕 参见赵阿勇、曹玲玲:《推广雇员忠诚保险必要性的思考》,载《中国银行保险报》2009 年 10 月 28 日,第 2 版。

〔2〕 See Aaron Benjamin, *Employees' Duty of Loyalty: Introduction and Overview*, Comparative Labor Law and Policy Journal, Vol. 20, 1998, p. 143.

第三章　劳动者忠实义务的正当性及合理限度论证

在当代以及任何其他的时代，法的发展的重心既不在于立法，也不在于法学或司法判决，而在于社会本身。[1]

——欧根·埃利希

劳动者忠实义务实质上是将作为道德要求的忠实上升为法律义务，是法律对道德规范的介入。然而，道德本应是自由选择的产物，对其采取的任何强制并不是天然合理的；即使是某些业已上升为法律规范的道德要求，也需要对其正当性予以证明。[2] 前文已述，有着深厚历史文化渊源的忠实义务是组织对其成员的伦理要求，劳动者忠实义务在我国劳动法律体系中具有独特且重要的地位。但不同类型的组织对其成员的忠实要求与标准也各不相同。通常情况下，劳动者背信行为只会对雇主组织及其成员产生不利影响，并不会对社会公共利益造成干扰，但也存在个别的例外情形。本章主要任务是对劳动者忠实义务制度的正当性与合理限度进行论证。

---

〔1〕［奥］欧根·埃利希：《法社会学原理》，舒国滢译，中国大百科全书出版社2009年版，作者序。

〔2〕参见曹刚：《法律的道德批判》，江西人民出版社2001年版，第98页。

第一节　劳动者忠实义务的正当性基础

劳动者忠实义务的目的在于保护并促进雇主合理形成的期待,劳动者要对合理信赖其言行的雇主负责。劳动关系在本质上就属于一种特殊信赖关系,劳资信赖是劳动关系和谐与劳动合同目的实现的前提条件。劳动契约在本质上是带有身份性的债法契约,劳动者忠实义务与雇主的保护义务都是基于身份要素产生,劳动者的劳动义务与雇主的报酬给付义务基于债的要素产生。因此,笔者将劳动者忠实义务的正当性基础概括为以下两个方面。

一、忠实义务是劳动关系本质属性的体现

劳动法中最基本的问题就是劳动关系的本质为何。劳动关系的形成、内容、变更、劳动者与雇主的权利义务、劳动关系消灭等具体问题的研究,都是以劳动关系本质的澄清为前提。探讨劳动者是否享有某种权利或负有某种义务等具体问题,也必须以劳动关系的本质为基点。劳动关系被认为是一种具有人身性的长期合作关系,劳动权作为一种人权正在逐步被人接受,劳动的价值已经远远超出了获取报酬本身。工作对于劳动者来说,不仅是一种谋生手段,还可以获得工作成就的满足感和精神生活的充实。[1]

(一)劳动关系具有人身属性和契约要素的双重属性

正如本书第二章所述,劳动关系本质的历史演变始终围绕人身属性和契约要素哪一个是主导因素。劳动者忠实义务的产生,正是基于人们对劳动合同强烈人身属性和与其他合同关系差异的认识突破。[2] 劳动合同是一种特殊形态的雇佣合同,雇主与劳动者形成合意是劳动合同订立的必要条件,劳资双方之间的合意被认为是契约自由原则在劳动合同领域的运用。在订立合同的能力上是平等的,也即劳资双方的人格是平等的。对此,马克思曾有经典论述,劳动者要出卖劳动力就必须具有支配它的能力,成为劳动能力和

〔1〕 参见谢增毅:《劳动法的改革与完善》,社会科学文献出版社2015年版,第57页。
〔2〕 参见李亘:《德国劳动者忠实义务的制度发展与历史变迁》,载《德国研究》2017年第3期。

人身自由的主宰者,劳动力和货币占有者双方法律地位平等,像身份平等的两个商品占有者一样发生交换关系。[1] 所以,劳动关系首要的属性是一种债法契约关系,这种认识从罗马法上的劳动租赁到"带有人格因素的债法契约关系"都是一以贯之。在德国,纳粹时期的劳动法理论偏离了正常的发展轨迹,"人格法上共同体关系"认为契约要素在劳动者关系中的作用微乎其微,但战后的"契约复兴运动"实质上就是对劳动关系本质认识的一次归全反真,债法契约属性再次回归其主导地位。

但这种契约上的平等是法律拟制的平等,并不能掩盖双方实质上的不平等。为了保持这种独立性和平等性,劳动者只能将劳动力部分出卖,如果他将劳动力全部出卖,就从商品占有者转化为商品,从自由人变为奴隶,劳动者只是让雇主在一定期间暂时支配、消费其劳动力。也就是说,在让渡自己的劳动力时劳动者并没有放弃对它的所有权。[2] 不同于其他债法契约关系,劳动关系强烈的人身属性逐渐被发现:劳动力依附于劳动者人身无法分离,既不能转让也不能继承;劳动者必须自己完成劳动行为等。但劳动者不是将自己作为商品出卖给雇主,劳动关系成立后,雇主虽然拥有了劳动力使用权,如果雇主不能对劳动者进行合理的指挥、命令或者监督、管理,其权利是难以实现的。劳动者在履行提供劳动的义务时,其人身不可避免地置于雇主的指挥、监督、管理之下,从而被动成为劳动关系的一部分。劳动法的进步与国际劳工运动和国际人权运动有着很大关系,1944 年第二十六届国际劳工大会通过了《关于国际劳工组织的目标和宗旨的宣言》(又称《费城宣言》),再次重申了国际劳工组织的基本原则,包括劳动者不是商品。提供劳动是一种为了获取薪金利他(雇主)性的活动,"从属性"被认为是劳动法律关系区别于其他民事法律关系的最基本特征,即劳动者参与到雇主组织中提供劳动,在劳动中服从雇主的统一指挥监督。因而,劳动者在人身、组织、经济上从属于

〔1〕 参见[德]马克思:《资本论》(第 1 卷),中共中央马克思恩格斯列宁斯大林著作编译局译,人民出版社 2004 年版,第 195 页。

〔2〕 参见[德]马克思:《资本论》(第 1 卷),中共中央马克思恩格斯列宁斯大林著作编译局译,人民出版社 2004 年版,第 195 ~ 196 页。

雇主,其劳动是雇主工作的必要组成部分。劳动者既不享有经营利润,也不承担经营风险,只是为了获取劳动关系的对价。[1]

(二)基于身份要素的劳动者忠实义务

凡是身份属性较强的雇佣关系中,雇员的忠实义务都是客观存在的。[2]也正是借助这种从属性本质,为他人利益的有偿职业劳动与自由职业者的自我雇佣区别开来。在劳动过程中,劳动者必须服从雇主及其代表的指示、管理和监督。除指示服从关系外,从属性还涉及雇主惩戒权,借助惩戒权行使雇主对劳动者的意向等主观心理活动造成某种程度的干涉和控制,这是人格从属性效果最强的体现,也是根本所在。[3] 对雇主交付的财产负有注意使用的义务,并且忠实维护雇主利益,不从事有害于雇主的行为。由此可见,劳动者忠实义务是劳动法律关系的基本特征所决定的,也是每一个劳动者都应当负担的义务。

应当说,劳动关系人身属性的发现对劳动法的历史发展产生了巨大贡献,使劳动关系的认识逐步冲破了债法契约的樊篱,劳动者忠实义务和雇主的照顾义务具备了正当性。劳动法也因其调整对象的特殊性而逐渐脱离民法,成为独立的法律部门。反过来,其一贯秉持的对实质公平的追求也影响了传统私法的社会化,人的尊严的平等保护成为私法的基础价值,所有民事主体都处于平等的地位并不意味着对其保护必须绝对平等,在特殊情况下对某些主体的倾斜保护也有其正当性,例如,出现自然人与法人之间的利益冲突,优先保护自然人的利益就具有正当性。[4] 劳动法理论的发展契合了当时加强劳动者保护的现实与呼吁,并直接导致了大量规定雇主对劳动者特殊照顾的立法,雇主照顾义务已经发展成为劳动法的一项重要原则。根据照顾义务的要求,劳动关系存续期间,雇主有保证劳动者免于遭受因工作原因而带来伤害的义务。据此,雇主不仅有义务营造安全的工作环境,还应为劳动

---

[1] 参见王喜荣:《工资定义的法教义学分析》,载《内蒙古大学学报》(哲学社会科学版)2016年第4期。

[2] 参见郑尚元:《劳动合同法的制度与理念》,中国政法大学出版社2008年版,第154页。

[3] 参见黄越钦:《劳动法新论》,中国政法大学出版社2003年版,第96页。

[4] 参见薛军:《人的保护——中国民法典编撰的价值基础》,载《中国社会科学》2006年第4期。

者提供避免事故发生的信息和方法上的指导,确保组织内部公平、公正的工作环境,以及在作出重大决策时考虑劳动者的意见等。根据权利义务一致的原则,面对雇主承担的诸多照顾义务,劳动者也应当承担等同于雇主照顾义务的忠实义务。忠实义务是劳动关系存立的根基,是否信守忠实义务,是事业单位对劳动者所为各种雇佣决定的重要依据,任何一个有效运作的事业单位不会允许其劳动者对其不忠实。[1] 具体而言,劳动者应以相当于雇主对其照顾的程度,于劳动过程中对雇主利益进行忠实维护,禁止从事有损雇主利益的行为。[2] 与雇主照顾义务一样,作为附随义务的忠实义务并非一个封闭的义务目录,[3]而是由多种义务类型组成的,具有极强的多样性、灵活性和变动性的义务群。劳动者忠实义务的类型与限度伴随历史发展呈现出显著变化,而影响这种变化的关键因素在于立法者与司法者对劳动关系人身属性的重视程度,立法者与司法者越重视劳动关系的人身属性,被纳入雇主的照顾义务和劳动者忠实义务的义务类型就越多。

二、忠实义务是劳动合同主要特征决定的

就法律性质而言,劳动合同是一种法律行为,是债权合同、双务合同、雇佣合同,因此可以适用民法的一般规则,特别是关于合同法的条款。在一般合同的意义上,债法中的给付义务具有双重意义,既包括给付行为,也包括给付效果,至于个别债之关系中给付行为还是给付效果构成给付内容,则依债之关系所欲达成的目的而定。[4] 在劳动合同之债中,劳动者所负担的义务为劳务的提供,至于雇主事实上是否有财产利益的收获则在所不问,只要劳动者完成了给付行为即完成了给付。劳动者所负担的义务是一种"手段义务",劳动者只负有采取适当手段的勤勉义务,并不要求劳动者实现一个特定

---

〔1〕 参见谢棋楠:《英美法国家对吹哨者合法爆料行为之认定》,载《台湾劳动评论》2011 年第 3 卷第 1 期。

〔2〕 See Weiss Manfred, Marlene Schmidt, *Labour law and industrial relations in Germany*, Wolters Kluwer Deutschland Gmbh, 1998, p. 68.

〔3〕 参见[德]W. 杜茨:《劳动法》,张国文译,法律出版社 2005 年版,第 63 页。

〔4〕 参见王泽鉴:《民法学说与判例研究》(第 4 册),北京大学出版社 2009 年版,第 68 页。

而精确的结果，而且附随义务本身都是手段义务，不可能是结果义务。[1] 因此，劳动合同之债对于给付行为有较高的要求，必须达到雇主的特定要求，雇主无权要求效果，但有权关心行为的质量。

附随义务的内容和强度因债之关系而异，继续性契约关系所生的附随义务，相比一时性契约关系更为广泛而深刻。[2] 劳动合同构建长期的债务关系，很明显它也是劳动者生存的经济和社会基础。所以劳动合同是一种继续性合同，在合同存续期间，权利义务内容持续不断地实现，而且在当事人之间也会产生一种特别依赖关系。王泽鉴教授认为，人格性和继续性是劳动合同的基本特征，决定着合同当事人之间的基本权利义务，同时也是劳动合同中附随义务的理论基础。[3] 由于劳务给付具有持续实现的属性，劳资双方的权利义务约定持续存在于劳动关系存续期间。劳动合同目的也不是通过当事人的一次履行就能实现，而是随着时间的推移，通过双方当事人持续的配合履行，"特别是劳动者持续不断的日复一日、周复一周、月复一月地提供劳动才能达到合同目的"[4]。因此，劳动合同确立的是一种职业依附关系，劳动合同较一般民事合同具有浓厚的伦理色彩。[5] 这种继续性合同履行过程中产生的特别依赖关系既包含了雇主的照顾义务，也包含了劳动者的忠实义务。

与人身性和继续性相关的另一项基本特征是，劳动合同具有的不完全性。所谓不完全合同，是指在劳动合同订立当时，对未来合同履行过程中的不确定因素一般难以预料，所以劳动合同内容难以完全，依赖双方协作配合

---

[1] "手段义务"也称为"方式义务"，是法国法首先创造的，现在已经被全世界所接受。欧洲共同买卖法将这个义务的划分放到了法条里面，这样的一种义务划分，直接就否定了违约责任都是严格责任这样一种绝对化的立场。参见叶名怡：《违约与侵权竞合实益之反思》，载《法学家》2015 年第 3 期；叶明怡：《民事责任及其竞合》（实录），载 http://dpls.ruc.edu.cn/show.php? contentid = 4543#top，2018 年 2 月 4 日访问。

[2] 参见王泽鉴：《民法学说与判例研究》（第 3 册），北京大学出版社 2009 年版，第 60 页。

[3] 参见王泽鉴：《民法学说与判例研究》（第 2 册），北京大学出版社 2009 年版，第 172 ~ 173 页。

[4] 王全兴：《劳动法》，法律出版社 2008 年第 3 版，第 126 页。

[5] 参见冯彦君：《民法与劳动法——制度的发展与变迁》，载《社会科学战线》2001 年第 3 期。

与雇主指示才能具体化,即劳动合同条款多有弹性。[1] 不同于一般民事合同的履行,劳动合同需要劳动者本人亲自提供具有从属性的劳务,且合同履行是双方长期相处、磨合的协作过程,合同履行过程中劳动者需要接受雇主的指挥、监督、管理。因此,劳资双方之间形成一种特殊的法律关系,一方面是具有经济意义的平权关系,另一方面是含有管理与被管理性质的人身隶属关系,同时还是彼此协调、合作的"内部人"关系。[2] 法律介入调整的目的并不是也不可能改变合同双方地位的"不对等",强行改变"资强劳弱"的现象既没有必要也是不可能的。法律对劳资关系规制的重心应该放在当事人的履约过程,一方面设计合理的制度能够公平、高效地配置当事人的权利义务;另一方面构建公正的维权机制,维护劳动合同双方的合法权益免于遭受侵害,特别是劳动者的合法权益。尽管劳动者与雇主的矛盾和冲突可能是永恒的、不可避免的,但劳动者与雇主在组织共同体中也存在相互合作的面向,甚至构成了利益共赢关系,组织共同体的兴衰成败与劳资双方都利益攸关。

综上,社会关系在从身份到契约进化的运动中,唯有劳动关系没有也不能完全去除其身份因素,雇佣契约承认并保留了劳动者对雇主的忠实义务,虽然留存[3]的身份属性历经社会变迁,已然今非昔比,但其直到今天依然是忠实义务的重要来源。忠实义务是从属性劳动的应有之义,在某种意义上,从属性程度与忠实程度之间存在一种正相关关系。

第二节 劳动者忠实义务的必要性

某项法律规则之所以被重视,是因为人们相信它对社会生活的维持,或

---

〔1〕 参见王全兴:《劳动法》,法律出版社2008年第3版,第126页。

〔2〕 参见秦国荣:《劳资伦理——劳动法治运行的价值判断与秩序维护》,载《社会科学战线》2015年第7期。

〔3〕 笔者之所以使用了"留存"一词,而没有使用闪现脑际的"残存"一词,是因为笔者认为这种保留是必要的、有益的,是符合劳动关系从属性本质的,劳动关系发展变迁中不能也不应完全去除这种身份属性,用史尚宽先生的话说就是"视劳动为人格之流露"。参见史尚宽:《劳动法原论》,台北,正大印书馆1978年版,第3页。

对社会生活中某些重要特征的维持是必要的。[1] 劳动者忠实义务的存在有其正当性,但制度存在的正当性并不能代替其必要性。劳动者忠实义务的"复兴"之所以存在必要性,是基于劳资信赖的维系、法律解释、适用和劳动关系的发展、变革的需要。

一、从劳资信赖维系的视角看劳动者忠实义务的必要性

劳动关系除了具有人身性和契约因素的本质属性之外,还具有冲突对立性和强烈的社会属性。按照马克思的观点,劳动者作为劳动力商品的占有者与资方作为其他商品的占有者相对立,劳动者因出卖劳动力商品的使用权而确立劳动关系,劳动者并未因此而放弃所有权"卖身为奴"。[2] 劳资关系是否和谐不仅关系到劳动合同目的能否实现和劳资之间的信赖维系,还关系到社会整体的效率与稳定。

(一)劳动关系中的冲突对立具有永恒性

矛盾具有普遍性和永恒性。不可否认,劳动关系中劳动者与雇主利益诉求的对立是永恒的。休谟在《人性论》中对人的自利性曾有过经典论断:"只有这种为自己和最接近的亲友取得财物和所有物的贪欲是难以满足的、永久的、普遍的、直接摧毁社会的。"[3] 忠诚孕育着背叛的可能,就像世间若没有邪恶就不会存在善良一样,如果成员与一个组织的隶属关系永远都是铁板一块的话,忠诚就失去了任何意义。[4] 正是劳动关系存在冲突对立的一面,决定了忠实义务存在的必要性。忠实意味着一种恰当的自我克制,只有通过这种克制才能维持劳资信任。

劳动者获得雇主必要的信赖与授权是有效开展工作的前提条件,但是也

---

〔1〕 参见[英]H. L. A. 哈特:《法律的概念》,许家馨、李冠宜译,法律出版社 2006 年第 2 版,第 82 ~ 83 页。

〔2〕 参见[德]马克思:《资本论》(第 1 卷),中共中央马克思恩格斯列宁斯大林著作编译局译,人民出版社 2004 年版,第 195 ~ 196 页。

〔3〕 [英]大卫·休谟:《人性论》(下),关文运译,商务印书馆 2009 年版,第 528 页。

〔4〕 参见[美]阿尔伯特·O. 赫希曼:《退出、呼吁与忠诚——对企业、组织和国家衰退的回应》,卢昌崇译,经济科学出版社 2001 年版,第 87 页。

不能排除其获得信赖与授权后滥用信赖与权限，损害雇主利益的风险。如果缺乏必要的信赖和相应的授权，劳动者无法有效地提供劳务、开展工作，使雇主受益；但是给予必要的信赖和授权，又很难甚至无法消除劳动者利用此信赖与授权从事他种目的而损害雇主利益的行为。必须强调的是，雇主相对于劳动者缔约能力和所处社会地位的优势并不能消除这种损害可能，即使雇主足够精明干练、消息灵通、擅长谈判，努力使劳动合同内容充分完备进而保护自己的利益，劳动关系仍然对雇主存在风险，当然劳动关系同样对劳动者存在风险，这种风险甚至更大，但受主题限制不在讨论范围。雇主可能受到损害是劳动关系的结构及其本质所造成的，劳动者获得信赖与授权，既能够为有利于雇主的行为，也可能从事有害于雇主的事，因为劳动者所获信赖与授权被允许处理事务的范围往往大于劳动者事实上处理事务的范围。劳动关系中利益对立的鸿沟只能依靠劳动者忠实义务和雇主保护义务来填补，因此劳资双方存在斗争性本质的同时，也存在合作性的本质。

（二）劳动关系具有强烈的社会属性

劳动关系是最为重要的一类社会关系，也是对整体社会关系存续具有基础性影响的一类关系。劳资信赖关系不仅关系到劳动合同目的的实现，还涉及社会整体的生产、再生产的效率和稳定，从而影响到社会公共利益。一方面，劳动创造价值的过程是在劳动关系中实现的，劳动关系是否和谐影响到社会产生的效率；另一方面，劳动使人成长，通过劳动，人改变自然的同时也在改变着自身，使自身蕴藏的潜力发挥出来，[1]人的成长促进整个社会的成长进步。当然，劳动关系的社会属性主要体现在对社会和谐、稳定的影响上。工业化大生产的发展曾经一度使劳动者的生存境遇极度艰难，劳动者团结起来与资本家进行抗争，导致工人运动风起云涌、社会危机重重。现代劳动关系的重要特征是国家通过劳动立法进行干预，突出保护劳动者利益，正是因为意识到了劳动关系不再是单纯的劳务与报酬交换的债权关系，而是不对等

---

〔1〕 参见［德］马克思：《资本论》（第1卷），中共中央马克思恩格斯列宁斯大林著作编译局译，人民出版社2004年版，第208页。

的人格者之间具有特殊身份要素和强烈社会因素的社会关系。因此,雇佣合同区别于其他民商事合同的独特属性更加突出,因为其涉及劳动者基本人权保障的问题。[1] 劳动法的重要使命,一方面在于防止交换条件对弱势劳动者过于不利,另一方面就是维持现有政治、经济关系的持续完整运行。[2]

对于劳动关系中存在劳资合作的面向,人格法上共同体关系理论有深刻的认识,也做出了一定贡献。关于我国劳动关系的基本特征,有学者概括指出,中国的劳动关系除具有市场经济下劳动关系一般特征外,还是一种国家主导的市场经济的劳动关系,中国劳动关系的基本特征是在解决矛盾的基础上实现劳资合作。[3]

二、从劳动关系的发展与变革看忠实义务的必要性

进入21世纪,西方国家相继迈入了后工业化时代,中国也正在经历着由工业化向后工业化的过渡。[4] 以信息技术为核心的技术革新对经济和社会运行模式与组织方式的冲击巨大,传统的社会规范与文化价值也遭遇了颠覆性的冲击,反映到社会中普遍表现为犯罪率、离婚率、未婚生育率的大幅上升和社会信任度的明显下降。[5] 具体到劳动关系领域,全球化竞争与日新月异的技术革新相结合造就了一种职业不安定的氛围,雇主普遍表现出从雇员追求利益的负担中摆脱的强烈愿意,在这种情况下,雇员不再认同忠实和坚定维护雇主利益依然是雇佣关系包含的合理、公正的条件。这种新发展与其

---

〔1〕 参见潘峰:《论英国雇佣法上的相互信任默示条款及其启示》,载《政治与法律》2009年第7期。

〔2〕 参见林佳和:《劳动关系的公益与私益冲突?——从德国劳工忠诚义务的演进轨迹谈起》,载高雄大学政治法律学系主编:《公益揭发——职场伦理新趋势》,高雄,巨流图书股份有限公司2010年版,第67~108页。

〔3〕 参见常凯:《中国特色劳动关系的阶段、特点和趋势——基于国际比较劳动关系研究的视野》,载《武汉大学学报》(哲学社会科学版)2017年第5期。

〔4〕 参见厉以宁:《中国现在处于工业化向后工业化过渡阶段》,载http://news.hexun.com/2015-10-29/180206790.html,2017年9月17日访问;张康之:《论后工业化进程中的个性化》,载《武汉大学学报》(人文科学版)2017年第3期。

〔5〕 参见[美]弗朗西斯·福山:《大断裂——人类本性与社会秩序的重建》,唐磊译,广西师范大学出版社2015年版,第27~65页。

说是被立法或司法哲学的自主改变所驱动,不如说是受到外部经济压力的驱使,事实上劳动者态度的转变以及导致这种变化的经济格局,已经切实影响到了立法者和司法者。[1]

(一)雇主人格虚拟化发展对劳资关系的影响

现代劳动关系的重要变革之一就是雇主人格逐渐虚拟化,事业发展越来越组织化,具体表现为两个发展阶段。第一个阶段是法人制度的创建和人格虚拟化,公司组织越来越复杂,由于股东人格与法人人格的分离,现代公司的管理主要依靠职业经理人和高级雇员完成,传统雇佣关系中的人格信任很难再发挥作用,雇佣关系已经不是过去那种依靠个人之间的情感可以维系的,双方的主仆观念逐渐淡出人们的意识,忠实义务的观念也逐步淡化。相比自然人之间基于人格信任形成的雇佣关系,现代企业的雇佣关系更加依赖债法契约和心理契约的作用。作为雇佣契约社会化形态的劳动契约,这种变化则更加明显。第二个阶段是企业人力资源管理模式的变化。一方面,“不求所有,但求所用”成为雇主普遍追求的人力资源管理形式,从一而终的劳动关系模式逐渐式微,劳动者流动更加频繁。最为典型的是劳务派遣和生产外包所导致的用工身份的多元化特征。劳动者甚至不知道自己真正的雇主是谁。另一方面,互联网正在改变着生产任务的组织模式,劳动关系的边界变得越来越模糊,劳动用工显示出自我雇佣与社会合作的特征。例如,当前网约车和快递行业的发展方兴未艾,司机和快递员都表现出自我雇佣或社会合作的特征。这种情形下有没有劳动关系都成为问题了。雇主人格总体上呈现出虚拟化的趋势,劳资之间的关系紧密程度和信任度都出现不同程度的弱化。传统的劳动关系是有一整套伦理规范的,这套规范就像是肌肉和骨骼之间的软组织一样维系着劳资之间的和谐,一旦这种伦理规范被破坏殆尽,随之而来的可能是敌视与仇恨的意识。[2]

---

〔1〕 See Aaron Benjamin, *Employees' Duty of Loyalty: Introduction and Overview*, Comparative Labor Law and Policy Journal, Vol. 20, 1998, p. 143.

〔2〕 参见孙立平:《那个纵火的保姆:与其说是贫富,不如说是阶层》,载 http://www.sohu.com/a/155386536_661945? _f = index_news_17,2017 年 7 月 8 日访问。

(二)个人主义雇佣模式对劳资关系的影响

随着经济、社会的发展和人权思想的普及,人们对雇佣合同性质的认识已经发生了显著变化,而且这一变化还处于持续进行的状态。雇佣关系被认为是个体在其生命存续期间最重要的一环,工作已经不仅仅是维持生计的手段,最重要的是工作带给人职业、身份和自尊。组织为了追求效益最大化,不再通过设置边界将员工、任务、流程,甚至工作场所分隔为内部、外部,而是推动资本、决策、信息、人力资源跨越边界自由流动。如果将传统上那种内部的、统一的、全职的劳动关系称为“仆从式雇佣模式”,这种外部的、有区别的、不稳定的劳动关系则是一种“个人主义雇佣模式”。[1]

新型劳动关系的主要特色之一就是弱化了劳动者雇佣安定的保障。劳动者忠实义务的对象也正在发生变化,如果雇主能够为劳动者“终身”负责无疑更有可能赢得他们的忠实,但是当劳动者不得不为将来的生活长计远虑时,选择忠实于自己的职业或劳动契约也无可厚非。劳动力只有在劳动过程中才能发挥出来,只有表现出来才能实现其价值。[2] 传统的流水线上机械操作的工人已经逐步被自动化所替代,利用劳动者专业技能和知识的雇佣越来越多,雇主指示控制越来越难。在知识经济时代,基于工作成果的“无形化”和雇主控制的“松散化”,劳动关系对信赖产生了更高的要求。劳动者能够忠实于自己的职业选择或劳动契约就能更好地工作,雇主的监督成本就会下降;当雇主的发展不再依赖设备、财务资本,而主要依靠人力资本时,也会设法维系劳资之间的信任。我国现有劳动关系理念及单一化的法律调整模式对变动多样的劳动关系现实已经疲于应付。[3] 法律确认劳动者忠实义务的现实目的,主要是为了彰显和保护雇主的合法权益。需要澄清的是,这种保护不是单向的,而是遵循了劳动法“利益平衡”与“倾斜保护”原则的,雇主的利益也必须是合法的、值得保护的利益。确立劳动者忠实义务的终极追

---

〔1〕 参见郭志刚、刘昌宇:《国外劳动关系发展变革及其对我国的启示》,载《理论与改革》2017年第1期。

〔2〕 参见[德]马克思:《资本论》(第1卷),中共中央马克思恩格斯列宁斯大林著作编译局译,人民出版社2004年版,第199页。

〔3〕 参见谢增毅:《我国劳动关系法律调整模式的转变》,载《中国社会科学》2017年第2期。

求,无疑是实现"劳资共赢"的最佳方式。

第三节 劳动者忠实义务的理论依据

对某一领域进行立法规范前,立法者必须对规范该领域起准则作用之基本思想与原则"成竹在胸",方能就法律材料的取舍与规范技术的运用"得心应手",也即立法之始就须明了其依据和目的所在。这种法政策上选择的理据来自多种渊源,既有世界观与政治观的、历史的、理性的,也有社会的与经济的又或纯立法技术的。各渊源间的强弱也会因法律领域不同而略有差异,例如,亲属法中主要以世界观和政治观的思想为指导,而在商法与劳动法中主要以社会的和经济的思想为指导。[1] 劳动者忠实义务作为一种做或不做某种行为的要求,是否应当给予明确的法律界定与约束,法律是否应当为之设计逻辑结构严谨、制度理念科学的配套规则体系,前述两节已经完成了正当性与必要性的证成。接下来需要完成理论基础或指导思想的论证。诚如有学者指出,诚实信用原则固然起源于民法领域,适用于劳动者附随义务设定应无异议;但是,劳动法中劳动者负担的附随义务并非仅靠诚实信用原则就能解释,诸多附随义务的设定、类型有赖于专门制度的打造。[2] 劳动者忠实义务就是专门打造某些特定附随义务类型的制度。本节拟从经济学基础、法理基础、伦理基础三个层面为劳动者忠实义务提供理论支撑。具体而言,劳动者忠实义务的微观基础即为信赖保护原则,劳动者忠实义务的中观基础即为最大诚信原则,劳动者忠实义务的宏观基础即为劳动伦理要求。

一、劳动者忠实义务的经济学基础:代理成本理论

劳动关系是受雇人与雇用人之间以劳动给付为目的形成的关系,于债的经济要素之外,含有身份的社会的要素。[3] 换言之,劳动关系是劳动者和雇

---

〔1〕 参见[德]鲍尔、施蒂尔纳:《德国物权法》(上册),张双根译,法律出版社2004年版,第57页。

〔2〕 参见郑尚元:《劳动合同法的制度与理念》,中国政法大学出版社2008年版,第145页。

〔3〕 参见史尚宽:《劳动法原论》,台北,正大印书馆1978年版,第2页。

主之间基于劳动合同而建立的一种法律关系，雇主以完成一定工作任务为目的而支付报酬，劳动者投入时间和专业技能为雇主提供劳务，以换取一系列的经济和非经济报酬。劳动关系是一种“平等性兼隶属性，人身性兼财产性”的法律关系。[1] 劳动者负担的忠实义务以双方劳动关系为其基础法律关系。传统上，劳动者被视为对雇主负有忠实和保密义务的代理人，[2] 忠实义务这一基础法律关系，通常被认为是广义“代理关系”的范畴之一。因此，经济学上的代理成本理论就成为劳动关系中忠实义务存在的重要经济学依据。将代理成本理论运用于劳动关系研究，为劳资双方权利义务的分析提供了一个全新的视角。

（一）“代理成本理论”命题

在经济学上，委托代理关系是伴随现代公司中所有权与经营权分离而产生的，并且由此产生了信息不对称和委托—代理的问题，在信息不对称的情况下委托人与代理人可能出现利益冲突，从而引发道德风险与逆向选择。[3] “代理成本”这一经济学概念最早是由哈佛大学商学院教授迈克尔·詹森（Michael C. Jensen）和罗切斯特大学教授威廉·麦克林（William H. Meckling）于1976年提出的，他们与后来的研究者将这一理论应用于公司理财、组织设计等广泛的经济、管理领域。在他们看来，代理问题产生的根源在于利益冲突，企业所有权结构的决定因素就是代理成本理论。经济学的鼻祖亚当·斯密（Adan Smith）在其《国富论》中将“理性经济人”作为经济学上的一个基本假设，人都是自利的，在作出经济决策时都是充满理性的，追求自身利益的最大化是人类的天性使然。当任何决策存在两种以上选择可能的时候，理性经济人都能作出更有利于自己的决定。因此，委托—代理双方作为自利的理性经济人，在其合作过程中因自身利益最大化的原始冲动必然存在利益冲突。在广义代理关系中，企业管理人员可能为了自身利益的最大化，

---

〔1〕 董保华：《劳动法论》，上海世界图书出版公司1999年版，第51页。

〔2〕 See Robert A. Larmer, *Whistleblowing and Employee Loyalty*, Journal of Business Ethics, February 1992, pp. 125 – 128.

〔3〕 参见罗付岩、沈中华：《股权激励、代理成本与企业投资效率》，载《财贸研究》2013年第2期。

而不是企业利益的最大化进行决策、管理;医生可能寻求自身利益的最大化,而不是患者利益的最大化采用过度检查、用药的医疗行为;劳动者也同样可能谋求自身利益最大化,而不是雇主利益的最大化履行劳动合同义务。代理关系是一种契约关系,在这种契约关系之中,委托人(如股东、雇主)会聘用代理人(如高级管理人员、劳动者)为其利益提供服务,包括授权代理人在合理的权限范围内作出一定的决断。[1] 代理关系的建立是基于委托人一方授予代理人一方一定的权利,在双方契约的约束下代理人代表着委托人的利益,并获取相应的某种形式的报酬。由此可见,在广义代理关系中可能存在极高的道德风险和逆向选择、不确定性等因素,为了将上述因素的不利影响控制在最小范围内,委托人和代理人都不可避免地会发生一定的成本,这一系列的成本被统称为"代理成本"。

迈克尔·詹森和威廉·麦克林认为广义的代理成本包括委托人的监督成本、代理人的担保成本和"剩余损失"三部分[2]:(1)委托人为了控制其与代理人之间的利益分歧,往往会建立适当的激励机制和监督机制,因此必然产生监督成本,也就是使后者为了前者的利益尽力而为的成本。(2)代理人为了获得委托人的信赖也不得不付出一定的代价,担保其不会从事有害于委托人的行为,即使作出不利于委托人的行为,委托人也可以将此费用作为一种补偿,由此产生了担保成本。由于双方都是效用最大化者,如果将该费用降低至零,保证代理人按照委托人认为的最佳方案行事几乎是不可能的,无论是对委托人还是对代理人来说都一样。换言之,在绝大多数的委托代理关系中,委托人和代理人都分别负担着监督成本和担保成本。(3)此处所谓"剩余损失",是指委托人的效用最大化与代理人的决策、行动之间存在的偏差,由于这种偏差而产生的损失也是代理关系中委托人付出的一种费用,迈克尔·詹森和威廉·麦克林将这种费用称为"剩余损失"。代理成本理论基

---

[1] 参见王博:《竞业限制制度研究——以权力冲突及其化解为视角》,武汉大学出版社 2016 年版,第 10 页。

[2] See Michael C. Jensen, William H. Meckling, *Theory of the Firm: Managerial Behavior, Agency Costs and Ownership Structure*, Journal of Financial Economics, October 1976, pp. 305 – 360.

于这样的事实,无论是管理人员还是雇员,与企业的所有者对企业所持目标和态度是不同的,企业的所有者或者雇主必须采取激励和监督举措,由此产生代理问题并衍生成本。

(二)代理成本理论在劳动关系中的应用

代理问题产生于利益冲突,并且普遍存在于作为自利的委托—代理双方之间的合作过程中。从经济学角度来看,劳动关系中不可避免地面对激励与风险分担的问题。劳动关系中的雇员,与公司的董事、经理人以及合伙企业中的部分合伙人一样,都是以一种非完全所有者的身份存在的,因此,都会产生代理成本。在劳动关系中,与雇主相比,雇员更为准确地了解所承担工作的详细信息,其获得相关信息的成本也是最小的,雇员对自身的行为状况、工作技能和品行的了解更为充分。在某种程度上,雇主与雇员之间存在信息分布的不对称现象,所以只要衡量雇员的工作能力、工作业绩以及个人品行的成本很高,雇员在理论上就存在进行投机活动的可能。

一方面,当雇员对工作恪尽职守、尽了最大努力,雇主的激励成本和监督成本就最小化了,雇员因得到雇主的信赖而付出的担保成本也相应减少。在雇主付出的激励成本与监督成本分配之间,激励成本的适当增加不仅可以降低监督成本,也有利于雇员收益的增加和双方忠实关系的维护。当然,这种增加也受到边际收益递减率的控制。雇主的效用最大化与雇员行为之间的偏差也就最小化,从而有效控制了劳动关系中的代理成本。例如,企业组织内部雇员最为了解组织的运作与违法不当所在,建立公益告发的内部控制程序,其功能是在公司内制造一种环境,可以阻却员工与代理人从事不法之行为,如能在违法不当未恶化到危害公共利益之前予以揭发,不仅可以防患于未然,从而有利于降低整个企业的监督成本,而且是广大社会公众之福。另一方面,当雇员可以获得劳动给付过程中带来的额外收益时,其工作积极性自然就高,并且热衷于获取更多额外好处。如果雇员从事了与企业相同或类似的经营业务,必然会在市场份额和利益分割方面与雇主构成竞争,此时要求雇员对雇主恪尽忠实义务几乎是不可能的,为此雇主不得不付出更高的激励成本和监督成本,雇员因失去雇主信赖也将承担更多担保成本,雇主效用最大化与雇员行动之间的偏差也会被放大。劳动者如果因妥善处理事务而可能获得雇主的奖赏,其滥用权限的诱因就可能大为降低,但这种诱因是无法消除的,因为滥用权限得到的利益是可能大于所获奖赏的,这种情形下劳动者依然存在滥用权限的可能。如果雇员的竞业、泄密等投机行为得不到有效规制,必然会对其雇主造成一定损失,甚至带来毁灭性的后果。而雇主的损失和付出的监督成本最终不可避免地转移到雇员一方,不仅损害雇主、雇员的利益,还可能损害整个社会公共利益。

在现代企业组织的等级结构中,管理和决策的权利可以沿着组织阶梯上下移动。除了在组织末端的成员,身处组织的每一位个体可能具有"委托人(雇主)"和"代理人(雇员)"的双重身份。[1] 而且雇主和雇员的利益经常是不一致的,从雇主的视角看,雇员作出的决策和从事的行为往往不是最优的,除非雇主能有效地约束雇员或雇员用行动证明能够忠实履行职责。事实上,任何雇员在执行工作任务过程中都会有裁量权,即使在组织层级管理中处于最底层的工作人员也会有裁量权,再精细化的管理都很难消除这种裁量,再详尽的劳动合同约定也不可能穷尽劳动过程中的所有事项,因此管理就会变得艰难,对关系处理不当也会导致管理成本升高,对雇员忠实履行职责的要求就更高。如上所述,雇员履行忠实义务是劳动关系中雇主与雇员相互间的信赖纽带,犹如人体骨骼之间的软组织而必不可少,起着连接、润滑、磨合等作用。因此,雇员为维护与雇主之间的信赖而忠实履行职责的付出可以视为一种担保成本,在该费用为零时,试图保证雇员按照雇主所认为的最佳方式去行动,对雇主或者雇员来说,通常都是不可能的。最理想的方案莫过于在雇主与雇员之间合理分配激励、监督成本和担保成本,让劳资双方之间边际

---

〔1〕 此处所谓"雇主""雇员"并非传统劳动法意义上的概念,而是从企业组织成员在生产、运营过程中行使职权的性质来讲。我国台湾地区"劳动基准法"第 2 条第 2 款的规定可做参照,所谓雇主即雇佣劳工之事业主、事业经营之负责人或代表事业主处理有关劳工事务之人。该规定将企业高级管理人员和从事有关人事、薪资、劳务管理、福利厚生、安全卫生等业务的职员视为"雇主",是为了落实劳动基准监督的目的,但在具体解释雇主的范围时,应该斟酌法条立法目的作妥适调整。企业组织内的职员处理具体事务时,身份在不断发生着转换,当代表雇主行使指挥、监督、管理权限时其更像是"雇主",当处于服从、被管理地位时则是"雇员"。参见李寿喜:《产权、代理成本和企业绩效——理论分析与实证检验》,复旦大学出版社 2006 年版,第 90 页。

成本与边际收益无限接近。也就是说,通过雇员负担适当的忠实义务(担保成本的一种形式)从而达到有效控制代理成本的目的。

总之,代理成本理论是研究劳动法律关系的一种全新的经济学的视角,劳动者忠实义务理论的构建可以在一定程度上压缩雇主的监督成本和劳动者的担保成本,从而降低劳动关系中的代理成本。从法经济学的角度看,劳动者忠实义务理论也具有正当性和效率性。

二、劳动者忠实义务的法理基础

劳动者忠实义务是否应当作为一项明确的法律义务予以规定,是否具有坚实的法理基础?对此学界不无争议,概括而言形成了人身因素说、人格法上共同体关系说、诚信原则说、冲突对立理论说、"三要素说"等几种学说,已如前述。但是多数学者将正当性与法理基础混为一谈,身份要素和继续之债的要素实为忠实义务的正当性基础,诚实信用原则也仅是法理基础之一。而且罕有学者对劳动者忠实义务与其履行限制进行综合考量,将劳动者忠实义务与劳动者公益告发制度作为一个整体性法律制度进行研究。鉴于此,本部分拟从信赖保护原则和最大诚信原则两个层面为劳动者忠实义务的正当性、履行限制、主要内容、豁免制度和责任承担提供法理支撑。

(一)信赖保护原则

在现代私法体系当中,信赖原则被认为是独立于诚实信用原则的一项基本法律原则。[1] 诚实信用基于交易和民事生活事实而逐步确立,信赖保护则更加注重具有特殊密切关系的信赖维护。没有信任,人类社会根本就不会存在,信任成为一个社会必不可少的先决条件。[2] 信任作为一种社会整合机制在现代社会愈加重要。现代社会已经逐步脱离了传统"熟人"社会的交往模式,向着临时的、偶然的、片面的表层交往模式转变,社会主体比以往任何时候都更加依赖信任机制的作用。既有的正在进行的社会关系中所产生

---

〔1〕 参见马新彦:《信赖原则在现代私法体系中的地位》,载《法学研究》2009 年第 3 期。

〔2〕 参见[英]A. J. M. 米尔恩:《人的权利与人的多样性——人权哲学》,夏勇、张志铭译,中国大百科全书出版社 1995 年版,第 46 页。

的“期待”，如同当事人之间的约定一样，对将来的交换起到一种担保的作用。[1] 即使在劳动关系这种一向被认为是比较稳定的继续性合同关系中，身份属性也在不断地弱化，劳动者的流动性也越来越强，劳资双方之间的“交往”也呈现出短时性、片面性的表层交往特征。如前所述，继续性契约的性质决定了劳动合同之债的持续性和不确定性，致使当事人间发生一种特别的依赖关系。人心莫测乃千古不易的世相。因此，促成劳资之间的信赖并保护正当的信赖关系，即属于劳动法秩序必须满足的基本要求之一。

1. 信任机制的社会变迁：从人格信任到系统信任[2]

信任是社会交往的必要条件，已经成为社会学界和法学界的一项共识，这一点已经无须多论。我国著名社会学家费孝通先生曾将中国传统的乡土社会称为“礼俗社会”，相对地，将现代社会称为“法治社会”。在关系密切的传统社会，社会秩序相对稳定，主要由森严的等级秩序和惯常的社会习俗形塑。“信任作为一种人际关系黏合剂，在很大程度上被等级、纲常或习俗遮蔽了光芒。”[3] 这种依赖“熟悉”或联结纽带形成的信任被称为“人格信任”。在人际关系松散的现代社会，依靠传统的礼俗已经不足以维系社会稳定，内生于人类群体的信任，随着人类生活方式的变迁逐渐呈现出由隐及显的发展轨迹。“礼治的可能必须以传统可以有效地应付生活问题为前提”，而“在一个变迁很快的社会，传统的效力是无法保证的”。[4]

反映在规范和价值领域，这种变化是错综复杂的，但大致可以总结为日益增长的个人主义。传统社会个人自由选择的空间不大而联结纽带众多，个人在结婚对象、工作、居住地或信仰问题上自主选择的机会不是太多，常常受到家庭、宗族、工作单位、宗教等限制性联结的约束；现代社会中，个人自主选

---

〔1〕 参见[日]内田贵：《契约的再生》，胡宝海译，载梁慧星主编：《民商法论丛》（第3卷），法律出版社1995年版，第324页。

〔2〕 “信赖”与“信任”是两个用语环境不同而语义几乎完全一致的概念，信任更多地用于社会学，而信赖更多地用于法律，本书根据语境不同选择使用。本部分写作参考了朱广新研究员的部分观点，参见朱广新：《信赖保护原则及其在民法中的构造》，中国人民大学出版社2013年版，第1～44页。

〔3〕 朱广新：《信赖保护原则及其在民法中的构造》，中国人民大学出版社2013年版，第16页。

〔4〕 费孝通：《乡土中国》，上海人民出版社2007年版，第50页。

择的机会大增,将他们束缚在社会义务网络之中的纽带联结大为放松。[1]在现代合作性的社会关系中,信赖不再建立于对方诚实守信的嘉德善行,而是更多依赖于支持信任发生的社会机制。这一社会机制确保在失信行为出现时,失信者受到追究,受损者得到补偿,通过影响失信行为的成本促使人们作出守信的行为选择。契约正是维系信赖、抑制失信的产物,也是人们进行社会交往与合作的保障。契约法律制度则为人们提供了如何交往与合作的指引,而且提供了一套抑制失信行为的有效机制——违约责任制度。现代契约关系的本质就是建立在信赖基础上的社会关系。[2] 从实际社会效果上说,如果违约责任制度不能得到严格执行,同样不能达到补偿守信者、惩罚失信者的效果。因此,完善的契约法律制度只是维系信赖的一个必要条件。除了契约制度之外,信赖维护机制是否有效还取决于契约法律制度能否被严格地解释适用。这也正是当前我国社会信任危机的症结所在,契约法律制度看似基本健全,但契约的约束力依然停留在制度层面。

综上所述,在传统社会当中,“熟人”之间的信任是一种人格信任,并且具有直接性,人与人之间从熟悉中获得信任;而在现代社会中,“陌生人”之间的信任必须经由媒介的参与,具有间接性,人们在交往中形成的信任是以中介人、法律、货币、专家等为媒介的。契约法律制度是支持信任发生的最为重要的社会机制。诚如拉伦茨教授所言:“保护信赖往往只是一种旨在提高法律行为交易稳定性的法律技术手段。”[3]

2. 劳动者忠实义务与信赖保护的内在关联

只有当必不可少的信赖被保护时,人类才有可能在保障每个人各得其应得者的法律保护之下和平共处。全面绝对的不信赖,要么就导致全面的隔绝,要么就导致强者支配。[4] 在劳动关系中也不例外,维护基本的信赖是保证劳资和谐的前提条件,任何对劳资信任的挑衅行为最终都将导致雇主的支

[1] 参见[美]弗朗西斯·福山:《大断裂——人类本性与社会秩序的重建》,唐磊译,广西师范大学出版社2015年版,第50~51页。

[2] 参见傅静坤:《二十世纪契约法》,法律出版社1997年版,第54页。

[3] [德]卡尔·拉伦茨:《德国民法通论》,王晓晔等译,法律出版社2003年版,第60页。

[4] 参见[德]卡尔·拉伦茨:《法学方法论》,陈爱娥译,法律出版社2003年版,第351页。

配。例如,本书第五章将要论述的劳动者公益告发制度,劳动者忠实义务的豁免存在挑战劳资信赖的可能性,特别是对外进行的告发,必然带来雇主更加严厉的管理,因此受到各国立法的重视。劳动合同除具有债的要素外,还具有身份的要素。亦言之,劳动关系并不仅仅是单纯的财产价值交换,而且还包含了人格信用关系在其中。劳动契约当中的劳动者忠实义务就是为了维系劳资信赖、实现契约目的。如果说在雇佣契约时代,主仆之间是一种人格信任关系,雇主能够基于直接信任选择适格的受雇者完成工作。在劳动契约时代,随着社会发展状况的变化,雇主与劳动者之间是一种间接信任关系。当事人劳动关系的建立以互相信赖为基础,劳动合同的履行不仅需要听从雇主的指挥监督,更需要劳动者个体能力的发挥,在一些管理性、技术性强的岗位尤甚,劳动者工作表现的优劣往往会影响单位的经营和运作。[1] 而个体能力的发挥很难量化,只能依赖劳动者的自觉自愿,雇主对劳动者的考察也只能建立在是否忠实的基础之上。随着知识经济的到来和社会的进一步发展,越来越多的工作岗位需要劳动者个人的能力和禀赋的充分发挥,在笔者的意识里,动漫、设计等创意产业和创作、研究性工作的需求最为明显。法律只能通过劳动者忠实义务强化和维护劳资之间的信任,而不能完全取代信任。

3. 劳动者公益告发与信赖保护

在劳动者对雇主违法行为进行公益告发的情形中,尽管雇主存在违法行为或者应该负责的违法状态,但劳动者的告发行为无疑损害了合同当事人之间的信赖关系。劳动者的告发或者举报行为是否违反了忠实义务,应当根据比例原则在个案中判断。以损害为目的或为了"报复"而进行的告发构成了对忠实义务的违反,如果劳动者所选择的手段不合比例,也可能违反忠实义务,任何违反忠实义务的行为都可能破坏劳资信赖。因此,各国公益告发立法都设置了复杂的法律构造和阶梯式的告发程序,意在控制劳动者公益告发的范围和影响,平衡雇主私人利益与社会公共利益。

---

〔1〕 参见林嘉:《劳动法的原理、体系与问题》,法律出版社2016年版,第156页。

关于信赖保护原则的另一个重要的问题就是预测原则的重要性。雇主基于对双方信任基础的评估,从而决定对劳动者违反忠实义务的惩戒方式和程度。在德国,雇主解雇劳动者必须基于“负面预测”,即雇主基于以往发生的事实,预测未来劳动关系可能受到的严重影响是合法解雇的前提条件。[1] 对劳动者违反忠实义务的惩戒也是同样的道理,应当考虑劳动者将来是否有再犯的可能性或者该行为是否动摇了劳动关系赖以维系的信任基础。之所以强调着眼未来,本质上是因为劳动合同属于典型的继续性合同,惩戒的主要目的在于防止继续出现履行障碍。特别是在惩戒解雇的情形,劳动合同解除没有溯及力,解除合同的目的不是消除已经发生的障碍。作为自由的个体,劳动者可以对自己的行为进行控制,雇主基于劳动者违反忠实义务的行为解雇劳动者,解雇之前需要向劳动者发出警告,只有劳动者屡教不改,才可以预见其将来还会再犯同样的错误。但是在劳动者违约行为特别严重的情形下,比如性骚扰同事、接受商业贿赂,雇主可以直接解雇,无须事先警告,因为双方继续履行劳动合同的信任基础已经丧失殆尽。

(二)最大诚信原则

合同关系本身就是一种信赖关系。劳动合同具有从属性和继续性,当事人对信赖的要求更加强烈,依据诚实信用原则,双方负有某种作为或不作为的义务。不仅为了债权人利益得以圆满实现,也是为了避免因债的履行致使对方的人身或其他财产法益遭受损害。诚实信用已经发展成为法解释的一般原则,逐步取代了实证法所鼓吹的逻辑正义,起到了根据实际状况发展与扩张契约法的作用。[2] 而且现代法解释学也将诚实信用等一般原则及其在判例中的运用作为直接的法源。[3]

1. 诚实信用原则作为契约附随义务的法理基础

诚实信用原则是适用于整个民事关系领域的基本原则。我国《民法典》

---

〔1〕 参见王倩、朱军:《德国联邦劳动法院典型判例研究》,法律出版社 2015 年版,第 173 页。

〔2〕 参见傅静坤:《二十世纪契约法》,法律出版社 1997 年版,第 48 页。

〔3〕 参见[日]内田贵:《现代契约法的新发展与一般条款》,胡宝海译,载梁慧星主编:《民商法论丛》(第 2 卷),法律出版社 1994 年版,第 120 页。

第 7 条明确规定了诚信原则,要求所有民事主体在从事民事行为时秉持诚实,恪守承诺。关于诚实信用原则的研究可谓汗牛充栋,笔者在此就不再赘述。总而言之,诚实信用原则不仅要求当事人正当行为,还要具有尊重他人权利的意识,是民事活动中维持双方利益平衡,以及实现当事人利益与社会利益平衡的立法者意志。[1] “根据诚实信用原则,任何一方当事人都应当谨慎维护对方的利益、满足对方的期待、给对方提供必要的信息——总之,他的行为应该是忠诚的。”[2]诚实信用原则含有“不辜负他人已经表示和付出信赖”的意义。

诚实信用原则的本质是诚信作为伦理规范的法律化,是法律规范吸收道德规范的一个例证。随着债法的现代化发展,合同关系被认为是在当事人之间形成的一种特殊的结合关系,此种关系一旦成立就会不断衍生出新的道德义务,而新生的合同义务与当事人缔约时依合意确定的有限义务存在很多差异。既然合同关系可以解释为不是对立关系,而是协同体的有机关系,合同当事人就不得违背相互期待行事,诚信原则作为交易上的起码道德理所当然的居于支配地位。[3] 从合同解释论的角度,解释合同不应局限于当事人意思的探求,诚信解释成为一种合同解释已经普遍接受的方法。[4] (1)从价值判断的角度来看,诚实信用原则是道德价值的法律化。诚实信用原则作为契约当事人的一般行为准则,要求行为人必须具有善意的心理状态,即使法律没有明文规定,契约也没有明确约定,当事人也应该按照社会公认的方式进行活动,不得损害他人合法权益和社会公共利益。一方面,针对合同当事人的利益关系,诚实信用原则要求尊重对方的权利或利益,以对待自己事务的注意对待他人事务,不损人利己。当发生特殊情形使双方利益失衡,授权法官通过创造性的司法活动恢复平衡,从而维持一定的经济、社会秩序。另一

---

〔1〕 参见徐国栋:《民法基本原则解释——成文法局限性之克服》,中国政法大学出版社 2001 年版,第 79 页。

〔2〕 [德]卡尔·拉伦茨:《德国民法通论》(上册),王晓晔等译,法律出版社 2013 年版,第 59 页。

〔3〕 参见[日]内田贵:《现代契约法的新发展与一般条款》,胡宝海译,载梁慧星主编:《民商法论丛》(第 2 卷),法律出版社 1994 年版,第 132 页。

〔4〕 参见韩世远:《合同法总论》,法律出版社 2011 年第 3 版,第 242 ~ 243 页。

方面，针对当事人与社会的利益关系，诚实信用原则不仅要求不得损害第三人和社会公共利益，以符合社会经济目的的方式行使权利，还要求当事人履行一定公民责任，权衡私人利益与公共利益。(2)从法律规范的角度来看，诚实信用原则是一项义务性命题。诚实信用原则的调整范围包括了所有合同关系的当事人与整个合同关系的各个阶段。诚实信用原则作为强制性的法律规范，以社会交往中形成的诚实信用道德为实体内容，衍生出一系列的义务性规范和要求，扩大了合同义务的范围，据以规范合同关系中各方当事人的行为、平衡各方当事人及其与社会之间的利益关系。[1] 第一，在合同订立阶段，当事人应当守信不欺，履行先合同义务。在合同订立过程中，伴随着信用关系的增强，当事人之间会产生告知、协力、保护、保密等合同附随义务。违反先合同义务，当事人可能承担缔约过失责任。根据我国原《合同法》第42条和第43条的规定，主观上当事人必须以诚信的心态积极磋商、促成合同成立，不得出于不正当竞争、刺探商业秘密等违背诚信的意图恶意磋商；客观行动上，准确提供与订立合同有关的真实情况，不得故意隐瞒与订立合同有关的重要事实，保守在订立合同过程中知悉的商业秘密，及时通知与订立合同有关的重要情况，与相对方协作配合，共同致力于合同的及时合法成立。第二，在合同履行过程中，除主给付义务以外，当事人应根据合同性质、目的和交易习惯，履行通知、协助、保护、保密等附随义务。当事人违反履行过程中的附随义务，则可能构成债务不履行。当事人应保护对方的人身、财产等法益不受侵害；对与履约有关的重要信息及时通知对方以及向对方作出解释；协助对方履行义务或为对方履行提供必要方便，以使合同目的顺利实现；对通过合同关系了解到的秘密予以保密。2007年《日本劳动契约法》第3条第4款规定："劳动者与雇主必须遵守劳动契约，诚信行使权力和履行义务。"[2]第三，在合同终结后，当事人依然要遵守诚实信用原则，履行后合同

[1] 参见郑强：《合同法诚实信用原则价值研究——经济与道德的视角》，载《中国法学》1999年第4期。

[2] "Labor Contracts Act" Article 3 (4) A Worker and an Employer must comply with the labor contract, and must exercise their rights and perform their obligations in good faith.

义务。按照合同性质或交易习惯，出于维护给付效果的目的，协助对方处理合同终了的善后事务，合同终结后依然有通知、协助、保密等后合同义务。当事人违反后合同义务，同样可能构成债务不履行，需要承担相应责任。

总而言之，按照诚实信用原则的要求，不论有无明确约定，当事人都应当尊重和保护对方的合法权益。当事人之间的合意只是引发权利义务的机制，合同履行过程中，根据诚实信用原则的要求与合同的性质、目的、交易习惯等，合同义务可能得到不断扩张、延伸，保障债权人利益完全实现。劳动法是民法社会化的产物，劳动法上雇主与劳动者的附随义务很多都可以从民法诚信原则条款引出。[1] 一直以来，诚实信用原则在合同法上占据重要位置，其理所当然地适用于劳动者附随义务的设定，而雇佣保护立法强调对雇主特权的限制，二者反映到劳动合同法上形成了一项相互信任的义务。但劳动合同法上的附随义务与传统民法上的附随义务不同，并不是仅依靠诚实信用原则就能解释，许多附随义务的设定依赖于诸多专门制度。

2. 劳动契约附随义务的法理基础：一般诚信到最大诚信

如果说民法中诚实信用原则是最低限度的道德要求在法律上的体现，[2] 但在劳动法中，“雇佣契约，即按限定时间或其他限制让与我的生产操作或服务作业……与此相类似的有委托和其他契约，其给付是以品性、信任或高等才能为根据的”。[3] 可以说，黑格尔准确地阐述了劳动契约与一般民法契约在诚实信用上的差别。劳动契约作为雇佣契约后生形态，一般诚信已经无法满足劳动者与雇主之间的需求。建立劳动关系依赖合同双方当事人的高度信任，劳动合同必须亲自履行，不得代理和继承，正是最大诚信特点的体现，双方一旦失去特殊信任，合同关系便难以维系。例如，劳动者解除劳动合同，即便是违法解除，雇主通常也不能请求劳动者继续履行劳动合同，而只能请求违约赔偿，由此可见，劳动合同的道义、伦理色彩很浓厚。[4] 因此，立法者

---

〔1〕 参见[德]W. 杜茨：《劳动法》，张国文译，法律出版社 2005 年版，第 63 页。

〔2〕 参见王轶：《论民法诸项基本原则及其关系》，载《杭州师范大学学报》(社会科学版)2013 年第 3 期。

〔3〕 [德]黑格尔：《法哲学原理》，范扬、张企泰译，商务印书馆 1961 年版，第 102 页。

〔4〕 参见王全兴：《劳动法》，法律出版社 2008 年第 3 版，第 126 页。

要求劳动合同当事人做到最大诚信,而不止于一般诚信。例如,我国《劳动合同法》第8条规定了用人单位的如实告知义务和劳动者的如实说明义务。[1]违反最大诚信原则的危害,已经不像违反一般诚信只限于合同当事人的损害,更有可能对社会公共利益产生负面影响。“从雇佣契约的社会化开始,品性、信任或高等才能就被逐渐注入劳动契约中,以及违反最大诚信不仅影响合同当事人利益,更会损害社会公共利益。彰显从雇佣契约到劳动契约的演进过程中,由一般诚信上升到最大诚信的合理性与正当性。”[2]最大诚信原则不仅逐步成为《劳动合同法》的基本原则,也是劳动合同附随义务的法理基础。

在劳动合同中坚持最大诚信原则,不同于一般的合同交易关系,要求劳动合同双方当事人在追求自身利益的同时最大限度地顾及他人利益。具体而言,雇主除了及时足额支付工资报酬的主给付义务之外,应尊重劳动者人格尊严,保护劳动者的身心健康,创造安全的工作环境,增进劳动者的福利;劳动者除了提供劳务的主给付义务之外,也应履行忠实义务、遵守职业道德、维护雇主的形象和利益。首先,所谓最大诚信原则是双向互动的,并不是要求劳动者牺牲自己的合法利益。最大诚信原则是将劳动法规则适用于劳动关系实践,而且根据时代、职业的不同,在法律适用过程中具体实现法的合理性,作为一般条款,是一种引导、约束法官自由裁量权运用的判断标准。最大诚信原则虽然确立了劳动合同当事人以诚实、善意的心理和方式行使权利、履行义务的要求,否则当事人可能构成权利滥用和义务违背,但对于“诚实”和“善意”的解释则应取决于个别劳动关系的特殊情势。针对部分学者的质疑[3],最大诚信不是对劳动合同双方当事人的利益顺序作出安排,而是对当

〔1〕 我国《劳动合同法》第8条规定:“用人单位招用劳动者时,应当如实告知劳动者工作内容、工作条件、工作地点、职业危害、安全生产状况、劳动报酬,以及劳动者要求了解的其他情况;用人单位有权了解劳动者与劳动合同直接相关的基本情况,劳动者应当如实说明。”

〔2〕 黎建飞:《从雇佣契约到劳动契约的法理和制度变迁》,载《中国法学》2012年第3期。

〔3〕 部分学者质疑诚信原则或者最大诚信原则在劳动法中存在的价值。参见 Douglas Brodie, *The Heart of The Matter: Mutual Trust and Confidence*, Industrail Law Journal, Vol. 25, 1996, p. 1124; 董保华、陆胤:《论实际履行原则——调整个别劳动关系的基本原则》,载董保华主编:《劳动合同研究》,中国劳动社会保障出版社2005年版,第31页。

事人履行合同时的主观心理状态和客观行为提出的要求。最大诚信依然强调雇主利益与劳动者利益的平衡,只是更加注重劳动者忠实义务与雇主保护义务的履行。其次,最大诚信原则在具体的契约关系中,根据当事人的地位、实力差别分别课以不同义务,更有利于实现个别劳动关系的目的。最大诚信原则是根据劳动关系的身份要素对诚信原则的改造,强调更加具体、细致地考虑劳动关系的实际,要求雇主一方承担更多的保护照顾义务,劳动者忠实履行职责,实现劳动关系中的实质公平。最后,作为法律化的道德规范,最大诚信原则在劳动关系中旨在谋求利益的平衡。在劳动关系中,利益衡量不仅局限于当事人之间,而且涉及两重利益,既包括了当事人之间的利益,也有当事人与社会公众之间的利益关系。最大诚信原则旨在寻求两重利益关系之间的平衡。在合同双方的利益关系中,最大诚信原则要求以对待自己事务的注意对待他人事务。虽然忠实义务被认为是基于诚信原则产生的,是合同当事人应当普遍承担的一般义务,但在劳动合同中,基于最大诚信原则和劳动合同的人身属性,劳动者所承担忠实义务的程度显然大于一般的民商事合同,劳动者所承担的忠实义务包含了在提供劳动时应当尽注意义务和忠实维护雇主合法利益的义务。[1] 在劳动合同双方与社会利益的关系中,最大诚信原则要求当事人不得损害第三人和社会的利益,劳动者保持理性忠实,履行公民责任。

三、劳动者忠实义务的伦理基础：劳资伦理要求

作为调整劳动关系的法律部门,劳动法的制度设计理应反映劳动关系的本质和应然要求。诚如前述,劳资关系包含了特定的伦理内涵,劳动法治运行过程中也产生了大量的伦理规范,劳动法治应该彰显这些伦理规范所蕴含的价值追求和精神内涵。按照劳资关系伦理的内在要求,劳动立法在设定双方权利义务时应以劳资伦理作为价值判断基准,将劳资伦理的基本要求内化吸收于法律规范之中;劳动执法则要态度鲜明地宣示劳资伦理,维护劳资关

〔1〕 参见黎建飞、高冠雄:《论劳动合同的竞业禁止条款》,载《中国劳动》2006 年第 3 期。

系的和谐稳定;劳动司法则通过实现个案公平正义,彰显劳资伦理,保护劳资双方合法权益。

(一)劳动法治建设应以劳资伦理维护为价值支撑

在劳动关系中,雇主和劳动者虽然各有不同的利益诉求和动机,但劳资双方的利益和目的只有通过彼此配合才有可能达成,在对立协作中形成一种共同关系。劳动合同的人身性特质,决定了劳动者履行合同必须在雇主的生产经营区域或工作场所,参与整个生产经营组织的劳动分工,不仅需要与雇主朝夕相处、分工协作,还需要与其他劳动者共同形成特定的分工协作关系,相互磨合、相互适应、共同劳动。在雇主的指挥监督之下,劳动者在特定的生产组织和利益共同体内通过“活劳动”实现“物化劳动”的价值再创造。在这种意义上,组织共同体变成了双方利益实现的共同载体。劳资双方通过这一合作平台不仅能够实现其经济目的,也能够通过共同的奋斗与协作,展示各自才能,追求事业成功、生活乐趣,实现人生价值和理想。于雇主而言,劳资协作是实现资本增值和财富增长的手段,也是事业拓展和人生价值与梦想得以实现的门径;于劳动者而言,工作不仅是获取生活资料和劳动力再生产的途径,也是一种参与社会、寻求社会认可与承认的方式,是获得社会地位和实现人生价值的晋升之阶与平台。笔者强调劳动者与雇主形成组织共同体关系,并非否认劳资存在利益对立的面向;相反,劳资双方的自利性和利益对立是永恒存在的。事实上,劳动关系是马克思矛盾律的最佳范例之一,对立性和统一性是劳动关系的一体两面。只不过,将忠实义务作为劳资伦理的研究更加注重劳动关系的统一面向罢了。

社会主义市场经济和法治条件下,劳资双方天然的属于密不可分和彼此依赖的合作双方。任何雇主都希望遇到勤勉、能干,拥有忠实品格的劳动者;任何一位劳动者也希望服务于适合自身才能与特长发挥的雇主。“对于双方而言,劳动契约履行的实质在于,彼此形成忠实信任和相互依赖的利益关系。"[1]如果说存在于传统民法规范中的交换关系是"冷若冰霜"的,劳资关系则是"温情脉脉"的,其中包含了团队关系、同事关系的面向,它是一种唇齿相依、同舟共济的利益共同体关系。不可否认,劳资关系蕴含着经济内容和利益分配的要素,但其主体内容依然是内部分工关系,一种组织体成员紧密协作的关系。而且这种分工协作关系是经济内容和利益分配的前提,没有良好的分工协作就不会产生可分配利益,也不会有利益争议。在企业精密的内部分工和组织架构中,必然产生特有的行为规范、组织纪律和职业道德,在创业、成长、发展、完善的过程中,逐步形成代际相传的共同价值理念、道德标准、企业灵魂和文化氛围。这些规范、价值和理念本身就是劳动伦理的组成部分,也是劳动者忠实义务的对象。而且在知识经济时代,劳资关系所拥有的社会伦理和文化内涵必将更加丰富,劳动法治应当对此作出敏锐而准确地回应。

(二)劳资伦理是劳资双方之间心理契约

心理契约是劳动者与雇主之间相互责任的信念系统,包括劳动者责任和雇主责任两个方面。[2] 劳资关系具有平权合作的特征,劳资双方形成一种既相互独立又相互依赖的平等合作关系。在市场经济条件下,不仅资本需要与劳动力结合形成规模化生产,劳资双方都有协作配合、共同面对市场竞争的需求。在劳动关系中,劳动者除获得经济利益外,还要从工作中获得生而为人所具有的尊严、体面、满足、归属感和成就感。劳动关系中的内容并不完全由书面契约进行约定,有时候某些内容也建立在一种"心理契约"的基础之上,也就是建立在劳资双方对"工资与努力程度之间的动态博弈"结果之上[3]。心理契约虽然不是有形的,但可以发挥与有形契约相同的作用。雇主能够清楚了解并尽量满足劳动者的需求和发展愿望,劳动者也能够为雇主的事业尽心奉献,因为雇主信赖劳动者将忠实履行工作职责,劳动者信赖

---

[1] 秦国荣:《劳资伦理——劳动法治运行的价值判断与秩序维护》,载《社会科学战线》2015年第7期。

[2] 参见李洪英、于桂兰:《心理契约履行与员工离职倾向的关系》,载《社会科学家》2017年第2期。

[3] 参见程延园编著:《劳动关系》,中国人民大学出版社2016年第4版,第5页。

雇主满足其需求和愿望。但心理契约的缔结往往不是基于劳资双方的合意，具有明显的非对称性，可能是一种单方的期望或对应然义务的自我意识，是不一定能够得到对方的认可或承诺的单向利益诉求。这种利益诉求会随着劳资双方主观自我意识和社会客观环境的变化而变化。

（三）劳资伦理是劳动者与雇主交往互动的理性原则

作为劳资双方基于契约自由原则而确立的一种法律关系，劳资之间的相互信任与合作是保持劳动关系健康和谐运转的关键。[1] 中国特色社会主义市场经济体制，为构建新型劳资伦理提供了全新的价值内涵。对于雇主而言，其对外伦理责任体现为积极承担社会责任，特别是生产经营性单位，作为整个社会雇主群体中最多的一类，其首要责任就是为市场和社会提供物美价廉的产品和服务，从而保证自身的生存和发展。企业伦理主要关注的是其完成这一使命的路径，以及在实现这种功能的过程中和实现后应对社会的伦理姿态。对内则基于伦理视角，在规章制度的制定和执行中将公平、正义、公开和伦理关怀等理念贯穿始终，为员工提供满意的工作环境和人际环境。我国《民法典》第 1 条[2]将弘扬社会主义核心价值观作为调整平等主体之间关系的指引，在社会主义市场经济条件下，劳动法治应该以“民主、文明、和谐、自由、平等、公正、法治、敬业、诚信、友善”的社会主义核心价值观为精神内涵塑造新型劳资伦理。对于劳动者而言，新型劳资伦理包含了勤勉、敬业、忠实、协作、遵守劳动纪律和职业道德，要求恪守特定的职业伦理规范。为此我国《劳动法》第 3 条第 2 款明文规定了劳动者遵守劳动纪律和职业道德的义务。[3] “敬业、诚信”的价值观反映到劳动关系中，要求劳动者忠于职守、勤勉工作。

当然，新型劳资伦理构建的关键在于雇主，雇主行为是否符合伦理规范

[1] 秦国荣：《劳资伦理——劳动法治运行的价值判断与秩序维护》，载《社会科学战线》2015 年第 7 期。

[2] 《民法典》第 1 条规定：“为了保护民事主体的合法权益，调整民事关系，维护社会和经济秩序，适应中国特色社会主义发展要求，弘扬社会主义核心价值观，根据宪法，制定本法。”

[3] 我国《劳动法》第 3 条第 2 款规定：“劳动者应当完成劳动任务，提高职业技能，执行劳动安全卫生规程，遵守劳动纪律和职业道德。”

是其与利益相关人之间建立信任的基础。因为,雇主不仅具有生产组织的功能,还拥有指挥监督劳动者的权利。只有雇主恪守劳资伦理规范,才能在组织共同体中创造雇主与劳动者之间相互信任的融洽氛围,既增强了劳动者的积极性、主动性和创造性,也有利于劳动者忠诚度的维护。这也正是现有劳动法律将劳资伦理维系的主要义务赋予雇主的缘由,雇主往往因此而负担积极的作为义务,劳动者负担的义务多是消极不作为的义务。囿于本节主题,关于雇主劳资伦理的责任此处不再展开,另行撰文阐述。

(四)职业伦理培育与劳资伦理维系

所谓职业伦理,是指特定职业者基于职业需要和职业逻辑而应当遵循的行为准则,职业伦理是劳资伦理的重要内容。"职业伦理越发达,他们的作用越先进,职业群体自身的组织就越稳定、越合理。"[1]涂尔干为职业伦理在家庭道德与公民道德之间找到了一席之地,并就职业伦理与其他公民道德之间的关系进行了论述。职业伦理被认为与共同意识没有深层的关联,因为其不是所有社会成员共同持守的伦理,社会公众对违背此类道德规范的行为在情感上只会受到轻微的震动。唯有当这种僭越行为特别严重,并可能影响到社会整体道德认知时,公众的情感才会被激发出来。[2] 既然职业伦理的每个分支被认为是职业群体的产物,因而带有群体性,只存在于被限定的区域,社会公共道德则存在于社会的各个角落。因此,职业伦理通常不会对整体劳资伦理和社会公共道德产生强烈的影响,对其轻微的违反交给道德调整即可;但如果违反职业伦理的行为达到影响劳资伦理和公共道德的程度,甚至违反法律的强制性规定,则具备了法律规范的必要性。正如本书第一章所述,劳动者忠实义务既有法律渊源,又有道德渊源。其中道德渊源主要来自职业伦理的要求,不同的职业对劳动者忠实义务的要求也不同。

总之,我国劳动法治建设既要防范与遏制雇主违反劳资伦理,侵害劳动者合法权益的行为,也要适当惩戒劳动者违背诚信与忠实义务等有悖于职业

[1] [法]涂尔干:《职业伦理与公民道德》,渠敬东译,商务印书馆2015年版,第8~9页。
[2] 参见[法]涂尔干:《职业伦理与公民道德》,渠敬东译,商务印书馆2015年版,第6~7页。

伦理的行为,从而维护劳资伦理和社会道德信念。[1]

第四节　劳动者忠实义务的合理限度

法律义务的实质合理性除了正当性和必要性之外,还包括适度性的要求,法律义务为保障法律权利而存在,而且限度性要求只能以保障这项权利为必要,既要保障相关权利不受到损害,也不能超出保障的范围,否则可能侵害义务主体的相关权利。[2]“忠实”作为一种道德原则,本质上是共同体对其所属成员的伦理要求,而且不同类型的组织对其成员忠实义务的内容和标准也有不同的要求。笔者并不否认劳资之间存在对立关系,但谁又能证明劳资之间没有共同利益存在呢?因此,所谓“理性忠实”必然是能够兼顾劳动者、雇主、社会等各方利益的一种调节机制。一般情形下,某一成员违反忠实义务只会对特定组织或其成员的利益产生影响,并不足以影响社会公众的共同利益。立法作为整体社会公共意志的体现,必须以社会秩序和共同体利益维护为其目标。因此,立法只应关注足以影响社会共同体利益的忠实义务。换言之,道德的归道德,法律的归法律,并不是所有对忠实的背叛都需要法律的介入。现代立法只应在有限的范围内和具有根本意义的事项上提出“忠实”的要求。[3]本节拟从主体范围、对象、内容和制度选择四个层面对劳动者忠实义务的限度进行分析。

一、劳动者忠实义务主体范围的限度:防止泛化

总结现有法律体系中有关“忠实”的规范,在规范对象上有着显著的共同特征,当事人之间往往存在特殊的信任要求。例如,夫妻之间、董事或高级管理人员与公司之间都存在特殊信任关系。关于忠实的立法规范一般只介入某些特殊类型的社会关系,如夫妻关系、劳动关系等。在这些社会关系之

[1] 参见秦国荣:《劳资伦理——劳动法治运行的价值判断与秩序维护》,载《社会科学战线》2015年第7期。

[2] 参见钱大军:《法律义务的合理性分析》,载《社会科学战线》2003年第3期。

[3] 参见华燕:《论“忠”之法律义务及其限度》,载《法律科学》(西北政法大学学报)2011年第6期。

中,当事人之间都存在天然的特殊信赖关系,法律对受信任方提出特殊的忠实义务的要求,完全是为了平衡其在特定关系中享有的优势地位。[1] 法律化的忠实,是对特定关系中拥有特殊身份主体的要求,并非要求所有社会成员在任何社会活动中都需要实践忠实义务。要求所有的社会成员遵守忠实的道德要求,是一种美好的愿望,已经超越社会基本秩序维护的需要,但是军人、公务员、公司高级管理人员、劳动者忠实义务的承担,对于维系人类社会基本秩序却是必不可少的。正因为忠实义务对维护劳动关系中信赖基础和培育职业伦理具有重要意义,法律的介入才成为必要。

劳动者因处于特定的劳动关系之中,而负有一定的忠实义务,但绝非所有的劳动者都负担同样的忠实义务。劳动者忠实义务是一个总括性的基本义务类型,在合同履行过程中,忠实义务的范围可能根据履行情况和双方协议予以明确、扩张或限制。特别是劳动者忠实义务所包含的一些具体义务类型,并不能适用于所有劳动者,某一个劳动者也不是负担所有的具体义务类型,具体某个劳动者应负担哪些忠实义务则是一个个案判断的问题。例如,我国《劳动合同法》第 24 条关于竞业限制的规定,就将该义务的承担主体限于高级管理人员、技术人员以及负有保密义务的人员三类人。也就是说,每一个劳动者都负有忠实义务是一个正确的判断,但如果说每一个劳动者都负有竞业限制义务则成为一个伪命题。具体到忠实义务的其他义务类型也是如此。另外,忠实义务的行为标准也因劳动者的身份而异。例如,企业中层级相对较高的管理人员,他们在劳动合同订立和履行过程中所处地位与普通劳动者并不相同,相应地其所负担的忠实义务也更厚。在德国理论界,劳动关系的性质与种类对劳动者忠实义务的标准也存在影响,矿业和工业领域的劳动者忠实义务最薄,事务员忠实义务相对较厚,而家庭工业劳动者与雇主的关系则最为密切,忠实义务最为浓厚。[2] 史尚宽先生在其《劳动法原论》中也有同样的认识:"受雇人忠实义务之范围及程度依劳动关系之种类而定,

---

〔1〕 具体到劳动关系,此处的优势地位是就劳动者作为受信任方执行工作任务的角度而言;作为广义代理关系中的受托人,的确存在道德风险,并不是就双方经济、社会地位的角度而言。

〔2〕 参见王益英主编:《外国劳动法和社会保障法》,中国人民大学出版社 2001 年版,第 86 页。

例如矿业及工业劳动者最薄，事务员稍厚，而家庭雇用人最密。”[1] 在劳动合同实务中，如果法律和劳动合同规定不明确时，某个劳动者是否负有某一项忠实义务的子义务，或者判断劳动者的行为是否构成对某一项子义务的违反，裁判者应当根据诚信原则、信赖保护原则和劳资惯例，结合劳动合同的目的实现予以认定。[2] 此外，公部门劳动者与私部门劳动者所负担的忠实义务也是不一样的。[3]

综上，从整个法律体系的角度，防止忠实义务泛化是要将负担忠实义务的主体控制在具有特殊信任关系的群体之间；在劳动关系之中，防范忠实义务泛化是要防止将忠实义务的全部内容适用于全部劳动者。在不同类型的劳动关系中，劳资之间的信赖要求和紧密程度是存在差异的，忠实义务的程度与内容也理应存在合理差别。

二、劳动者忠实义务对象上的限定：职业忠实与契约忠实

在本书第二章中，我们简单梳理了劳动者忠实义务在传统文化中的根基，也回顾了其历史演进的轨迹，从历史文化背景和发展路径可以看出，忠君观念已经随着专制帝制的消亡而从人们的观念之中被清除，作为传统道德重要组成部分的忠实也同样面临前所未有的挑战。这一点与第二次世界大战后德国的社会现实是如此的不谋而合，人们对忠实于个人的观念和制度心有余悸，矫枉必须过正。在劳动法领域的表现，如果说抛弃人格法上共同体关系理论是一种必要的“矫枉”，那么，将劳动者忠实义务改以附随义务取而代之，就表现为一种“过正”的语意上的混淆与操弄，所谓“换汤不换药”，所以忠实义务依然扮演着处处可见的“幽灵”的角色。[4] 改革开放以来，经济、社

---

〔1〕 史尚宽：《劳动法原论》，台北，正大印书馆1978年版，第23页。

〔2〕 参见许建宇：《劳动者忠实义务论》，载《清华法学》2014年第6期。

〔3〕 根据我国《劳动法》第2条第2款的规定，国家机关、事业组织、社会团体和与之建立劳动合同关系的劳动者，也依照劳动法执行。事实上，我国行政、事业单位中也存在大量劳动法上的劳动者。

〔4〕 参见林佳和：《劳动关系的公益与私益冲突？——从德国劳工忠诚义务的演进轨迹谈起》，载高雄大学政治法律学系主编：《公益揭发——职场伦理新趋势》，高雄，巨流图书股份有限公司2010年版，第67~108页。

会结构的深层变革，伦理道德方面的危机再一次显现，如何构建与新社会结构相适应的职业道德体系，如何实现劳动者忠实义务的创造性转化与创新性发展，成为重要的理论问题和现实问题，再一次摆在国人面前。

首先，在价值理念层面，劳动者忠实义务的内涵需要由以强调个体动机为重心的“忠于雇主个人”转化为以责任为中心的“忠于职责”的职业忠实。在现代劳资关系背景下，劳动忠实义务不再是对于雇主个人的忠实，不问是非、只求心诚的忠实，而应当是与现代职业伦理中以工作职责为中心的角色意识相结合。已经不仅仅是出自道德动机的个人品质，而是一种建立在对劳动关系认知基础上的对行为规则的遵守。在传统文化中，相对于道德规则，更加强调道德实践，在国人的思想和道德实践中，忠实不是一种规则，而是一种气节，一种坚守道德信念而不惜牺牲的操守与情怀。[1] 而现代职业伦理的忠实则有别于信念伦理，或者说不是主要基于个人信念和品德，劳动者个人内心的“诚”已经不是强调的重心。在现代劳动关系实践中，从职业道德上判断一个人的价值，不仅要考察其是否具备忠实的职业伦理，更要看其能否胜任现实劳动关系赋予他的责任。这种忠实观念的培育需要权利与义务明晰的制度设计。

其次，在实践层面，劳动者忠实义务需要实现由“忠于人”向“忠于事”的转化。在现代组织体系中，忠实作为一种职业伦理的要求已经越来越重要，劳动负担忠实义务不应有任何争议。在价值理念层面要求劳动者忠于职守不会产生任何问题，但实践中由于忠实没有特定的对象，也由于组织运营实践中科层制的管理层级设计和管理人员升迁机制的影响，劳动者忠实义务在职业伦理实践层面上容易演化为忠于雇主乃至忠于上司。对既往忠实观念理论上的批判与清算只停留在理论层面，在现实的职业伦理实践中，忠于“老板”、忠于上司依然是很多人奉行的“职业道德”。这种理念与现实之间的背离在行政伦理实践中更加明显。诸多社会现实都折射出现代职业关系中“忠

〔1〕 参见鄯爱红：《传统忠德在现代行政伦理中的转化与创新》，载《中国人民大学学报》2016 年第 4 期。

于个人"和人身依附的职业生态,无论公私,概莫能外！现代法律制度否定任何意义上的人格化的忠实,法律上的忠实对象只能是共同体利益而非任何个人或组织。[1] 社会治理和企业管理的现代化需要文化与法律制度的共同推进,体现在劳动关系上就是从不讲原则和法律的对人的绝对忠实转化为对工作职责的忠实,转化为追求事做完美的态度。职业伦理和法律制度的革新可以促进劳资关系的公私共治,助推企业法人治理结构的完善,从而推动整个社会治理的现代化和国家治理体系现代化。个人主义雇佣模式下,职业忠实或契约忠实而非组织忠实将成为新型劳动关系的特征。忠实的对象已经发生了重大变化,虽然雇主为劳动者的终身负责依然会赢得劳动者的忠实,但是当劳动者不得不为自己的将来打算时,劳动者选择忠实于自己的承诺或自身赖以生存的职业。[2] 本书通过对劳动者忠实义务的研究,试图勾勒出雇主合法且正当的利益范畴,梳理出职业忠诚或契约忠诚的轮廓,以契约目的实现和职业发展为正轨。

最后,在制度层面,劳动者忠实义务需要实现从重内轻外单向的品德忠实向内外结合的双向契约忠实的转化。受社会等级观念的影响,传统文化中的"忠实"逐渐演变为一种下对上的单向服从关系,即使是近现代劳动关系中的"忠实"也或多或少有这种等级观念的遗存。在现代民主社会,整个国家治理的核心是法治,忠实在公法领域表现为忠实于法律,在私法领域表现为忠实于契约,忠实的制约方式也由单向的品德忠实转化为双向互动的契约忠实。现代法律意义上的忠实既不鼓励对个人的忠实,也不提倡对特定意识形态和政策目标的盲目服从,劳动者忠实义务强调的是对自身允诺的忠实。忠实不再是单方面的,而应当是双向互动的,是基于雇主组织和劳动者个体之间权利义务相一致的契约基础之上的忠实。在现代劳资关系之中,企业组织不仅通过外在的劳动合同、集体合同、规章制度等形式对企业组织与劳动

---

〔1〕 参见华燕:《论"忠"之法律义务及其限度》,载《法律科学》(西北政法大学学报)2011 年第 6 期。

〔2〕 参见郭志刚、刘昌宇:《国外劳动关系发展变革及其对我国的启示》,载《理论与改革》2017 年第 1 期。

者之间的权利义务予以规定，而且通过内在的心理契约加以相互约束。因此，现代职业伦理的忠实，应当从单向的劳动者个体内心品德的要求向基于契约上的劳动目的的实现转化。

三、劳动者忠实义务内容上的限度：防止道德化和愚忠

（一）防止劳动者忠实义务的道德化

法律意义上的忠实是为了实现社会正义，所有的服从旨在获取某种权利和利益，而且是一种有限度的服从。根据劳动者忠实义务的双重属性，一方面，忠实义务作为一项道德要求，按照富勒在《法律的道德性》中关于"义务的道德"和"愿望的道德"的划分，劳动者忠实义务也会因"抑恶"与"趋善"的目标定位而不同，其所包含的具体义务内容及标准也是不同的。如果以"忠于职守"为例的话，从最基本的不迟到、不早退、不擅离职守，到不推诿、不拖延，到专心工作、恪尽职守，再到勤勉敬业，甚至忘我奉献，这里就出现了一个道德规范标准上的递增。显然，前两项属于"抑恶"性的道德要求，可以划归"义务的道德"；后两项属于"趋善"性的道德要求，应当划归"愿望的道德"。[1] 另一方面，劳动者忠实义务作为一项法律义务，应当以不作恶的道德底线为其界限。法律只应将那些禁止性的道德义务上升为调控对象，对体现人类较高精神追求的愿望性道德则不能轻易法律化，因为"义务的道德"从人类能够达致的最低点出发，而体现较高层次道德要求的"愿望的道德"已经超越了人类基本秩序的需要，是部分人的道德目标，难以普遍化。[2] 因此，劳动者忠实义务的法律规范，其主要内容不在于告诉劳动者应该追求什么，更重要的意义在于提示劳动者不能做什么，这也就是劳动者忠实义务中更多的是不作为义务规范的主要原因。

（二）劳动者忠实义务履行中的适度性原则

经历了从债法契约到人格共同体关系，再到带有身份因素的债法契约关

---

〔1〕 参见华燕：《论"忠"之法律义务及其限度》，载《法律科学》（西北政法大学学报）2011 年第 6 期。

〔2〕 参见王淑芹：《道德法律化正当性的法哲学分析》，载《哲学动态》2007 年第 9 期。

系的演变,劳动关系的本质依然未有定论,但是劳动关系从身份向契约转化的过程中,雇佣契约承认并保留了劳动者对雇主的忠实义务。[1] 关于劳动者忠实义务理论也形成了几个共识性原则:一是针对劳动契约履行的忠实原则,为了追求劳动契约本旨的完全实现,不仅要求劳动者在履行主要给付义务时服从雇主或上司的指示,而且在主观上要积极增进雇主的合法利益。劳动者忠实义务的实质是从法律和道德伦理的双重面向上对其加以强化。二是劳动者权利行使的适度节制与保守原则,作为法治社会的公民,劳动者拥有言论自由、职业选择自由等广泛的基本权利和自由,但其职务行为、所处岗位与这些权利和自由不可避免发生关系的时候,必须适度节制与保守。法律的禁止性规范就是对人们自由选择权的限制,但法律对自由权的限制是有限度的。三是劳动者企业外行为的适度品位原则,它要求劳动者在工作之外,也应该奉行适度的忠实义务。适度品位原则就是劳动者在工作之外应该负担一定作为或不作为的忠实义务,即劳动者的行为与其职务活动有直接关联时,不得影响雇主组织的社会评价。但劳动者保持适度品位原则应遵循比例原则,只有在必要且妨害最小的前提下才能适用。劳动者在履行忠实义务时,要处理好如下两大关系:

第一,忠实义务与服从的辩证关系。服从是遵从、顺从他人或规范的要求,劳动者服从义务表现为对雇主或上司指示的遵从,为了保证雇主经营管理的权威,劳动者不折不扣地执行。服从是一种单向度的执行义务,不存在交流、反馈甚至拒绝执行的权利。服从是屈服于制度性或他人的权威,并非出于道德上的自愿行为。劳动者忠实义务兼具道德上的自愿和制度上的强制双重属性,既存在道德上的自愿奉献,又有制度上的强制性规定。因此,劳动者忠实义务是对劳动契约的理性忠实,对于违法或显著不当的指示,劳动者可以拒绝服从,因为劳动者忠实义务的位阶性显然高于其衍生的服从义务,拒绝执行也表现为对契约目的实现的忠实。服从是忠实的外在表现,但服从不等于忠实。在债法契约时代和人格法上共同体关系时代,公法领域强

---

〔1〕 参见潘峰:《劳动合同附随义务研究》,中国法制出版社2010年版,第93页。

调忠于国家领袖而非宪法和法律,私法领域劳动者忠实于雇主而非劳动契约也是很正常的。在那个时代,忠实就是服从,服从于个人就是忠实于法律,服从于雇主就是忠实于组织。在现代民主社会,劳动者是忠实于劳动契约及契约精神的,而劳动契约又受到法律的规制,一切有违宪法法律和劳动契约的行为皆被视为对忠实义务的违反。因此,劳动者的忠实义务从工作时间和企业内扩展到与职务行为有直接关联的企业外行为。我国《劳动法》第3条第2款规定了劳动者应该完成劳动任务,遵守安全规程、劳动纪律和职业道德。其中安全规程、劳动纪律实质上就是雇主的书面指示,劳动者服从雇主或上司的指示以完成劳动任务为目的,职业道德实质上就是包含忠实于劳动契约本旨在内的要求。

第二,职务行为与企业外行为的辩证关系。所谓劳动者忠实义务,如果从"数量上"进行考察,劳动者因缔结劳动合同和履行提供劳务的义务,而产生一系列无法穷尽列举的义务;[1]如果从"质量上"进行考察,在劳动合同履行过程中,即可援引劳动者负有的忠实义务,劳动者应合理注意并增进雇主的一般利益。所谓劳动忠实义务的适度品位原则、适度节制与保守原则,就是分别针对劳动者私人生活和基本权利而言的。适度节制与保守原则是针对劳动者基本权利行使而言的。也就是说,劳动者行使基本权利与职务行为不可避免发生关系的时候,对于言论自由、职业自由等基本权利予以适度限制,必须保守与节制,发表涉及雇主的言论,必须谨慎行事,不得损害雇主的名誉。如前所述,劳动者工作时间以外属于私生活的范围,雇主原则上并没有权利干涉劳动者的企业外行为,但是当工作领域和私人活动的范围不能清晰划分的时候,劳动者私人生活与活动,可能影响到组织的经营管理秩序并损及企业形象,雇主当然可以行使人事管理权,劳动者也不得主张私人生活范围对抗雇主人事管理权的干涉。在空姐微博吐槽解雇案中,法院认为空姐发微博的行为对维珍航空公司声誉及形象有造成不利影响的威胁,违反了忠

---

〔1〕 参见黄程贯:《劳动法中关于劳动关系之本质的理论》,载《政大法学评论》1998年总第59期。

实义务。虽然本案并未说明造成损害程度,解雇是否符合比例原则还有争议。但空姐发微博的确很难区分工作和私人活动的范围。根据现代劳动法的理念,对劳动者企业外行为和基本权利的限制,只有在必要的范围内和最小的限度才是可接受的,所谓的适度品位原则对劳动者的限制,必须是遵循比例原则,在必要的、影响最小的情形下适用。企业外行为干预以维护雇主组织的社会形象为目的,必须限定在特定的主体和特定的言行。

(三)劳动者报告违规行为的义务及限度

忠实义务并不要求劳动者报告其自身的违规行为。[1] 基于忠实义务的要求,劳动者在提供劳务的过程中应尽到合理审慎的注意义务,并维护雇主合理的利益,但并不能保证劳动者的一举一动都符合雇主的期待和企业规章制度的要求,即使发生了违规行为也不能强迫其“坦白从宽”“自证其罪”。在英国一开创性的案例中,大法官阿特金(Atkin)曾作出经典论述,仆役有不偷窃的义务,但是当他已经实施了偷窃行为,如果法律默示认为他有坦白其偷窃行为的义务,是背离了人类历史悠久的惯例,并将在当事人正常义务之外创设义务。英国最高法院作出的这一判决是基于不能自证其罪的基本法治原则,并认为,在劳动者的违规行为被发现之前,劳动者仍有权利获得相应的工资。[2] 事实上,要求劳动者自我披露违规行为也是违反人类理性的行为。

关于劳动者对违规行为的报告义务,另一个面向是劳动者是否有义务报告同事的违规行为。原则上,劳动者对其他同事有害于雇主的行为是否有通知义务,要根据其所担任的职务而定。根据劳动者忠实义务,尤其是处于监督、管理职位的劳动者,有义务披露其同事的违规行为。对此,德国联邦劳动法院曾在一则涉嫌侵占的案例中,认为自来水厂财物结算员就收账员存在的

---

〔1〕 此处所言违规行为与本书第五章的公益告发内容不同,此处的违规行为是指雇主组织内部较为轻微的违法不当行为,还不至于危害到社会公共利益;此处披露的目的也是出于雇主利益的维护,而非公益。

〔2〕 参见[英]史蒂芬·哈迪:《英国劳动法与劳资关系》,陈融译,商务印书馆2012年版,第128页。

侵占行为应当向雇主报告。[1] 但劳动者不担任此等监督或管理工作的，原则上并没有报告的义务。

四、劳动者忠实义务的制度性选择：拒绝执行、举报与服从

劳动者忠实义务是一种对劳动契约的忠实，而不是对雇主及其组织的忠实。在劳动合同制度安排上，必须防范可能导致劳动者对雇主个人忠实的可能性。现代职业劳动多在组织中完成，劳动者的职业劳动必须在指挥与管理下进行，[2]合同履行过程中劳动者要服从雇主及上司指示，如果没有相应的救济制度保障，对于雇主或上司违法不当的指令，劳动者在拒绝执行与服从指示之间往往难以抉择，最终难免导致契约忠实沦为个人忠实。制度性选择的关键在于，保障劳动者的拒绝执行权、举报权和救济权。

（一）保障劳动者拒绝执行不当指示的权利

雇主指示权应该以劳动契约本旨的实现和劳务给付的具体化为限。[3]《劳动法》第 56 条和《安全生产法》第 54 条[4]明确赋予劳动者拒绝执行权具有双重意义，一是贯彻以人为本的安全生产原则，保障劳动者人身、财产安全，而且关乎社会公共利益；二是可以避免劳动者成为雇主违法不当行为的工具。但是，针对错误的指示，劳动者并非拥有绝对的拒绝执行权，只有在雇主及上司的决定或命令带有违法性或显著不合理的时候，经过提请雇主或上司审慎考虑之后，仍被指示执行的，劳动者才享有拒绝执行的权利；否则，未经提请重新考虑即拒绝执行的应当承担违反服从义务的责任。这就意味着，

---

〔1〕 参见台湾“劳动法学会”编：《“劳动基准法”释义——施行二十年之回顾与展望》，台北，新学林出版股份有限公司 2005 年第 2 版，第 115 页。

〔2〕 参见郑尚元：《劳动合同法的制度与理念》，中国政法大学出版社 2008 年版，第 138 页。

〔3〕 参见黄越钦：《劳动法新论》，中国政法大学出版社 2003 年版，第 144 ~ 146 页。

〔4〕 《劳动法》第 56 条规定：“劳动者在劳动过程中必须严格遵守安全操作规程。劳动者对用人单位管理人员违章指挥、强令冒险作业，有权拒绝执行；对危害生命安全和身体健康的行为，有权提出批评、检举和控告。”《安全生产法》第 54 条规定：“从业人员有权对本单位安全生产工作中存在的问题提出批评、检举、控告；有权拒绝违章指挥和强令冒险作业。生产经营单位不得因从业人员对本单位安全生产工作提出批评、检举、控告或者拒绝违章指挥、强令冒险作业而降低其工资、福利等待遇或者解除与其订立的劳动合同。”

对于雇主或上司明显违法不当的指示,劳动者首先应当指出依据和建议,提请雇主或上司重新予以考量,雇主或上司不改变决定的应当拒绝执行。当然,明知违法不当依然执行的也可能承担相应责任。法律的本意就是鼓励劳动者敢于抵制雇主及上司违法的或明显不合理的指示,以达到保障尊严劳动的目的。这里需要强调的是,劳动者的服从义务限于雇主合法、合理的指示,区别于公务员的绝对服从义务。[1] 关于服从义务的具体内容详见本书第四章第一节。劳动者行使拒绝执行权的保障包括实体和程序两个方面的要求。

首先,劳动者对雇主或上司指示的合法性与合理性的判断,只是一种出于合理相信的初步判断或专业判断。当劳动者对于雇主或上司作出指示的合法性与合理性提出质疑时,雇主或上司负有说明或解释的义务。具体而言,通过自己直觉或专业知识的判断,如果劳动者合理地相信雇主或上司的指示存在违法或超出合理性,通知雇主或上司并提出自己的合理化建议,是劳动者忠实义务的要求,但对指示合法性与合理性的综合判断应由雇主或上司来完成。劳动者无须证明雇主或上司指示违法不当的依据、范围、程度。当然,在实际工作中这种沟通是非程式化,随时进行的,应根据个案情形作出判断。其次,在程序上,劳动者行使拒绝执行权,原则上应该先提请雇主或上司重新考量作出的指示,缺乏这个程序,劳动者可能承担违背服从义务的责任。但在司法实践中,要求劳动者证明已经履行上述通知或异议的程序是一种过高的要求。毕竟,工作运转的实际情况和劳动者所处从属性地位,使其很难取得相关证据,特别是雇主或上司不改变决定的证据。司法审查中应对劳动者通知或异议的程序作多样化、宽松的要求。劳动者拒绝执行指示毕竟被认为是“犯上”行为,涉及雇主和上司的威信、企业决策的执行力等问题,在一个具有浓厚等级文化和官本位传统的国度,实施中难免会遇到各种障碍,压制着劳动者拒绝执行权的行使。面对无法抗拒的“制度陷阱”,理性劳动者的理智选择,就是服从雇主和上司的决定。这显然有悖劳动者忠实义务

---

〔1〕 公务员对上级命令的拒绝权仅限于命令违法的情形。参见陈新民:《钟庚言:〈行政法学总论〉》,载《清华法学》2004 年第 1 期。

的原初要求。

(二)保障劳动者的举报权

如果说劳动者拒绝执行权在现实中面临各种压制和考验,劳动者的举报权更容易成为纸面上的权利。诚如前述,对国人性格影响较深的儒家文化所包含的中庸思想,让国人更容易漠视“与己无关”的违法不当行为,害怕“枪打出头鸟”,遭到雇主报复。另外,雇主组织对其成员团体意识的强化和受忠实义务观念的影响,劳动者往往对企业文化和共同利益有强烈的认同感,从而可能导致对雇主组织的违法不当行为认识不清、难以抉择,即使有清醒的认识,举报也可能背负巨大的道德压力。下文即将探讨的公益告发制度就是为了保障劳动者举报权实现的制度设计。那种认为举报涉及道德选择,是劳动者因维护更高的利益——公共利益,而对雇主忠实义务的违反的观点是错误的,举报完全符合劳动者的忠实义务。[1] 事实上,适度的职业忠实或契约忠实可以促进告发,忠实过度则类似于“愚忠”,会阻碍对组织中的不道德行为的告发行为。因此,帮助劳动者建立理性的忠实观念对于组织伦理管理十分重要。[2]

首先,在实体上,劳动者主观动机的审查如果过于注重“善意”,可能会阻碍有价值的告发,即使劳动者怀有“混合动机”(包含一定的私益),只要在客观上具有促进公益实现的作用即应予保障。公益告发内容的范围与性质,涉及劳动者忠实义务与社会公共利益之间的平衡,不应限于违法、犯罪行为,还应包括违反企业内部行为规范的失当行为,一切已经发生、正在发生或可能发生的与国民身体、生命、财产利益保护,消费者利益的保护,公共安全、公平竞争、卫生或环境等与公益有关的重大行为均可成为告发对象。其次,在程序上,基于告发行为可能对组织造成的影响和法律保护门槛的差异,在处理程序上应当设置内外有别的告发机制,鼓励劳动者优先选择内部告发是实

---

〔1〕 See Robert A. Larmer, *Whistleblowing and Employee Loyalty*, Journal of Business, Feburary 1992, pp. 125 – 128.

〔2〕 参见刘燕等:《组织中的揭发行为——决策过程及多层次的理论框架》,载《心理科学》2014年第2期。

现劳动者忠实义务与公民义务平衡的最佳方式。发挥内部告发与外部告发在功能上的互补性,可以实现组织内部“自我净化”和社会监督的完美结合,在公共利益与基于劳动合同所生的忠实义务之间取得平衡。此外,因为公益告发制度的初衷在于维护公共利益、人权法益和人民福祉,法律应将激励措施与制度保障相结合,不仅让劳动者敢于告发,还要愿意告发。

(三)保障劳动者的救济权

虽然检举权被视为一项公民基本权利,不得强迫劳动也是现代劳动法治的基本精神之一,但拒绝执行权和举报权的行使绝非轻而易举的差事。对拒绝执行雇主指示的劳动者来说,几乎总会面临违反服从义务而遭受惩戒的问题,甚至遭遇惩戒解雇;对于告发雇主违法不当行为的劳动者来说,也几乎总要面对告发行为对其职业生涯和私人生活带来的可怕后果。所谓“无救济,即无权利”,没有救济的权利很难说是真正的权利,现有法律体系中很难看到劳动者拒绝执行权和举报权的有效救济途径。法律保障的核心应该是防止劳动者受到报复性雇佣行为,以及遭受报复性雇佣行为能够获得充分且必要的法律救济。根据《劳动争议调解仲裁法》的相关规定,劳动合同的订立、履行、变更、解除、终止的各个阶段,涉及劳动关系确认、工作时间、工作报酬、休息休假、福利、培训及劳动保护等法律、法规规定各方面争议,均可获得仲裁和诉讼的救济。而劳动者拒绝执行权和举报权也都发生于劳动合同订立、履行和解除过程中,雇主的报复性雇佣行为往往涉及劳动合同的变更和解除,因此劳动者行使拒绝执行权和举报权是有法律救济渠道的。但对于雇主惩戒权行使的审查则没有明确规定,如果劳动者拒绝执行、告发雇主或上司明显违法的命令而遭受惩戒,惩戒的解决最终也是在雇主或上司的控制范围内,那么,劳动者就不敢轻易拒绝执行和举报。如果劳动者行使拒绝执行权和举报权而遭受雇主惩戒,能够从国家司法机构获得救济,劳动者将无后顾之忧,敢于拒绝执行和举报明显违法的指令,从而体现出一种“理性忠实”,而不是屈从于雇主或上司的违法不当指示。劳动者与雇主之间的关系已经从“人格法上共同体关系”走向“带有身份因素的债法契约关系”,应当说,从身份到带有人身因素的债法契约关系的归全反真是劳动者忠实于契约的保障。

本章小结

劳动者除身处劳动关系之中，同时也是各类社会关系的重要参与者，雇主、劳动者、股东、消费者、社会公众等各方利益错综交织，形成复杂的关系网。劳动法的重要使命之一，就是协调各方利益，维持社会公平、和谐、稳定。劳动者忠实义务是劳动关系的本质属性与劳动合同权利义务结构的要求，既有经济学上代理成本理论的依据，也是私法上信赖保护、最大诚信原则在劳动合同领域的应然展现，还是劳资伦理基础与法理基础的有机结合。“理性忠实”具有正当性、必要性与合理性，不仅维护雇主的经营自主权和秩序维持权，也保障劳动者的基本权利和“体面劳动”；不仅维系劳资双方的信赖利益，同时以实现社会公共利益最大化为使命。由于劳动合同是调整劳资关系的重要法律手段，劳动者忠实义务理论的塑造和践行有利于在劳动关系领域构建一种道德调节与法律调节相结合的良性互动模式，是实现劳动关系和谐稳定的“润滑剂”。作为最基础的社会关系，劳动关系双方能否遵循最大诚信，对整体社会关系具有很强的示范作用。公益告发作为社会的一种自我净化机制，对雇主或企业群体诚信经营发挥着监督作用。劳动者忠实义务理论的塑造和践行有利于劳动者、雇主和社会诚信建设的良性互动，是社会诚信体系构建的“推进器”。历史和现实经验告诉我们，劳资关系的和谐稳定事关整体和谐社会的构建，保障劳动者拒绝权和举报权可以避免失范行为的蔓延。劳动者忠实义务理论的塑造和践行有助于预防社会矛盾的产生、激化，是社会稳定、高效运转的“减震器”。综上，劳动者忠实义务理应成为我国劳动法理论体系中重要的基础理论。它对于我们准确认识和深入研究诸如劳动法的基本原则、劳动关系的“三要素”原理[1]（特别是内容要素）、劳动法与道德的关系等一系列基本理论问题将产生至为关键的影响。

---

〔1〕 劳动关系“三要素”原理，即认定劳动关系的三个要素，根据2005年原劳动和社会保障部发布的《关于确立劳动关系有关事项的通知》，三要素分别为：一是主体要素，用人单位和劳动者符合法律、法规规定的主体资格；二是内容要素，用人单位依法制定的各项劳动规章制度适用于劳动者，劳动者受用人单位劳动管理，从事用人单位安排的有报酬的劳动；三是客体要素，劳动者提供的劳动是用人单位业务的组成部分。

第四章　劳动者忠实义务的主要内容

在义务中个人毋宁说是获得了解放。[1]

——黑格尔

劳动者忠实义务源于劳动关系的人身属性,伴随雇主的照顾义务而产生,并在实践中逐渐衍生出以服从、保密、兼职限制、竞业限制、不当言论限制义务和积极维护雇主利益的义务为代表的众多具体义务类型。所以劳动者忠实义务是一个统称的概念,从学理上对其进行具体化与类型化研究,不仅有助于对忠实义务内容的理解,也有助于法律的正确适用。但劳动者忠实义务是一种不确定的、无法穷尽列举的义务类型,随着劳动契约履行进程的发展,于个别情形要求劳动者有所作为或不作为,以维护雇主的利益。由于劳动者忠实义务随着劳动合同客观环境的变动而有所不同,很难对其内容、要件及效力作统一的体系化研究。本章选择劳动关系中最为重要的、具有代表性的几类具体义务展开研究。

第一节　劳动者服从合理指示的义务

服从义务是劳动者在劳务给付过程中服从雇主指挥监督的义务,提供劳

---

〔1〕［德］黑格尔:《法哲学原理》,范扬、张企泰译,商务印书馆1961年版,第191页。

务的时间、地点和方法,除法律、团体协约、劳动合同、规章制度有规定或有特约外,应当服从雇主的指挥监督。[1] 服从雇主指示乃劳资关系维持的第一要务,[2]与服从义务相对应的是雇主的指示权。劳动者在雇主的指挥监督之下工作,按照马克思的论述,"资本家进行监视,使劳动正常进行,使生产资料用的合乎目的,即原料不浪费,劳动工具受到爱惜,也就是使劳动工具的损坏只限于在劳动中它被使用时损耗的必要程度"[3]。劳动者服从义务是劳务给付顺利进行和劳动契约目的的实现的必要前提。为此,我国台湾地区未生效的"劳动契约法"第 10 条[4]明确规定了劳动者的服从义务;《瑞士债务法》第 321d 条明确规定了雇主的指示权和劳动者的服从义务:"雇用人就其营业或家庭中需要受雇人执行的事务或实施的行为,得作出一般性安排或特定指示。受雇人应依诚实信用,服从雇用人所作出的一般性安排和特定指示。"[5]也有学者认为,服从义务建立在统治关系之下,是过去封建时代的残留,不再符合当代对劳动者关系的理解。[6] 但笔者赞同黄越钦教授的观点,"受雇人为雇用人服劳务,而无服从雇用人指示义务始为不可思议"。[7] 在普通法上,雇员有义务遵守合法、合理的命令是雇佣合同中最重要的理念,该理念实质上反映了法院对雇主管理权和雇佣关系中固有从属关系的认可,是忠实义务的一个方面,雇员受雇就意味着要保证工作体系有效运行。[8] 关于劳动合同明确约定的主给付义务的履行本是应有之义,无须再强调服从,

---

[1] 参见史尚宽:《劳动法原论》,台北,正大印书馆 1978 年版,第 24 页。

[2] 参见陈继盛:《劳动学导论》,台湾"劳动学会"2014 年版,第 199 页。

[3] [德]马克思:《资本论》(第 1 卷),中共中央马克思恩格斯列宁斯大林著作编译局译,人民出版社 2004 年版,第 216 页。

[4] 我国台湾地区"劳动契约法"(未生效)第 10 条规定:"劳动者应依雇方或其代理人之指示,为劳动之给付。但指示有违法、不道德或过于有害健康者,不在此限。"

[5] 《瑞士债务法》,戴永盛译,中国政法大学出版社 2016 年版,第 121 页。

[6] 德国学者金特·维泽(Günther Wiese)持此观点,我国劳动法的相关著作中也鲜少论及劳动者服从义务。参见林佳和:《劳动关系的公益与私益冲突?——从德国劳工忠诚义务的演进轨迹谈起》,载高雄大学政治法律学系主编:《公益揭发——职场伦理新趋势》,高雄,巨流图书股份有限公司 2010 年版,第 92 页。

[7] 黄越钦:《劳动法新论》,中国政法大学出版社 2003 年版,第 144 页。

[8] 参见[英]史蒂芬·哈迪:《英国劳动法与劳资关系》,陈融译,商务印书馆 2012 年版,第 118 ~ 119 页。

劳动者不履行就构成了根本性违约,此处讨论的主要是劳动合同履行过程中产生的,辅助主给付义务实现的附随义务,或者为合同目的实现的必要的雇主指示。黑格尔在《精神哲学》中认为承认与服从是一般伦理法则,利己主义和利他主义的历史鸿沟因此而消除。[1] 但受雇人之服从义务,在本质上,仅限于劳务给付,也就是服从的范围以劳动关系的目的为限,在超越劳动关系范围以外的事情以及工作时间外,受雇人并无服从的义务。

一、劳动者服从义务的范围限于劳动关系的目的

劳动者按照雇主的指示提供劳务是劳动合同的重要特征之一。缔结劳动合同之后,劳动者被纳入雇主组织,遵从雇主指示应当是忠实义务和职业伦理的必然要求。作为继续性契约,劳动合同在本质上具有不断产生契约附随义务的特征,雇主对劳动者给付有权作具体化的要求。法律、集体合同、劳动合同和劳资惯例中包含的是对劳动者义务的一般性规定,还需要在具体个案中付诸实施。而且现代工作的复杂性决定了,这种一般性规定也只能涵盖劳资关系中某些原则性内容,对于某些具体事项可能根本无法涉及。这些“空白领域”和漏洞需要雇主运用指示权进行填补。在德国,雇主指示权有法律的明文规定,《营业条例》第 106 条规定了雇主有权决定劳动给付的内容、地点和时间,并将雇主指示权扩展到劳动者在企业中与劳动相关的行为上。[2] 原则上,除法律、集体合同或者劳动合同有例外约定的,劳动者理应按照雇主的指示完成工作,没有正当理由不得拒绝执行。因此,法律、集体合同、劳动合同等明确规定的,实际上是一些例外情形,在这些规定之外的广阔领域,原则上都属于雇主指示权覆盖范围。例如,根据我国《劳动法》第 3 条第 2 款规定,劳动者应遵守安全规程、劳动纪律和职业道德,完成工作任务,其中安全规程和劳动纪律往往存在于雇主规章制度和劳动合同之中,是雇主指示的表现形式之一。劳动者服从义务以工作任务的完成为目的,或者说服

---

[1] 参见张君平:《黑格尔人学思想研究》,知识产权出版社 2015 年版,第 98 页。

[2] 参见[德]沃尔夫冈·多伊普勒:《德国劳动法》,王倩译,上海人民出版社 2016 年版,第 167 页。

从义务的界限在于劳动合同目的的实现。

雇主指示权根源于劳动合同,但是劳动合同关系并不能消除劳动关系中一个人服从另一个人的事实。[1] 关于雇主指示权的范围,可以包括对工作的安排,以及工作的程序和方法;关于雇主指示的方式,既可以是口头的,也可以是书面的合同、规章制度、工作惯例等;既可以表现为针对某一劳动者的单个指示,也可以是针对特定群体的统一要求的形式。从劳动法发展演进的历史来看,截至目前,劳动法的发展史就是一部劳动者的解放史,劳动者所受约束越来越少,雇主的指示权受到更多更严格的限制,这是人类社会的巨大进步。但是必要的服从还是需要的,一个社会的正常运转和组织生产经营秩序的维护都需要起码的服从义务。只不过现代社会劳动者服从义务的范围和程度要受契约目的与法律规定、劳资共决制度[2]和生产过程本身的限制。

作为劳动合同的附随义务,服从义务的主要目的是辅助劳动关系目的的实现,原则上限于与劳动合同主给付义务相关联的范围,否则越界就可能构成对劳动者自由权的违法限制。雇主的指示权应以劳务给付的具体化为必要,且以劳动合同本旨实现为限,超越此范围而涉及劳动条件的,就不再属于雇主的指示权范围。劳动关系的从属性以劳务给付的具体化为其界限,雇主超出劳务给付范围外的指示,明显欠缺法理上的妥当性。[3] 例如,雇主在超越工作时间和工作场所以外所作的指示,劳动者通常并无服从义务。在英国,近年来的一些案件认为,只有当雇员的不服从行为足以构成对合同的预期违反时,雇主才能行使解雇权。[4] 当然,在一些极为特殊的情况下,如前所述,劳动者的企业外行为与劳务给付直接相关,或者可能影响到雇主的重大利益,由此也产生了服从雇主指示的必要性。

---

〔1〕 参见[德]沃尔夫冈・多伊普勒:《德国劳动法》,王倩译,上海人民出版社 2016 年版,第 168 页。

〔2〕 社会事务方面的劳资共决权构成了《德国企业组织法》的核心,涉及企业秩序与劳动者在企业中的行为规范等广泛的内容。我国目前并未建立相关制度。参见[德]沃尔夫冈・多伊普勒:《德国劳动法》,王倩译,上海人民出版社 2016 年版,第 90 页。

〔3〕 参见黄越钦:《劳动法新论》,中国政法大学出版社 2003 年版,第 146 页。

〔4〕 参见[英]史蒂芬・哈迪:《英国劳动法与劳资关系》,陈融译,商务印书馆 2012 年版,第 119 页。

二、劳动者服从义务的程度限于合法合理的指示

由于劳动者是劳动关系中弱势的、具有依赖性的一方,所以法律制度必须防范雇主滥用指示权侵犯劳动者的权利,必须对劳动者服从义务设定若干条件。例如,我国《劳动法》第56条和《安全生产法》第51条赋予了劳动者拒绝执行用人单位或其管理人员违章指挥、强令冒险作业指示的权利。《劳动合同法》第88条虽然没有明确赋予劳动者拒绝服从的权利,但规定了用人单位违章指挥、强令冒险作业危及劳动者人身安全的应该承担法律责任。劳动合同履行中,劳动者往往具有一定的自主性和独立性,劳动者对于约定的工作内容和雇主的指示可以提出不同的意见或建议,雇主也不得仅仅因劳动者提出不同意见而认为其违反忠实义务。对于在组织内担任一定职务的人员或专业技术人员,如经理、会计、医生、律师等,其具体业务的执行,不仅要受到法律的规范,更要遵守该专业领域公认的行为规范和职业伦理,雇主指示权显然需要尊重上述执业规范。〔1〕 关于什么是合理的命令,英国一系列判例发展出了不合理命令的判断标准:命令雇员进入一种邻近危险的状态或者命令雇员实施违法行为,都属于不合理的命令。〔2〕 我国台湾地区未生效的"劳动契约法"第10条规定了违法、不道德或过于有害健康的命令属于不合理的指示。

首先,对于雇主不合法的指示,劳动者可以拒绝执行。遵守法律是每一个公民的义务,劳动者与雇主也不能例外。在劳动关系中,雇主不仅有义务遵守法律,也需要遵守集体合同和劳动合同的约定。例如,我国《职业病防治法》第33条〔3〕规定了雇主告知职业病危害、后果、防护措施和待遇的义务,

---

〔1〕 参见潘峰:《劳动合同附随义务研究》,中国法制出版社2010年版,第113~114页。

〔2〕 参见《劳动法》,甘勇译,武汉大学出版社2003年版,第21~30页。

〔3〕 我国《职业病防治法》第33条规定:"用人单位与劳动者订立劳动合同(含聘用合同,下同)时,应当将工作过程中可能产生的职业病危害及其后果、职业病防护措施和待遇等如实告知劳动者,并在劳动合同中写明,不得隐瞒或者欺骗。劳动者在已订立劳动合同期间因工作岗位或者工作内容变更,从事与所订立劳动合同中未告知的存在职业病危害的作业时,用人单位应当依照前款规定,向劳动者履行如实告知的义务,并协商变更原劳动合同相关条款。用人单位违反前两款规定的,劳动者有权拒绝从事存在职业病危害的作业,用人单位不得因此解除与劳动者所订立的劳动合同。"

如果雇主违反告知义务,劳动者具有法定的拒绝执行权,且雇主不得解除劳动合同或给予不利益待遇。在德国,企业职工委员会参与决策是一大特色,《企业组织法》第87条第1款涵盖了从加班安排到计薪原则的确定等一系列事项,在这些问题上雇主必须和企业职工委员会共同决定,不能一意孤行。其中第1项是关于企业秩序与劳动者在企业中的行为规范的问题,如果雇主通过统一的、涉及多个劳动者的指令来行使指示权,比如在企业内实施禁烟令,那么企业职工委员会拥有强有力的话语权;如果雇主的决策是针对单个雇员作出的,那么企业职工委员会无法介入。因此,违反《企业组织法》,未经共同决定的指示,劳动者也有权拒绝执行。雇主行使指示权,如果导致劳动条件恶化,则被认为违反了劳动合同,劳动者也可以拒绝服从,因为劳动条件是劳务给付的基础,而非给付本身,不属于雇主指示权的范围。[1] 例如,雇主享有根据企业经营需要调动工作岗位的权利,但是将劳动者调动到薪酬水平更低的工作岗位,或者保持薪酬水平,变相安排劳动者从事等级更低的工作,视为劳动合同指示权的滥用。除非劳动合同以合法的方式赋予雇主如此行事的可能,否则雇主只能把劳动者调动到同等或者更高水平的工作岗位。

其次,对于雇主不合理的指示,劳动者有权拒绝服从。雇主有权领导和分配工作,但对劳动者提出的工作要求必须是合理的。并且,当与更高层次的利益存在冲突时,劳动者可以拒绝执行。雇主行使指示权必须符合公平原则。[2] 综合考虑到劳动者的能力、专业和迄今为止的工作经历、业绩,雇主的指挥命令不能基于与工作无关的动机,存在多种选择可能的,应当选择对劳动者产生不良影响最小的措施。但雇主指示权是否合理,并不能直接从合同条款得出结论,必须结合个案具体情况加以认定。从英国的判例来看,涉及雇主对劳动者提出超时间工作或调动工作岗位的指示,法院以一种灵活的方式解释所谓"合理的指示",即使是雇佣合同对此没有约定。此外,劳动者

---

〔1〕 参见黄越钦:《劳动法新论》,中国政法大学出版社2003年版,第146页。

〔2〕 参见[德]沃尔夫冈·多伊普勒:《德国劳动法》,王倩译,上海人民出版社2016年版,第168页。

服从义务受到生产过程本身的限制。[1] 生产过程本身决定了不能完全通过等级结构来管理，比如有的工作需要具备特殊技能，而上司可能对此一无所知，所以劳动者并不是简单的服从就可完成工作。例如，医生、工程师等很多专业工作者。还有些工作本身就赋予了劳动者一定的自主决定的空间，即使上司具备相应的专业知识与能力，也难以通过命令排除其自主性，例如教师的主观倾向。而且，在组织运转或生产过程中都存在非正式的合作方式，某些工作流程无须雇主的指示命令，这种越过等级管理的平行交流被称为“等级制度危机”。现代管理学的研究也表明，传统命令服从式的等级管理并不利于调动员工的主动性和积极性，而员工积极性又直接影响到劳动生产率。科学技术的进步导致越来越多的工作具有专业性，依赖员工较高的独立判断和工作热情，员工满意度不高，感觉待遇不好或者没有受到尊重，就不能激发其独立性和工作热情，这绝对不是雇主和上司愿意看到的局面。社会观念也在逐渐转变，体面劳动逐渐深入人心，越来越多的劳动者开始注重工作环境和氛围，不再为了保住工作而盲目服从。员工希望能够实现自我，希望能够得到尊重和获得感，所以，雇主及其管理人员应该更新管理理念，通过企业文化的熏染，注重团队合作，制定并带头遵守管理准则。通过企业愿景、使命、价值观维系劳动者忠实，雇主减少直接使用指示权来发号施令，用这些更加温和的方式让劳动者主动服从于契约目的的达成。

三、劳动者拒绝执行权行使的限制

拒绝执行权是指劳动者对雇主及其代表违法或明显不合理的指示，经告知或提请重新考量后，不予执行的情形。拒绝执行权与劳动者服从义务是矛盾的，必须符合忠实义务的要求才能免除不完全履行的责任，因此劳动者行使拒绝执行权必须受到特定条件的严格限制，即使存在一些例外情形，也是极特殊的。

---

[1] 参见[德]沃尔夫冈·多伊普勒：《德国劳动法》，王倩译，上海人民出版社2016年版，第170页。

(一)实体上只限于违法或明显不合理的指示

关于雇主指示权的性质,学界通说认为属于债务履行的指导,是一种事实行为,即雇主得以命令依给付的本旨对受雇人予以指示。[1] 因此,雇主行使指示权必须合于劳务给付的本旨,超出劳务给付本旨的指示欠缺法理上的妥当性。这是从雇主行使指示权的角度提出的要求,因为雇主对劳务给付的时间、地点、方式、方法等拥有广泛的决定权。为了平衡双方的权利义务,也为了保障劳动者尊严和生命、财产安全,法律应该赋予劳动者对雇主违法和明显不合理指示的拒绝权。但为了维护雇主权威和正常的生产经营秩序,劳动者拒绝权仅限于雇主指示违法和明显不合理两种情形,而不仅仅是错误。即使雇主的指示可能存在错误,但尚未达到违法或明显不合理的程度,劳动者基于忠实义务可以提醒雇主重新考量,但如果雇主"一意孤行",劳动者仍应不折不扣地执行指令。理论上这里存在一个"缓冲地带",即不合于劳务给付本旨但尚未达到违法或不合理的指示,由于没有威胁到劳动者尊严、生命、财产安全等法益,法律将这一判断的权利交由雇主行使。因为这属于雇主经营自主权的范畴,也是维持雇主权威和保持现代市场经济灵活性的要求。

当然,正如本书第三章第四节所述,劳动者对雇主或上司指示的合法性与合理性的判断,只要是出于合理相信的初步判断或基于专业的判断即可,雇主或上司负有证明指示合法性与合理性的义务。基于劳动者与雇主经济、社会地位的悬殊和经营管理知识、信息获取渠道的差异,如果要求劳动者详细证明雇主指示违法或不合理的依据、程度、范围,则无异于提出不可能达致的条件而使拒绝执行权难以付诸实践。因此,出于尊重雇主经营管理权和保障劳动拒绝执行权的实际实施,程序上应当保障劳动者与雇主或上司进行沟通。

(二)程序上要求劳动者先提请雇主或上司重新考量

当雇主或上司的指示可能存在违法或明显不合理的情形时,劳动者是否

---

〔1〕 参见黄越钦:《劳动法新论》,中国政法大学出版社 2003 年版,第 144～146 页。

可以径行决定不予执行呢？笔者认为，为了保证雇主高效、灵活地应对市场风云变幻，和尊重雇主经营决策判断的专业性，劳动者应该先提请雇主或上司重新考量其指示的合法性与合理性，并提出自己的合理化建议。这也是劳动者理性忠实的表现。具体而言，对指示合法性与合理性的综合判断应由雇主或上司来完成，如果雇主或上司依然一意孤行，且劳动者合理地相信该指示是违法或明显不合理的，才可以拒绝执行并告知雇主。之所以作出这样的安排，是基于这样的考量，现代的市场环境和经营实践愈加复杂，劳动者的判断也存在失误的可能，经过提请重新考量的沟通过程，可以使误判降低到最低程度。即使出现误判，雇主或上司也有了劳动者可能拒绝执行的合理预期，能够及时采取补救或替代措施。

第二节　劳动者兼职限制义务研究

兼职是指在特定时期，劳动者同时受雇于两个以上雇主，从事双重或多重获取报酬的职业劳动。劳动者兼职最为典型的形式就是双重或多重劳动关系。[1] 传统的劳动法理论不承认双重或多重劳动关系，很多企业的规章制度也禁止劳动者兼职。但是，随着社会经济的发展和劳动关系的多样化，特别是非全日制工作增多和全日制工时的缩短，禁止兼职的合法性就受到了质疑。现代社会兼职现象并不鲜见，科研人员和大学教师兼职较为普遍。严格意义上，劳动者兼职被认为与其负担的忠实义务存在冲突。[2] 劳动者应忠实维护雇主利益，按照劳动合同的约定履行义务、完成工作任务，不得从事可能损害雇主利益的活动。根据忠实义务合理限度的要求，劳动者只在合同规定的时间内负有给付劳务的义务，其原则上可以自由支配约定之外的时间，雇主也不应过度干涉劳动者的自由。除非兼职可能影响到雇主的经营秩序、对雇主利益或信誉带来不当损害，或者可能对劳动力的提供造成阻碍，此

---

〔1〕 关于劳动者兼职与双重劳动关系的区别，双重劳动关系中前后两个关系都符合劳动关系构成要件；劳动者兼职中后一个只要是有报酬的职业劳动即可，既可以构成劳动关系，也可以只是劳务关系。

〔2〕 参见黎建飞：《劳动与社会保障法教程》，中国人民大学出版社2013年版，第53页。

时兼职才是应该被禁止的。[1] 因此,劳动者兼职的前提是能够完全履行现有劳动合同义务,不因兼职而妨碍在先成立劳动合同义务的履行。德国法上,劳动者兼职在原则上是被认可的,除非劳动力已经被完全使用,劳动法上的界限在于"主要劳动关系"可能产生的竞业限制与不妨碍"主要劳动关系"中的劳动给付义务。[2] 法国最高法院社会法庭于2000年7月11日的一则判例中明确提出,在非全日制劳动合同中约定禁止兼职的条款无效。[3] 我国先后制定的《劳动法》和《劳动合同法》也没有禁止劳动者兼职,而且在有限的范围内承认了双重或多重劳动关系。但这并不意味着法律对劳动者兼职没有任何限制,因为劳动者兼职不仅涉及忠实义务和劳动合同的履行,还涉及竞业限制、商业秘密保护和不正当竞争的问题。有学者认为,劳动者忠实义务本身并不一定排斥劳动者兼职,它与劳动者合法的兼职并不矛盾,只要劳动者兼职的雇主不与原雇主具有竞争性,就不构成对忠实义务的违反。[4] 因此,本节根据兼职是否与原雇主形成竞争,将劳动者兼职分为竞争性兼职与非竞争性兼职进行讨论。

一、劳动者竞争性兼职的禁止

根据劳动者忠实义务的要求,合同履行期间,劳动者应积极增进雇主利益,不与雇主进行任何形式的竞争。因此,劳动者与雇主之间的劳动关系具有排他性,劳动者原则上只能与一个雇主建立劳动关系,雇主原则上也不得与已经存在劳动关系的劳动者签订劳动合同、建立劳动关系。按照《劳动法》第99条和《劳动合同法》第91条[5]的规定,与尚未解除劳动合同的劳动

---

[1] 参见田思路、贾秀芬:《日本劳动法研究》,中国社会科学出版社2013年版,第138页。

[2] 参见[德]W. 杜茨:《劳动法》,张国文译,法律出版社2005年版,第56页。

[3] 参见郑爱青:《法国劳动合同法概要》,光明日报出版社2010年版,第86页。

[4] 参见郑爱青:《从英法劳动法判例看劳动法上的忠实义务与竞业限制条款——对我国〈劳动合同法〉规范竞业限制行为的思考和建议》,载《法学家》2006年第2期。

[5] 《劳动法》第99条规定:"用人单位招用尚未解除劳动合同的劳动者,对原用人单位造成经济损失的,该用人单位应当依法承担连带赔偿责任。"《劳动合同法》第91条规定:"用人单位招用与其他用人单位尚未解除或者终止劳动合同的劳动者,给其他用人单位造成损失的,应当承担连带赔偿责任。"

者建立劳动关系，新雇主不仅要承担疏于审查的责任；如果对原雇主造成经济损失，还要与劳动者承担连带赔偿责任。法律之所以作出这样的规定，是基于劳动关系具有人身性的本质属性，以及维护劳资之间的信赖关系。如有竞业情形，就是违法兼职，构成“不法劳动”。[1] 虽然英国法上并没有禁止受雇者从事兼职劳动，但是故意且秘密地为雇主的竞争对手工作，可能对雇主的业务造成严重妨碍的，无疑属于违反忠实义务的行为。按照英国法院对此类案件的判决，通常会视受雇者本身的资历而定，资深的专业受雇者在这方面所受的限制，显然要较不具有专业技能的普通受雇者多。[2] 《瑞士债务法》第 321a 条也明确规定了劳动关系存续期间，劳动者因负有忠实义务，不得为第三人从事有偿工作，特别是，不得为与雇主有竞争关系的第三人从事有偿工作。[3]

由此可见，各国法律对劳动者到有竞争关系的第三人处兼职都进行了特别限制。为有竞争关系的第三人工作本身属于在职竞业的行为之一，严重违反了劳动者忠实义务，且存在泄露营业秘密的可能，轻则可能影响本单位工作的完成，构成违约；重则可能影响竞争秩序，危害社会公共利益。劳动者竞争性的兼职属于“违法兼职”。为此《劳动合同法》第 39 条赋予雇主惩戒解雇的权利，即雇主可以单方解除劳动合同。对于“竞争性”的解释和判断应结合劳动者工作性质、岗位职责、原雇主经营范围和兼职雇主的经营范围综合认定。例如，劳动者从事的工作具有知识性、技术性或身处管理型岗位，可能涉及雇主的营业秘密或重要经营信息，劳动者在兼职过程中可能利用从原雇主处获得的信息，有减损原雇主利益之虞。具有上述情形的劳动者，对于原雇主的营业具有至关重要的影响，无论全日制劳动者还是非全日制劳动者都不得从事竞争性的兼职。

---

〔1〕 参见黄越钦：《劳动法新论》，中国政法大学出版社 2003 年版，第 175 页。

〔2〕 参见焦兴凯：《重要英美法系国家对受雇者竞业禁止规范之研究》，载《万国法律》2003 年第 131 期。

〔3〕 参见《瑞士债务法》，戴永盛译，中国政法大学出版社 2016 年版，第 120 页。

二、劳动者非竞争性兼职的默示许可与限制

尽管全日制雇佣仍然是劳动力市场的主流,但劳动者兼职的确变得越来越常见。人们对于劳动者非竞争性兼职已经习以为常,改变了过去那种“一人一职”的观念,劳动法理论也与时俱进,劳动者忠实义务是为了维系劳资信赖,法律对劳动者竞争性的兼职予以禁止具有正当性,但非竞争性的兼职只要符合特定要件,能够合理控制兼职的不利影响,就无损于劳资信赖,也不构成劳动者对忠实义务的违反。合理的兼职制度可以成为传统劳动关系的有益补充,对劳动者、雇主和社会都有积极意义,也符合社会多元化发展的要求。从我国现行法律规范来看,法律既没有完全禁止劳动者兼职,又规定了违法兼职的法律后果,可以视为法律对劳动者非竞争性兼职的默示许可。我国台湾地区颁布于民国时期但尚未施行的“劳动契约法”第 8 条规定:“劳动者于劳动契约期满前,未经雇方同意,不得与第三人订立劳动契约,但无损于原契约之履行者,不在此限。”如果劳动合同没有特别约定,劳动者原则上可以在不减损其劳动力的情形下进行兼职。[1]

(一)劳动者兼职是否影响本职工作完成的判断

非竞争性兼职是否违反忠实义务和劳动合同履行,以兼职行为是否减损劳动力,及对完成本职工作的影响程度为判断标准。根据我国《劳动合同法》第 69 条第 2 款[2]规定,不影响先订立劳动合同履行的情形下,劳动者可以与一个或一个以上雇主订立劳动合同。这一规定肯定了非全日制劳动者兼职的合法性,但对全日制劳动者的兼职则没有作出规定。《劳动合同法》第 39 条[3]对两种情形的兼职赋予雇主解除劳动合同的权利。第一种情形是劳动者兼职对完成本职工作有严重影响的,此种情形雇主可以适用通常作

---

[1] 参见黄越钦:《劳动法新论》,中国政法大学出版社 2003 年版,第 87 页。

[2] 《劳动合同法》第 69 条第 2 款规定:“从事非全日制用工的劳动者可以与一个或者一个以上用人单位订立劳动合同;但是,后订立的劳动合同不得影响先订立的劳动合同的履行。”

[3] 《劳动合同法》第 39 条规定:“劳动者有下列情形之一的,用人单位可以解除劳动合同:……(四)劳动者同时与其他用人单位建立劳动关系,对完成本单位的工作任务造成严重影响,或者经用人单位提出,拒不改正的……”

为“最后手段”的惩戒性解雇,因为严重影响本职工作完成属于严重违反忠实义务和劳动合同的行为。雇主雇佣劳动者是为了获得高质量的、完全的劳动给付,除劳动合同有特别约定外,劳动者有义务提供没有任何瑕疵的劳动。严重影响本职工作完成和劳动合同履行的兼职可能构成给付不能的,也属于违法兼职。这里涉及对“严重影响”的解释问题,劳动者在外兼职对完成本职工作有严重影响无外乎两种可能,一是与雇主构成竞争的兼职,这种可能已如前述;二是劳动力减损可能严重影响合同履行,有损害雇主利益之虞。在澳大利亚,兼职工作将明显影响为主要雇主工作的能力的,例如,兼职工作必须彻夜工作而无法胜任主要工作,则是不允许的。[1] 雇主对于劳动力减损是否严重影响劳动合同履行的判断,因涉及劳动者劳动权的实现和公平的劳动秩序,需要接受仲裁、司法机关的最终审查。第二种情形是对本职工作没有影响,或者影响轻微的兼职,雇主提出后劳动者拒不改正的。显然,这一规定赋予了雇主阻止劳动者在外兼职的自主决定权,即使是没有影响或影响轻微的兼职,一旦雇主提出劳动者拒不改正的,雇主就有权解除劳动合同。《劳动合同法》没有遵循对劳动力减损是否影响合同履行进行判断的一贯逻辑,可能造成雇主对单方解除劳动合同权利的滥用。

劳动者兼职涉及的关系是非常复杂的,劳动力减损是否足以影响本职工作完成也需要进行个案判断。现行法律和司法实践中主要根据工作时间进行判断。国务院办公厅1988年曾经转发原国家科委《关于科技人员业余兼职若干问题的意见》,对科技人员符合条件的业余兼职予以认可。首先,兼职必须以完成本职工作为前提;其次,兼职不得侵犯本单位技术权益、经济利益。为保证本职工作的完成,意见通过规定工作时间的方式对兼职予以规范:实施8小时工作制的,业余兼职必须在本职工作时间之外从事;不实施8小时工作制的,必须在完成本职工作任务的情况下方能从事业余兼职。原劳动和社会保障部于2003年发布的《关于非全日制用工若干问题的意见》中,

---

[1] 参见焦兴凯:《重要英美法系国家对受雇者竞业禁止规范之研究》,载《万国法律》2003年第131期。

也对双重劳动关系予以认可，即允许劳动者与两个以上的雇主建立劳动关系，但对其工作时间进行严格限制，劳动者为同一雇主的工作时间平均每日不得超过5小时，并且每周工作时间累计不得超过30小时。《劳动合同法》对非全日制劳动者为同一个雇主工作的时间进一步限定为每日不超过4小时，并且每周累计不超过24小时。在比较法上，日本规定了三种可以兼职的情形，一是兼职时间与本职工作时间不冲突；二是兼职不影响本职工作完成；三是兼职时间不超过3个月。[1] 德国被允许的兼职只有在非全日制劳动时才能进行，法律对兼职的禁止性规定有超过允许的最高工时、利用度假从事兼职劳动和从事非法劳动。[2] 可见，各国惯例对于劳动能力减少主要通过工作时间判断，将该标准完全适用于脑力劳动是否合理，值得进一步探讨。

劳动法上工时制度的立法目的主要就是保证劳动者劳动力的恢复与可持续使用，兼职劳动的工作时间也应执行《劳动法》的工时制度，即每日工作不超8小时，平均每周工作时间不超44小时。[3] 如果劳动者本职工作加兼职工作的时间超过劳动法的工时制度，超过合理工作时间，可以视为劳动力减损可能影响本职工作完成；在合理工作时间之内的，则视为劳动力减损对完成本职工作没有影响。劳动者的劳动权和休息权不仅涉及劳动者自身利益，也涉及社会公共利益，雇主无权阻止劳动力的充分使用，劳动者也不能随意放弃休息权。劳动基准工时制度之内的兼职属于“合理兼职”，因对劳动者完成本职工作没有影响，雇主应当容忍劳动者的兼职行为。劳动力具有不能储存和延期使用的特性，既然本职工作的雇主没有充分使用，劳动者就有权合理使用，否则也是对社会生产力的极大浪费。对于超过劳动基准工时制度的兼职，劳动力的减损可能影响劳动合同的完全履行，在未达到严重影响本职工作完成的情形下属于“不当兼职”，可能构成瑕疵给付，雇主有是否阻止劳动者兼职的自主决定权，对于雇主提出的，劳动者应予改正。但惩戒解

---

〔1〕 参见秦花香、刘胜红：《科技人员业余兼职及其法律依据的认识》，载《行政与法》2002年第10期。

〔2〕 参见［德］W. 杜茨：《劳动法》，张国文译，法律出版社2005年版，第56页。

〔3〕 《劳动法》第36条规定：“国家实行劳动者每日工作时间不超过八小时、平均每周工作时间不超过四十四小时的工时制度。”

雇是否适当值得讨论,毕竟雇主解除劳动合同理应受到严格限制,包括解除事由的限制和解除程序的限制。其中解除事由的限制要符合比例原则和解雇最终手段原则,对于有轻微影响的兼职未能按照雇主意见改正的,应视为违反服从义务而优先选择内部惩戒进行处理。

当然,工时只是劳动者兼职对完成本职工作影响的最为基本的判断,具体个案还需根据职业特点、岗位职责、是否影响职场秩序、对提供劳动力的影响等进行综合判断。通过上述分析基本可以得出,劳动合同没有明确约定禁止兼职,视为对不影响本职工作的非竞争性兼职行为的默示许可。

(二)劳动者兼职的如实告知义务

按照前述违法性兼职、不当兼职与合理兼职的逻辑,我们继续看劳动者兼职中的告知义务。雇主招用已经存在劳动关系的劳动者,可能承担违反《劳动法》第 99 条的法律责任,因此雇主在招用环节享有劳动者是否解除已有劳动关系的知情权。雇主招用尚未解除劳动合同的劳动者,如为原雇主造成损害,应当承担赔偿责任,但以明知或疏于考察为前提条件。根据《劳动合同法》第 8 条的规定,劳动者负有如实告知后雇主的义务,否则应承担相应的法律责任。[1] 如果劳动者隐瞒兼职情况构成欺诈的情形,雇主可以申请依据《劳动合同法》第 26 条的规定确认劳动合同无效。我国台湾地区"劳动契约法"第 8 条第 2 款规定,劳动者违反规定兼职的,后约无效,后约雇主不知情的可以请求劳动者不履行劳动合同所生的损害。由此可见,相对于后约雇主来说,劳动者负担的是一种被动告知义务,只有当雇主主动询问时,劳动者没有如实说明或积极隐瞒的,才可能构成欺诈性隐瞒。因雇主未主动询问,而劳动者也没有主动告知的,此等情况下的沉默不属于欺诈性隐瞒。

关于劳动者兼职是否负有义务向前雇主告知的问题,则需要分别讨论。在可能存在违法兼职的情形,包括竞争性兼职和严重影响本职工作完成的兼职,因存在违反忠实义务的可能,劳动者应主动停止兼职活动或者告知雇主,

---

[1] 《劳动合同法》第 8 条规定:"……用人单位有权了解劳动者与劳动合同直接相关的基本情况,劳动者应当如实说明。"

倘若征得雇主同意的，则可以豁免其违法兼职的责任。在合理兼职或可能存在不当兼职的情形中，劳动者并没有主动告知的义务，因为其兼职行为并未达到严重违反忠实义务，未影响到雇主的利益，尚且属于劳动者行动自由和雇主容忍义务的范畴。

（三）特定职业、特定主体的兼职限制

法律出于维护公共利益或者特定行业、特定职业规范的考量，可以对某些行业和特定主体的兼职行为作出限制。这些兼职禁止的规范都属于强制性规范，当事人不能通过合意予以变更或排除适用。劳动者违反禁止性规定的，应当认定在后签订的劳动合同无效。例如，我国《律师法》第 10 条规定了律师只能在一个律师事务所执业；《注册会计师法》第 22 条规定了注册会计师不得同时在两个或者两个以上的会计师事务所执业；2014 年《关于推进和规范医师多点执业的若干意见》允许临床、口腔和中医类别医师多点执业，并对多点执业医师的资格条件作出规定。此外，特殊行业中存在的专属雇佣，即雇主与劳动者在平等、自愿协商的基础上，基于行业的特殊性在劳动合同中约定劳动者在职期间不得到其他任何雇主处兼职。在演艺行业、体育行业，专属雇佣非常普遍。以职业运动员为例，运动员在培养训练、劳动能力和人格商品化方面都具有特殊性，雇主往往在运动员培养训练和能力形成、保持方面投入巨大，优秀运动员的可替代性非常低，而且能为雇主带来人格商品化的利用收益。[1] 我国台湾地区“最高法院”曾经于 1998 年台上字第 43 号判决中作过经典论证：“宪法”虽然规定人民的生存权和工作权应予保障，但人民的工作权并非绝对权利，演艺人员的经纪人鉴于艺人须长期培训及投资，因而在经纪契约中限制演艺人员在一定期间不得从事与其经纪活动范围相冲突的表演活动，即使逾越合理的范围，既然有契约当事人的同意，其与“宪法”保障人民工作权的精神并不相悖，也难谓违背其他强制性规定，而且无关公共秩序，自非无效。[2] 因此，专属雇佣的劳动者不能兼职，否则其兼

---

〔1〕 参见李宗辉：《职业运动员转会中的法律问题探析》，载《天津体育学院学报》2015 年第 4 期。

〔2〕 参见台湾“劳动法学会”编：《“劳动基准法”释义——施行二十年之回顾与展望》，台北，新学林出版股份有限公司 2005 年第 2 版，第 113 页。

职行为不仅可能违反合同,而且构成竞争性兼职。

综上,劳动者兼职是否违反忠实义务,应根据个案情形进行判断。可能构成竞争性的兼职和严重影响本职工作的兼职是违反忠实义务的违法兼职;但非竞争性的合理兼职和不当兼职,则属于一种默示许可的兼职,只要劳动合同和企业规章制度没有明确限制,属于劳动者自由行为的范畴。

第三节　劳动者保密义务研究

劳动者保密义务,是指劳动关系存续期间,除为更高位阶的利益如社会公共利益、劳动者生命健康之外,劳动者不得以任何方式泄露雇主生产经营中产生的以商业秘密为主体的秘密信息而损害雇主利益,或在离职后,根据约定保守雇主商业秘密的义务。秘密信息是一种被视为具有一定经济价值的信息,涵盖科学、信息技术、金融、证券等众多领域和生产经营的各个环节。在当今后工业化和信息化时代中,以商业秘密为主体的秘密信息已然成为企业在激烈的商业竞争中获得并保持竞争优势的秘密武器。其中,商业秘密已经成为知识产权的重要内容,与专利权、著作权和商标权等知识产权的保护形式互为补充。但与其他知识产权保护形式不同的是,商业秘密的关键就在于其不为公众所知悉,只有能够保障秘密性的相关人员所知悉,其价值就体现在信息的稀缺和不公开,需要采取多种保密措施进行保护。[1] 因此,商业秘密的保护成本往往比较高,一旦泄露或者被他人利用具有不可控性,给权利人带来的损失也是不可估量的。

秘密信息保护在劳动关系领域更具迫切性,这是由劳动合同的从属性特征和秘密信息自身性质共同决定的。由于劳动关系的从属性,劳动者完全被纳入雇主经济组织与生产结构内[2],不可避免会接触或知悉雇主的生产经营秘密。雇主虽然会运用各种保密措施,尽力降低参与营业以外的人非法窃取或使用秘密信息的概率,但对于组织内部成员且必须给予信赖的劳动者来

〔1〕 参见李仪、苟正金:《商业秘密保护法》,北京大学出版社 2017 年版,第 47 页。

〔2〕 参见黄越钦:《劳动法新论》,中国政法大学出版社 2003 年版,第 94～96 页。

说,这种可能性的避免是格外困难的。为此,2017 年 11 月 4 日我国《反不正当竞争法》修订时,对员工泄密予以了特别关注。[1] 在劳动关系存续期间,劳动者既可能是秘密信息的接受者,也可能是秘密信息的创造者,其获得秘密信息的渠道也非常广泛,雇主、同事、客户等都可能成为信息来源。劳动者不当使用生产经营秘密,甚至以此牟利或与雇主展开竞业,显然属于违背忠实义务的行为,不仅破坏了劳雇之间的相互信赖关系,也严重违背了诚实信用的交易规则,破坏市场竞争秩序,从而损害社会公共利益。但从反面观之,有些生产经营秘密构成了劳动者赖以求职谋生的知识、技能和经验的累积,过度扩张对雇主秘密信息的保护,特别是商业秘密的保护,可能影响劳动者的生存权和发展权。因此,平衡雇主营业秘密的正当利益与劳动者生存、发展权益是忠实义务的重要内容。

一、保密信息范围的界定

随着科学技术的进步,秘密信息在现代企业竞争中扮演着越来越重要的角色,很多企业能在市场竞争中取得并保有领先优势,往往凭借专有知识产权的优势。例如,大家耳熟能详的可口可乐,其配方与制程除家族内的人外,并无他人知晓,且公司方面也会侧重严防员工窃密事件的发生;又如,被我国列为国家一级中药保护品种的"云南白药",曾经广受药理与毒性的质疑,2002 年美国药品管理局曾命令其公布部分配方,然而对其剂量调配与制作

---

〔1〕 1993 年 9 月 2 日通过的《反不正当竞争法》第 10 条规定:"经营者不得采用下列手段侵犯商业秘密:(一)以盗窃、利诱、胁迫或者其他不正当手段获取权利人的商业秘密;(二)披露、使用或者允许他人使用以前项手段获取的权利人的商业秘密;(三)违反约定或者违反权利人有关保守商业秘密的要求,披露、使用或者允许他人使用其所掌握的商业秘密。第三人明知或者应知前款所列违法行为,获取、使用或者披露他人的商业秘密,视为侵犯商业秘密。本条所称的商业秘密,是指不为公众所知悉、能为权利人带来经济利益、具有实用性并经权利人采取保密措施的技术信息和经营信息。"2017 年 11 月 4 日修订并通过的《反不正当竞争法》第 9 条规定:"经营者不得实施下列侵犯商业秘密的行为:(一)以盗窃、贿赂、欺诈、胁迫或者其他不正当手段获取权利人的商业秘密;(二)披露、使用或者允许他人使用以前项手段获取的权利人的商业秘密;(三)违反约定或者违反权利人有关保守商业秘密的要求,披露、使用或者允许他人使用其所掌握的商业秘密。第三人明知或者应知商业秘密权利人的员工、前员工或者其他单位、个人实施前款所列违法行为,仍获取、披露、使用或者允许他人使用该商业秘密的,视为侵犯商业秘密。本法所称的商业秘密,是指不为公众所知悉、具有商业价值并经权利人采取相应保密措施的技术信息和经营信息。"

工艺，外界至今仍只得臆测。[1] 现代知识经济是信息技术驱动型经济，生产经营过程中的各个环节都伴随着密集的信息流，法律对于保护一般信息没有兴趣，法律关注的重点在于这些信息当中不被公众所知悉，具有一定实用性且能为雇主带来经济利益的生产经营信息，即秘密信息。在划定雇主受保护的秘密信息的范围时，判别哪些秘密信息属于商业秘密，哪些秘密信息虽不属于商业秘密但属于受保护的范围，哪些信息构成劳动者的知识、技能与经验就成为关键。

（一）商业秘密与未采取保密措施的秘密信息

按照权利人是否采取了保密措施为标准，雇主的秘密信息包括了商业秘密和未采取保密措施的秘密信息，其中商业秘密构成知识产权的一种形式，是秘密信息的主体，也是法律保护的重点。根据我国《刑法》第219条关于侵犯商业秘密罪和《反不正当竞争法》第10条的规定，商业秘密是指不为公众所知悉、具有商业价值并经权利人采取相应保密措施的技术信息和经营信息。[2] 所谓未采取保密措施的秘密信息，是指生产经营过程中产生的，具有一定商业价值但不为公众所知悉，能为雇主带来一定利益，但没有采取保密措施的信息。我国《劳动法》第22条、第102条和《劳动合同法》第23条所规定的劳动者保密义务应该做广义的解释[3]，即包括了商业秘密和与知识产权相关的未采取保密措施的秘密信息。在英国判例法上，法官也对足以构成商业秘密的信息和相对不重要的信息做了区分，而且雇佣关系存续期间和雇

---

[1] 参见曾胜珍：《“我国”营业秘密法修正刍议之探讨》，载《岭东学报》2015年第38期。

[2] 《刑法》第219条之一规定：“有下列侵犯商业秘密行为之一，给商业秘密的权利人造成重大损失的，处三年以下有期徒刑或者拘役，并处或者单处罚金；造成特别严重后果的，处三年以上七年以下有期徒刑，并处罚金：（一）以盗窃、利诱、胁迫或者其他不正当手段获取权利人的商业秘密的；（二）披露、使用或者允许他人使用以前项手段获取的权利人的商业秘密的；（三）违反约定或者违反权利人有关保守商业秘密的要求，披露、使用或者允许他人使用其所掌握的商业秘密的。明知或者应知前款所列行为，获取、使用或者披露他人的商业秘密的，以侵犯商业秘密论。本条所称商业秘密，是指不为公众所知悉，能为权利人带来经济利益，具有实用性并经权利人采取保密措施的技术信息和经营信息。本条所称权利人，是指商业秘密的所有人和经商业秘密所有人许可的商业秘密使用人。”

[3] 《劳动法》第22条规定：“劳动合同当事人可以在劳动合同中约定保守用人单位商业秘密的有关事项。”第102条规定：“劳动者违反本法规定的条件解除劳动合同或者违反劳动合同中约定的保密事项，对用人单位造成经济损失的，应当依法承担赔偿责任。”

佣关系结束后,雇员保密义务的范围并不相同。上诉法院认为,在雇佣关系结束后,默示保密条款只保护那些足以构成商业秘密的信息。[1]

(二)秘密信息与劳动者个人的知识、技能与经验

以商业秘密为主体的秘密信息,范围相当广泛,并在不断扩大,随着国际商业竞争日趋激烈,各国法律加强对商业秘密的保护也是显著趋势。例如,2016 年 5 月 11 日,奥巴马签署了《美国商业秘密保护法》,强化了对商业秘密持有者及其利益的保护;2015 年日本也修订了《不正当竞争防止法》,加强了对商业秘密保护的力度。但是,关于劳动者的保密义务,不仅涉及雇主利益保护与劳动者的职业自由权、生存权之间的冲突,还涉及市场竞争秩序维护的社会公共利益,是一种复杂的利益平衡机制。因此,保密条款将工作过程中所产生的全部信息作为秘密信息的概括式约定,因与更高的法益价值相冲突,属于无效的约定。事实上,劳动的过程也是一个主体与客体互动的过程,在主体客体化的过程中,劳动者将自身的本质力量与主体性结构渗透、融合到客体之中,改造了劳动对象,使劳动客体成为一种属人存在;在客体主体化过程中,劳动的客体也通过各种途径和形式对劳动者产生反向作用和影响,使客体性的东西转化为主体性的东西。具体表现为,在劳动合同履行过程中,劳动者必然接触到大量与所从事工作相关的业务知识、技能和经验,这些知识、技能和经验由劳动者在工作中的创造,成为雇主秘密信息甚至商业秘密的组成部分;相应地,部分内容也同时会内化、吸收于劳动者的知识体系和能力构成。随着知识经济的日益发展和社会分工的不断细化,劳动者的价值也直接或间接地取决于自身具有的知识、技能和经验,雇主以保密义务为由对劳动者使用上述信息进行限制,无异于对其生存能力和生存权利的剥夺。因此,劳动者对其在劳动过程中获取的知识、技能和经验享有使用的自由和权利,对已经主体化为个人知识体系和能力构成的、能够促进其全面发展的信息,并不负有保密义务。

[1] 参见[英]史蒂芬·哈迪:《英国劳动法与劳资关系》,陈融译,商务印书馆 2012 年版,第 125 页。

所以,准确界分雇主秘密信息与劳动者具有的知识、技能和经验至关重要,是劳动者保密义务的重要内容。根据2017年修订的《反不正当竞争法》的规定,商业秘密的范围变得更加广泛,具有商业价值、尚未公开且权利人采取了保密措施的一切技术信息、经营信息都可能属于商业秘密的范畴。商业秘密包括了生产经营过程中产生的技术信息和经营信息,除此之外的其他信息则不属于商业秘密的范畴。并非所有能够产生经济效益、带来竞争优势的信息都能成为商业秘密,必须还同时具备法律规定的商业价值性[1]、秘密性和保密性(简称"三性")。[2] 而劳动者知识体系和专业能力构成,是做好某项工作必须具备的基础知识和专业技能,这些知识和技能是任何劳动者通过劳动积累或者其他公开渠道就可以获得的普通技术和经营知识、经验、技能,其内容具有基础性和广泛性,标准是处于或基本处于公共领域。在美国,起诉离职劳动者披露和使用商业秘密的诉讼,法院要求雇主承担举证责任,将属于自己的商业秘密与劳动者的知识和技能区别开来,证明离职劳动者披露和使用了商业秘密。[3] 而且客户基于对劳动者个人的信任而与其或所属单位从事交易的,不构成侵害商业秘密的情形。但是记载客户名称、地址、联络方式,以及交易习惯、意向、内容等具有特殊内容的客户信息,因区别于公知的信息,构成雇主的商业秘密。[4] 也就是说,即使是客户名单中所记载的客户,如果其与原雇主进行交易是出于对劳动者个人的信赖,劳动者离职后,只要能够证明客户是自愿选择与劳动者个人或其新雇主继续进行市场交易的,除非劳动者与原雇主另有约定,应当认定没有采用不正当手段。在英国判例

---

〔1〕 2017年《反不正当竞争法》关于商业秘密的修订,重点之一就是用"具有商业价值"代替了"能为权利人带来经济利益、具有实用性"。信息产生的经济利益和"商业价值性"是两个不同的问题,信息的经济利益是信息本身具有的价值,和信息的"商业价值性"不是一回事。信息的"商业价值性"是使生产者获得更大的商业利益或者经济利益。参见齐爱民、李仪:《商业秘密保护法体系化判解研究》,武汉大学出版社2008年版,第88页。

〔2〕 关于商业秘密的"三性"及其争议并非本书关注的重点,详情可参见李仪、荀正金:《商业秘密保护法》,北京大学出版社2017年版,第53~61页;齐爱民、李仪:《商业秘密保护法体系化判解研究》,武汉大学出版社2008年版,第80~95页。

〔3〕 参见李明德:《美国的竞业禁止协议与商业秘密保护及其启示》,载《知识产权》2011年第3期。

〔4〕 参见李仪、荀正金:《商业秘密保护法》,北京大学出版社2017年版,第83页。

法上,在阿特伍德诉拉蒙特(Attwood v. Lamont)一案中,法官指出了一种常识经验和职业技能:原告(雇主)起诉被告(前雇员、裁缝)引诱客户,而被告证明自己没有主动告知客户自己独立开业的信息,系客户与被告联系。法官认定客户所要求的服务,来自被告个人的职业技能,与雇主的商业秘密无关。[1] 而且,劳动者对自己常识经验和职业技能所享有的权利关系到其基本生存,法律也不允许劳雇之间以保密协议的方式加以限制。日本法院在中部机械制作所设计师跳槽案中也指出:"劳动者在就业中获得的业务上的知识、经验和技能,如果已经成为劳动者人格财产的一部分,劳动者离职后如何利用是劳动者的自由,任何特别约定都不能拘束这种自由。"[2]

二、劳动者在职期间的保密义务

忠实义务的主要内容之一就是劳动者要保守雇主的秘密信息。按照忠实义务的要求,在劳动关系存续期间,劳动者负担的保密义务是无条件的、绝对的,原则上劳动者对雇主的一切信息均应守密,不得以任何方式泄露雇主的生产经营秘密,范围不仅包含了商业秘密,甚至囊括了雇主希望守密的私人或财务等数据和秘密信息。[3] 既不得进行在职竞业,包括前述的竞争性兼职和自营竞争性的营业,也不得以其他方式将雇主的商业秘密或未采取保密措施的秘密信息公布、泄露给他人。因此,在劳动关系存续期间,劳动者有法定的、绝对保密义务,除法律有特别规定外,对于雇主营业上或技术上的一切秘密信息都不得泄露,包括商业秘密和未采取保密措施的秘密信息,劳动者都负有不得泄露的义务。雇主也没有必要对劳动者在职期间保守秘密信息进行特别约定,因为劳动者的基本义务——忠实义务本身就涵盖了必须保守雇主秘密信息的义务。即使双方没有达成保守秘密信息的明示条款或者协议,处于保障劳动合同顺利履行或维护雇主合法利益的目的,劳动者仍然

---

〔1〕 参见张玉瑞:《商业秘密法学》,中国法制出版社 1999 年版,第 383 页。

〔2〕 孔祥俊:《商业秘密保护法原理》,中国法制出版社 1999 年版,第 177 页。

〔3〕 参见王思思、郑尚元:《浅述劳动关系中的商业秘密保护制度》,载《云南大学学报》(法学版)2005 年第 2 期。

负有保密义务。当然,雇主与劳动者对于非竞争性的兼职也可以约定进行限制。在我国制定法上,《公司法》第 148 条确定了董事、高级管理人员在职期间的法定保密义务,《劳动法》第 22 条和《劳动合同法》第 23 条规定了劳动者的约定保密义务,《促进科技成果转化法》则明确规定了劳动者在职期间的约定保密义务。但这并不能得出劳动者在职期间的保密义务属于约定义务的结论,否则与劳动者忠实义务冲突,劳动合同也不能顺利履行,从而影响合同目的实现。劳动关系存续期间,不论获得信息的来源与方式,是雇主的信赖,还是不法手段,劳动者都负有保守秘密的义务。比较法上也持相同的观点,在英国,雇佣合同中没有明示条款对保密问题作出规定时,劳动者保密义务属于默示条款的范畴,雇佣关系存续期间,雇员制作、复制雇主客户名单以便雇佣关系结束后使用,或刻意记忆这些信息,都构成对忠实义务的违反。[1] 在澳大利亚,雇员在雇佣期间披露任何影响雇主利益的信息,都被认为违反了合同义务,无论雇主是否采取了保密措施和这些信息来源于何处。[2]《德国反不正当竞争法》第 17 条第 1 款规定了劳动者在职期间的保密义务:雇佣关系存续期间,商业企业的职员、工人或学徒,不论出于竞争、获取私利、为第三人牟利的目的,还是单纯为了损害企业主的利益,擅自泄露因雇佣关系而掌握或获知的商业秘密、营业秘密给他人的,可能被处 3 年以下监禁或罚金。[3]

在英国,普通法上关于劳动者在职期间保密义务的另一项重要的规则,是个体雇员不能自由地向所在工会透露与集体谈判有关的秘密信息,即使是在公司管理层工作的职工代表也同样受到保密义务的约束,不能将公司秘密信息透露给工会作为集体谈判的砝码。相应地,工会的管理层也不得为了集体谈判的目的,引诱雇员向其透露秘密信息,法院可能为此颁发禁令,并要求工会官员支付赔偿金。而披露信息的雇员则可能构成违约,即使在劳资发生

---

〔1〕 参见[英]史蒂芬·哈迪:《英国劳动法与劳资关系》,陈融译,商务印书馆 2012 年版,第 125 页。

〔2〕 See Ronald McCallumt, Andrew Stewarttt, *Employee Loyalty in Australia*, 20 Comparative Labor Law and Policy Journal, Vol. 20, 1999, p. 143.

〔3〕 参见邵建东:《德国反不正当竞争法研究》,中国人民大学出版社 2001 年版,第 304 页。

纠纷期间也不能免责。[1]

三、劳动者离职后的保密义务

劳动合同终了后,劳动者与雇主之间已经没有提供劳务的义务,关于劳动合同所附随的保密义务是否一同消灭,学界有三种学说:第一种绝对消灭说,劳动合同终止后,除有特别约定外,劳动者对原雇主并不残留任何劳动合同上的义务;[2]第二种相对保密义务说,劳动契约终止后,劳动者在雇主合法利益维护的必要范围内仍有保密义务;[3]第三种后契约义务说,该学说认为保密义务是劳动者的附随义务,即使没有明文约定也应遵守,这一义务在劳动者离职后也没有不同,雇主也没有必要为了防止劳动者泄密而对劳动者离职后的就业情形进行限制。[4] 我国劳动法的通说认为,劳动合同终了后,劳动者在维护雇主合法利益的必要范围之内,承担有条件的、有期限的保密义务。通常被认为是一种基于诚实信用原则产生的后合同义务。[5]

(一)劳动者离职后保密义务的范围

劳动者离职后保密义务范围的确定,关系到劳动者生存权和职业发展等基本权利,法律必须在雇主商业利益与劳动者生存权之间作出选择与平衡,任意扩大保密义务的范围将导致不公平的结果。在比较法上,德国学术界通行的看法和实务界司法判例采"绝对消灭说",劳动者保守商业秘密的义务仅适用于雇佣关系存续期间。在保护雇主商业秘密和劳动者合法利益之间,立法者与司法者显然作出了有利于后者的抉择,法律对雇主商业秘密的保

---

〔1〕 参见[英]史蒂芬·哈迪:《英国劳动法与劳资关系》,陈融译,商务印书馆 2012 年版,第 127~128 页。

〔2〕 我国台湾地区司法实务采此说,参见台湾地区"最高法院"1980 年度台上字第 440 号民事判决;台湾地区"最高法院"1983 年度台上字第 1865 号民事判决;台北地方法院 1985 年劳诉字第 78 号民事判决。转引自郭玲惠:《劳动契约法论》,台北,三民书局股份有限公司 2011 年版,第 88 页。

〔3〕 参见黄越钦:《劳动法新论》,中国政法大学出版社 2003 年版,第 175~176 页;王思思、郑尚元:《浅述劳动关系中的商业秘密保护制度》,载《云南大学学报》(法学版)2005 年第 2 期。

〔4〕 参见林更盛:《离职后竞业禁止约款——评台北地方法院 89 年劳诉字第 76 号民事判决》,载《月旦法学杂志》2002 年第 81 期;周宝妹:《劳动法要论》,群众出版社 2006 年版,第 147 页。

〔5〕 参见王思思、郑尚元:《浅述劳动关系中的商业秘密保护制度》,载《云南大学学报》(法学版)2005 年第 2 期。

护,不得超过有损劳动者职业生存和发展的程度。雇佣关系一旦结束,劳动者对于原雇主工作期间以正当方式掌握或获取的商业秘密,不再负有保密义务,即使是对原雇主保持市场竞争优势具有重要价值的商业秘密也是如此。所以,劳动关系终止后,劳动者原则上都可以自由使用其在雇佣关系存续期间掌握或获得的商业秘密。联邦最高法院甚至认为,即使雇佣关系终止是由于劳动者的违约行为造成,劳动关系终止后,劳动者也不再负有保守原雇主商业秘密的义务。[1]

商业秘密涉及雇主保持竞争优势甚至生存的重大利益,是雇主采取了合理保密措施的信息。控制秘密信息的知晓范围,也是雇主出于工作需要和对劳动者的特殊信赖,对必须知悉的部分劳动者告知信息内容。[2] 劳动者根据忠实义务的要求,理应维护合理信赖、保守商业秘密,即使离职后基于后合同义务也负有保密义务,实质上是忠实义务的“残余责任”。法律之所以将劳动者侵犯商业秘密的行为视为一种不正当竞争行为进行规范,很重要的原因是此种行径还可能影响公平竞争的社会公共秩序。只要合理区分劳动者自身的知识、技能、经验与雇主的商业秘密,就不会侵害劳动者生存权益。因此,按照《反不正当竞争法》第 9 条的规定,离职后保守商业秘密是劳动者的法定义务。在日本,离职劳动者的保密义务是有限的,劳动者只有出于谋求不正当竞争或谋求其他不正当利益目的使用商业秘密才被认为违反了保密义务。[3] 《深圳经济特区企业技术秘密保护条例》的变迁就可以佐证这一认识上的变化,1995 年该条例通过时,第 9 条要求企业与员工签订保守技术秘密的书面协议,未签订书面协议的,员工离开企业就不再负有保密义务,保密义务被视为一种约定义务;2009 年该条例修正后,在第 17 条规定了员工和相关业务人员保守其知悉的企业技术秘密的法定义务,劳动者保密义务已经由约定义务转变为法定义务。

---

〔1〕 参见邵建东:《德国反不正当竞争法研究》,中国人民大学出版社 2001 年版,第 306 ~ 307 页。

〔2〕 关于商业秘密的保密措施的合理性判断,参见最高人民法院《关于审理不正当竞争民事案件应用法律若干问题的解释》(2007 年)、《关于正确处理科技纠纷案件的若干问题的意见》(1995 年)。

〔3〕 参见潘峰:《劳动合同附随义务研究》,中国法制出版社 2010 年版,第 104 页。

商业秘密以外的未采取保密措施的其他秘密信息，虽然对雇主而言具有一定的商业价值，但并没有影响到雇主的重大利益，法律调整的天平理应倾向于对劳动者生存权和职业发展权益的保障。基于合同自由与意思自治的尊重，在保证劳动合同双方当事人地位平等、意思表示真实的基础上，应允许对于商业秘密以外的秘密信息自由约定保密范围，属于约定义务。日本劳动法学者荒木尚志（Takashi Araki）教授认为，如果劳动者与雇主就劳动关系终止后的保密义务进行了明确约定或对劳动规章制度作出了明确规定，且这一约定或规定不违反公共利益，那么劳动者离职后就应该继续履行保密义务。若不存在上述约定或规定，劳动者在劳动关系终止后就不再对除商业秘密以外的其他信息承担保密义务，这是因为，劳动合同终止后，基于劳动关系衍生出来的忠实义务也将不复存在。[1] 但劳动者对雇主人格、经济上的从属性使得双方地位并不平等，因此法律应当介入保密义务的范围、期限和经济补偿。行文至此，笔者想到另外一个比较重要的问题，雇主是否可以与劳动者约定保守秘密信息以外的一般信息，特别是将劳动者自身的知识、技能、经验约定为保密事项，显然，因为约定保密的信息不具有秘密性，所以合同标的不存在，合同不能成立。

综上，劳动者离职后仍应对原雇主承担有条件、有期限的保密义务，但义务的基础和范围与在职保密义务不同。劳动关系终了后，劳动者负有相对的保密义务，即商业秘密的法定保密义务和未采取保密措施的秘密信息的约定保密义务。

（二）保密期限和保密费

关于劳动者离职后保密义务的另一个重要的问题就是保密期限和经济补偿。根据《深圳经济特区企业技术秘密保护条例》第 14 条规定，企业可根据技术秘密的生命周期长短、技术成熟程度、技术价值大小和市场需要程度等因素，自行确定保密期限。由此可见，对于商业秘密法律充分尊重企业的

---

〔1〕 See Takashi Araki, *Legal Issues of Employee Loyalty in Japan*, Comparative Labor Law and Policy Journal, Vol. 20, 1999, p. 272.

经营自主权，由企业自行确定保密期限。商业秘密的保密期限取决于商业秘密的存续期，商业秘密与其他知识产权最大区别之一就是没有保密期限，如果法律对劳动者保守雇主商业秘密设定期限无疑与商业秘密的性质和知识产权制度相悖。例如，"保住了秘密就保住了市场"是可口可乐公司百年来的座右铭，商业秘密存在，义务人的保密义务就存在。但是科技和管理技术的飞速发展，使得商业秘密的生命周期越来越短，也要防止过长的保密期限对劳动者权利的限制。采"绝对消灭说"的国家，如德国、俄罗斯联邦，商业秘密的保密期限也交由劳动合同双方协商，《俄罗斯联邦商业秘密法》规定，劳动合同终了后，在劳动合同所确定的期限内，或劳动合同终了后三年内，劳动者不得泄露雇主所拥有的商业秘密。[1] 但商业秘密以外的秘密信息应由双方约定保密期限，可以参照法律关于竞业限制期限最长不超过两年的规定。竞业限制是雇主保护秘密信息的最为重要的一种手段，法律考虑到竞业限制对劳动者工作权和生存权的影响，而规定了最长期限，这一点与确定保密义务期限进行利益衡量所需要考量的价值是一致的。

关于保密费，因为保密义务和竞业限制义务对劳动者工作权作出一定限制，基于权利义务相平衡的原则，雇主理应给予相应补偿。采用竞业限制的方式保护雇主的秘密信息的，《劳动合同法》对此规定了经济补偿金，这一内容下一节将会涉及。如果只是通过保密协议的方式进行约定，则尊重劳动合同双方的契约自由和意思自治。科技部在《关于加强科技人员流动中技术秘密管理的若干意见》中规定了承担保密义务的科技人员享有获取相应报酬和奖励的权利。无正当理由，拒不支付奖励和报酬的，科技人员或者有关人员有权要求变更或终止技术保密协议。《深圳经济特区企业技术秘密保护条例》则规定了企业可以通过签订保密协议、制定保密制度、发放保密费的方式要求劳动者遵守保密义务，保密费应当在劳动合同或工资单中记载。

---

〔1〕 参见《俄罗斯联邦商业秘密法》(2004 年 7 月 29 日联邦法第 98 号)，杜社民、林辉译，载《知识产权》2006 年第 3 期。

四、"不可避免披露原则"的引入与限制

当竞业限制条款被法院认定为无效,或者雇主根本未与劳动者签订竞业限制条款,劳动者欲到竞争对手处工作,雇主是否可以基于劳动者保密义务阻止劳动者呢?显然,在我国法上是不可能的。但在美国法上,基于保护雇主商业秘密的需要,发展出不可避免披露理论,值得我国借鉴。

(一)"不可避免披露原则"及其价值冲突

"不可避免披露原则"是美国司法判例为了应对劳动者"携密跳槽"这种违反忠实义务的行为而创设的一种商业秘密保护方式。虽然该原则一直备受争议,很多人质疑该制度容易导致雇主滥用商业秘密制度,侵害劳动者自由流动权益,产生科技奴隶,但因其具有主动防御劳动者泄露商业秘密的作用,而逐渐被其他国家采纳。商业秘密的价值只有应用于具体的生产或经营实践才能充分体现,所以商业秘密必定要向特定的劳动者开放,而劳动者又是自由流动的,因此劳动者"携密跳槽"就成为雇主商业秘密保护的最大威胁。相关调查数据显示,我国商业秘密刑事案件中60%与员工"携密跳槽"有关,高达32%的员工会出卖原雇主的商业秘密,从而增加自身就业竞争力。[1] "不可避免披露原则"的主要适用对象是那些跳槽到竞争对手处工作的涉密劳动者,此种情形很难避免泄露前雇主商业秘密,故法律授予前雇主向法院申请核发禁止令的权利,通过禁止劳动者任职新工作,主动预防商业秘密泄露的潜在威胁。[2]

支持不可避免披露原则的理由如下:首先,该原则为雇主在没有竞业限制协议的情况下,阻止前雇员将商业秘密向竞争对手披露提供了新的保护手段。商业秘密研发需要投入大量时间、金钱、人力等资源,涉及雇主重大利

---

〔1〕 参见《盘点2010年以来的30起企业泄密案件》,载 https://www.huxiu.com/article/19911/1.html,2017年11月12日访问;聂鑫:《商业秘密不可避免披露原则的制度发展与移植设想》,载《知识产权》2016年第9期。

〔2〕 See David Lincicum, *Inevitable Conflict?: California's policy of worker mobility and the doctrine of "inevitable disclosure"*, Southern California Law Review, Vol. 75, 2002, pp. 1257 - 1280.

益，劳动者基于劳动关系中的信赖和工作需要获取，即使离职后也应履行残余的忠实义务，是一种后合同义务。该原则可以有效遏制通过“挖角”“携密跳槽”等方式获取竞争对手商业秘密，预防不正当竞争行为，弘扬商业道德和职业伦理，维护公平竞争的市场秩序。其次，该原则为雇主商业秘密提供了有力的保护，可以引导经营者加大研发投入、促进技术创新、生产高附加值产品、树立创建市场优势的信心。而反对者的主要理由是，劳动者的工作权与雇主的商业秘密相比应该处于更高的位阶，不可避免披露原则为保护雇主商业秘密权益而损害了劳动者自由选择工作权的权利。现代社会每个人都有改变自己工作的自由权利，虽然劳动者基于忠实义务和保密义务不应带走雇主的技术秘密、经营秘密，但劳动者有权占有、使用在工作中学习到的知识和技能，从而取得与其个人能力、价值相匹配的工作和薪酬，实现自身的全面发展。况且雇主商业秘密与劳动者基本技能和知识很难分辨，不可避免披露原则阻止劳动者就职于新的工作岗位，将极大限制劳动者的工作选择自由，影响劳动者到最擅长的工作领域工作，不仅威胁到劳动者的生存权，对整个社会的自由、活力和财富创造也是一种损害。

(二)不可避免披露原则对我国的启示

在雇主商业秘密权益和劳动者工作自由之间的价值冲突中寻求平衡，是不可避免披露原则适用的关键。雇主负担举证责任，不但要区分属于自己的商业秘密和劳动者的技能、知识，还要证明劳动者已经或有可能披露、使用商业秘密，如此便将不可避免披露原则限制在一定的范围内。即使在该原则的原产地美国，劳动者自由流动程度高，这类诉讼也很少发生，而且此类诉讼也不可能大幅度增长。[1] 我国台湾地区“营业秘密法”第11条规定：“营业秘密受侵害时，被害人得请求排除之，有侵害之虞者，得请求防止之。”我国台湾地区“智慧财产法院”在台积电与梁孟松一案的判决中确立了认定“侵害之虞”的判断标准：应视员工于前雇主公司之特殊性或不可替代之程度、前雇主

---

〔1〕 参见李明德：《美国的竞业禁止协议与商业秘密保护及其启示》，载《知识产权》2011年第3期。

公司之性质、前雇主与现雇主公司间之关系、员工于现雇主公司实际担任之职务、员工于离职前后之行为、后雇主雇用前雇主离职员工之动机与目的等,综合判断员工有无侵害前雇主营业秘密之事实与可能。[1]

由此可见,不可避免披露原则的适用须在平衡前、后雇主与劳动者之间利益关系的基础上,施以严格的适用条件[2]:(1)劳动者知悉商业秘密的程度和价值。雇主须证明劳动者知悉其至关重要的或具有重大经济价值的商业秘密。(2)新旧雇主之间存在竞争关系。不可避免披露原则的正当性基础在于劳动者对前雇主商业秘密的披露可能导致其竞争优势的丧失,如果新旧雇主之间不存在竞争,或者新雇主在涉密领域已经超越旧雇主,就不存在泄密和竞争优势贬损问题。(3)劳动者新旧职位之间的相似程度。新旧职位的相似程度是不可避免披露原则重要的判断基准,如果新旧岗位职责存在相似性,劳动者履行工作职责就不可避免使用前雇主的技术信息或经营信息。(4)劳动者与新雇主的主观意图。劳动者主观上是否有凭借前雇主商业秘密谋求更好的薪酬或工作条件,新雇主主观上是否存在获取前雇主商业秘密的意图。(5)可能发生的损害是难以补救的。不可避免披露行为属于即发侵权,即侵权行为可能发生或即将发生,不申请法院颁发禁令将导致难以弥补的损害结果发生。如果侵权行为已经发生则只是赔偿损失的问题。

五、劳动者披露雇主秘密信息的免责

在劳动法领域,研究商业秘密保护的主要价值在于维护雇主的正当利益和劳资之间的信赖关系,营造公平竞争环境。劳动者负有保密义务是一般原则,但在特定情形下,出于维护更高位阶利益的需要,法律应当规定劳动者披露雇主秘密信息的豁免事由。首先,当代最为重要的一项豁免制度就是公益告发。劳动者出于告发雇主违法不当行为的目的,向雇主内部组织、行政机

---

〔1〕 参见邵琼慧:《与谈〈论我国引进营业秘密法不可避免揭露理论之可行性与适用限制〉》,载《万国法律》2015 年第 2013 期。

〔2〕 参见聂鑫:《商业秘密不可避免披露原则的制度发展与移植设想》,载《知识产权》2016 年第 9 期。

关、司法机关或公众、媒介披露雇主的秘密信息,甚至商业秘密,法律豁免其泄密的责任。例如,《美国商业秘密保护法》规定了雇员出于告发雇主违法或不当行为的目的,向政府、法院披露商业秘密的免责条款,包括非公开性的直接或间接地向联邦、州或地方政府官员披露商业秘密,但雇员的行为要符合公益揭发者保护法的规定。其次,劳动者在立法、司法调查或诉讼程序中披露雇主秘密信息。劳动者在行政、司法机关调查程序或相关的诉讼程序中披露雇主的秘密信息,属于履行配合司法调查的公民责任或者维护自身合法权益的行为。《美国商业秘密保护法》豁免了行为人在诉讼中或者向政府机关非公开性地披露雇主商业秘密的民事责任。在上述情况下,商业秘密的泄露是基于合法目的、合理且必要的,比如为了调查涉嫌违法犯罪行为而泄露商业秘密。最后,劳动者在针对雇主报复性雇佣行为而提起的诉讼中,可以向其律师披露或者在庭审过程中使用秘密信息。例如,《美国商业秘密保护法》对雇主、雇员之间就商业秘密保护的责任豁免进行专门规定,主张在雇员提起的报复性诉讼中也对其责任进行限制。[1] 雇主在雇用管理或使用保密信息的雇员时,应当在所签订的合同或协议中,将免责条款告知雇员。当然,雇员应当以保密的方式提交含有商业秘密的文件,除非依法庭的命令,否则不对外披露商业秘密。

第四节　劳动者竞业限制义务研究

作为一项重要的法律制度,竞业限制对于维护竞争秩序、和谐劳资关系有着非同寻常的意义,不仅涉及雇主经营权与劳动者劳动权的内部冲突,还涉及由劳动关系所引发的经营权与竞争权的外部冲突。有关限制劳动者竞业的研究,一直以来是英美法系中受雇者忠实义务的重要一环。[2] 劳动法上的竞业限制是一项特别制度,特指“雇员竞业限制”。无论是大陆法系还

---

〔1〕 参见季冬梅:《众望所归——美国〈商业秘密保护法〉正式生效》,载《科技与法律》2016 年第 3 期。

〔2〕 参见焦兴凯:《重要英美法系国家对受雇者竞业禁止规范之研究》,载《万国法律》2003 年第 131 期。

是英美法系，对竞业禁止都有详细的规定和丰富的法理研究。大陆法系国家德国、法国、瑞士，都有竞业禁止的法律规定。我国台湾地区有关竞业禁止的法律规定和学术探讨也比较发达。在英美法系国家，因其产业发展和产业雇佣现象的历史较长，对竞业禁止的学理解释和司法判例也极为丰富。竞业限制义务也称“竞业禁止义务”，但笔者认为“竞业限制义务”更符合实际，因为几乎所有的竞业限制都有例外，禁止劳动者从事的工作不是绝对的，而是在有限的范围内，即合法合理的范围之内，否则即使劳动合同有约定也是无效的。因此，“竞业限制”无论是从文义还是从法律精神来看，都更加切合实际。关于雇主与劳动者之间能否约定竞业限制条款及其方式、内容的问题，我国《劳动法》虽然没有明确规定，但《劳动合同法》第 23 条第 2 款、第 24 条已设有明文规定[1]。

一、劳动者竞业限制义务的正当性辨析

（一）劳动者竞业限制义务的必要性

正如前述，基于劳动关系的人身属性，劳动者保持忠实是一项明示或默示的义务。根据普通法上主仆关系的理论，雇主与受雇者之间负有一种法律上的默示义务，受雇者应为雇主提供勤劳而忠实的服务，具体包括服从雇主合理的指挥命令，以尊敬的态度对待雇主，以诚实及合理的方式从事工作，充分注意雇主的利益和业务。[2] 而且源于英国传统的主仆关系理论对普通法系关于雇佣关系中权利义务的确定持续发挥着实质性的影响。忠实义务被

---

〔1〕《劳动合同法》第 23 条第 2 款规定：“对负有保密义务的劳动者，用人单位可以在劳动合同或者保密协议中与劳动者约定竞业限制条款，并约定在解除或者终止劳动合同后，在竞业限制期限内按月给予劳动者经济补偿。劳动者违反竞业限制约定的，应当按照约定向用人单位支付违约金。”第 24 条规定：“竞业限制的人员限于用人单位的高级管理人员、高级技术人员和其他负有保密义务的人员。竞业限制的范围、地域、期限由用人单位与劳动者约定，竞业限制的约定不得违反法律、法规的规定。在解除或者终止劳动合同后，前款规定的人员到与本单位生产或者经营同类产品、从事同类业务的有竞争关系的其他用人单位，或者自己开业生产或者经营同类产品、从事同类业务的竞业限制期限，不得超过二年。”

〔2〕参见焦兴凯：《重要英美法系国家对受雇者竞业禁止规范之研究》，载《万国法律》2003 年第 131 期。

视为劳动关系中不言自明的法理,人人得遵守。根据这种默示的忠实义务,劳动者理应忠实履行合同、遵守职业伦理,不得与雇主进行不正当竞争,损害雇主利益。在产业社会初期,一方面,由于劳动关系的身份属性依然强烈,劳动者流动性不强;另一方面,雇主营业的同质性和相似性不高,竞争不激烈。竞业限制的法律价值并没有凸显出来。但随着现代产业高速发展,雇主组织获得了私法上人格的独立性,面临的竞争压力也与日俱增。法人制度的创建和雇主人格的虚拟化,使公司企业的组织方式越来越复杂,劳动关系双方的主仆观念逐渐淡出人们的思维,取而代之的应该是一种新型的职业伦理。但是职业伦理的形成不仅取决于社会整体诚信观念和劳动者的道德观念,而且受到法律介入和激励的明显影响。同时,技术秘密和营业秘密对现代企业生存和保持竞争优势至关重要,保护商业秘密成为企业经营的重要环节。在劳动者忠实义务淡化和商业秘密保护压力的双重作用之下,竞业限制制度应运而生。[1] 各国形成了各具特色的竞业限制制度,规定于不同的法律部门。"竞业限制调整的通常是以代理为特征的法律关系。"[2] 我国《公司法》第148条也规定了公司董事、高级管理人员的竞业限制义务,禁止自营或者为他人经营与所任职公司同类的业务。对于劳动者是否存在竞业限制义务曾经存在极大争论,《劳动合同法》的颁布使劳动者承担竞业限制义务成为一种共识。2009年最高人民法院《关于当前形势下做好劳动争议纠纷案件审判工作的指导意见》第10条明确指出了我国劳动者竞业限制制度的立法目的,即平衡市场主体之间的利益、维护公平竞争的市场经济秩序,既要保护雇主商业秘密等合法权益,也要防范因不适当扩大竞业限制范围而侵害劳动者的择业自由。

(二)劳动者竞业限制的法益冲突与平衡

劳动者竞业限制的法益冲突首先表现为社会公共利益与劳动关系主体的利益之间的冲突。维护市场的公平竞争秩序不仅是雇主和企业生存、健康

[1] 参见郑尚元:《劳动合同法的制度与理念》,中国政法大学出版社2008年版,第154~155页。

[2] 王博:《竞业限制之正当性辨析——以经营权与劳动权冲突及化解为视角》,载《中国社会科学院研究生院学报》2014年第3期。

发展的必要条件,也是整个社会经济保持自由、活力,维护商业道德和职业伦理的需求,涉及社会公共利益。一方面,劳动关系作为最基础的社会关系,其健康发展深刻影响整个社会的和谐、稳定,劳动者工作权和自由流动的保障是社会发展和人员自由流动的前提。特别是劳动者离职后的竞业限制,不仅影响劳动者的工作权,还可能人为形成竞争障碍。知识经济时代的竞争被认为是人才的竞争,如果放任雇主都从自身利益和局部利益出发,限制人才的自由流动,必然造成人才闲置、资源浪费。更严重的后果,可能直接影响同行业之间的良性竞争,形成新的"科技奴隶"[1]和行业垄断。另一方面,一定生产方式的维持与运作是满足共同体成员基本物质需求的前提。"服从既定生产方式的内在要求而遵循一定的行为规则,放弃一部分行为选择的自由是社会成员的义务。"[2]对劳动权的合理限制也是为了权利更好地实现。劳动合同是劳动权实现的法律形式,由于劳动力与资本相结合的属性,劳动合同中劳动力对资本具有天然的依附性。在宏观层面,健康有序的资本运行环境和市场竞争秩序是劳动权实现的根本保障,公平的竞争环境和积极的经济发展态势是劳动权顺利实现的经济和社会基础。在微观层面,有权利必有义务,忠实义务的履行是劳动权实现的基本前提,劳动权的无限扩张可能导致劳动权的彻底丧失。[3]

职业自由不仅涉及公民个体的生存和人格的自由发展,也是经济社会蓬勃发展的源泉,对民主、宪法秩序的存续具有重大意义。[4] 为了保障劳动者能够自由地选择工作及职业,以维持生计,劳动者的工作权及职业自由被作为一项基本权利予以保障。职业自由基本权价值观的树立,使劳动者职业技能和工作经验被认为是值得特别保护的精神价值和财产价值。[5] 依据宪法

---

〔1〕 See JohannaL Edelstein, *Intellectual Slavery*?: *The Doctrine of Inevitable Disclosure of Trade Secrets*, 26 Golden Gate University Law Review. 717,1996,p. 717.

〔2〕 张恒山:《义务先定论》,山东人民出版社 1999 年版,第 4 页。

〔3〕 参见冯彦君、王佳慧:《我国劳动法中应设立竞业禁止条款——兼谈弥补我国〈劳动法〉第 22 条的立法缺失》,载《吉林大学社会科学学报》2002 年第 6 期。

〔4〕 参见薛华勇:《职业自由及其限制》,苏州大学 2013 年博士学位论文。

〔5〕 参见王倩、朱军:《德国联邦劳动法院典型判例研究》,法律出版社 2015 年版,第 352 页。

上劳动权保障的需要,所有不利于劳动者自由流动的制度都必须有充分且正当的理由。而由于竞业限制对劳动者从业行为和时空范围的限制,劳动者实际上已经无法在原来的职业领域从事业务。特别是离职后的竞业限制,为劳动者重新就业树立了巨大障碍。竞业限制与劳动者工作权和职业自由之间的法益冲突也主要体现在离职后竞业限制。离职后竞业限制可能对劳动者工作权与职业自由造成的妨碍体现在以下两个方面:首先,按照竞业限制义务,劳动者离职后的一定期限内不得就职于特定雇主或者在特定的区域从事特定营业,不仅使劳动者重新就业的难度增加、机会大大降低,甚至可能找不到工作,如果对雇主滥用竞业限制条款不予规制,可能影响劳动者的生存权;其次,离职后竞业限制义务可能影响劳动者人格的独立性,劳动者在劳动关系解除或终止后依然要受到雇主的控制或影响,履行一定的不作为义务,而且这种不作为义务属于一种意定义务,范围和程度并不具有可控性。在1976年纽约州上诉法院审理的里德·罗伯茨联合公司诉斯特劳曼(Reed, Roberts Assocs. Inc. v. Strauman)一案中,法官认为竞业限制条款让劳动者几乎成为雇主的人质。[1] 因此,基于忠实义务和契约自由原则对劳动者职业自由的限制,应仅限于确保劳动关系功能的发挥和基本信任的维系,而不应该放任无限度的扩张。只有劳动者的竞业行为极有可能威胁到雇主的重大经营利益时,基于保护雇主优势地位的考量,竞业限制才具有正当性。所以,在限制劳动者职业自由的做法上,目的与手段必须合乎一定的比例。

雇主具有商业秘密保护或价值足堪保密的经营信息时,可以要求劳动者签订竞业限制条款,但应给予经济补偿金;如其仅是为了维持市场占有率或预期的获利等经济上的优势时,则其要求劳动者与其签订竞业限制条款,不具有充分的正当性。[2] 而且,依据比例原则,假使雇主通过保密条款足以确保其经济上的利益,包括对商业秘密的保护,那么就不应通过签订竞业限制条款的方式实现,以免对劳动者的职业自由造成过度侵害。因为保密义务并

---

〔1〕 See 353 N. E. 2d 590.

〔2〕 参见杨通轩:《个别劳工法——理论与实务》,台北,五南图书出版股份有限公司2011年第2版,第193页。

不禁止劳动者从事相同或类似的业务，只是禁止劳动者使用从前雇主处知悉的商业秘密而已。但是也有学者持相反的观点，认为在保护雇主商业秘密的利益上，竞业限制条款具有更强的效力，保密条款无法与竞业限制条款比拟。劳动者到原雇主的竞争对手处工作，很难不利用在原雇主处习得的知识、能力或客户的名单。这将使劳动者陷入忠实的两难境地，如果为一方的利益着想，就会损及另一方的利益。当然，对于雇主既没有商业秘密保护的需要，也没有其他经济上的利益，单纯只是为了避免劳动者离职，从而避免经营上发生困难或者不便，则没有保护的必要性和正当性，竞业限制条款没有效力。

二、劳动者在职竞业限制义务

合同存续期间，劳动者忠实履行职责、不从事与雇主竞争的活动，是劳动者忠实义务的重要内容。所谓在职竞业限制义务，是指劳动合同存续期间，劳动者不得直接或者间接从事与雇主相同或者相似的业务，包括从事竞争性的兼职、营业或准备活动。我国《劳动合同法》在第23条第2款和第24条规定了劳动者竞业限制条款，双方可以约定劳动者在合同解除或终止后负担竞业限制义务。但没有规定在劳动合同存续期间，劳动者是否有竞业限制的义务。事实上，从劳动合同的属性来看，劳动关系存续期间劳动者不得自营竞争性营业，或于同时受雇于雇主的竞争者，此乃不言自明之理，即劳动者在职期间负有法定的竞业限制义务。除非劳动者获得了雇主从事竞争性工作的许可，或者竞争性工作对雇主利益没有任何损害。由此可见，竞业限制不仅仅是离职后的限制，劳动者在职期间同样存在竞业限制的问题，而且在职竞业的危害性较之离职竞业更大。[1] 因为在职竞业属于严重违背忠实义务的行为，法律对于在职竞业课以更加严格的限制。

（一）劳动者在职竞业行为的类型

劳动者在职竞业是劳动关系领域常见的现象，对其类型的总结梳理，虽然不能做到穷尽列举，但有利于对其违背忠实义务的严重性的认识。

---

〔1〕 参见郑尚元：《劳动合同法的制度与理念》，中国政法大学出版社2008年版，第155页。

1. 未来竞业准备行为。首先必须予以明确的是,即使是劳动关系存续期间,劳动者也有权对未来的工作和生活进行规划、设计,未雨绸缪。所以劳动者对未来与雇主展开竞争有所准备也属正常,无论是自己独立经营还是受雇于他人,只要没有造成雇主利益受损,就不能认定为竞业行为。因此,仅表示出竞业的意图,或做简单的准备工作,诸如设立公司、租用营业场所、订购必要的设备等活动,并不能认定劳动者违反默示忠实义务,构成竞业行为。在英国,雇员为了在终止雇佣关系后与前雇主竞业而进行的各种准备工作,并未违反普通法上的默示忠实义务,但绝对不允许在工作期间进行。[1] 但是,雇员故意记忆或拷贝相关信息,以便其在雇佣关系结束后使用的,明显违反了默示的善意和忠实义务。[2] 如果劳动者在劳动关系存续期间利用前雇主的秘密信息,或滥用前雇主的信任,则可能被认定为竞业行为。

劳动者未来竞业准备行为的重要表现之一就是招揽前雇主的顾客或接洽前雇主的供应商。毫无疑问,在劳动合同存续期间,劳动者为了自身利益与现有顾客接触或为雇主的特定竞争对手招揽业务,是明显违反默示忠实义务的行为。劳动者在职期间或即将离职,准备另立门户、自行创业,招揽前雇主的顾客和接洽前雇主的供应商,属于竞业行为类型。借鉴美国法上的公司机会原则,在适用范围受到严格限制的前提下,较高阶层的受雇者本身也对公司负有一项代理责任,其负有将所获营业机会优先让渡给公司的义务,而不得仅为自身的利益着想。[3] 当然也有学者认为,严格遵循公司机会原则可能造成极大浪费,因为代理人所拥有的才华、计划,并不能保证在原雇主公司能够实现。在加拿大,劳动者在雇佣期间所做未来竞业预备行为,也足以构成解雇的正当理由,法院通常是以劳动者"预备行为"的本质和进行范围

---

〔1〕 参见焦兴凯:《重要英美法系国家对受雇者竞业禁止规范之研究》,载《万国法律》2003 年第 131 期。

〔2〕 参见[英]史蒂芬·哈迪:《英国劳动法与劳资关系》,陈融译,商务印书馆 2012 年版,第 126 页。

〔3〕 参见焦兴凯:《重要英美法系国家对受雇者竞业禁止规范之研究》,载《万国法律》2003 年第 131 期。

等因素，作为判断标准。[1] 应当说，法律鼓励劳动者发挥创业精神，所谓“大众创业、万众创新”也是国家所提倡的，根据现代竞争法律的精神，劳动者也有权参与任何形式的竞争。问题的关键在于，劳动者准备创业是否有招揽雇主的顾客和接洽雇主供应商的行为。

2. 劳动者近亲属的竞业行为。原则上，劳动者自身的劳动关系对近亲属没有任何影响，其近亲属有权从事任何经营，与任何人展开自由竞争。判断劳动者近亲属是否存在竞业问题，必须小心审慎，最为重要的是考察劳动者协助其近亲属与雇主竞争的行动本质，而不能单纯地根据其近亲属与雇主的竞业这一事实本身作出判断。也即判断劳动者是否利用了雇主的商业秘密及其他便利条件。在近亲属竞业行为中，配偶从事竞业行为最为典型。例如，劳动者将雇主的顾客引至近亲属经营的事业则可能违反了忠实义务，如果其只是有协助近亲属的行为，则不能就此认定属于竞业行为。不能因劳动者所负的忠实义务对其家人、亲属有任何“牵连”，通常最为重要的认定标准为劳资之间的信任关系是否因此而遭受破坏。

3. 竞争性兼职行为。竞业限制和兼职限制有一定的共性和重叠，劳动者合理兼职以不违背忠实义务为前提，而竞业行为显然是违背忠实义务的行为，因此劳动者竞争性兼职构成了违法兼职，已经属于“不法劳动”的范畴。本章第二节已经做了详细论述。一般劳动者自身的资格和所处岗位有重大影响，资深的专业劳动者和负有保密职责的劳动者显然比普通劳动者受到更多的限制。

4. 劳动者经营事业与雇主直接竞业。劳动者在不影响本职工作完成的前提之下，在工作时间之外，有从事任何经营或职业活动的自由，即企业外行为的自由，雇主无权干涉。因此，只要与雇主没有形成任何竞争关系，劳动者可以在外经营事业。但劳动者在职期间从事与雇主营业相同或构成竞争的事业，无疑是直接违反忠实义务的。为了自己经营的事业招揽雇主的顾客，

---

〔1〕 参见焦兴凯：《重要英美法系国家对受雇者竞业禁止规范之研究》，载《万国法律》2003 年第 131 期。

招募自己的同事(挖人)、利用职务之便获取雇主秘密信息等行为,无疑属于竞业行为。

5. 协助他人与雇主竞业。劳动者在职期间不管出于何种原因,往往是出于私利,但并不以此为条件,与他人勾结损害雇主利益的,显然违背忠实义务。现实生活中将这种行为形象地称为"吃里扒外"。劳动者协助他人与雇主竞争,有可能泄露商业秘密,或者利用其工作便利向其他经营者提供有利于市场竞争的秘密信息。况且,此类行为往往难以发现,更难以证明,需要与其他法律制度相衔接才能避免此类竞业行为。

(二)关于竞业限制弹性条款和"花园休假"条款的效力争议

劳动者在职竞业限制的另一个问题是约定弹性条款或"花园休假"条款的问题,即雇主与劳动者约定在职期间不得从事任何兼职或自营营业,或者提前商定较长期限的预告解约。在合同解除前的特定时间段,雇主给劳动者原有薪资报酬,劳动者无须从事原工作,或调整到非涉密岗位,仅从事一些清闲的工作等待预告期结束,之后双方权利义务终止,劳动者可以自由选择工作。弹性条款实质上是将雇主对劳动者的指挥控制权延伸到工作时间之外和企业外行为,带有人身控制的嫌疑,因此其效力值得怀疑。按照劳动关系带有人身因素的债法契约的性质,劳动者只有在合同约定的工作时间及合同目的实现的范围内负有服从义务,超出服从义务范畴拥有绝对的选择自由。"花园休假"是英国普通法上形成的一项竞业限制制度。根据普通法的精神,劳动者负担默示的忠实义务,雇主在劳动者存在竞业行为等严重违约的情况下,可以解雇该劳动者,但解雇往往容易引起不当解雇的诉讼。"花园休假"的实质就是雇主以金钱换取劳动者时间,让劳动者在特定时间内不能从事工作,或不能从事想从事的工作。这项制度积极性的一面,是可以有效防止劳动者的竞业准备行为和提前离职竞业,但如果不予规制,过长期限的约定可能妨碍"人尽其才",损害劳动者合法权益,甚至损害整体社会财富增长的公共利益。劳动力不仅不能存储,而且在一定时期内不使用还有退化的可能,知识经济时代劳动者知识、技能、经验的积累与工作中的使用、输出本就是一个相互促进的过程。借鉴离职后竞业限制的法律规定,"花园休假"的约定不得超过2年,且不得与离职竞业限制约定叠加使用。

因此,劳动者在职期间的竞业限制义务是基于忠实义务所产生的一项附随义务,甚至没有法律的明文规定或者合同的约定,只是一项默示的合同义务,雇主也无须因此而额外支付经济补偿。即使没有约定在职竞业限制的经济补偿,也不影响该义务的履行。当然,这并不妨碍雇主在劳动合同、保密协议、企业规章制度中对劳动者竞业限制的时间、范围、内容进行明确和告知。

三、劳动者离职后竞业限制义务

无论是普通法上雇佣关系中,雇员对雇主的忠实义务,雇主对雇员的照顾义务,还是大陆法系国家雇佣关系双方彼此的诚信要求,劳动关系存在期间的制约机制较强,而离职意味着这种制约机制的淡化。原则上,劳动者忠实义务仅存在于雇佣关系存续期间,劳动关系结束意味着各项拘束自然解除或消失。因此,劳动者离职后原则上不再有竞业限制义务。凡是原则均有例外。劳动关系结束后,劳动者的竞业自由仍然会受到一些默示的或明示的限制,前者是根据劳动者的保密义务而产生,后者则是根据前雇主与劳动者所签订的竞业限制合同。在新西兰,该国劳动法院在医疗公司诉贝瑞特(Medic Corporation Ltd. v. Barrett)一案中曾认为忠实义务并不延续至雇佣契约终止之后,但有关保密义务却在雇佣契约终止后仍然存在,该国学者则认为根据普通法上忠实义务的本质,忠实义务本身即对原受雇者附加有雇佣契约终止后保密的一般义务,无须引进其他进一步的责任概念。[1] 但离职后竞业限制契约通常会影响劳动者契约自由、自行创业、发展个人技术与能力的私利,同时意味着人力资本在特定期间内的闲置,影响对公众提供更广泛或更好服务与产品的公益。因而竞业限制协议的法律规制应该在劳、资、社三者利益之间寻求平衡。

(一)劳动者离职后竞业限制是一种合同义务

劳动者离职竞业限制,是对其工作权、生存权及诸多自由权利的限制,必

---

〔1〕 参见焦兴凯:《重要英美法系国家对受雇者竞业禁止规范之研究》,载《万国法律》2003年第131期。

须具有法律的明确规定,或者劳资双方的合意才具有正当性。从现有制定法规定看,法律对竞业限制作出的明确规定主要针对董事、高级管理人员和合伙人,而且主要是在职竞业限制的规定,因为这些人往往掌握企业的核心机密,需要以强行法规范推动竞业限制的实现。关于劳动者离职后的竞业限制,一般在劳动合同中进行明文约定,或者另行签订竞业限制协议,约定劳动者离职后于特定的时间、地域内不得与原雇主竞业。在比较法上,大陆法系国家离职竞业限制都是一项契约义务,且多数以合理为标准,依赖法院判例成为一般规则。奥地利关于劳动者离职后竞业限制义务仅限于双方当事人另订有特别约定,德国要求离职后竞业限制必须以书面形式协议约定。[1]我国《劳动合同法》第23条规定了可以通过劳动合同或保密协议约定竞业限制,劳动者离职后竞业限制也被视为一项合同义务,且必须通过书面形式约定。有争论的是,除了通过协议的方式以外,是否存在其他形式的竞业限制,郑尚元教授认为随着公司、企业组织制度的完善和经营管理的职业化,工作规则作为企业章程或制度的组成部分,可以确定某个岗位的竞业限制义务。[2]《关于企业职工流动若干问题的通知》(原劳动部1996年发布)第2条赋予了雇主单方限制劳动者离职后行为的权利,制止掌握商业秘密的劳动者在解除或终止劳动合同的特定期限内,自营或到有竞争关系的生产同类产品、经营同类业务的单位就职。[3]对此,笔者认为,工作规则的制定毕竟是在雇主或企业管理层的主导下进行,劳动者很难参与其中,离职后竞业限制又对劳动者权利和自由的限制较大,所以离职后竞业限制只能通过协议的方式约定。具体分为以下两种情形:

1. 基于默示忠实义务的竞业限制。根据默示的忠实义务,劳动者在合同

---

[1] 参见郑尚元:《劳动合同法的制度与理念》,中国政法大学出版社2008年版,第159页。

[2] 参见郑尚元:《劳动合同法的制度与理念》,中国政法大学出版社2008年版,第160页。

[3] 原劳动部《关于企业职工流动若干问题的通知》第2条规定:"用人单位与掌握商业秘密的职工在劳动合同中约定保守商业秘密有关事项时,可以约定在劳动合同终止前或该职工提出解除劳动合同后的一定时间内(不超过六个月),调整其工作岗位,变更劳动合同中相关内容;用人单位也可规定掌握商业秘密的职工在终止或解除劳动合同后的一定期限内(不超过三年),不得到生产同类产品或经营同类业务且有竞争关系的其他用人单位任职,也不得自己生产与原单位有竞争关系的同类产品或经营同类业务,但用人单位应当给予该职工一定数额的经济补偿。"

终止后对原雇主仍然负有保守商业秘密的残余责任。[1] 如本章第三节所述，根据这一保密责任，劳动者除不得任意泄露或公开原雇主的商业秘密外，还不得运用其雇佣关系存续期间不法获取的机密信息。这在英国法上被形象地称为“跳板原则”，即劳动者不得运用这类信息作为与原雇主进行竞争的跳板。作为例外，如果这类信息虽然是劳动者被告知应该加以保密的信息，但已经成为其本身所拥有的技能和知识，则不受前述原则的限制，而原雇主如果希望此类信息继续保密，则必须与原受雇者签订明确的契约才可以。所以，离职后基于默示忠实义务的竞业限制仅限于商业秘密和机密信息保护的需要。

2. 基于合同约定的竞业限制义务。雇主已经就其所支付的薪资报酬获得受雇者所提供的劳务，但此一事实并未赋予雇主对将来竞业加以限制的权利，况且受雇者并不具有充分协商权来保障其本身的权利。在德国，雇员离职后不存在基于合同后保密或忠实义务而产生的附随义务，法院通过判例的形式将《德国商法典》第74条、第75条规定的，对于“商人”的竞业限制，扩张至各行业所有的雇主与雇员之间。[2] 竞业限制协议必须采用书面形式，对自由竞争的限制期限不得超过两年，从合同终止后开始起算，而且在此限制期间雇主每年必须支付一定数额的补偿金，数额不能低于该雇员在合同终止前年薪的50%。

（二）离职后竞业限制条款的效力辨析

既然离职后竞业限制义务属于合同义务，对其进行法律上判断的重点主要在于竞业限制约定的审查，明确审查标准和应予考量的因素。劳动关系中竞业限制所蕴含的利益结构是多元且复杂的，对竞业限制协议的效力，应当在利益衡量中谨慎地认定。在具体个案的判断中主要是两个方面：一是离职竞业限制条款的效力问题；二是违约金约定是否过高，是否需要调整的问题。关于竞业限制协议的效力判断，我国台湾地区司法实务界形成了“五要件”

---

〔1〕 参见焦兴凯：《重要英美法系国家对受雇者竞业禁止规范之研究》，载《万国法律》2003年第131期。

〔2〕 参见邓恒：《德国的竞业禁止制度与商业秘密保护及其启示——兼论〈劳动合同法〉第23、24条的修改》，载《法学杂志》2017年第3期。

说、“四要件”说和“三要件”说三种学说。所谓“五要件”说[1]包括：雇主利益存在保护的必要，劳动者的职务及地位，限制劳动者就业的期间、区域、范围是否合理，有无补偿措施，离职劳动者是否具有显著背信或违反诚信原则的情形。[2] 后经司法经验积累并反复检讨后，有观点认为前述五个标准中的第四个不宜作为效力要件，有观点认为第五个不宜作为效力要件，“五要件”说逐渐缩减为“四要件”说。而“三要件”说则认为，第四、第五要件都不宜作为效力要件。参酌域外法治经验，前三个要件基本成为各国学术界和实务界的共识，实质上是对雇主正当利益与劳动者职业发展上障碍进行利益衡量，本文接下来将分别阐述；第四个要件则存在比较大的争议，拟作单独论述；而第五要件则是劳动者是否违反竞业限制义务的判断基准，不应作为竞业限制协议的效力判断标准。

1. 雇主有无约定离职后竞业限制的必要性。首先，雇主客观上拥有值得保护的商业秘密或重要的经营信息等正当利益。雇主具有正当利益是约定竞业限制条款的必要前提，所以区分雇主正当利益与劳动者自身技能依然非常重要。竞业限制主要是为了保护秘密信息，确保具有竞争力的人才短期内不为竞争对手工作以免形成竞争压力；如果雇主没有上述资源而强加竞业限

---

〔1〕 “五要件”说具体包括：(1)企业或雇主需有依竞业限制约定保护的利益存在，也就是雇主的固有知识和商业秘密有保护的必要。(2)劳动者或员工在原雇主或公司的职务及地位。关于没有特别技能、技术且其职位较低，并非公司的主要营业干部，处于弱势的劳动者，即使离职后到相同或类似的公司任职，也没有妨害原雇主营业的可能，此时的竞业限制约定应认定为拘束劳动者转业自由，因违反公序良俗而无效。(3)限制劳动者就业的对象、期间、区域、职业活动的范围，需不超越合理的范围。(4)应有补偿劳动者竞业限制损失的补偿措施，有无补偿措施有时也是重要的判断基准，劳动者竞业限制有补偿措施或津贴的，如果没有特别情形，这种竞业约定很难认为是违反公序良俗。(5)离职劳动者的竞业行为是否具有显著背信或显著违反诚信原则的情形，即离职劳动者对原雇主的客户、情报大量窃取等情事，或其竞业的内容及态样较为恶劣，或竞业行为出现有显著的背信性或显著的违反诚信原则时，此时违反竞业限制的离职劳动者不值得保护。

〔2〕 我国台湾地区“行政院”劳工委员会在1989年8月21日台(89)劳资二字第0036255号函中指出：“劳资双方于劳动契约中约定竞业禁止条款，现行法令并未禁止，惟依民法第二百四十七条之一的规定，契约条款内容之约定，其情形显失公平者，该部分无效；另法院就竞业禁止条款是否有效之争议所作出之判决，可归纳出下列衡量原则，1. 企业或雇主须有依竞业禁止特约之保护利益存在。2. 劳工在原雇主之事业应有一之职务或地位。3. 对劳动就业之对象、期间、区域或职业活动范围，应有合理之范畴。4. 应有补偿劳动因竞业禁止损失之措施。5. 离职劳工之竞业行为，是否具有背信或违反诚信原则之事实。”可见也采纳了“五要件”说。参见台湾“劳动法学会”编：《“劳动基准法”释义——施行二十年之回顾与展望》，台北，新学林出版股份有限公司2005年第2版，第234～235页。

制于劳动者,则竞业限制协议无效。在某些特殊的情况下,雇主苦心经营累积的良好商誉,或者对劳动者提供特殊技能和专门知识训练,而享有的竞争优势也属于正当利益的范畴。[1] 为了应对雇主滥用竞业限制条款,限制普通雇员择业自由,法国最高法院社会法庭于1992年5月14日在一则判例中刻意增加了一项合法性条件——对保护企业的合法权益有必要的,才可以订立竞业限制条款。[2] 在英美法系国家,普遍重视创业精神的鼓励,在劳动关系终止后,除有关营业秘密或机密信息的限制外,通常都会对离职劳动者的竞业行为采取比较宽容的态度,即使双方签订了竞业限制契约,法院也往往会对雇主合法利益进行审查,并作限缩的解释,从而维护鼓励创业的公共利益。在英国法上,竞业禁止条款必须符合行业限制规则,此类限制性条款所保护的信息应当限于商业秘密或者与客户特殊信息相关;限制性条款必须是在合理时间和地域范围内保护雇主财产利益所必需的;限制性条款不得违背社会公共利益[3]。关于劳动者是否拥有拒绝签订竞业限制条款的权利,雇主要求签订竞业限制条款是否构成就业歧视等问题,域外法治可以提供借鉴。在美国,多数州对自由意志解雇原则都有例外限制,其中最重要的公共政策例外就是一例。例如,威斯康星州在塔奇诉钱伯斯与欧文(Tatge v. Chambers & Owen, Inc.)一案中认为,雇主解雇拒签竞业禁止约款的雇员合法,并不认为雇主的解雇行为违反公共政策。[4] 劳动者通过工作实践收获

---

[1] 参见谢祥杨:《员工离职后竞业禁止约款与其效力问题——美国法观察》,载《万国法律》2016年第205期。

[2] 法国关于竞业限制的规范也主要来自判例法,最初,最高法院社会法庭对此持比较容忍的态度,但是近年来态度越来越严厉。概括而言主要有三项合法性要件。20世纪60年代最高法院就提出,竞业限制条款只有在具备合法性条件下才能有效:在时间和地域范围内的限制、给劳动者正常从事职业的空间和可能性。60~70年代竞业限制条款主要用来限制管理层的雇员或者某些稀缺性雇员,但后来被雇主滥用到一般雇员的劳动合同中。于是1992年5月14日法国最高法院社会法庭在一则判例中增加了一项合法性条件——对保护企业的合法权益有必要的,才可以订立竞业限制条款。该判例涉及一个橱窗清洁员的择业自由,这种限制被法院认为"对于保护企业的合法权益不必要"。2002年7月10日的判例又增加了一项合法性要件——竞业限制条款必须明确雇主有义务向接受限制的雇员支付经济补偿。参见郑爱青:《法国劳动合同法概要》,光明日报出版社2010年版,第85页。

[3] 参见黎建飞、丁广宇:《竞业禁止义务规范研究——以英国法为比较视角》,载《法学杂志》2006年第4期。

[4] 参见谢棋楠:《二十一世纪初期美国劳动法制之发展趋势》,载《社会法学研究》2014年第2辑。

的知识、技能和经验,实质上是其个人努力学习钻研的结果,且已经成为劳动者人格的组成部分,劳动者离职后有权自由使用工作中研习的知识、技能和经验,即使因此可能造成一定的竞业影响,雇主原则上也不存在值得保护的正当利益。[1] "商业秘密"是知识产权法上的专有名词,对其进行判断应参照本章第三节的内容,不得随意扩大范围。另外,值得保护的正当利益并非只有商业秘密,[2]正如前述,雇主拥有重大利益的秘密信息,虽然没有采取保密措施,但出于维护公平竞争秩序的考量,也可以成为正当利益予以保护。《瑞士债务法》第340c 条规定了两种竞业限制失效的情形,第一种即为"有事实表明竞业禁止的维持对于雇用人不再有显著利益者,竞业禁止失其效力"[3]。我国《劳动合同法》第23 条将雇主正当利益限定在商业秘密或与知识产权相关的保密事项,这里与知识产权相关的保密事项可以解释为重要的经营信息。

其次,劳动者在客观上存在侵害雇主前述正当利益的可能。衡量劳动者是否掌握或接触雇主商业秘密等秘密信息,应当根据其在职时职位的高低和实际从事工作的内容进行判断。现代企业组织普遍实行层级管理,处于不同层级和岗位的劳动者,接触企业秘密信息和重大经营资讯的机会也不相同,对不同层级和岗位的劳动者不能课以相同的竞业限制义务。况且,普通劳动者都知悉的经营信息往往也不能被称为"秘密信息"。普通劳动者的工作机会相对于职位高、有特殊技能的劳动者本就较少,对普通劳动者随意设定竞业限制,签订竞业限制协议,该协议的合法性就值得考量。[4] 《劳动合同法》第24 条对负担竞业限制义务的劳动者类型化为高级管理人员、技术人员和其他负有保密义务的人员三种。《公司法》第148 条也只规定了董事和高级管理人员的竞业限制义务。因此,雇主与普通劳动者约定竞业限制义务,在原则上是不合法的,特别是没有特殊技能、技术,处于较低职位的弱势劳动

---

〔1〕 参见林更盛:《论契约控制——从 Rawls 的正义论到离职后竞业禁止约款的控制》,台北,翰芦图书出版有限公司 2009 年版,第 205 页。

〔2〕 参见翟业虎:《竞业禁止的域外法律实务考察》,载《法学杂志》2013 年第 12 期。

〔3〕《瑞士债务法》,戴永盛译,中国政法大学出版社 2016 年版,第 153 页。

〔4〕 参见郑尚元:《劳动合同法的制度与理念》,中国政法大学出版社 2008 年版,第 162 页。

者,即使这些劳动者到有竞争性的企业工作,也不可能妨碍到原雇主的经营利益。此种情形的竞业限制应被认定为限制劳动者转业自由,因可能侵害劳动者工作权和生存权而无效。[1] 具备上述雇主值得保护的正当利益,且存在劳动者侵害之可能,才能认为雇主确有签订竞业限制条款的必要性,认定该条款合法有效。

2. 离职竞业限制范围是否合理。在离职竞业限制具备必要性的前提下,限制范围与内容的合理性就应成为审查的重点。通常,竞业限制的范围、内容大致上可分为以下几类:(1)竞业行为的种类与内容,即禁止劳动者从事的行为,除禁止到生产同类产品、经营同类业务的有竞争性单位就职,还不得直接经营与原雇主相同的营业,不得挖走雇主现职员工等。(2)禁止就业的对象,即禁止劳动者受雇于特定或某种类的雇主,应是与原雇主形成竞争,可能影响原雇主竞争优势的雇主。(3)离职竞业限制的期限,因离职竞业限制使劳动者人力资本在一定期限闲置,该期限的确定需要平衡劳雇双方的利益。《劳动合同法》规定的两年可能是劳雇双方忍让的高限,时间过长将使劳动者技能退化。因此,即使雇主给予足额的经济补偿换取劳动者不工作,甚至高于劳动者工作时的待遇,也不具有合理性。[2] (4)离职竞业限制的地域范围,依据原雇主营业的影响力范围而定。一般而言,约定竞业限制的地域范围不应超越营业影响力的范围。按照比例原则,竞业限制的范围与劳动者可能影响原雇主竞争力的范围成一定比例,一般技能劳动者因其本身就业能力有限,约定地域广泛的限制对其过于苛刻,而掌握特有商业秘密、有特别技能的劳动者,其就业范围可能更为宽泛一些。总之,约定竞业限制的地域范围和影响应当遵循最小化原则。在德国,雇主要求雇员竞业限制必须有正当的商业利益,在地域、时间、竞业限制的种类与范围、经济补偿等方面考虑该协议不会给劳动者带来不适当的负面影响时,这一条款才有效。[3] 如果

---

[1] 参见郭玲惠:《劳工保密义务于竞业禁止约款之法律意义》,载《万国法律》2003 年第 131 期。

[2] 参见郑尚元:《劳动合同法的制度与理念》,中国政法大学出版社 2008 年版,第 160 页。

[3] 参见[德]曼弗雷德·魏斯、马琳·施米特:《德国劳动法与劳资关系》,倪斐译,商务印书馆 2012 年版,第 161 ~ 162 页。

认为该竞业限制约定对离职劳动者将会构成其未来职业上发展的不公平障碍,则该竞业限制约定无效,对离职劳动者不产生拘束力。

对劳动者离职竞业限制范围合理性的判断,关键在于该约定是否会对劳动者的正当利益,主要是工作权的保障,构成过度、不合理的侵害。如果竞业限制的范围与内容已经逾越合理的范围,即使存在限制的必要性,也应认定相关条款无效,对劳动者没有拘束力。

3. 其他影响离职竞业限制条款效力的考量因素。首先,在司法实践中,另一个争论比较多的问题是,劳动者或雇主违反约定对竞业限制条款效力的影响。参考比较法上的立法例,如《瑞士债务法》第 340c 条规定的第二种竞业限制失效的情形:“雇用人无正当理由(指不存在可归责于受雇人且足以构成雇用人终止劳务关系之原因的事由)而终止劳务关系,或者受雇人因可归责于雇用人的事由而终止劳务关系者,竞业禁止亦失其效力。”〔1〕1997 年原国家科委发布的《关于加强科技人员流动中技术秘密管理的若干意见》第 7 条也规定,用人单位未执行国家有关科技人员的政策,受到显失公平待遇,或者用人单位违反竞业限制条款,不支付或者无正当理由拖欠补偿费的,竞业限制条款自行终止。民国时期公布但尚未施行的《劳动契约法》第 15 条规定了,“雇方对劳动者如无正当理由而解约时,其禁止竞业之约定失其效力。”可见,立法对雇主维持竞业限制条款的效力提出了较高的要求,雇主只有在自身遵守法定和约定义务的情形下,才可以要求劳动者履行竞业限制义务。

其次,离职竞业限制协议为要式合同。通常,离职竞业限制属于雇主与极少数劳动者之间的特别协议,对双方权益之影响甚大,尤其涉及劳动者工作权、生存权等基本权利的保障,而且在双方从属性关系终止后发生效力,法律要求双方经慎重考量后以书面形式确定。很多大陆法系国家明文规定竞业限制协议需以书面形式为之。例如,《意大利民法典》第 2125 条规定了在约定中未采用书面形式,在劳动契约终止后限制劳务提供者从事与企业竞争

〔1〕《瑞士债务法》,戴永盛译,中国政法大学出版社 2016 年版,第 153 页。

的业务的约定无效。[1] 在德国,离职后竞业限制约定应以书面形式为之,且需详细记载约定内容,并由双方签名后各执一份。[2] 民国时期公布但尚未施行的《劳动契约法》第 14 条规定:“劳动契约得约定劳动者于劳动关系终止后,不得与雇方竞争营业;但以劳动者因劳动关系得知雇方技术上秘密,而对于雇方有损害时为限。前项约定应以书面为之;对于营业之种类、地域及时期应加以限制。”

(三)经济补偿金对竞业限制条款效力的影响

竞业限制经济补偿金,是对劳动者离职后不从事特定工作或自营特定营业所受损失,由雇主给予的合理补偿。竞业限制条款之所以要考量雇主对劳动者的合理补偿的问题,是因为劳动者离职后可能因为遵守竞业限制的约定,而导致其在工作、生活条件上产生不利益,避免对劳动者权益造成过大影响以维持双方利益平衡。[3] 然而,对于未约定竞业限制经济补偿金的协议是否有效,无论是在理论界还是在司法实务界都存在巨大分歧。有学者认为应将经济补偿的约定和支付作为离职竞业限制协议的有效要件和生效要件。[4] 也有学者认为将未约定经济补偿的竞业限制条款认定无效值得商榷。[5] 2009 年上海市高级人民法院与人社局《关于适用〈劳动合同法〉若干问题的意见》第 13 条规定了未约定经济补偿的竞业限制条款具有约束力。2009 年江苏省高级人民法院与仲裁委《关于审理劳动争议案件的指导意见》第 13 条第 1 款则规定了未约定或者约定未支付经济补偿的竞业限制条款没

---

〔1〕《意大利民法典》第 2125 条规定:“在约定中未采用书面形式、未为提供劳务者的利益确定相应的对价,亦未确定禁止提供者从事的业务范围、期限和地点的情况下,限制提供劳务者在劳动契约终止后从事与企业进行竞争的业务的约定无效。”参见《意大利民法典》,费安玲、丁玫译,中国政法大学出版社 1997 年版,第 529 页。

〔2〕参见台湾“劳动法学会”编:《“劳动基准法”释义——施行二十年之回顾与展望》,台北,新学林出版股份有限公司 2005 年第 2 版,第 230 页。

〔3〕参见陈冠中、蔡孟真:《新劳动基准法与事先给付竞业禁止补偿金》,载《万国法律》2016 年第 205 期。

〔4〕参见张妮、王全兴:《离职竞业限制协议的效力问题探讨——兼论商业秘密法律保护手段选择》,载《法学杂志》2011 年第 10 期。

〔5〕参见朱军:《未约定经济补偿对离职竞业禁止协议效力的影响——基于离职竞业禁止案例的整理与研究》,载《华东政法大学学报》2012 年第 1 期。

有拘束力。2013年最高人民法院《关于审理劳动争议案件适用法律若干问题的解释(四)》则回避了这一争论,在第6条规定了未约定经济补偿但劳动者履行了竞业限制义务的,可以按解除或终止劳动合同前12个月平均工资的30%按月支付补偿。

离职后竞业限制是为了雇主单方利益而设,离职后双方劳动关系既已终止,劳动者原本并无竞业限制义务,劳动者在劳动关系存续期间获得的知识、技能和经验是劳动者的重要资本,劳动者有权利用。这一资本对其维持生计具有重要意义。劳动者为了雇主利益而造成生活不变或谋生的困难,雇主理应给予必要的经济协助,如果承认未约定经济补偿的竞业限制有效,雇主无须给付任何补偿,但劳动者却有不从事竞业的不作为义务,无异于在劳资双方当事人间形成单一的、无偿法律关系,劳资双方权利义务有所失衡,与《合同法》以及《劳动合同法》上保护弱势劳动者的思想大相径庭。[1] 2016年我国台湾地区"劳动基准法"修改,正式采用了"四要件"说,第9-1条规定:"未符合下列规定者,雇主不得与劳工为离职后竞业禁止之约定:一、雇主有应受保护之正当营业利益。二、劳工担任之职位或职务,能接触或使用雇主之营业秘密。三、竞业禁止之期间、区域、职业活动之范围及就业对象,未逾合理范畴。四、雇主对劳工因不从事竞业行为所受损失有合理的补偿。前项第四款所定合理补偿,不包括劳工于工作期间所受领之给付。违反第一项各款规定之一者,其约定无效。离职后竞业禁止之期间,最长不得逾二年。逾二年者,缩短为二年。"事实上,即使雇主有值得保护的正当利益和必要性,通过竞业限制约定限制劳动者就业对象、区域、期间等,如果没有约定经济补偿,对劳动者而言明显欠缺期待可能性,相关规定对此作出无效之评价,完全符合社会法上的原理与价值。

关于经济补偿金额,有部分补偿、足额补偿和超额补偿之分。在实践中绝大多数约定为部分补偿,且标准过低。我国法律采不干预的态度,最高人

---

〔1〕 参见台湾"劳动法学会"编:《"劳动基准法"释义——施行二十年之回顾与展望》,台北,新学林出版股份有限公司2005年第2版,第238页。

民法院《关于审理劳动争议案件适用法律问题的解释(一)》第37条规定,劳动合同或保密协议中约定竞业限制和经济补偿,合同解除后雇主要求劳动者履行竞业限制义务,或劳动者在履行了竞业限制义务后要求雇主支付经济补偿金的,人民法院应予支持。即使双方对经济补偿标准没有约定,劳动者也可以请求雇主按照合同解除或终止前12个月平均工资的30%按月支付。显然我国司法解释规定的标准过低,对劳动者维持离职后竞业期间生活所需考虑不足。对此,我国台湾地区2016年修正的"劳动基准法施行细则"第7-2条可兹参照:"本'法'第九条之一第一项第四款所定之合理补偿,应就下列事项综合考量:一、每月补偿金额不低于劳工离职时一个月平均工资百分之五十。二、补偿金额足以维持劳工离职后竞业禁止期间之生活所需。三、补偿金额与劳工遵守竞业禁止之期间、区域、职业活动范围及就业对象之范畴所受损失相当。四、其他与判断补偿基准合理性有关之事项。前项合理补偿,应约定离职后一次预为给付或按月给付。"在设定最低补偿基准的前提下,容许当事人自由约定,目的在于维持劳动者离职后的生活所需。在此,应当倡导英国法上"花园休假"式的足额补偿,保证劳动者不因此而导致生活水平的下降。

四、竞业限制与保密义务之间的关系

保护商业秘密一直是涉及多个部门法领域的难题,相关立法也广受关注。关于商业秘密保护的研究主要集中于知识产权、反不正当竞争法、侵权责任法等领域。很多研究人员并未意识到,作为劳动者忠实义务的内容,竞业限制义务、保密义务与商业秘密的关系如此之密切。研究竞业限制问题时,保密义务是一个绕不开的话题。这是因为,二者虽然分属不同的范畴和法律部门,但交叉甚多、关系甚密。竞业限制的主要目的在于保护商业秘密,竞争限制是保护秘密信息的重要手段之一。

(一)以保密为目的的竞业限制

竞业限制制度设置的初衷在于保护雇主的利益,而商业秘密正是这种需要保护的利益的主要形式。竞业限制作为一项禁止性规则,其主要价值是保护商业秘密。竞业限制与保密义务都将商业秘密作为其主要保护对象,在职期间的竞业限制与保密义务都是基于忠实义务的要求。不同之处在于,保密义务禁止以任何形式泄露、出卖、转让商业秘密;竞业限制则是以限制商业秘密知情者劳动权的形式实现保护商业秘密的目的,是一种力度更强的保护商业秘密的手段。负有保密义务的劳动者在职期间的保密义务和竞业限制义务都是基于忠实义务的法定义务,二者是重合的。而且往往是一种默示义务,虽然现代企业制度的发展,使雇主的人格变得越来越抽象,劳动者忠实义务的观念也逐步淡化,但保密义务与竞业限制义务作为明示或默示的法定义务不能免除。

劳动者离职后保守秘密信息的义务,多数情形下是通过离职竞业限制协议进行约定的。虽然保密协议在理论上可以防止劳动者泄露、出卖和转让雇主的秘密信息,但基于秘密信息的特性,雇主很难监控劳动者在为新雇主的工作中不使用原雇主的商业秘密和重要经营信息。离职竞业限制协议则以限制劳动者工作权的方式保护雇主秘密信息,具有更强的效力。因此,竞业限制与保密协议可以结合使用,当保密协议足以保护商业秘密和重要的经营信息时,就不应当适用竞业限制协议。当然,具体到商业秘密,即使劳动者没有签订竞业限制协议也负有竞争法上的保密义务。也就是说,即使没有竞业限制协议,劳动者也负有默示的保守商业秘密的残余责任。

(二)非以保护秘密信息为目的的竞业限制

雇主除了可以利用竞业限制保护商业秘密外,还可以维护其他正当的商业利益,而正当的商业利益不仅包括商业秘密,还可能包括诸如避免恶性竞争、维护商业信誉等。[1] 非以保护秘密信息为目的的竞业限制,可以称为"单纯的竞业限制"。没有保密义务的劳动者在职期间的兼职、自营或近亲属营业、协助他人经营、竞争准备行为都可能与雇主形成竞争。例如,为了离职后与雇主竞争的准备行为,招揽原雇主客源、接洽原雇主供应商;非竞争性

---

〔1〕 参见邓恒:《德国的竞业禁止制度与商业秘密保护及其启示——兼论〈劳动合同法〉第23、24条的修改》,载《法学杂志》2017年第3期。

的兼职可能影响本职工作的完成，正如本章第二节所述，随着现代劳动者休息权得到保障，劳动者兼职的可能性增加。基于劳动者的职业自由权，劳动者有权从事非竞争性的兼职，我国《劳动法》和《劳动合同法》也没有限制兼职行为，随着弹性工作制的发展，兼职行为也越来越普遍。雇主为了保持竞争优势，可以通过协议、工作规则明确禁止劳动者兼职或从事其他竞争行为。

没有保密义务的劳动者离职后，原则上可以自由利用工作期间获得的知识、技能和工作经验，从事任何工作。因为没有保密义务就意味着雇主没有商业秘密或重要经营信息等值得保护的正当利益，约定竞业限制的劳动合同或保密协议因妨碍劳动者自由流动而无效。法律认可的例外情形是，劳动者离职后可能利用雇主累积的良好商誉，或者利用雇主对其提供的特殊技能训练或专门知识，为原雇主的竞争对手工作，从而可能对原雇主造成竞争压力，使其丧失竞争优势。

综上，劳动者竞业限制义务是忠实义务的重要内涵，由于其不仅涉及雇主财产权、经营权和劳动者劳动者权、自由的权利等基本权益，还关系到公平、自由竞争的市场经济秩序，需要在雇主秘密信息保护、竞争优势维持和劳动者工作权、生存权、发展权等权益之间作出利益衡量。劳动者在职竞业限制义务是一项默示的合同义务，即使没有法律的明文规定和合同约定，也不能免除。劳动者离职后竞业限制义务是一项明示的合同义务，也是雇主保护秘密信息的最佳手段，但离职竞业限制对劳动者基本权益的影响更大，必须满足特定条件，并给予合理补偿方能发生效力。

第五节　劳动者不当言论限制义务

在传统观念上，公民的自由权被认为止于工厂的大门，在雇主的命令权之下，传统雇员不再是一个自由的公民，只有在雇主容许的情况下才能发表言论，或者只能发表雇主容忍的言论。[1] 告发者被认为是肇事者，他们因为

---

〔1〕 See Bob Hepple, *The Duty of Loyalty -Employee Loyalty in English Law*, 20, Comparative Labor Law and Policy Journal, Vol. 20, 1999, p. 210.

不忠实而受到惩罚或者被解雇。在相当长的时期，劳动者被认为是雇主组织成员，双方形成一种共同体关系，特别强调劳动者作为组织成员的忠实义务，雇主对劳动者言论拥有绝对控制权，无论该言论是否与雇主有关。而现代劳动法理论认为，忠实义务只是基于诚实信用原则和信赖保护原则而产生的一种合同附随义务，不当言论限制的目的在于辅助工作义务完成，并不能逾越这个范围强调忠实。也有学者认为，不当言论限制应该属于一般公民的义务，并不是专属于劳动者的义务。[1] 不可否认，即使没有劳动法，企业的名誉也有其他法律予以保护。但是劳动者作为融入雇主组织的一员，对其内部情形的熟悉程度要远高于外界，其言论也因容易被视为"内幕信息"而增加认可度，对劳动者言论的规范不仅涉及劳资双方基本权利的保障，还可能涉及社会公共利益的维护。

一、劳动者不当言论限制义务与言论自由

我国《宪法》第 35 条规定的言论自由的基本权利，对于民主法治国家秩序和人格完整性的维护具有至关重要的作用。同时，我国也是《公民权利和政治权利国际公约》的签署国，根据该公约第 19 条规定，人人有自由发表意见的权利。但是受《宪法》保护的言论自由也不是毫无约束的自由，而是受到一般法律规范和有关个人名誉权的法律规定的限制。该公约第 19 条同时规定，发表意见的权利带有特殊的义务和责任，因尊重他人权利和名誉得受某些限制，但应以法律规定为准。所以，劳动者不当言论限制义务应当平衡言论自由与雇主权利之间的关系。

（一）言论自由的基础性地位及限制

言论是人格最重要的表现形式之一，所以言论自由不仅是政治自由，还是精神思想自由的核心内容。在国际人权公约中，言论自由也指发表各

---

〔1〕 参见谢增毅：《劳动法的改革与完善》，社会科学文献出版社 2015 年版，第 42 页。

种意见的自由,[1]是保障人的尊严和一般人格权的重要体现,鉴于言论自由的重大意义,在进行相关审查时应该最大限度地保障言论自由。社会上绝大多数公民都处于劳动关系中,劳动者日常生活的大部分时间都在工作场所度过,即使私人时间的言论也可能直接或间接地与工作相关。如果言论自由在企业里、劳动过程中得不到或者只得到部分实现,那显然和言论自由的基础地位不符。[2] 就基本权利保护而言,不论该言论是理性还是感性、是有道理还是毫无根据、是对他人有用还是有害,有无价值,都在所不问。受到言论保护的既包括言论的内容,也包括其表达形式。不能仅因为某一言论带有攻击色彩,就完全排除言论自由对它的保护。[3]

任何自由都不是绝对的,言论自由也不例外,而是要受到社会公共利益、未成年人保护及个人名誉权保护等法律规范的限制,并在两种利益之间形成一种平衡。但基于言论自由基本权的法律地位和价值内涵,在解释相关法律规定时应贯彻最小限制原则。具体到劳动关系中,在界定劳动者言论自由的边界时,也要考虑到法律所保障的雇主的基本权利。不仅包括《宪法》第38条规定的人格尊严和《民法典》第110条规定的一般人格权,而且基于《宪法》第42条第1款所保障的劳动权还应该考虑到雇主在劳动合同顺利履行和维持企业经营秩序方面的正当利益。作为劳动合同的双方,劳动者负有积极增进雇主利益的忠实义务,理应避免损害雇主利益的言论。但是,在劳动

---

〔1〕 联合国《公民权利和政治权利国际公约》第19条第2款规定:"人人有自由发表意见的权利;此项权利包括寻求、接受和传递各种消息和思想的自由,而不论国界,也不论口头的、书写的、印刷的、采取艺术形式的、或通过他所选择的任何其他媒介。"该条款强调"各种消息和思想",并未将言论自由的内容仅限于政治言论范围。参见陈明辉:《言论自由条款仅保障政治言论自由吗》,载《政治与法律》2016年第7期。《欧洲人权公约》第10条规定:"1.人人享有表达自由的权利。此项权利应当包括持有主张的自由,以及在不受公共机构干预和不分国界的情况下,接受和传播信息和思想的自由。本条不得阻止各国对广播、电视、电影等企业规定许可证制度。2.行使上述各项自由,因为负有义务和责任,必须接受法律所规定的和民主社会所必需的程式、条件、限制或者是惩罚的约束。这些约束是基于对国家安全、领土完整或者公共安全的利益,为了防止混乱或者犯罪,保护健康或者道德,为了保护他人的名誉或者权利,为了防止秘密收到的情报的泄漏,或者为了维护司法官员的权威与公正的因素的考虑。"

〔2〕 参见王倩、朱军:《德国联邦劳动法院典型判例研究》,法律出版社2015年版,第131页。

〔3〕 参见王倩、朱军:《德国联邦劳动法院典型判例研究》,法律出版社2015年版,第118~119页。

关系中适用限制言论自由的法律规定,必须要顾及言论自由对民主自由的国家秩序的基础性作用。20 世纪 70 年代以前是“人格法上共同体关系理论”主导的时代,德国联邦劳动法院曾主张劳动者有义务避免一切可能损害雇主利益的言论,在 1972 年的一则判决中,明确表示劳动者言论自由应该受到“劳动关系基本规则”的限制。[1] 当时著名的劳动法学者尼基什(Nikisch)也认为劳动者作为企业成员首先应该遵守自己的忠实义务,受到言论方面的限制。这种对言论自由的限制被认为是相当危险的。近年来,主流观点对此批评的声音较大,越来越强调言论自由的基础地位,联邦劳动法院也放弃了这种观点。[2] 目前,德国司法界的主流意见认为,一方面劳动关系中的言论自由应该得到全面保障,另一方面雇主在基本法上的权益也应顾及。[3]

(二)厘定劳动者言论自由边界的考量因素

原则上,劳动者有权对雇主和企业的事务提出批评,即使该批评带有夸张或攻击的色彩,但劳动者不能无端对雇主、上司、同事进行谩骂或侮辱,破坏组织内部的和谐气氛。即雇主无须忍受劳动者所有的言论,但也不能要求劳动者保持缄默。因此,涉及劳动者言论自由的争议,应该根据个案情况在言论自由与其他法益之间进行利益衡量。

事实认定是利益衡量的前提,准确认定言论所表达的真实含义至关重要。在解读某项言论的具体含义时,必须以争议双方之外第三人的视角,综合语境、场合、表现形式、核心思想进行事实认定,避免误读和断章取义。利益衡量时必须考量多方面的因素。第一,劳动者的身份地位和所处岗位不同,言论的分量影响也不同。雇主代表或管理层往往被视为内幕信息知情人,更能代表组织,影响也更大;直接接触客户的员工的言行对企业形象的影响也更为明显。第二,发表言论的情境、起因与劳动者的过错程度也是应予

---

〔1〕 参见林佳和:《劳动关系的公益与私益冲突?——从德国劳工忠诚义务的演进轨迹谈起》,载高雄大学政治法律学系主编:《公益揭发——职场伦理新趋势》,高雄,巨流图书股份有限公司 2010 年版,第 94 页。

〔2〕 参见王倩、朱军:《德国联邦劳动法院典型判例研究》,法律出版社 2015 年版,第 133 页。

〔3〕 参见[德]沃尔夫冈·多伊普勒:《德国劳动法》,王倩译,上海人民出版社 2016 年版,第 219 页。

考虑的因素。比如,劳动者受到雇主、同事、客户的辱骂、挑衅或排挤,一时激愤发表不当言论也属情有可原;企业惯常氛围较为宽松的,同事、上下级之间普遍使用的俚语甚至偶尔为之的脏话,也无须太较真。此外,劳动者发表言论的场合与渠道很重要,工作时间之外同事、朋友聚会中批评雇主或工作,应当认为是比较私密的场合,但如果借助网络在公共论坛或粉丝众多的微博"爆料",则属于公开发表言论了。相对于内部的沟通,公开发表的言论无论是传播范围,还是影响力都更大。第三,劳动者言论是否造成不良影响,以及这种影响的严重性。绝非所有可能对雇主产生不利影响的言论都要禁止,只有当劳动者的言论造成某种具体的危险时,才能对其进行相应的惩戒。

(三)劳动者不当言论的具体情形

在实践中,涉及劳动者不当言论的可能情形有侮辱、诽谤、批评、谈论政治事务或社会热点事件以及公益告发行为等,因为公益告发涉及诸多伦理价值观念和利益冲突,且内容相对独立,本书将辟专章进行论述。

1. 侮辱、诽谤和批评。如果劳动者的言论公然贬损雇主、同事或顾客的人格,破坏其荣誉,显然侵犯了别人的人格尊严,不再属于言论自由保护的范畴。比如用侮辱性的词语辱骂雇主是违反忠实义务的行为,不仅挑战雇主的管理权威和经营秩序,还可能构成侵权。如果劳动者故意捏造并公开散布虚构的事实,来贬低他人人格、破坏他人名誉,同样不能得到言论自由的保护,比如造谣自己的上司有生活作风问题。当然,这里所谓的侮辱、诽谤是指未达到《刑法》第 246 条第 1 款规定的入罪程度。[1]

在实践中,需要特别注意的是,侮辱和批评之间的区别。劳动者作为有独立思维的社会个体,必然会有自己的思维方式和价值观,其观点和立场可能与雇主完全不同。原则上,不能禁止劳动者对工作、同事、顾客或者雇主作出负面评价,即使这种评价偶有夸张或攻击的色彩,也没有超出言论自由保护的范畴。侮辱与批评之间最大的区别就在于主观目的不同,侮辱以贬损他

〔1〕 我国《刑法》第 246 条第 1 款规定:"以暴力或者其他方法公然侮辱他人或者捏造事实诽谤他人,情节严重的,处三年以下有期徒刑、拘役、管制或者剥夺政治权利。"

人人格和破坏他人名誉为目的,批评则没有恶意,有时开展批评与自我批评是为了进一步改进工作,属于劳动者忠实义务的内涵范畴。

2. 谈论政治事务或者社会热点事件。任何公民都有权对政治事务、社会热点事件提出批评、建议,发表自己的看法并交流各自的观点,劳动者也不例外,只要这种谈论不影响工作顺利进行,或者容易给外界造成雇主也有同样政治倾向的误解,雇主无权以政治观点不同禁止类似的谈论。例如,劳动者在工作场所悬挂横幅、政治标语或张贴大字报等行为,不仅可能让持不同见解的同事产生不悦,也容易让外界误解雇主也赞同该主张。我国司法实践中尚无这样的案例,并非因为企业言论相对自由,而是受整体社会环境的影响,言论表达渠道不畅通,劳动者权利意识还不强。

二、涉及社会公共利益的言论

劳动者发表的言论,既有纯粹私人性质不涉及工作和雇主利益的,也有涉及工作内容和雇主利益的评价、批评或言语冲突,还可能对雇主违法行为或逾越道德要求的行为进行检举揭发。其中对雇主利益和公共利益影响最大者,莫过于第三种情形,特别是涉及公共利益的告发,法律应区分不同情形进行不同对待。关于涉及社会公共利益的言论应该通过立法予以保护,各国已经达成共识,劳动者公益告发不再被视为违反忠实义务。

劳动者涉及公共利益的言论需要平衡多方面的利益,法律并非鼓励一切涉及公共利益的言论。劳动关系中的不当言论限制不只是公民负担的一项义务,劳动者在劳动过程中对雇主具有正当利益的情事,具有一种沉默的义务,即使对于雇主的违法行为也有与普通社会公众不同的注意义务,应当遵守内部解决优先原则。[1] 劳动者涉及社会公共利益的言论主要表现为对雇主违法或逾越道德要求的行为进行检举揭发。按照主观目的的不同,劳动者可能基于维权的需要或获取私利进行告发,也可能出于"侠肝义胆"维护社会公共利益,或者二者兼而有之。劳动者为了维权的需要或者单纯为了获取

---

〔1〕 参见黄程贯:《劳动法中关于劳动关系之本质的理论》,载《政大法学评论》1998 年总第 59 期。

私利而告发雇主违法或不道德行为是典型的“告密”。所谓告密，是将本组织内的秘密向组织外的个人或团体告发，含有变节反叛的贬义。告密对于社会伦理道德的破坏性已经在伦理学与法学界达成共识，不告密更被视为一条道德底线，告密可能使人失去基本的信任，甚至相互侵害，从而摧毁社会的道德基础。谈及告密者大家就联想到“告密者难题”和哈特、拉德布鲁赫、富勒之间对于告密者案件中法哲学问题的争论，德国班贝格上诉法院在被告向纳粹当局告密其军官丈夫的案件中，判决被告有罪的理由值得深思：首先，她没有告密的义务；其次，告密是为了满足个人动机；最后，其明知告密违背了正义人士关于健全良知与正义感的共识。〔1〕 由此可见，鼓励告密的法律往往存在于集权统治的国度，这样的法律被认为是狠毒的，颠覆了人类的理性。〔2〕 但是，当劳动者基于维护公益而告发雇主违法或不道德行为时则另当别论，维护社会公共利益的目的区别于个人私利的追逐，劳动者在多大程度上构成了对忠实义务的违反，取决于具体案件中的具体情形。对劳动者而言，其不仅有发表言论的愿望，而且有避免自己良心不安的必要，有时隐瞒不报还可能给自己带来麻烦。如有的国家法律赋予劳动者在特定情形下的举报义务，知情不报甚至可能承担刑事责任。〔3〕 对雇主而言，一方面，当然希望保守秘密，避免企业声誉或者内部气氛受到不良影响；另一方面，如果个别劳动者违法行为有损企业利益，而内部监控不力导致雇主被蒙蔽，那么雇主也可能得益于劳动者的检举告发。〔4〕 对社会公益而言，将违法不当行为扼杀于萌芽，伸张正义，善莫大焉。但即使是公益告发也要在主体、对象事实、处理程序上进行控制，以最大限度地减少其对社会伦理道德的负面影响。本书将在第五章详述。

---

〔1〕 参见柯岚：《告密、良心自由与现代合法性的困境——法哲学视野中的告密者难题》，载《法律科学》2009 年第 6 期。

〔2〕 参见[法]孟德斯鸠：《论法的精神》，许明龙译，商务印书馆 2016 年版，第 238 页。

〔3〕 如《德国刑法典》第 138 条规定了“知情不举”的刑事责任，参见《德国刑法典》，徐久生、庄敬华译，中国方正出版社 2004 年版，第 78 ~ 79 页。

〔4〕 参见王倩、朱军：《德国联邦劳动法院典型判例研究》，法律出版社 2015 年版，第 138 ~ 140 页。

三、不涉及社会公共利益的言论

当劳动者的言论不涉及社会公共利益时,应当主要在劳动者言论自由权与雇主的名誉权之间作出利益衡量。劳动者作为普通公民所应该享有的言论自由,在劳动关系中也应该得到保护,雇主不能因为劳动者与自己在见解上存在分歧而对其施以惩戒或解雇。根据与工作内容和雇主利益是否有关对不涉及公共利益的言论分别进行讨论。

首先,劳动者对与工作内容和雇主利益无关的事情享有言论自由。与工作内容和雇主利益无关的言论不会影响到工作义务的完成,雇主当然没有权力干涉,即使这些言论涉及政治事务和社会热点事件。劳动者在工作时间和闲暇可以对政治事务或社会热点事件自由表达看法或进行讨论,只要这种讨论没有影响到工作的顺利进行。其次,劳动者与工作内容和雇主利益有关的言论不能对劳动过程产生不良影响、损害雇主的合法利益。公开谩骂雇主显然属于违反忠实义务的行为,谩骂同事和顾客同样构成侮辱,违反了人类一般的礼仪感。但劳动者在与同事和朋友的私人聚会中贬低雇主、同事的言行虽然不妥当,但这种私底下的谈话,往往基于对谈话对象的信赖,认为谈话内容不会外传,不应视为违反忠实义务。当然,劳动者在工作时间或者闲暇的言论还受到《刑法》和《侵权责任法》的限制,特别是《刑法》第 246 条规定的侮辱罪和诽谤罪。但如果劳动者的言论是基于事实,或者只是为了维护自己的正当权益,则应该得到保护。

关于劳动者言论是否涉及其职务(工作内容)或雇主利益,可以参照美国联邦最高法院在三则判例中的观点。联邦最高法院在格林诉县行政委员会(Green v. Board of County Commissioners)一案中认为,公务员公开批评公众关注的事项,可以受到《联邦宪法第一修正案》(言论自由)的保护,因为在这种情形下公务员是作为一个公民在表达意见,但是如果公务员的公开批评涉及其职务,则不再属于《联邦宪法第一修正案》的保护范围。[1] 2007 年,

---

〔1〕 See 472 F. 3d 794.

第十巡回法院在二则判例中也作出了同样认定,在凯西诉西拉斯维加斯独立学区(Casey v. West Las Vegas Independent School District)一案中,其认为劳动者所为陈述如果是在其职责范围之内,则应当认定涉及其职务;[1]在布拉默·霍尔特诉双峰特许学院(Brammer-Hoelter v. Tiwn Peaks Charter Academy)一案中,其认为员工对其工作职责范围内的有关任务的言论不受保护。[2]

综上,劳动者言论自由的核心问题是确定该权利的合理边界。劳动者进入雇主组织工作并未因此丧失言论自由,但须要受到限制,限制程度要根据劳动者的言论自由与雇主利益进行权衡。[3]

第六节 积极增进雇主利益的义务

劳动者对雇主负有利益增进义务,即劳动者对与其所承担的劳动,应以注意行之,关于业务的进行应就其所知陈述意见或为报告以求业务之增进,并不得收受贿赂或因其他情事而与业务以不利益。[4] 按照史尚宽先生的论述,增进雇主利益的义务包括了工作障碍及危害通知义务、清廉义务、兼职限制义务、竞业限制义务等具体的内容。这是由当时的经济、社会现实和劳动法理论的发展所决定,劳动者兼职和竞业的问题尚不紧迫。但随着经济、社会和雇佣实践的发展,劳动法关于兼职限制和竞业限制理论获得了进一步发展,并形成了本书前述独立的理论体系。因此,本节关于增进雇主利益的义务主要从工作障碍及危害通知义务、减少损失义务和清廉义务三个方面展开。

一、工作障碍及危害通知义务

在工作过程中,劳动者应将自己所发现或预见的工作障碍或危害即时告

---

〔1〕 See 473 F. 3d 1323.

〔2〕 See 492 F. 3d 1192.

〔3〕 参见王贵松:《论公益性内部举报的制度设计》,载《法商研究》2014 年第 4 期。

〔4〕 参见史尚宽:《劳动法原论》(1934 年上海初版),台北,正大印书馆 1978 年重刊版,第 25 页。

知雇主，这被称为“工作障碍及危害通知义务”。[1] 为了实现劳动合同目的，劳动者需要进入雇主组织工作，雇主需要提供必要的生产资料置于劳动者管理或控制之下。伴随知识经济时代的发展，劳动者所能掌握的雇主财产已经不单纯是办公设备、生产工具，而可能包括商业秘密等无形财产在内的大量核心资产。而且，亲自提供劳务的特点决定了劳动者必须与同事密切配合，且最接近生产一线，最清楚生产设备运行情况和业务进展，最了解工作中存在的障碍及危害，最早发现事故和安全隐患。如果劳动者能够尽到报告义务，及时发现并报告事故隐患和不安全因素，可以有效避免安全事故发生或降低事故的损失，有利于劳资双方的共同利益。我国《合同法（建议草案）》第454条就曾经对受雇人“重大情况告知”和“照顾雇用人利益”的义务作出规定。但劳动者所负担报告义务的范围和程度由其职务和职位所决定。

（一）职责范围内工作障碍与危害的报告义务

对于通过劳动合同和雇主指示确定的职责领域内，已经出现或可能出现的损失，劳动者必须向雇主报告。[2] 否则就是一种违反忠实义务的失职行为，应承担相应的违约责任。劳动者觉察事故发生或存在事故隐患时，应当及时向雇主或上司报告，让雇主及时、充分了解安全生产隐患，必要时还负有采取减少损害的措施。我国《安全生产法》第56条规定：“从业人员发现事故隐患或者其他不安全因素，应当立即向现场安全生产管理人员或者本单位负责人报告；接到报告的人员应当及时予以处理。”《使用有毒物品作业场所劳动保护条例》第46条规定：“劳动者……发现职业中毒事故隐患时，应当及时报告。”《职业病防治法》第34条第3款规定了职业病危害报告义务。我国香港特区《工厂及工业经营（易燃液体的喷涂）规例》第59N章第15条也规定了雇员报告工作障碍的义务：“如遇下述各样有任何故障或欠妥之处，每个雇员均须随机报告东主—(a)任何通风器具、灭火器具或任何电力器具，包括电缆、电线开关掣或插头；或(b)用于运送或贮存易燃液体的任何喉管或

---

〔1〕 参见台湾“劳动法学会”编：《“劳动基准法”释义——施行二十年之回顾与展望》，台北，新学林出版股份有限公司2005年第2版，第115页。

〔2〕 参见[德]W. 杜茨：《劳动法》，张国文译，法律出版社2005年版，第63～64页。

管道或容器。”[1]

(二)职责范围外工作障碍与危害的报告义务

有争议的是,在超出其劳动合同和雇主指示确定的职责范围之外,劳动者对工作障碍及危害的报告义务该如何确定。首先应予明确的是,劳动者的报告义务绝非仅限于职责领域,根据忠实义务的要求,即使在职责领域之外,劳动者仍负有积极维护雇主利益的义务。不仅劳动合同难以面面俱到,而且雇主指示也具有滞后性,难免挂一漏万。其次,报告范围只能根据具体情况权衡劳雇双方的利益进行判断。宽泛的报告义务可能给劳动者造成过重的负担,也为雇主擅权留下空间;如果将报告义务局限于职责领域,则不利于企业管理和减少损失。因此,对于职责领域之外的报告义务更接近于“愿望的道德”,更适宜通过激励的方式实现。比较典型的案例是,对同事危害雇主利益的行为,劳动者是否有报告的义务。如果面临的是物的危险,劳动者向雇主履行报告义务比较容易。但企业是人的结合,劳动者往往要面对复杂的人际关系,甚至是上下级关系。如果同事出现危害雇主利益的行为,此时劳动者是否负有报告的义务?劳动者对同事有害于雇主的行为是否有报告义务,应当根据其所担任的职务而定。担任监督管理职务的劳动者对于下属的危害行为进行报告,并采取一定的减损措施是其职责所在。德国联邦劳动法院曾在自来水厂财务结算员就收账员有侵占之嫌的案例中,认为有向雇主报告的义务。但劳动者若不是处于此等监督管理岗位,原则上没有报告义务。[2]而且劳动者的报告义务与其所担任的职务相关,企业的管理层理应负有更为严格的报告义务,但对于普通劳动者的报告义务则要求很低。

(三)报告涉及个人事项的处理

劳动者“如实”说明的义务不仅存在于劳动合同订立阶段,且在劳动关系存续期间也有对个人事项如实报告的义务。由于报告义务可能涉及劳动者的人格权,必须以告知内容涉及劳动关系的权利和义务为前提,并且报告

---

[1] 潘峰:《劳动合同附随义务研究》,中国法制出版社2010年版,第115页。

[2] 参见台湾“劳动法学会”编:《“劳动基准法”释义——施行二十年之回顾与展望》,台北,新学林出版股份有限公司2005年第2版,第115页。

义务没有对劳动者造成特别负担、符合比例原则。首先，关于报告内容方面的要求。对于雇主询问与工作事务有关的问题，且对于工作完成或维系劳资双方信赖有重要意义的，劳动者不得拒绝回答，而且必须如实回答，这也是最大诚信原则在劳动法领域的直接体现。例如，我国台湾地区“行政院劳委会”发布的劳动者请假规则，明确指出劳工有据实报告请假理由及日数，更必须提出证明文件。其第 10 条规定：“劳工请假时，应于事前亲自以口头或书面叙明请假理由及日数。但遇有急病或紧急事故，得委托他人代办请假手续。办理请假手续时，雇主得要求劳工提出有关证明文件。”[1] 雇主无权过问与劳动关系的权利和义务无关的个人事项，劳动者也有权依据隐私权和个人信息保护的规定（原《民法总则》第 110 条和第 111 条）拒绝回答相关询问。其次，关于报告方式的要求。通常情况下，劳动者对于个人事项并没有主动报告的义务，一般是应雇主的询问作出回答，但如果个人事项变动可能对劳动合同履行造成重大影响、可能危害安全生产或社会公共利益的，应主动向雇主报告。例如，卡车司机应该在没有被要求的情况下，将其驾照丢失的情况通知雇主；[2] 餐饮业从业者也应该主动向雇主报告其患有传染病的情况。

二、减少损失的义务

在其职责范围内，劳动者不仅负有积极的报告义务，还负有减少损失的义务。这既是劳动者的职责使然，也是劳动合同的本意所在，违反减少损失义务的不作为是一种失职，理应承担相应的法律责任。根据我国《劳动法》第 25 条第 3 项和《劳动合同法》第 39 条第 3 项规定，劳动者严重失职，营私舞弊，对用人单位利益造成重大损害的，雇主可以解除劳动合同。此处所谓的“失职”就包括了违反职责范围的减少损失义务。但在职责范围之外雇主可能受到损失的情形，劳动者只有在紧急情况下才有义务从事劳动合同所确

---

〔1〕 参见台湾“劳动法学会”编：《“劳动基准法”释义——施行二十年之回顾与展望》，台北，新学林出版股份有限公司 2005 年第 2 版，第 115 页。

〔2〕 参见[德]W. 杜茨：《劳动法》，张国文译，法律出版社 2005 年版，第 63 页。

定主要义务框架之外的劳动。[1] 例如,紧急情况下劳动者对雇主利益的维护义务,劳动者原则上并无加班的义务,也没有主张加班的权利,这一点在学界已经达成共识。但在紧急状态下,劳动者基于忠实义务应有加班的义务,以不损害其合法权益为限度。[2] 我国台湾地区未生效的"劳动契约法"第11条就明确规定了劳动者紧急情况下或职业上有特别习惯的劳务给付义务。[3] 事实上,这一义务的履行不仅包括工作时间上的变更,也包括劳动给付方式上的变更。因此,有必要承认紧急情况下雇主的变更工种的权利,劳动者基于较少损失的义务必须在短时期内服从雇主指示,从事其他劳动。[4] 这一内容可以参见前述服从义务的论述。

关于紧急情况的判断是复杂的,本书暂不作过多讨论,但在确定劳动者责任时应该考虑到雇主对此种紧急情况的责任,也就是此种紧急情况的可预见性和可避免性。例如,雇主订单不断增加,但出于降低人力资源成本的考虑不愿意增加劳动力,这种情形就不能构成紧急情况,雇主无权要求延长工作时间进行工作;管理人员的职责领域在于企业的经营管理,其提供劳务的方式是提供管理劳动,但在发生洪水、火灾等危险时,作为管理职员也有义务变更劳动给付方式,帮助将重要的设备、文件等转到安全的地点。

三、清廉义务

所谓清廉义务,亦有学者将其称为"计算返还义务",即劳动者在工作范围内所获得的一切物品、金钱、文书、工具等,均应如实报告、计算并返还雇主。[5] 我国台湾地区未生效的"劳动契约法"第13条对劳动者报告、返还雇

---

〔1〕 参见[德]W. 杜茨:《劳动法》,张国文译,法律出版社2005年版,第64页。

〔2〕 参见杨通轩:《个别劳工法——理论与实务》,台北,五南图书出版股份有限公司2011年第2版,第263页。

〔3〕 我国台湾地区未生效的"劳动契约法"第11条规定:"劳动者于其约定之劳动给付外,无给付其他附带劳动之义务。但有紧急情形或其职业上有特别习惯时,不得拒绝其所能给付之劳动。"

〔4〕 参见[德]W. 杜茨:《劳动法》,张国文译,法律出版社2005年版,第59页。

〔5〕 参见黄越钦:《劳动法新论》,中国政法大学出版社2003年版,第176页。

主材料的义务作出了明确规定。[1] 未经雇主知悉或同意而收受与其工作有关的不当利益,如回扣、贿赂等,构成对忠实义务的违反。劳动者不得收受金钱、礼物或其他利益而为违背职务的行为,即使未违背职务行为也不得收受。不应获取的金钱、礼物或其他不正当的利益,即使没有损害雇主的利益,也不得为之。但这种禁止也不是绝对的、毫无情理可言,有学者认为,仅是行业习惯上所允许的“小惠”程度的收受,如酒场小费、公司日历之赠予以及纯友谊性质的应酬,不在此限。[2] 在英国,劳动者有义务保持其账目的适当性,如果劳动者收受属于雇主的财产利益,必须对此予以赔偿,侵占财产也构成普通法上简易解雇的理由,按照《不公正解雇条例》的规定,只要雇主在解雇劳动者时有合理的理由相信劳动者存在侵占行为,并且在当时的情形下展开了尽可能地合理调查,在此情形下的解雇就是合法的。[3] 如果侵占行为是在劳动合同因正当行为终止后才发现的,劳动者仍然有权获得其在违反合同义务后的正常工作期间的报酬。在德国,劳动者故意侵犯雇主财产被认为是严重的不忠行为,即使该行为造成的损失很小甚至并未造成损失,该行为也可以构成非常解雇的重大事由。[4]

当然,侵占挪用财产或收受不当利益的禁止是普遍的并且超出了我国《刑法》第 184 条、第 385 条、第 388 条、第 388 条之一的刑罚制裁范围。对此,要区分习惯上允许接受的偶尔赠送的礼物。主流观点是劳动者所收的馈赠应该交给雇主。在比较法上,《瑞士债务法》第 321b 条关于“报告和交付的义务”规定:“受雇人就其执行约定事务而从第三人取得的一切物品,特别是金钱,应为详细报告,并立即将其移交于雇用人。受雇人在执行约定事务过程中取得的一切工作成果,亦应立即移交于雇用人。”[5]但劳动者对于获

---

〔1〕 我国台湾地区未生效的“劳动契约法”第 13 条规定:“劳动者对于所承受之劳动,应注意行之,如所需材料由雇方供给者,应注意使用其材料,并报告消费数量,如有剩余,应返还之。前项应注意之程度,依劳动契约之性质定之。”

〔2〕 参见陈继盛:《劳动学导论》,台湾“劳动学会”2014 年版,第 200 页。

〔3〕 参见[英]史蒂芬·哈迪:《英国劳动法与劳资关系》,陈融译,商务印书馆 2012 年版,第 124 页。

〔4〕 参见王倩、朱军:《德国联邦劳动法院典型判例研究》,法律出版社 2015 年版,第 141 页。

〔5〕 《瑞士债务法》,戴永盛译,中国政法大学出版社 2016 年版,第 120 页。

得的金钱,可以对雇主的工资主张留置权而进行抵销。

本章小结

由于劳动关系具有差异性和复杂性,脱离具体个案环境完全详尽列举劳动者忠实义务的内容是不可能完成的任务。但正如本章开头所言,这种具体化和类型化的研究对于明确劳动者忠实义务的具体内容、保护劳动者合法权益、维系劳资伦理关系具有积极意义。经过实务界和理论界的努力,劳动者服从合理指示义务、增进雇主利益义务等作为义务,兼职限制义务、保密义务、竞业限制义务、不当言论限制义务等不作为义务,已经在学说上和实务中达成广泛共识,在各国劳动法中也不同程度地实现了类型化。劳动合同存续期间,劳动者忠实义务的范围和内容还可能根据劳资之间的协议或合同履行情况不断予以明确、扩张、限制。在具体个案处理中,要遵循“理性忠实”的理论基础和合理限度,对忠实义务的具体内容、限度及豁免予以解释适用。

第五章　劳动者忠实义务与公益告发的辨析

邪恶之所以获胜，皆因好人的袖手旁观。

——艾德蒙·伯克〔1〕

现代企业的活动与社会公众的联结已经越来越深，企业的利害关系者也变得更加广泛。消费者和公众希望所使用的产品和服务是安全且优质的，劳动者也希望工作环境符合安全、健康的劳动条件。组织内部成员作为组织内控机制的重要性越来越受到重视，因为他们是产品和服务生产过程的亲历者，拥有最及时和充分的信息。关于公益告发，国际上公认的定义是组织成员对其雇主控制下的违法、违背道德规范或不正当情形，向有能力采取有效措施的人、组织或公众予以揭发。〔2〕根据公益告发者的身份不同，公益告发大致可以分为企业内劳动者的公益告发和国家公务员的公益告发两种，而且二者在原理上具有共通之处，但本章以企业内劳动者公益告发制度为重点，

---

〔1〕 艾德蒙·伯克（Edmund Burke，1729～1797 年）是爱尔兰政治家、政治理论及哲学家，曾担任英国下议院议员。原文："All that is necessary for the triumph of evil is that good man do nothing."但原文究竟出自何处，争议极大，有人刻意为此进行了考证。但不管出自何处，都不影响其哲理性，而且其恰当地诠释了本章的主题。载 https://quoteinvestigator.com/2010/12/04/good-men-do/，2018 年 1 月 7 日访问。

〔2〕 参见杨茂龙：《公益揭发——揭弊保护法制比较研究》，台北，翰芦图书出版有限公司 2014 年版，第 8 页。

探讨劳动者忠实义务与公益告发的辩证关系。公益告发作为泄露企业秘密的行为是对忠实义务的违反,应该成为惩戒对象,但因其以公益为目的并满足一定要件,则作为正当行为应受到保护。[1] 孟德斯鸠曾经警告过我们,鼓励告发的法律是一把“双刃剑”,某些国家的法律规定必须揭发阴谋,违者将被处以刑罚,即使与阴谋毫无瓜葛也一样,这样的法律是非常狠毒的,颠覆了人类理性,应该对这样的法律加以适当限制。[2] 在任何社会制度的设计中,如何灵活把握支持性结构与适应性流变之间的平衡是一个普遍存在的问题。[3] 公益告发保护制度牵涉言论自由、劳动者忠实义务与社会对事业单位(雇主)监控的公共利益,对告发者进行保护,牵涉如何平衡个别劳动者应对雇主所负忠实义务之私人利益与监督、预防事业单位(雇主)之违法不当行为的公共利益[4]。本部分内容主要阐明劳动者忠实义务与公益告发的辩证关系。可以说,公益告发是一种法定的忠实义务豁免事由。

第一节　劳动者公益告发的伦理困境与制度抉择

在《论法的精神》中,孟德斯鸠对于忠实与告密之间的冲突已有论述。在罗马帝国,奴隶必须百分之百地忠诚于他的主人,其理所当然地可以成为告发者,但他们不能成为证人。第一位君主奥古斯都为了发现重大罪行可谓费尽了心机,他规定密谋反对他的人所拥有的奴隶应公开出售,那样奴隶就能够作出不利于主人的誓证,但即使在大逆罪案件中奴隶也不能作为证人提供不利于主人的证言[5]。在现代社会,商业和政府组织的规模和复杂性不断增加,工作变得越来越专业化,越来越难以发现、预防和纠正错误及不法行为,信息技术革命加剧了这一现象,公益告发被认为是重新获得的,对社会大型组织的控制机制,这个机制授权个人向有能力纠正问题的个人或机构报告

---

〔1〕 参见田思路、贾秀芬:《日本劳动法研究》,中国社会科学出版社 2013 年版,第 138 页。
〔2〕 参见[法]孟德斯鸠:《论法的精神》,许明龙译,商务印书馆 2016 年版,第 238 页。
〔3〕 参见[美]富勒:《法律的道德性》,郑戈译,商务印书馆 2016 年版,第 35 页。
〔4〕 参见谢棋楠:《英美法国家对吹哨者合法爆料行为之认定》,载《台湾劳动评论》2011 年第 3 卷第 1 期。
〔5〕 参见[法]孟德斯鸠:《论法的精神》,许明龙译,商务印书馆 2016 年版,第 237 页。

错误或不当行为。[1] 例如,在比较成熟的资本市场中,公益告发已经逐步成为遏制上市公司违规行为的重要机制。[2] 决策心理学的研究表明,影响组织成员实施公益告发的因素既有个体因素、组织因素,也有国家法律和文化的因素。[3]

一、劳动者忠实义务与公益告发的伦理困境

劳动关系中的许多冲突其实反映了不同道德理论的对抗。德国学者认为,只要没有明确的法律条文涵盖有关事实构成,雇主有违法行为时,国家机关和社会公众对企业组织内部的违法状态,对公共安全和秩序的威胁具有知情利益,这种知情权不能因为源于劳动关系的不能精确确定的忠实义务而让步。[4] 劳动合同法作为私法,在制度设计上也不能不考虑根据现实情况对国民权利予以保障;不能不顾及排除违法状态和维护公共安全与秩序的社会公共利益。因此,法律制度的设计不能容忍违法不当行为的存在,知情的社会公共利益比企业保护声誉和商业利益的私人利益更为重要。

(一)退出、告发还是保持忠实的抉择

对于劳动者而言,公益告发涉及对雇主的忠实义务与公民责任或专业责任、雇主私益与公共利益的冲突。也就是说,劳动者面临公益告发的抉择时,一方面负有劳动契约上的忠实义务,为增进雇主的利益服务;另一方面要尽公民责任或专业责任,揭发弊端。美国经济学家赫希曼分析组织成员面对价值冲突时的行为选择,同样适合于分析劳动者选择公益告发时所面临的伦理困境。当成员在组织内面临某种价值冲突的时候,大致上可能形成三种反应,即退出、呼吁和忠诚,与劳动者发现雇主组织违法不当行为的反应模式大

---

〔1〕 See Elletta Sangrey Callahan, Terry Morehead Dworkin, David Lewis, *Whistleblowing: Australian, U. K., and U. S. Approaches to Disclosure in the Public Interest*, Virginia Journal of International Law, 2004, pp. 879 – 912.

〔2〕 参见蒋学跃:《上市公司违规视野下的内部人举报制度研究》,载《证券市场导报》2013 年第 11 期。

〔3〕 参见刘燕等:《组织中的揭发行为——决策过程及多层次的理论框架》,载《心理科学》2014 年第 2 期。

〔4〕 参见[德]雷蒙德·瓦尔特曼:《德国劳动法》,沈建峰译,法律出版社 2014 年版,第 154 页。

体相同。保持忠实往往是大多数劳动者的选择,表现为对组织行为的盲目认同和“非理性忠实”,不问是非、知情不举或视而不见、与我无关,这样的劳动者有可能成为违法不当行为的参与者,助纣为虐;或者只是为了明哲保身,道德勇气不足。选择退出实质上表达了对雇主组织违法不当行为的消极反对,表现为虽有公正的道德意识,但道德勇气不足以支撑积极的反对行动,因此选择离开雇主组织,介于非理性忠实与理性忠实之间。选择告发实质上是对雇主组织违法不当行为的积极反抗,表现为极高的道德勇气和正义感,因此选择了内部或外部的告发行动,属于劳动者理性忠实的范畴。[1]

(二)公益告发劳动者的道德评价:英雄还是叛徒

月晕而风,础润而雨。雇主组织内部的违法不当行为只有组织内部人最清楚,因此,劳动者主动揭发就成为雇主组织预防、矫正不法情形的重要线索,也是公共部门防患于未然,侦知不法行为并防范公共利益受损的重要渠道。具备专业背景并熟稔组织运营的劳动者便成为公益告发的最佳人选。然而,劳动者一旦选择公益告发,也容易成为失去最多的人群,除非组织具有接受异议的文化,雇主及其代表、管理者都虚怀若谷,从善如流;否则,劳动者因此而遭受报复性雇佣行为的可能性很大。如果从公益告发的外部效果观之,劳动者经常利用大众媒体、行政主管机关等企业外的组织,作为预防和制止企业违法或不当行为的手段,从而达到保护社会公共利益的目的,因此很容易获得一般社会公众的肯定评价。但这并不意味着公益告发在伦理上就具有正当性。

将公益告发者视为英雄的人认为,他们冒着生命或者职业生涯的危险,追求社会正义。具体而言,对于股东、消费者、社会公众等与企业利益攸关的人来说,公益告发者是英雄,因为他们冒着失去工作的风险,拒绝管理者的情面、解释,甚至不惧威逼利诱,制止了组织违法或不当的行为,保护了特定或不特定人的利益。然而,因为认识、立场和利益的不同,公益告发者有时也容

---

〔1〕 参见关中:《行政伦理的重要议题——从保护弊端揭发人谈起》,载高雄大学政治法律学系主编:《公益揭发——职场伦理新趋势》,高雄,巨流图书股份有限公司 2010 年版,第 8 页。

易背负"被叛"的十字架,不容于组织和社会。[1] 因为将组织内部的问题公之于世,通常会与非道德性的"背叛""告密""诽谤""中伤"等行为联系起来,有时甚至被认为是一种沽名钓誉或攫取个人利益的行为。为了避免有损组织形象或影响集体利益,在告发事件发生后,管理者的第一反应往往并非关注告发事情的真相,而是谁为告发者。为了强化劳动者的忠诚,避免组织士气受挫,保护内部安全及程序,避免雇主受到损害,不惜毁灭告发者的职业生涯、对其实施报复性雇佣行为。企业组织甚至攻击告发者的动机、专业能力、经济信用、男女关系;或者将他们调往冷衙门予以孤立,从而惩一儆百;或者任命其解决难以完成的问题,最后以工作不力开除;或者对其提出道德指控,如对名誉良好的人提出性骚扰指控;或直接解雇等,手段不一而足。[2] 有一些国家基于对"告密者"的历史经验,而对公益告发产生了很大的不信任,告发者在很多时候被视为诋毁者和麻烦制造者,而不是公共利益的维护者。这种比较保守的公益告发方式在欧洲大陆的许多国家尤其常见。[3] 不论是英雄还是叛徒,绝大部分公益告发者的下场都是悲惨的,即使是英雄,也是个悲剧英雄,这样的结局很难引起社会公众的共鸣,也与立法激励、保护公益告发行为的初衷南辕北辙。

(三)从伦理冲突到伦理职责

当代复杂和分散的企业组织方式同时产生了忠实义务和公益告发两种制度需求。[4] 按照传统观念,如果将劳动者忠实义务理解为对雇主个人或组织的忠实,劳动者理应为了雇主利益的最大化而提供劳务。正如伦理学家所看到的那样,劳动者忠实义务与公益告发两种制度之间存在矛盾,劳动者选择公益告发时必然面临伦理困境。但随着时代的发展,忠实义务被赋予了

---

〔1〕 参见杨茂龙:《公益揭发——揭弊保护法制比较研究》,台北,翰芦图书出版有限公司 2014 年版,第 29 页。

〔2〕 参见杨茂龙:《公益揭发——揭弊保护法制比较研究》,台北,翰芦图书出版有限公司 2014 年版,第 29 页。

〔3〕 See Gregor Thüsing, Gerrit Forst, *Whistleblowing: A Comparative Study*, Springer International Publishing Switzerland, 2016, Foreword p. 5.

〔4〕 See Wim Vandekerckhove, M. S. Ronald Commers, *Whistle Blowing and Rational Loyalty*, Journal of Business Ethics, Vol. 53, 2004, pp. 229 – 230.

新的时代内涵，分辨“愚忠”与理性忠实、眼前利益与长远利益的关系，公益告发不再是一种伦理困境，而逐渐成为一种伦理职责。在行政管理领域，公益告发是公务员向人民负责的一种方式；在劳动关系领域，公益告发则成为劳动者忠实于企业价值与规范的一种理性表现。

有些国家的法律甚至直接规定了公民的告发义务。例如，《德国刑法典》第138条“知情不举罪”规定了对部分严重犯罪行为的告发义务，如果在犯罪实施过程中或犯罪结果仍可避免时，公民知道了诸如叛国、伪造货币、谋杀、抢劫等严重犯罪的计划和实施情况，却没有向政府相关部门告发或没有向受到犯罪威胁的人告知，可以处五年以下自由刑或罚金刑。[1] 即使是这些反人类的或严重危害社会安全、公民生命财产安全的犯罪，《德国刑法典》第139条也在特定情形下免除了神职人员、亲属、律师、辩护人、医师等部分主体的告发义务，因为这些主体是因其身份而知悉他人秘密。[2] 因此，在德国，劳动者对于雇主及其管理人员、同事的上述行为有义务告发，否则要付刑事责任，但法律豁免了特定职业主体的告发义务。此外，在安全生产方面的法律中，也规定了劳动者在某些情况下告发企业内部违法行为的义务。如《德国劳动保护法》第17条第2款规定了劳动者有理由相信雇主采取的安全生产保护措施不足以在工作中保障其生命健康，劳动者在向雇主提出改进要求无果的情况下，有权向政府相关部门反映。[3] 在美国，法律认定公益告发是一种伦理责任，通过法律规范保护和鼓励告发行为，如沙宾法案课予在证券交易委员会（Securities and Exchange Commission，SEC）登记的律师，在特定情况下揭发其雇主或客户的义务。[4]

---

〔1〕 第138条（知情不举）。参见《德国刑法典》，徐久生、庄敬华译，中国方正出版社2004年版，第78～79页。

〔2〕 第139条（不告发计划的犯罪行为的不处罚）。参见《德国刑法典》，徐久生、庄敬华译，中国方正出版社2004年版，第79～80页。

〔3〕 参见王倩、朱军：《德国联邦劳动法院典型判例研究》，法律出版社2015年版，第138页。

〔4〕 参见杨茂龙：《公益揭发——揭弊保护法制比较研究》，台北，翰芦图书出版有限公司2014年版，第18页。

二、劳动者公益告发的制度价值

(一)公益告发制度有利于推动企业与社会治理的现代化

不论社会基础制度设计得如何完美,总有一些主体不能按照人们预期的行为方式活动,为了避免失范行为的蔓延,社会必须集结内部力量"治病救人",使"浪子"尽可能"回头"。[1] 现代企业和社会组织的治理体制日趋完善,组织规模越来越大、复杂程度越来越高,社会影响力也越来越广,企业不能只是重视自身利益效率,企业伦理或企业社会责任已经逐渐受到社会公众的重视,其中,法令或社会规范的遵守被认为是企业正当活动的核心要素,也是企业经营的基本社会义务。[2] 雇主或组织监管者发现和阻止组织体违法行为的难度也在增大。一个企业的违法或不当行为如果长期得不到揭发,或者涉嫌违法或不当行为的人没有得到应有的惩罚,对于其他成员来说无疑是一种示范作用,长此以往,多数成员会效仿这种行为,从而可能形成一种结构性或组织性的违法。相信"姑息养奸"的道理大家都懂,最终企业或组织中正直的人生存空间越来越小,要么在弊端的夹缝中沉默,要么选择离开。对于整个社会公平正义的环境都是一种破坏。从历史发展角度来看,公益告发制度也都与各种丑闻不无干系,美国《萨班斯 - 奥克斯利法案》(Sarbanes Oxley Act)就是由安然公司(Enron)和世界通信公司(World Com)的会计丑闻直接触发的,这部法案也引起了全球立法者的广泛关注。在第一波由资本市场驱动的公益告发行动之后又出现了第二波全球性银行业危机,触发了美国《多德 - 弗兰克华尔街改革和消费者保护法》(Dodd-Frank Act,以下简称《多德 - 弗兰克法案》)。但在英国等其他拥有自己的立法体系的国家,公益披露法是人为的悲剧,公益告发的规范和引入被认为是由于两次造成许多人

---

[1] 参见[美]阿尔伯特·O. 赫希曼:《退出、呼吁与忠诚——对企业、组织和国家衰退的回应》,卢昌崇译,经济科学出版社 2001 年版,第 1 页。

[2] 参见林良荣:《论企业内部告发(揭弊)之劳工保护——以日本"公益通报者保护法"为中心》,载高雄大学政治法律学系主编:《公益揭发——职场伦理新趋势》,高雄,巨流图书股份有限公司 2010 年版,第 109 ~ 135 页。

员伤亡的灾难触发的，即克拉珀姆铁路连接点事故和“自由企业先驱”沉没。[1] 公益告发制度不仅可以起到监督雇主守法经营，努力减少或避免不法行为可能给企业带来损失的目的，还可以通过发挥监督作用，提升劳动者参与公司治理的积极性，从而降低代理成本，有效维护公司、劳动者、投资者、消费者等利益相关者的利益，因而被认为是公司履行社会责任的具体表现。[2] 虽说外部的监管在现代社会也非常重要，但也受到组织内部信息不足的制约，可能导致严刑峻法缺乏实效性。况且一味强调通过严刑峻法的治理不仅违反比例原则，一旦法律制度因信息不足而缺乏实效性，其威慑效果也大打折扣。公益告发制度无论在公共部门还是在私立部门均有广泛的运用前景。在英美法系国家，公益告发保护制度并不限于对私立部门劳动者的保护，也及于对公共部门工作人员的保护，且被作为防腐机制之一，是防止政府或企事业单位发生违法或不当行为的制度性手段。因为，劳动者身处组织机构内部，最了解组织运作过程中违法与不当所在，如能在违法不当行为发展恶化到危害公众利益之前予以告发，不仅可以给雇主和管理者一个及时改正违法不当行为的机会，而且可以产生防患于未然的预警作用，实为公众之福。[3] 公益告发制度与内部监督、审计等制度一样，可以使企业运行更加透明，雇主更加负责，有利于提升企业的道德水平，助推企业良性发展。[4]

（二）公益告发制度可以实现私人利益与公共利益的平衡

一直以来，公益告发被认为是一个危险的游戏。在大多数情况下，告发者的指控容易被忽略或者他们的动机被怀疑是否正当，而且告发者本身也经常遭到报复、排斥、威胁甚至枪杀。更为糟糕的是，有研究表明，在过去的半

---

〔1〕 See Gregor Thüsing, Gerrit Forst, *Whistleblowing:A Comparative Study*, Springer International Publishing Switzerland, 2016, Foreword pp. 5 – 6.

〔2〕 参见李飞：《法律如何面对公益告发？——法理与制度的框架性分析》，载《清华法学》2012 年第 1 期。

〔3〕 参见谢棋楠：《英美法国家对吹哨者合法爆料行为之认定》，载《台湾劳动评论》2011 年第 3 卷第 1 期。

〔4〕 参见王贵松：《论公益性内部举报的制度设计》，载《法商研究》2014 年第 4 期。

个世纪里,美国三大服务机构对不诚实行为的宽容度在持续上升。[1] 前述公益告发存在的伦理冲突和诸多问题可以具体总结如下:首先,公益告发劳动者的权益难以得到保障。事实上,每一个告发案件背后可能受到最大影响的是劳动者,他可能因此而遭遇报复性的降薪、降职、解雇,甚至无法继续从事相同或类似职业,还要承受同事乃至社会公众的误解和歧视,在极端案件中劳动者生命还会面临危险。其次,雇主利益容易受到损害。身处劳动关系中的劳动者负有广泛的忠实义务,将公司的违法不当行为向外界揭露可能有损商业信誉、降低社会评价;而且根据法律、劳动合同或劳资惯例,劳动者负有保密义务,将工作过程中获悉的技术、经营等秘密信息泄露出去将损害企业在市场竞争中的利益。况且谁也不能保证劳动者告发信息百分之百真实,一旦信息被证明虚假或处理不当,也会给雇主利益带来不利影响。最后,雇主组织与劳动者之间基于信任的忠实关系难以维系。信赖是劳动关系存续的前提和社会高效运转的必要条件。公益告发不可避免会造成企业重要信息或与企业有关的个人信息的泄露。劳动者之所以能获取或接触到企业的重要信息,往往是因为雇主或上司对其有着信任和期待。公益告发无疑会破坏这种信任关系。现代社会的工作往往与社会、企业、同事等存在紧密的连接,形成错综交织的关系网,劳动者的公益告发行为很容易影响到他人利益和企业利益,甚至给自己的人际关系带来麻烦。固然,除了公益告发制度外,还存在其他方案或现行有效的监督、制约制度,但能够从问题根源上对症下药、防微杜渐,及时、有效地将违法不当行为扼杀在萌芽状态,能够完善公司内部控制和法人治理结构,具有鼓励劳动者参与公司内部治理从而践行现代社会民主价值等制度优势的,非公益告发制度莫属。因此,公益告发亟须从制度上予以规范,在充分考虑到我国现实国情、文化传统和国民性格的基础上,在维护正常的社会伦理认知和信赖基础的前提下,制度设计不仅涉及公益告发劳动者的保护问题,而且涉及雇主的解雇权和惩戒权与社会公共利益

---

[1] See Frederick V. Malmstrom, David Mullin, *Why Whistleblowing Doesn't Work: Loyalty is a Whole Lot Easier to Enforce than Honesty*, Skeptic Magazine, Vol. 19, 2014, p. 30.

之间的权衡、企业名誉权、劳动者的保密义务与举报之间的冲突等诸多问题。

现代社会,以人为本、促进人的全面发展已经成为社会共识和法律制度设计的中心,国民作为个人更加独立和自由,更容易关注和反映国家、社会、企业存在的违法不当行为,公益告发也会因此而增加。目前,我国正处于经济、社会结构转型的关键时期,改革发展过程中存在诸多社会问题,波及范围广的社会安全事件频发,社会矛盾倒逼制度改革,亟须从国家、社会和企业等多方面进行公私协同治理,探索社会健康可持续的发展之道。随着社会治理体系和治理能力的现代化,社会主义市场经济体制日益完善,加强对劳动者、消费者等社会群体的权益保障日渐成为社会共识,社会的诚信和良知也会逐步被唤醒,从而促进社会自我净化机制的形成,各领域的公益告发需求也相应增加。由此,作为对经济、社会发展现状的回应,将公益告发制度纳入法治轨道,在公共利益、个人利益与企业利益之间进行权衡,就成为现实之需。

公益告发制度所要解决的问题,在宏观上表现为,在劳动者的言论自由与雇主组织的社会评价之间实现平衡。言论自由被视为基本人权之一,在世界各国都通过宪法予以保护,劳动者对所属雇主组织的违法不当行为予以告发当然属于言论自由的范畴,而且这也属于劳动者实现社会伦理道德在其心中培育起来的正义感的自我满足过程。[1] 在微观上表现为,公益告发制度的价值在于平衡各种错综复杂的利益。违法不当信息的来源非常重要,激励身处组织内部,可能事先了解违法不当行为与潜在危险的劳动者,将其所知的违反不当情事予以揭发,可以及时阻止或消除违法不当行为的后果,不仅可以促进社会公共利益,也有利于保护雇主和劳动者各自的利益。但是,由于雇主组织违法不当行为多是在管理层和实际控制人的操纵下发生,告发劳动者可能面临各种不可测的报复。其间弥漫着公与私之间、劳动者保密义务与公民义务、专业责任等利益之间的冲突。法律要平衡这种冲突,最重要的就是保护劳动者免于受到雇主和管理层的报复,使受理机关或部门有义务调

---

〔1〕 参见李飞:《法律如何面对公益告发?——法理与制度的框架性分析》,载《清华法学》2012年第1期。

查、处理涉嫌违反或不当的行为,同时激励劳动者对工作中发现的违反不当行为进行揭发。

三、劳动者忠实义务与公益告发的关系

劳动者不报告不诚实行为的主要原因是害怕报复,但良知和义务则会因此而打折扣。劳动者也会为他们没有实施告发寻找合理化的借口,因为他们担心自己会被视为不忠实。诚实和忠实之间的困境可以作为纳什均衡经济模型的一个例子。过去的重大丑闻都清楚地显示,对不诚实行为的宽容是造成个人和组织欺诈的主要原因。[1] 不论社会对公益告发的评价如何,劳动者都面临职业伦理上的两难困境——是服从组织忠诚的要求,还是遵从自我道德良心的伦理判断?[2]

(一)劳动者忠实义务与公民责任、专业责任

所有的不法失当行为会持续给包括劳动者在内的特定群体、雇主组织甚至企业影响范围内的社会群体带来不可估量的负面影响,这就引出了劳动者作为组织成员与作为专业人员、社会公民等身份之间的冲突。公民意识与国家和社会的民主法治水平紧密相关,关系到社会的公平正义,体现在公民权利的享有和公民责任的承担,而且影响公民参与国家和社会治理的能力。[3] 现代社会,我国公民意识得到了初步成长,不仅表现于社会个体权利观念增强,更表现为对社会整体和公共利益的关注与责任。公民责任的重要内容包括了参与意识、监督意识和责任意识。随着社会分工的发展,越来越多的岗位和职责具有专业性,劳动者承担的专业责任包含了重要的公共服务和高度自主的独立判断。[4] 作为社会的一员,劳动者不仅注重维护自身合法权益,

---

〔1〕 See Frederick V. Malmstrom, David Mullin, *Why Whistleblowing Doesn't Work: Loyalty is a Whole Lot Easier to Enforce than Honesty*, Skeptic Magazine, Vol. 19, 2014, p. 30.

〔2〕 参见黄宏森:《弊端揭发者面临的难题与抉择之研究》,载《公共行政学报》2005 年总第 14 期。

〔3〕 参见杨四海、程倩:《社会个体身份演化与公民意识的成长》,载《学海》2017 年第 2 期。

〔4〕 "专业"的五个特征:(1)专业提供某种重要的公共服务;(2)含有以理论与实践为依据的专业知识;(3)专业具有明确的以实践守则方式予以表达的伦理维度;(4)专业具有以招募和培训为目的的组织与规则;(5)有效的专业实践要求专业实践者拥有高度的自主权以进行独立判断。See Carr David, *Professionalism and ethics in teaching*, Vol. 2, Routledge, 2000, p. 23.

公民责任和专业责任的强化促使劳动者最终为了更广泛、更重大的利益而勇于选择公益告发。诚如康德所言，每一个在道德上具有价值的人都须有所承担，没有承担、不负责任就不能称其为人而是物。[1]

（二）劳动者忠实义务与言论自由

关于劳动者公益告发的性质一直存在争议，对此形成了三种观点，一是劳动者言论自由；二是国民拥护宪法的义务；三是劳动者告发不良信息既是劳动者的权利也是其义务，对劳动者公益告发的保护制度实质上就是促使其行使权力、履行义务。[2] 目前，学界主流意见将言论自由作为公益告发的法定根据。关于劳动者能否向雇主主张言论自由，从而对抗忠实义务的要求，欧洲人权法院（European Court of Human Rights）给出了肯定的答案，英国雇员虽然不能根据宪法主张告发的权利，但却可以从《欧洲人权公约》第10条规定的表达自由获得支持。[3] 同时，我国是《公民权利和政治权利国际公约》的签署国，该公约第19条第2款和第3款规定："人人有自由发表意见的权利；此项权利包括寻求、接受和传递各种消息和思想的自由，而不论国界，也不论口头的、书写的、印刷的、采取艺术形式的、或通过他所选择的任何其他媒介。本条第二款所规定的权利的行使带有特殊的义务和责任，因此得受某些限制，但这些限制只应由法律规定并为下列条件所必需：（甲）尊重他人的权利或名誉；（乙）保障国家安全或公共秩序，或公共卫生或道德。"因此，劳动者忠实义务与公益告发的问题就成为忠实义务与言论自由关系的一部分，这在本书第四章第四节不当言论限制义务已经有所论述。

有学者认为，在劳动者忠实义务与言论自由冲突的问题上，德国劳动立法的天平还是倾向了劳动者忠实义务。具体而言，基于劳动者忠实义务中劳动者应积极增进雇主利益的内涵，即使雇主从事了不当行为，立法者也要求劳动者应尽量避免将问题完全公之于众，给雇主利益带来难以挽回的损失。

---

〔1〕 参见［德］康德：《道德形而上学原理》，苗力田译，上海人民出版社2002年版，代序第7页。

〔2〕 参见王贵松：《论公益性内部举报的制度设计》，载《法商研究》2014年第4期。

〔3〕 See David Lewis, *Whistleblowers and Job Security*, Modern Law Review, Vol. 58, 2011, pp. 208 – 221.

劳动者应优先选择对雇主进行内部劝解(内部告发),以保护雇主的利益。[1]但在利益衡量上,联邦劳动法院正确地追随了联邦宪法法院的观点,原则上承认知情的公共利益比企业保护声誉和商业利益更为重要。特殊性在于,尽管存在雇主行为或者雇主所要负责的违法状态,但劳动者的告发损害了合同当事人之间的信赖关系。劳动者告发违法行为是否违反了劳动合同中的忠实义务,应根据比例原则标准在个案中决定。[2]

(三)劳动者忠实义务是一种理性忠实

复杂和分散的组织形式同时产生了组织忠实和公益告发两种需求,而伦理学家们却看到了这两种需求之间的矛盾。笔者认为没有这样的矛盾,解决方案是从组织角度而不是个人角度出发,通过将忠实的概念限制为“理性的忠实”来实现。这意味着理性忠实的对象并不是组织本身,而是其明确的使命宣言、目标、价值陈述与合理的组织行为章程的集合。因此,作为忠实义务的一方,组织必须将公益告发制度化。[3] 正因为劳动者理性忠实的对象不再是雇主个人,而应该是理性、合法的契约或职业自身,因此劳动者预防公共利益受损或增进社会福祉为目的的公益告发行为与理性忠实义务并不矛盾。如果雇主组织出现了违背其愿景、使命和价值观的情形,劳动者实施告发行为不但没有违反其所负担的忠实义务,相反是其对组织的忠实激发了呼吁的意愿。[4] 从另一个角度来说,劳动者发现组织有违法不当行为时,理性忠实的意识也会促动劳动者实施告发行为。

(四)劳动者公益告发与忠实义务都是为了雇主的最佳利益

劳动者实施公益告发有利于雇主利益的最大化和实现长远利益。主观上,公益告发不仅要求劳动者主观目的上具有公益性,还排除了不正当目的

---

〔1〕 参见李亘:《德国劳动者忠实义务的制度发展与历史变迁》,载《德国研究》2017年第3期。

〔2〕 参见[德]雷蒙德·瓦尔特曼:《德国劳动法》,沈建峰译,法律出版社2014年版,第154~155页。

〔3〕 See Wim Vandekerckhove, M. S. Ronald Commers, *Whistle Blowing and Rational Loyalty*, Journal of Business Ethics, August 2004, pp. 225-233.

〔4〕 参见[美]阿尔伯特·O. 赫希曼:《退出、呼吁与忠诚——对企业、组织和国家衰退的回应》,卢昌崇译,经济科学出版社2001年版,第83页。

和手段存在，对此本书将在后续章节详述。劳动者实施公益告发是因为其主观上认为自己是为了公共利益或公司的最佳利益。在《日本公益通报者保护法》通过之前，日本关于劳动者实施公益告发是否违背其忠实义务，在司法实践中形成了告发目的的公益性、告发内容的真实性、告发手段与程序的妥当性三项判断基准。[1] 客观上，现有公益告发立法模式区分内部告发、主管机关告发、外部告发三阶段的设置，意在引导劳动者优先选择内部告发，只有内部告发未能得到公正、有效地对待才有必要转向主管机关告发、外部告发程序。加拿大联邦最高法院在一则判例中认为，劳动者的忠实义务与公益告发中包含的公共利益在阶梯式的告发程序中达到了完美统一，鼓励劳动者优先通过内部告发解决问题是平衡其忠实义务与维护公共利益之间的最佳实现方式。[2] 上述制度设计都为了保障劳动者确实充分地履行忠实义务。同时，如果一项行为真的是违法或不道德的，那么它就不可能代表雇主的最大利益。传统上，雇员被视为代表雇主行事的代理人，并具有忠诚和保密的义务。忠诚并不意味着劳动者有义务不报告雇主不道德的行为。雇主不道德行事并非为了自己的最大利益，而且劳动者实施公益告发也不属于不忠实地行事。可以这样说，选择公益告发的劳动者可能比仅仅忽视不道德行为的劳动者表现出更高的忠诚度，因为他试图阻止他的雇主进行自我毁灭的行为。况且，公益告发的内容包括了违法行为、不道德行为、不正当行为等内容，这也是劳动者为维护其雇主组织的最佳利益而履行忠实义务的表现形式。[3] 正如本书第二章所述，当代劳动者忠实义务被赋予理性忠实的内涵，已经超越了昔日的“愚忠”“小忠”思想，那么劳动者公益告发与其所负忠实义务并行不悖的观念也就不难理解了。因此，劳动者公益告发符合理性忠实的内

---

〔1〕 参见黄铭杰：《组织内部不法资讯揭露法制之研究》，台北，“行政院研究发展考核委员会”2006 年 4 月编印，第 43 ~ 46 页。

〔2〕 See Doyle Sean C. , *A Purposive Approach to Whistleblower Protection*: *A Comment on Merk v. International Association of Bridge*, *Structural*, *Ornamental and Reinforcing Iron Workers*, *Local* 771, Alberta Law Review, December 2015, p. 903.

〔3〕 See Larmer Robert A. , *Whistleblowing and employee loyalty*, Journal of Business Ethics, February 1992, pp. 125 – 128.

涵,其公益性与合法性豁免了违背忠实义务的法律责任。

综上,劳动者忠实义务和言论自由都有其合理的边界,当今时代已经不是忠实义务或言论自由"独大"的年代。在二者发生冲突时,我们需要通过个案的具体情况进行利益衡量,判断何种利益应该让步。

第二节　劳动者公益告发立法模式的考察

不同的法律文化和社会背景往往造就不同的立法模式,比较法研究的结果表明,影响公益告发立法模式的原因是多种多样的,既有一国的法律传统的影响,也有经济发展水平和社会成熟程度的影响。随着各国纷纷立法对公益告发进行规范,在立法模式上,形成了以美国为代表的分散立法模式,以英国、日本和新西兰为代表的统一立法模式。

一、劳动者公益告发的分散立法模式

综观世界各国,公益告发立法已成燎原之势,对告发者予以保护也正在达成共识。针对公益告发行为最先立法的美国是采分散立法模式的典型,关于保护合法公益告发者不受雇主报复的法律散见于联邦法与州法之中。联邦政府自 20 世纪 70 年代以来,持续通过立法保护公益告发的事业单位劳动者,从而间接维护公共利益。[1] 有学者统计,联邦立法中关于公益告发的立法包括两大系统涉及 46 部法案,一个系统是针对政府机构的公益告发,如 1863 年通过、1943 年和 1986 年两次修订的《虚假请求法》(False Claims Act)适用于政府购买行为及政府财务行为,打击骗取政府支付的行为;1978 年《文官改革法》(Civil Service Reform Act of 1978)规定了公务员公益告发保护制度;1978 年制定并于 1988 年修订的《监察长法》(Inspector General Act),以及《吹哨者保护法》(Whistleblower Protection Act)、《哈奇法案》(Hatch Act)等。另一个系统是针对民间机构的公益告发,涉及金融、环境、能源、交

---

〔1〕 参见谢棋楠:《英美法国家对吹哨者合法爆料行为之认定》,载《台湾劳动评论》2011 年第 3 卷第 1 期。

通、劳动基准、工矿、农业、海事、消费、食品安全、医疗等十多个领域,如涉及金融改革领域的《萨班斯－奥克斯利法案》《多德－弗兰克法案》等6部法案,涉及环境、能源领域的《水污染控制法》(Federal Water Pollution Control Act of 1972)、《安全饮用水法》(Safe Drinking Water Act of 1974)等9部法案。[1] 不同于英国、日本的统一立法模式,《美国吹哨者保护法》主要适用于对公务员公益告发行为的保护,而且这一分散立法模式与德国、我国台湾地区等成文法国家和地区不同,既有针对不同领域进行的专门立法,又有包含于其他成文法中的保护性规范。或许可以这样说,美国开创了公益告发专门立法的先河,并首先在普通法系掀起了立法浪潮。澳大利亚各州和领地首先针对政府部门进行公益告发立法,个别扩大至私人企业;联邦层面的《公益披露法》曾于2002年提交参议院审议,但未能通过;到2013年针对政府部门的《公益披露法》才最终通过;其间,2004年公司法修改时对公益告发员工提供了责任豁免和职位保障。英国1998年制定了普遍适用的综合性的《公益披露法》。南非和新西兰于2000年颁布了《披露保护法》。加拿大于2005年制定了《公务员披露信息保护法》。加纳也于2006年制定了综合性的《揭发者法》。[2]

相对而言,除日本、韩国之外的其他大陆法系国家,严格意义上说很少有公益告发的专门立法,更多的是散见于现有法律体系中有关公民检举、告发权利的规定,并在司法实践中通过法律解释技术将这些规定用于劳动者公益告发的保护。在与统一立法模式相对应的意义上,放入分散立法模式进行讨论。德国关于劳动者公益告发的法律采用双渠道模式,即一方面是零散的立法,另一方面是判例法,这是公益告发的一般立法缺乏的结果。传统上,劳动法院不愿意给予告发的劳动者全面的保护,因为法院原则上把每一种揭发都视为对忠实义务的违反,从而认为构成解雇的理由。但是,随着时间的推移和受联邦宪法法院、欧洲人权法院决定的影响,劳动法院对进行公益告发的

---

〔1〕 参见杨茂龙:《公益揭发——揭弊保护法制比较研究》,台北,翰芦图书出版有限公司2014年版,第289～294页。

〔2〕 参见王贵松:《论公益性内部举报的制度设计》,载《法商研究》2014年第4期。

劳动者的态度变得更加开放。过去几十年审理了多起劳动者因实施公益告发被解雇的案件,法院的态度也经历了从认定劳动者违反忠实义务到有条件支持劳动者检举雇主的转变。[1] 尽管如此,对告发人的保护仍然主要体现在劳动合同终止保护的法律条款中,而且重点在于平衡劳动合同当事人的权益,因而存在忽视公共政策考量的风险。[2] 国家社会主义的统治和1945年德意志民主共和国的社会主义,导致了人们对任何旨在向公共当局告发他人的行为产生了严重的不信任。除此之外,过去几十年中欧洲的数据保护方式也导致了对公益告发相当严格的做法。[3]

目前,我国尚没有公益告发的专门性立法,现有法律体系关于公益告发的规定也属于分散立法模式。我国《劳动法》第56条是现有制定法规范关于劳动者公益告发的唯一规定,虽然该条的立法目的并非在于公益的保护,而是为了对申诉劳动者的权利或利益提供一种迅速的救济,但在实际效果上可以促使企业遵守劳动保护法令。遗憾的是没有禁止雇主以申诉为由对劳动者予以解雇和其他不利益的待遇。但劳动者实施的检举、控告行为也属于举报的一种类型,根据该法第101条的规定,雇主打击报复举报人的,可能受到劳动行政部门或有关部门罚款的行政处罚,构成犯罪的还可能被追究刑事责任。第88条规定了公民对违反劳动法律、法规行为进行告发的权利。此外,《安全生产法》第51条,《消费者权益保护法》第6条第2款,《环境保护法》第57条,《食品安全法》第12条、第115条、第133条等都规定了公民对违法行为进行举报告发的权利(详见附表2)。

二、劳动者公益告发的统一立法模式

在各国,检举、揭发、控告不法行为已经成为一项宪法性权利,因此在制

---

〔1〕 参见王倩:《保护"吹哨人"的劳动法分析——基于德国司法经验的考察》,载《当代法学》2016年第5期。

〔2〕 See Rüdiger Krause, *Duty to Loyalty, Fundamental Rights, and Public Policy: German Whistleblowing Law Between Conflicting Values*. In Gregor Thüsing, Gerrit Forst, *Whistleblowing: A Comparative Study*, Springer International Publishing Switzerland, 2016, p. 155.

〔3〕 See Gregor Thüsing, Gerrit Forst, *Whistleblowing: A Comparative Study*, Springer International Publishing Switzerland, 2016, Foreword p. 6.

定法上几乎都有关于公民告发不法行为的规定,但这并不妨碍在这些特别法之外,通过公益告发的专门立法对于实施告发行为的劳动者予以保护、激励。采用统一立法模式的国家主要有英国、日本和新西兰,公益告发制度构建共性比较多,适用对象包含了公务员和一般劳动者。从各国法治实践看,一般性立法保护、激励的效果更好,值得各法治国家借鉴。

为了达到揭发违法行为和让违法行为众所周知的目的,告发行为人通常会将企业内部的"秘密"向企业外的特定组织,有时甚至是大众媒体公开揭示。但是,这种告发行为不仅可能因违反公司的工作规则或劳动合同的义务规范而受到企业的惩戒处分;就现行制定法的规范而言,也可能因违反刑法上侵犯商业秘密罪[1]必须负相关刑事责任,以及违反商业秘密法、反不正当竞争法、公司法等有关营业秘密保护义务的规定而须负担相关民事责任。此外,由于告发人并不是基于有权监督机关的地位而进行告发,其将企业的不法行为公告于社会大众,如果有不实或者夸张的情形,在刑法上也可能涉及损害商业信誉、商品声誉罪[2]、诬告陷害罪[3]、诽谤罪[4]、侵犯公民个人信息罪[5],于民事上则可能因侵权行为而负损害赔偿责任[6]。为保护告发人免于来自企业的事后惩戒与相关民、刑事责任的追究,不少法制先进国家在立法政策上采取统一立法的方式来保护实施内部告发的劳动者。必须特别说明的是,即使是以统一立法模式建构公益告发保护制度的国家,关于劳动者或者其组织代表(工会)进行的告发行为有无违法性的认定,除了有特别立法的保护规范而得以阻却其违法性之外,并非在其他现行实定法的规范架构下就难以排除。换言之,通过对法制发展先进国家的观察,无论针对公益告发的行为是否采取统一立法的制度性保护,如果这种内部告发行为具有相当的公益性或公共性,其行为的正当性或合法性在法律解释上并非当然地被

---

[1] 我国《刑法》第 219 条等。
[2] 我国《刑法》第 221 条等。
[3] 我国《刑法》第 243 条等。
[4] 我国《刑法》第 246 条等。
[5] 我国《刑法》第 253 条之一等。
[6] 我国《民法典》第 1165 条、第 1183 条等。

排除。

在英国，公益告发首先是被用来作为预防各种危险的预警系统。有关劳动者公益告发行为之保护，在《英国公益披露法》颁布之前，一直是通过普通法实现的。统一专门性法律之所以得以制定，也是为了调查大型企业所引发的灾害和罪行而起步的。英国的公益告发者保护法属于一种较为普遍适用的立法，而不是具体类型和具体事项的特别立法模式，强调终止劳动者的恐惧文化，尤其是谁也不敢揭发不法行为的文化，立法作为一种补救措施而存在。[1]《英国公益披露法》可以普遍适用于各种领域，适用对象广泛，通过扩大《雇佣权利法》上"劳动者"的概念，将劳动关系终止的劳动者、劳务派遣者、研修生、公务员等均包括在内。在2004年《日本公益通报者保护法》颁布以前，日本也是通过判例保护劳动者公益告发，而关于公益告发制度的制定法规范主要在《劳动基准法》第104条[2]。根据该条规定，劳动者对于企业违反《劳动基准法》上相关法令的事项有权向监督、检查机关进行申诉，禁止企业以申诉为由对劳动者予以解雇或其他不利益的待遇。学界认为，该条立法目的考量主要是对于劳动者私益的保护，但从实际效果来看，在现实操作中也发挥了促进企业遵守法令的机能，也可以认为该制度在立法政策上具有一定的公益性格。[3] 2004年6月18日公布的《日本公益通报者保护法》(2006年4月1日施行)也是一部综合性法律，不分公私，不分事项，保护对象主要为劳动者，同时包括一般职位的公务员。采统一立法模式的国家，在其制定法中对公益告发的对象事实、主观要件、告发程序、激励措施、保护措施等内容进行了系统规定。

---

〔1〕 参见谢棋楠：《英美法国家对吹哨者合法爆料行为之认定》，载《台湾劳动评论》2011年第3卷第1期。

〔2〕 "Labor Standards Act" Article 104: (1) In the event that a violation of this Act or of an ordinance issued pursuant to this Act exists at a workplace, a Worker may report such fact to the relevant government agency or to a labor standards inspector. (2) Employers shall not dismiss a worker or shall not give a worker other disadvantageous treatment by reason of such Worker having made a report set forth in the preceding paragraph.

〔3〕 参见林良荣：《论企业内部告发(揭弊)之劳工保护——以日本〈公益通报者保护法〉为中心》，载高雄大学政治法律学系主编：《公益揭发——职场伦理新趋势》，高雄，巨流图书股份有限公司2010年版，第109~133页。

三、劳动者公益告发立法模式的省思

从各国劳动者公益告发的立法背景与制度的实际运作来看,不同国家的劳动法制度都各有自身的立法特征,由此产生了各具特色的立法模式。美国在雇佣关系法上一直采取任意雇佣、任意解雇原则,英国的法律制度则仅规范不公正解雇行为,而德国、日本、我国大陆和台湾地区则有严格的解雇保护制度。由于英、美两国的雇主行使解雇权原则上仅受普通法的限制,因此劳动者一旦因公益告发行为而遭受到报复性解雇,并不能得到专法的保护,为保护劳动者的工作权而必须采取单独立法的方式,为公益告发者提供必要的权利救济措施,公益揭弊(通报)者保护的专门立法应运而生。而德国、日本及我国台湾地区劳动法体系的解雇保护制度相对严格,现有法律规则加解释技术的应用基本可以满足劳动者权利救济的需求。比较特殊的是,2004 年日本也制定了综合性的不分公私、行业领域的《日本公益通报者保护法》,对公益告发进行特别保障。韩国国会也于 2011 年制定了《韩国公益举报人保护法》。由此开创了英美法系以外立法潮流的开端。政策的实施是高度取决于政治决定的,而政治决定则在于政治利益如何取得正确性的比较。日本公益告发保护立法的形成,或许是政府有意提升企业伦理的政策宣示,或许是作为人民权利的回应方式,因为企业的劳动者同时也具有国民和消费者的身份,作为后者的权利意识不应因其劳动者的身份产生的忠实义务而受到压制。[1]

回到我国社会,近年来,我国食品、药品、环境等领域的安全事故频频见诸媒体,证券市场内幕交易和上市公司违规丑闻也常有耳闻,其中内部告发事件也随之增加。就相关制度的设计与实际运作上,如何对告发劳动者的权利给予适当的救济保护成为当务之急;否则,不但未能促进劳动者的揭发意愿,反而可能使该制度成为阻碍内部告发的障碍。借镜邻国日本的经验,现

---

〔1〕 参见林良荣:《论企业内部告发(揭弊)之劳工保护——以日本〈公益通报者保护法〉为中心》,载"国立"高雄大学政治法律学系主编:《公益揭发——职场伦理新趋势》,高雄,巨流图书股份有限公司 2010 年版,第 109 ~ 133 页。

行法律制度对于实施内部告发的雇员保护给予了相当的重视。《日本公益通报者保护法》明文禁止了雇主对于实施内部告发行为的雇员给予不利益待遇。该法实施之前，在一般劳动关系实务上，雇主对于实施内部告发的劳动者也经常以其行为违反忠诚义务或保密义务而施予惩戒，更有甚者以劳动者的告发行为侵犯雇主的名誉权或营业秘密为由向雇员请求损害赔偿。该法不仅禁止对公益告发者作出不利处理，而且规定了公益告发企业和政府机关应该采取的处理措施，对实施公益告发的劳动者予以专门保护，从而使保护公民生命、健康、财产等利益的法令得到遵守，有利于促进国民生活的安全和经济社会的健康发展。[1]

综观世界各国及不同法域的立法、司法实践，对公益告发者给予立法保护已经达成共识，很多国家选择以专门立法的方式建构公益告发机制，成为当前法治国家存在的一种颇具特色的法律文化现象，甚至称当今时代为一个内部告发的时代[2]（见表5－1）。我国对于举报、告发制度的必要性和作用已经达成一定的社会共识。据统计，目前已有10个省、自治区制定了保护公民举报权利的专门条例，27个省、自治区、直辖市制定了《信访条例》或者《信访条例实施办法》，[3]在食品安全、安全生产、价格、税收等各个领域也制定了大量保护公民举报权利的行政规章。各类行政机关、企事业单位也存在监察、审计等监督约束机制和诸如举报电话、网站、信箱等内部举报途径。但从约束机制的角度来讲，我国当前关于举报、信访的立法过于粗疏，由于缺乏公

---

〔1〕 参见王贵松：《论公益性内部举报的制度设计》，载《法商研究》2014年第4期。

〔2〕 参见林良荣：《论企业内部告发（揭弊）之劳工保护——以日本〈公益通报者保护法〉为中心》，载高雄大学政治法律学系主编：《公益揭发——职场伦理新趋势》，高雄，巨流图书股份有限公司2010年版，第109～135页。

〔3〕 目前10个省、自治区制定了保护公民举报权利的条例：广东省、安徽省、陕西省、广西壮族自治区《保护公民举报条例》，河北省、江西省、海南省《保护公民举报权利条例》，山东省《保护公民举报权利的规定》，宁夏回族自治区《公民举报保护条例》，湖北省《保护公民举报权利的若干规定》。2014年11月26日山西省人大常委会第16次会议废止了山西省《保护公民举报权利的规定》，理由是国家和省《信访条例》已经包含了规定的内容。目前已有25个省、自治区、直辖市制定了《信访条例》：浙江、河北、山东、广东、上海、河南、青海、山西、江西、重庆、西藏、辽宁、甘肃、贵州、北京、湖南、江苏、安徽、湖北、天津、黑龙江、云南、吉林、内蒙古、广西，2个省制定了实施条例：福建省《实施〈信访条例〉办法》、四川省《〈信访条例〉实施细则》。以上法规均从北大法宝数据库统计。

益告发的专门性立法作为后盾和规范框架，未能形成有效的规制力量和威慑力，尚不足以给举报人以充分保护，也不足以在雇主私益、劳动者利益及公共利益之间提供适当权衡。各种组织内部的公益告发机制往往也被虚置或者束之高阁。一方面，少数保护劳动者举报行为的规定，散见于劳动、环境保护、消费者保护等法律领域，难免存在真空地带，对公益告发构成要件、程序、激励、保护也尚未形成体系化的规定。另一方面，不同于德国、统一立法前日本的"双渠道模式"，我国对公益告发劳动者的保护缺乏判例法和法律解释技术的补充。劳动者对外告发的言论，可能面临泄露商业秘密及妨害雇主名誉、信用等法律风险，因而有必要扩大公益告发保护领域并明确告发者保护要件，以立法的方式肯定公益告发对企业的正面价值，借鉴英国、日本制定统一的公益告发保护法，不仅有利于宣传公益告发的公益价值、矫正过去民众对告发者的负面认识，还可以促进法院和仲裁机关对劳动者公益告发的重视。实践也证明，仅于个别法律中规定公益告发保护条款，恐怕如同现存法律中已有的举报条款，成为一种"睡眠条款"。鉴于公益告发的制度优势和我国目前金融、环境、安全生产和民生领域因法律缺失而呈现出的窘迫境况，迫切要求我们将公益告发制度提上立法日程，引入私人执行〔1〕力量，弥补政府监管力量不足和信息不对称的问题。借鉴国外的公益告发（通报）机制较为成熟的立法经验，结合我国现实国情，采用统一立法模式制定公益告发法是可行的途径。公益告发有人身、社会、经济上的成本，没有任何立法能够克服告发者面临这些成本时的困境，想要解决所有告发者面临的困境，必须依赖整个社会文化的改变，对告发者的社会观感的变革，而相关立法正是这一变革的开始。

---

〔1〕 所谓私人执行，是指对于法律的执行及违法行为的制裁，除司法机关和行政机关等公部门外，私人也可能扮演重要角色，而且可以应用于广泛的领域。参见邵庆平：《金融管制与私人执行——国际金融危机后管制发展的反思》，载《中正大学法学集刊》2013 年第 40 期。

表 5－1　主要国家劳动者公益告发法制比较[1]

国家	美国		英国	日本	新西兰
立法模式	分散立法		统一立法	统一立法	统一立法
法律名称	2002 年《萨班斯－奥克斯利法案》	2010 年《多德－弗兰克法案》	1998 年《公益披露法》	2004 年《公益通报者保护法》	2000 年《披露保护法》
适用范围	私部门		公、私部门	公、私部门	公、私部门
告发主体	员工为主		员工为主，包含公务员	劳动者	员工，包含公务员
告发的对象事实	包括邮件、电信、银行、证券等欺诈，SEC 制定的所有规则、与欺诈股东有关的联邦法律	违反证券、期货法规	犯罪行为、违反法律义务的行为、对人的健康和安全有危险的行为	法律规定的犯罪行为或者是与犯罪行为有关而属于违反法令的事实	严重不法情事
告发动机	合理相信	合理相信	合理相信	合理相信	合理相信
告发程序	内部告发＋外部告发(行政机关、国会议员)	外部告发	原则：内部告发 例外：外部告发	原则：内部告发 例外：外部告发	鼓励内部告发，例外情况向主管机关告发
	受理单位并行，保护要件一致	向 SEC 或 CFTC 通报[2]	内部告发前置	内部告发前置	禁止向国会议员、公众（媒体）告发

---

〔1〕 表 5－1 只反映各国公益告发的法律文本，并未搜集配套的法令、解释。其中美国公益告发涉及的法令较多，《虚假请求法》和《吹哨者保护法》主要规范公部门公益告发行为，本处只选择《萨班斯－奥克斯利法案》《多德－弗兰克法案》进行比较。

〔2〕 CFTC[(Commodity Futures Trading Commission)期货交易委员会]。

续表

国家	美国		英国	日本	新西兰
救济渠道	向劳工部下辖的职业安全健康署申诉，180日未做出决定，向法院提起诉讼	向法院提起诉讼	向劳动法庭提起诉讼	向法院提起诉讼	按雇佣关系法向雇主、雇用关系委员会提出个人诉怨或向人权委员会提出救济（二选一）
	无保密规定	有保密规定	有保密规定	无保密规定	有保密规定
保护措施	回复原职、拖欠工资，损害赔偿等	回复应有工龄、拖欠工资的两倍加利息及其他特别损失（诉讼法、专家证人费、律师费）	回复原职、拖欠工资、损害赔偿、惩罚性赔偿金等	解雇无效、禁止不利处分等	回复原职、补发工资、精神或物质损失补偿，并优先考虑复职，不服可向劳动法庭申诉
	有刑事责任	无刑事责任	无刑事责任	无刑事责任	—
激励措施	—	罚款金额的10%~30%	—	—	—

第三节 劳动者公益告发的行为类型分析

劳动者基于忠实义务不得作出损害雇主利益的行为，但也绝不是任何有损雇主利益的行为都构成对忠实义务的违反。在特定情形下，即使劳动者有损害雇主利益的行为，也不能认定为违反忠实义务，我们称之为“忠实义务的豁免”。虽然各国对公益告发保护要件的规定并不统一，公益告发的表现形态也多种多样，很难作定性化的研究，但公益告发制度所保护的行为依然体现出一定规律性。本节试图以行为类型的角度，从揭发行为、反对行为、参与行为三个方面进行探讨，当然这种分类可能是不完全的，随着公益告发实践的发展可能出现新的类型，但这种类型化的研究依然有其意义。

一、劳动者公益揭发行为

所谓揭发行为,是指劳动者将其合理相信的雇主尚未公开的违反法律或重大不当行为向特定受理主体告发,甚至广而告之,其主要目的在于满足特定主体或公众的知情利益。此处所谓的揭发行为也被称为“爆料行为”,是公益告发制度中最典型的类型。首先,就告发事实的角度而言,是雇主尚未被公开的违法或不当信息。公益告发的立法目的在于保证劳动者对雇主的违法或不当行为,向具有纠正该行为的人员、组织进行揭发。此处受保护的告发内容是雇主组织的违法或不当信息,并不包括雇主个人或某个具体的管理者私人的违法或不当信息。而且这种信息必须是尚未公开的,如果是已经公开的信息就不属于揭发行为类型的保护范围。其次,劳动者主观要件是其合理相信雇主的行为违法。告发行为是劳动者纯粹的主观观点是不够的,即使其观点获得了同事的认同也不行。劳动者行为要符合受保护的揭发行为要件,需该劳动者必须合理相信其所为揭发的事实受到法律保护,且需明确指出雇主所为违反的法律。在揭发行为类型中,劳动者的主观动机可以不予考量,是否符合合理相信原则与劳动者的动机无关,即使劳动者有混合动机,或者甚至意图损害他人名誉也无妨,因为揭发行为的立法目的在于保护公共利益。当然,具体判断劳动者揭发行为是否具备合理性,则需要根据被告发行为的严重性,并结合个案事实加以认定。最后,揭发事项需为违法或重大不当而非细琐。所谓重大,是指一些极为明显或超乎寻常的重大管理不当行为。劳动者的揭发不能是针对雇主细琐的违法事项而为,否则并非其保护范围。针对一般性的批评、疏失或轻微过失所做告发,并不属于保护范围。这是因为公益告发的立法目的在于防范真正的违法或不当行为,并不鼓励劳动者举报一些细微及易疏忽的失误。

二、劳动者反对行为

所谓反对行为,是指劳动者对雇主的违法、不当行为、指示,拒绝服从或公开为反对性、抗议性评论、批评,这种行为也被称为“被动的举报”。此处所谓“反对行为”与美国民权法案上的“反对行为”具有相似性,但范围完全不同,美国民权法案上的反对行为特指对雇主的违反民权法的雇佣性行为的反对,即反歧视行为。[1] 公益告发的反对行为具有以下特点:其一,主观上,劳动者善意地确信其反对的雇主行为属于违法不当行为。对雇主违法不当行为的反对,只需要考察这种相信是善意和合理的,并不考虑雇主的行为事实上是否是违法行为。也就是说,并不要求劳动者查验反对行为的准确性。其二,反对行为是针对已知事实的抗议或评价,告发事实本身不具有秘密性或未公开性。其行为特征是对组织内或公众已知事实作出反对性评价。例如,我国《安全生产法》第51条规定的对安全生产问题的告发,雇主存在的安全生产问题本身并不具有秘密性,劳动者是基于反对雇主该违法行为而进行告发。其三,劳动者的反对行为需具备客观合理性。保护劳动者的反对行为确实会对雇主的行为造成限制。因此,劳动者的反对、抗议行为需具备客观合理性。劳动者除了主观上确信雇主的行为属于违法行为外,其主观确信还必须具有实体法上的依据,其行为需要符合是任何一个理性的人的正常反应。如果一个理性的人不认为雇主的行为属于违法行为,那么该劳动者的反对抗议行为不受法律保护。其四,反对行为需要符合平衡原则。所谓平衡原则,一方面要满足劳动者维护权利的需要,另一方面也要保证雇主对劳动者的指挥命令权。例如,劳动者的反对行为对其同事的工作造成破坏性的影响,那么该劳动者的反对行为不应受到保护。

三、劳动者参与法律程序的行为

作为公民,劳动者有义务履行法律规定的协助调查、作证和其他任何方式参与法律程序的义务。例如,我国《民事诉讼法》第72条规定了公民的作证义务;[2] 德国诉讼法上也有类似规定,案件的目击证人原则上没有拒绝透

---

〔1〕 参见谢棋楠:《英美法国家对吹哨者合法爆料行为之认定》,载《台湾劳动评论》2011年第3卷第1期。

〔2〕 我国《民事诉讼法》第72条规定:“凡是知道案件情况的单位和个人,都有义务出庭作证。有关单位的负责人应当支持证人作证。不能正确表达意思的人,不能作证。”

露其所知事实的权利，而且有义务保证其所作证言的真实性，否则可能承担刑事责任。[1] 在雇主作为当事人的案件中，劳动者作为目击证人的，其不仅有义务协助有关部门调查或出庭作证，而且必须保证其证言的真实性。劳动者参与调查、诉讼、调解等法律程序的行为是其法定义务，法律之所以作出这样的规定是因为雇主的非法利益不具有保护的正当性，于此情形劳动者可以免除其忠实义务。而且法律保护参与行为的目的在于保障法律的实施，劳动者的合法参与行为无须受到客观合理性与平衡原则的审查，因此即使劳动者的证言对雇主利益造成损害，也不构成对忠实义务的违反。美国第四巡回法院在一则判例中认为，参与保护条款保护所有的甚至是不合理的参与行为，不适用客观合理性原则审查劳动者的参与行为。[2] 从理论上讲，出庭作证不能受到任何形式的报复，因为向法庭作证不仅是一种道义责任，有时是一种法律义务，每个人在道义上都有证明真理的责任。

第四节　劳动者公益告发的法律构造

劳动者公益告发制度设计是公共政策制定与立法实践中一项相当复杂的任务，该制度既要鼓励正直的劳动者依法进行公益告发，又要防范个别劳动者挟公益以为私人恶意告发。公益告发具有正当性，是告发者获得法律保护的前提。借鉴邻国日本法院的经验，对于因此而产生的劳资争议，在《日本公益通报者保护法》实施之前，法院对于雇员的告发行为是否具有正当性基于以下判断基准逐步形成了一定的判断法理：告发事实的内容真实性、告发内容与目的的公益性、告发方法上手段与程序的相当性、告发行为对企业或雇主的有益性或有用性等。综观历年法院之判决，多数的生效判决对告发事实的内容的真实性和告发手段与程序的正当性审查给予特别重视。[3] 本节

〔1〕 参见李亘：《德国劳动者忠实义务的制度发展与历史变迁》，载《德国研究》2017 年第 3 期。

〔2〕 参见 Glover v. South Carolina Law Enforcement Division 一案。转引自谢棋楠：《英美法国家对吹哨者合法爆料行为之认定》，载《台湾劳动评论》2011 年第 3 卷第 1 期。

〔3〕 参见林良荣：《忠诚义务、言论自由与公益揭弊，孰轻孰重？——台高院 100 重劳上 14 民事判决评释（中环公司解雇案）》，载《台湾法学杂志》2015 年 3 月 15 日，第 268 期。

从公益告发的主体范围、告发对象、主观要件、告发程序等几个方面进行讨论。

一、劳动者公益告发的主体范围

关于实施公益告发受保护的劳动者主体范围,各国的规定一般与劳动基准法上的规定相同,并在实践中做扩大解释与适用。除了企业正式的员工之外,同时还包括部分工时劳动者、临时工以及派遣劳动者,或者是外观上虽然属于承揽或者委任契约,但在实质上仍在雇主单位的指挥监督下提供劳务的劳动者等。另外,由于劳动者通常会担心雇主进行事后报复,现实中采取匿名通报的方式比较多。对此,学者们一般认为采取匿名方式告发的劳动者也应该得到保护。但各国在具体范围上都有所差异,例如,《美国萨班斯－奥克斯利法案》将公益告发者限于雇员(Employee),包括受雇于公众公司的雇员,或受雇于公众公司的承包商、转包商、代理商的雇员,范围非常广泛;《英国公益披露法》(Public Interest Disclosure Act 1998)将受保护的告发者限于工人(Worker),不仅包括形成劳动关系的劳动者,还包括劳务派遣工、按照合同提供劳务但不受他人指挥、监督者(独立承揽人)、依法提供医疗服务和接受职业训练者;《日本公益通报者保护法》将受该法保护的公益告发者规定为雇员,即《劳动基准法》第9条所规定的雇员,不分职业种类,在公司或事务所被使用并且被支付报酬者;《新西兰披露保护法》则将告发主体扩大到离职员工、高级管理人员和志愿者。除此之外,很多国家将政府部门的公务员也纳入保护范围,特别是采统一立法模式的国家。总体而言,各国立法对告发者主体资格的限制较少,最大限度地为实施告发行为的人提供保护,以劳动者为主体,但也包括了离职员工、家政工人、实习人员、高级管理人员和志愿者。

主体范围的界定决定了公益告发机制的适用范围,鉴于公益告发制度法治进步的重大意义,于公有利于社会公众利益的维护,于私有利于落实公司的内控机制,在界定受保护的劳动者的范围时宜做目的性扩张解释与适用,为告发者提供协助的同事也应包括在内,包括协助调查的劳动者、提供证人证言的劳动者等。[1] 对保护对象做扩大解释既符合公益告发制度的精神，也成为一种立法趋势。就我国现有法律制度而言，将实施公益告发的劳动者与行使举报权的一般公民等而视之，关于告发主体的规定既有“劳动者”，也有“从业人员”“任何组织和个人”“公民、法人和其他组织”，劳动者仅在个别情况下享有特殊保护(见附表2)。受保护主体范围过窄，不足以彰显社会正义。因此，我国劳动者公益告发制度的主体范围应当以《劳动合同法》上的劳动者为主体，并包含曾经建立劳动关系的劳动者、事实劳动关系的劳动者、劳务派遣的劳动者、根据承揽合同提供劳务的人员、实习人员等正在工作场所发挥作用或曾经在工作场所发挥作用的人员。事实上，能够掌握雇主组织内部违法不当信息而对外进行告发的，原本就因为组织特性而有各种限制，所以没有必要对其资格进行严格限制，如果担心过分放宽告发者资格，可能导致滥用告发机制，完全可以通过告发事项、证明责任和告发程序，要求告发者负担适当的证明责任和程序选择，无须过分严格地限制告发者的资格。有鉴于研究主题，本部分将在劳动者忠实义务的语境下，对劳动者公益告发展开研究。

毋庸置疑，任何公民都有权检举不法行为是一项宪法性原则。企业外部人士就其知道的违法不当行为也有为了公共利益而进行告发的可能，但他们与企业之间并没有从属关系，更没有忠实义务可言，不受企业的指挥、监督管理，也就没有遭受不利益对待的顾虑，所以企业外部人士的检举并非公益告发法律制度保护的范围，应归属于一般意义上的举报制度。因此，公益告发制度的主体范围虽有必要做扩大解释，但也只能限于知晓企业情况的内部人员。[2] 关于告发的雇主范围，是指所有与劳动者有一定劳务提供关系的企业，不问是否为营利的事业单位，也不问企业规模的大小。

---

〔1〕 参见李飞：《法律如何面对公益告发？——法理与制度的框架性分析》，载《清华法学》2012年第1期。

〔2〕 参见李飞：《法律如何面对公益告发？——法理与制度的框架性分析》，载《清华法学》2012年第1期。

二、劳动者公益告发的主观要件考察

对劳动者实施公益告发的主观要件考察主要从两个方面进行,一是劳动者实施告发的动机;二是劳动者对告发内容真实性的确信。

(一)劳动者公益告发动机的正当性要求

正因为公益告发制度存在巨大的伦理冲突,其目的正当性要求才会很高,法律不鼓励劳动者出于私益或报复心理的告发行为。相较于雇主单位的轻微违法行为,雇员因私欲而"背叛"或"报复"雇主单位的行为将造成更加恶劣的社会示范效果。通过比较各国立法例和司法实务经验,笔者认为,对劳动者主观动机的考察可以分为主观目的的公益性和不正当目的的排除正反两个方面。

首先,劳动者实施公益告发的主观目的必须具有公益性。虽然关于公益告发构成要件的学说是多种多样的,但有一个共同点是,举报人向第三方泄露秘密信息的目的是防止或阻止不当行为。[1] 之所以强调告发目的的"公益性",就是防止出现通过告发机制打击报复、泄私愤等违反忠实义务和伦理道德的行为。但事实上,完全以公共利益为出发点的告发行为并不常见,绝大部分告发行为混合着公共利益和个人利益,或者内部无法达成共识。其实,只要告发的资料能证明符合明显的公共利益,即使混合着私益亦无不可。[2] 在比较法上,《日本公益通报者保护法》进一步扩张解释了"公益性",只是对不正当目的的行为进行了排除,并不要求劳动者纯粹以维护公共利益为目的。只要劳动者不是为了获取不正当利益、加害于他人或其他不正当目的而为的告发行为,都符合公益性的要求。即使劳动者怀有私心或者出于维护自身合法利益进行告发,只要其告发事项在客观上对维护公益有所作用,劳动者同样可以受到法律的保护。在日本,劳动者批评企业经营活动而

---

〔1〕 See Gregor Thüsing, Gerrit Forst, *Whistleblowing: A Comparative Study*, Springer International Publishing Switzerland, 2016, Foreword p. 4.

〔2〕 参见关中:《行政伦理的重要议题——从保护弊端揭发人谈起》,载高雄大学政治法律学系主编:《公益揭发——职场伦理新趋势》,高雄,巨流图书股份有限公司2010年版,第6页。

影响企业秩序的,因其并非为了纠正违法行为,判例倾向认定为侵害企业秩序,并不认可该告发行为的正当性。[1] 2009 年修订《新西兰披露保护法》时,告发者主观动机是一项重要的内容,认为只要客观上具有公共利益,即使告发者出现技术性错误也可以受到保护。但所有这些发展并不意味着对告发者主观公益性要求的降低。

其次,劳动者不正当目的和手段的排除。即使告发内容具有一定的公益性,但劳动者出于打击报复雇主、"损人不利己"等不正当目的或者告发的手段不具有正当性,其告发行为也不应受到法律的保护。法律不能通过鼓励一种恶行去抑制另外一种恶行,如此无异于鼓励告密文化和不诚信行为,对劳资信赖关系和社会伦理道德造成的破坏可能更难修复,损害更大的公共利益。《英国公益披露法》要求揭弊者"善意"而为,如果劳动者的主要动机不单纯是为了维护公共利益,而是另有其他不正当目的,例如,勒索、报复雇主或者仅仅为了出风头,则因并非善意而不应受到法律的保护。对怀有不良动机的劳动者予以保护,显然与立法目的不符。在日本,显著歪曲和夸大事实造成公司信誉损害的行为,对经营秘密的不正当获取甚至违法获取的行为,都是惩戒的对象。[2] 当然,在告发过程中,劳动者可能因为告发行为受到一些不利对待或者伴有私利而怀有混合动机,在考察"善意"时如果过多强调劳动者的主观动机而忽略告发内容的公益性,显然不利于鼓励告发行为。有学者认为,告发者是否具有追求私人利益的动机不重要,关键在于举报内容是否属实,只要带有公益性内容,就符合告发目的的正当性,公益告发的发展方向是注重告发内容而非告发者的动机。[3] 在域外立法例上,1998 年《美国吹哨者保护法》并没有规定要考量吹哨者的个人动机,因此不应将劳动者的个人动机纳入考虑范围,是否符合合理相信的原则与劳动者的个人动机无关,即使劳动者的动机可能是想损害他人的名誉也无妨。法律之所以作出如

---

[1] 参见王贵松:《论公益性内部举报的制度设计》,载《法商研究》2014 年第 4 期。

[2] 参见田思路、贾秀芬:《日本劳动法研究》,中国社会科学出版社 2013 年版,第 139 页。

[3] See Janine Pascoe, *Corporate sector whistleblower protection in Australia: some regulatory problems and issues*, Australian Journal of Corporate Law, Vol. 22, 2008, pp. 22 – 82;王贵松:《论公益性内部举报的制度设计》,载《法商研究》2014 年第 4 期。

此规定,是因为建立廉洁、高效政府的公共利益被认为高于个人利益。[1] 对此笔者不敢苟同,诚然,对劳动者公益告发的"善意"的要求,可能会阻止一部分有价值的告发,一个怀有不当动机的人就严重或即将发生的危险进行告发,在客观上也有利于公共利益。[2] 但法律对违法不当行为的预防和制裁是一个系统工程,不能寄希望于一部公益告发法而毕其功于一役。法律应该明确对基于不正当目的的告发行为的排除,从而宣示一种正直、诚信、忠实的价值观。此外,对劳动者采用不正当手段和方式的告发行为也应排除其合法性保护。为保证自己告发内容的真实性,劳动者不可避免将雇主的资料和数据泄露给主管机关或外部组织。然而这种行为是违反忠实义务和企业规章制度的,往往会受到雇主的惩戒。例如,劳动者违反保密义务,以公开企业商业秘密的方式进行告发显然不应受到保护。参考日本已经形成的判例,法院在综合劳动者带出或泄露的资料内容、程度、手段、样态,适用范围、方法,告发目的和内容等因素,判断雇主是否滥用惩戒权。在一则判例中,一名医师怀疑他的同事滥用抗生素,就将医院的病历复制后提供给保健所,因而遭到解雇。法院在判决中认为,未经许可复制病历并带出去是违反医院的规章制度和医生的执业规则的,在道义上也是应该受到谴责的。但诊疗方法关系到患者的生命和身体健康,该医师对诊疗方法产生怀疑后,也曾呈报医院予以指导和改善,医院以此为由进行解雇过于严厉,属于滥用惩戒权。[3]

对告发者主观动机的公益性考察,应当侧重告发内容对社会公共利益的有用性,而不是劳动者主观上是否纯粹为了公益。在具体司法实务中,则只能通过举证责任分配来实现对劳动者的保护。针对劳动者的告发行为,首先需要判断的是告发内容是否涉及公共利益,如果涉及社会公共利益,则推定劳动者主观动机是为了维护公共利益。如果雇主主张劳动者并非出于维护公益的目的,则由雇主负担举证责任。推定劳动者实施公益告发不具有"不

---

〔1〕 参见谢棋楠:《英美法国家对吹哨者合法爆料行为之认定》,载《台湾劳动评论》2011 年第 3 卷第 1 期。

〔2〕 See David Lewis, *Shipman's legacy: whistleblowing procedures for all?*, New Law Journal, January 2005, p. 14.

〔3〕 参见王贵松:《论公益性内部举报的制度设计》,载《法商研究》2014 年第 4 期。

正当目的”是倡行公益告发制度的积极政策导向。公益告发劳动者仅有纯粹主观的观点是不够的，即使他的观点能够获得其他劳动者的认同也不行。劳动者必须合理相信其所揭发的事项是有法律依据的，在有些情况下需要指出所告发行为违反的法令。正如有学者研究英国以往判例后指出，所谓善意实质上是指告发者是否诚实相信告发内容真实，如果告发前已经对信息的真实性有所怀疑但告发者未能在力所能及的范围调查核实，难谓善意；但即使是误信或不小心但却诚实相信信息真实，也难谓非善意。[1]

（二）劳动者公益告发内容的真实性要求

对于告发目的正当性的判断，很多时候依赖于对告发内容真实性的甄别。只有公益告发的内容具有一定的真实性，才能证实告发动机的正当性，从而赋予告发行为正当性。不真实的告发不但会破坏社会和谐，也会危及整个社会关系。伦理学家和社会科学家均认为，一个负责任的且合于伦理的告发行为必须具有较高的真理性，基于此，告发者必须在查验资料后才能告发。美国所有的州都要求告发行为必须是诚信的或者至少是没有恶意的，有两个巡回法院要求告发者在爆料前调查其指控事项的准确性。[2] 关于告发内容的真实性可以有两种解释，一是告发内容完全符合实际情况；二是劳动者有合理的理由相信主要的告发内容是属实的。公益告发主观上必须是基于劳动者的合理相信。为了保证公益告发内容的真实性，劳动者有必要收集一定的资料或证据，但我们应当注意到，不同职业、岗位的劳动者在信息收集能力上有着巨大差别。因此，有权机关在判断告发内容的真实性时，应当考虑不同告发者在信息收集能力上的差别，绝大部分劳动者在搜集信息能力上存在不足，只要劳动者有合理的理由相信其告发的主要内容是真实的，其告发就具有正当性。《日本公益通报者保护法》针对三种告发路径对告发内容真实性提出两种不同的要求：第一种情形是劳动者向雇主组织内部告发时，保护

---

〔1〕 参见王松柏：《英国法律对于劳工揭露工作所得资讯的规范》，载《玄奘法律学报》2010 年第 13 期。

〔2〕 参见谢棋楠：《英美法国家对吹哨者合法爆料行为之认定》，载《台湾劳动评论》2011 年第 3 卷第 1 期。

的要件只要求不正当目的的排除,只要劳动者相信告发内容是真实的,即容许告发人因误信而为告发行为。第二种情形向行政机关告发和第三种情形向其他外部组织告发,除了排除不正当目的之外,原则上要求告发内容具有真实性,如果不是真实的则必须证明有误信的理由存在。关于公益告发内容的真实性程度,日本法院的实务判决只要求告发的核心内容具有真实性即可,而非要求全部事实内容都与事实相符。[1]

因此,有必要区分诬告和误信之间的区别:诬告是故意捏造事实、制造虚假信息,意图陷害他人的违法行为;误信就是错误地相信,是因自身信息有限或判断有误而错误地相信告发是真实的。在公益告发制度中,诬告属于违法行为,而误信则是被允许的,不能因此而否定劳动者主观目的上的正当性。原因在于,一方面,劳动者基于自身所处环境和地位,一般难以获得充分的信息或证据;另一方面,受理告发的相关机构有义务调查告发内容的真实性,不能因为劳动者的告发而直接作出查处的决定。故而,只要劳动者证明自己有理由相信,哪怕是没有充分的理由,也可以进行告发,并且不会因此而承担法律责任。如此,不但有利于打消劳动者的顾虑,也有利于公益告发受理者进行判断。

为了平衡雇主私人利益与社会公共利益之间的冲突,法律针对不同的告发路径提出不同程度的真实性要求是合理的。在内部告发阶段,告发信息尚且控制在雇主组织内部,不会对雇主名誉造成损害,对真实性标准不做过高的要求,有利于雇主及早发现并解决内部问题。在外部告发阶段,告发信息已经超出了雇主的控制而向外部泄露,雇主的名誉可能因虚假的信息而受到损害,故要求告发内容具有实质上的真实性。同样是外部告发,主管行政机关负有保密义务,信息还可以控制在雇主组织外的一定范围内,但如果向社会公众进行告发,信息的传播可能是不可控的,所以各国法律对外部告发不仅要求内容具有实质真实性,还必须符合特定的情形。

---

〔1〕 参见林良荣:《论企业内部告发(揭弊)之劳工保护——以日本〈公益通报者保护法〉为中心》,载高雄大学政治法律学系主编:《公益揭发——职场伦理新趋势》,高雄,巨流图书股份有限公司2010年版,第130页。

三、劳动者公益告发内容的限定性

原则上,雇主组织内已经发生、正在发生或可能发生的违法不当行为,都可以成为劳动者公益告发的内容。对于公益告发内容的限定,域外立法例分为两种,一是概括规定告发内容;二是概括规定告发内容的同时,列举可以告发事项的具体类型。《英国公益披露法》采取了概括列举的方式,而《日本公益通报者保护法》则采取了以逐个法律判断为标准,相对而言,前者更为概括,后者更为审慎。

首先,告发内容应当是雇主组织的违法或重大不当信息。公益告发机制在于鼓励劳动者对违法或重大不当情形,向具有纠正该违法或重大不当行为的人员或主管机关、外部组织进行告发,其受保护的告发内容只限于雇主组织的违法或不当行为的信息,并不包括雇主私人的违法或不当信息。而且揭发行为所针对的,往往是被隐藏或尚未被公开的信息,已经公开或被公众熟知的信息则不属于保护范围。《萨班斯－奥克斯利法案》第 806 条第 a 款以具体列举的方式规定了邮政、电信、银行、证券欺诈等公司不法行为;违反 SEC 的命令、规则或美国联邦证券法有关起诉、促成起诉、作证、参与起诉或即将起诉的程序的行为;违反联邦法律关于股东欺诈的失当行为等三类告发对象事实。《日本公益通报者保护法》则在第 3 条规定了告发内容,包括与保护个人生命和身体、消费者利益、环境、公平竞争以及其他有关国民的身体、生命、财产的利益保护的犯罪行为事实,或者是与上述犯罪行为有关而属于违反法令的事实。这些行为事实已经规范于特定的法律范围,学者根据日本现行法令统计,大约有 420 个基于相关法令规定可以作为告发的行为事实。[1]《英国公益披露法》则采用了概括列举的方式,并对“适格的披露”对象进行列举,包括了犯罪、违反法定义务、司法裁判错误、危害个人健康与安全、破坏环境、蓄意隐匿上述不法行为等已经发生、正在发生或即将发生的不

---

〔1〕 参见林良荣:《论企业内部告发(揭弊)之劳工保护——以日本〈公益通报者保护法〉为中心》,载高雄大学政治法律学系主编:《公益揭发——职场伦理新趋势》,高雄,巨流图书股份有限公司 2010 年版,第 124 页。

法情形，且不论这些行为是否发生在英国国内。总而言之，犯罪、违法、贪污、危及公共健康与环境等公共利益的行为是各国共同的告发对象，新西兰、澳大利亚(维多利亚省)另外将重大管理不当、政府人员的不当作为、歧视、骚扰等事项纳入告发范围。在分类处理上，英国以“适格的披露”、新西兰以“严重不法情事”、澳大利亚(维多利亚省)以“不当行为”与“不利益作为”分别统括告发内容的范围。[1] 而对于雇主组织未达到违法、犯罪程度的重大不当行为，诸如违反行业惯例、公司伦理、商业道德等，也应成为公益告发的对象事实。劳动者公益告发机制的价值不仅在于预防和揭露违法犯罪行为，还在于完善雇主组织内部控制制度，相较于事后追责，如果事先能够有效预警、防范，事中能够及时发现、制止，可以有效避免或减少对公共利益的损害。不当行为虽不像违法犯罪行为对社会公共利益构成即刻的危险，但其往往是危害公共利益的潜在“隐患”。

其次，告发事项在性质上须具有重大性。由公益告发制度的“公益性”所决定，告发内容必须是违法犯罪行为或重大不当行为。从世界各国已有的立法例看，多将公益告发对象限于犯罪行为，可能危害人的生命、身体、健康或工作条件、公共安全、环境保护等对公共利益有重大性影响的行为。根据1998年《美国吹哨者保护法》规定，细琐事项并非其立法保护的范围。对于一般性的批评或疏失、轻微、有欠具体而且没有涉及任何特定人员、地点、情事的爆料，并不在受保护的范围之内。因为，吹哨者保护法的立法目的，在于防范真正的违法或不当行为。对揭发真正违反法律的行为予以保护，并不鼓励劳动者举报一些细微的、易于疏忽的失误。否则，可能挑战雇主权威，违背服从义务，影响正常的经营管理秩序。所谓重大性的要求，是指一些特别明显的或者超乎寻常的重大管理不当的情形，而且重大管理不当必须具有特别明显的要素。对于行政机关完成法律所赋予的任务，有重大不利风险的作为或不作为。

---

〔1〕 参见程挽华、杨茂龙：《英国、纽西兰、澳洲(维多利亚省)揭弊保护立法比较》，载高雄大学政治法律学系主编：《公益揭发——职场伦理新趋势》，高雄，巨流图书股份有限公司2010年版，第144页。

四、劳动者公益告发的程序设计

面对雇主的违法不当行为,劳动者选择公益告发也要考虑各种因素,选择适当的方式和程序,否则可能违反其忠实义务。关于公益告发的程序,国外立法例都予以了重点关注,几乎都优先考虑企业组织内部的信任和纠错机制,然后在外部的监管机构和媒体等第三方主体之间作出区分,而我国立法对告发程序几乎没有涉及。[1] 公益告发法律制度既要保护告发劳动者,也要维护劳资信赖和确保其他法律的实效性,要实现这一多重目的需要在不同价值与伦理之间进行适当权衡,法律因此而构建了上述公益告发的构成要件,并集中体现于受理主体及程序设计之中。符合公益告发构成要件的,就构成民法、劳动法上诚实信用原则和忠实义务、保密义务的豁免,同时构成了刑法和民法上损害名誉的阻却事由,法律理应提供相应的保护。2009年,透明国际(Transparency International)[2]揭示的构建告发程序的原则如下:(1)具有鼓励性的内部告发,法律应该鼓励并建立内部告发体系,一个安全、易于使用,能确保告发问题获得全面、及时独立调查,并能适当执行与追踪的机制;(2)便利的外部告发,法律应随时提供便利的外部告发体系,包括向规制性组织、立法者、专业媒体及公民社会组织告发,即使这些途径有进一步区分的必要,也不能过于复杂;(3)关于国家安全,涉及国家安全的,程序上可以采取更周全的保护机制,以期不必经由外部揭发,而尽可能让问题由内部揭发,追踪及解决;(4)告发者的参与,法律应该认可告发者是一位积极、重要的利害关系人,告知其告发事情的后续发展、结果,并提供有意义的参与机会;(5)奖励制度,法律应当根据实际情况,考虑是否进一步提供鼓励

---

〔1〕 参见王贵松:《论公益性内部举报的制度设计》,载《法商研究》2014年第4期。

〔2〕 透明国际即"国际透明组织",是一个非政府、非营利、国际性的民间组织,其立场和价值中立,不依附于任何政治党派,所做的全球反腐败报告每年发布一次。透明国际于1993年由德国人彼得·艾根创办,总部设在德国柏林,以推动全球反腐败运动为己任,今天已成为对腐败问题研究得最权威、最全面和最准确的国际性非政府组织,其研究结果经常被其他权威国际机构反复引用。目前在100多个国家有分支机构,中国于2008年正式加入透明国际,作为其正式会员,在年会的各项决策和选举中,拥有建议权、表决权和选举权。

告发的机制,例如奖励制度或采取公私共分财产或利益的方式,以授权告发者追踪其告发的事情。[1]

(一)劳动者公益告发的受理主体的类型

由于劳动者公益告发的法定根据是言论自由,原则上劳动者有表达内容、形式或表达途径的自由。从目前世界各国的立法例来看,根据告发行为可能对雇主组织造成的负面影响和告发者受到法律保护要件的不同,一般将告发渠道分为三种类型,即组织内部告发、向主管机关告发、向社会公众告发。三种告发路径也意味着三种不同的受理主体。在比较法上,美国一般限定受理单位的范围,为雇员提供了雇主和政府主管部门两类告发途径,除此以外的其他任何部门都不能成为雇员告发受理单位。[2]《萨班斯 - 奥克斯利法案》第 806 条第 a 款第 1 项规定了受理单位,内部受理单位是对雇员有监督管理权的人,或其他受雇主委托有权调查或终止不法情事的人;外部受理单位则包括了联邦管理机关、执法机关、国会议员或其委员会,排除了媒体、消费者团体等外部受理主体。告发者享有在法定的告发路径之间选择的自由,但是向社会公众、媒体告发却不能得到法律的保护,这与美国向来重视维护企业形象、商誉的传统有关,通过发挥企业管理机制、内控机制防范内部风险、疏导内部危机。[3] 而英国、日本统一立法模式对受理单位的规定明显较为宽泛,形成了由内而外的三阶段模式,[4]是一种阶梯式的设计。《日本公益通报者保护法》将公益通报的对象分为事业单位内部、行政机关和其他事业单位以外的外部组织三种,采内部告发前置主义,并依照三种告发渠道

---

〔1〕 参见程挽华、杨茂龙:《英国、纽西兰、澳洲(维多利亚省)揭弊保护立法比较》,载高雄大学政治法律学系主编:《公益揭发——职场伦理新趋势》,高雄,巨流图书股份有限公司 2010 年版,第 157 ~ 158 页。

〔2〕 See Robert G. Vaughn, *America's First Comprehensive Statute Protecting Corporate Whistleblowers*, Administrative Law Review, December 2005, pp. 54 – 60.

〔3〕 参见李飞:《法律如何面对公益告发?——法理与制度的框架性分析》,载《清华法学》2012 年第 1 期。

〔4〕 参见程挽华、杨茂龙:《英国、纽西兰、澳洲(维多利亚省)揭弊保护立法比较》,载高雄大学政治法律学系主编:《公益揭发——职场伦理新趋势》,高雄,巨流图书股份有限公司 2010 年版,第 156 页。

的不同,对告发者保护的要件采取不同的规定,依照事业单位——行政机关——外部组织的顺序,对告发者的受保护要件的规范逐渐趋于严格(见表5-2)。[1]

表5-2 《日本公益通报者保护法》规定的告发程序比较研究

	告发受理主体	保护要件
企业内部通报程序	1. 劳务提供对象 2. 劳务提供对象预定的受理者	1. 非出于不当目的 2. 相信事实已发生或即将发生
主管行政机关通报程序	行政机关(内阁府、宫内厅等,但不包括国会、裁判所、会计检查院、内阁等)	1. 非出于不当目的 2. 有充足且相当理由相信事实已经发生或即将发生(真实相当性)
其他外部通报	对防止通报事实发生或损害扩大必要的外部组织,如媒体、消费者团体、国会议员等	1. 非出于不当目的 2. 有充足且相当理由相信事实已经发生或即将发生(真实相当性) 3. 手段具有相当性[2](符合第3条第3款5种情形)

《英国公益披露法》也将告发路径分为雇主组织内部、主管机关、外部其他受理单位三种,按此顺序对告发者受保护要件的规范也趋于严格。之所以采用阶梯式告发程序,就告发受理单位的不同来设定保护要件的宽严程度,是因为该法案不仅将企业自身和行政机关作为告发受理单位,而且包含了媒体等其他的外部受理单位。其目的在于保障公共利益,防止企业内部违法不当行为的发生与损害扩大,而将受理单位进一步放宽。但基于利益冲突平衡的考量,对不同受理单位所要求的告发要件有所区别。

劳动者优先选择内部告发实质上就是理性忠实的表现。公益告发可能

---

〔1〕 参见林良荣:《论企业内部告发(揭弊)之劳工保护——以日本〈公益通报者保护法〉为中心》,载高雄大学政治法律学系主编:《公益揭发——职场伦理新趋势》,高雄,巨流图书股份有限公司2010年版,第109~133页。

〔2〕 《日本公益通报者保护法》第3条第3款规定向其他外部组织通报时限于以下5种情形:(1)通报者有相当理由相信如果采取前述两种通报方式,将遭受解雇或其他不利益待遇;(2)有关通报对象的证据有被隐匿、销毁、伪造、变造的可能;(3)企业无正当理由要求不得通过前述两种方式进行公益通报;(4)以书面向企业内部通报,但20日内没有收到调查通知,或企业无正当理由不进行调查;(5)具有相当理由相信,已经发生或可能发生危害个人生命或身体的急迫危险。

带来雇主组织负面信息公开的严重后果,甚至给商业秘密、商誉、信用带来风险,因此法律需要制度设计控制这种风险。为此,根据受理主体、雇主组织内外有别和公益告发可能带来风险的不同,在程序上分为三个阶段,法律对劳动者进行保护的门槛也存在显著差别。而三个阶段的保护要件宽严存在差异的目的不仅在于增加受理主体,更主要的目的在于引导劳动者优先选择内部告发,充分发挥企业的“自净功能”,平衡雇主利益与公共利益。这种强调对雇主组织忠实的制度设计,并不能保证组织会负责地处理不法情事,对潜在的告发者而言也有很大风险,劳动者不能确定雇主预定的受理者或上司将如何回应其告发,当内部程序不安全或无效时,除了可能让告发者陷入被报复的情境外,也会降低不法情事得到矫正的机会,由此,主管机关和外部告发的正当性得以确立。

总之,内部告发是指劳动者将内部违法不当行为按照组织内部程序向雇主及其代表、指定受理者进行揭发;主管机关告发是指劳动者将组织内部违法不当行为向告发事项的管理机关揭发;外部告发则是劳动者将雇主组织内违法不当行为向组织和主管机关之外的社会公众予以揭发。比较先进的立法模式认为,三种告发渠道是并列可选的,但劳动者选择不同告发渠道受到法律保护的要件并不相同,从而引导劳动者优先选择内部告发。

（二）内部告发程序

直观上,人们对于公益告发的理解一般是向雇主组织之外的主管机关或社会公众实施的告发。事实上,劳动者公益告发制度应该重点关注的反而是内部告发。关于内部告发的重要性和意义,理论界基本达成了共识:(1)有利于雇主组织对风险进行管理,内部告发不仅使雇主有机会及早发现、终止违法不当行为,也对劳动者的公开揭发有所准备;(2)对可能从事违法不当行为的员工产生监督作用,有效的内部告发程序传达了组织支持善意告发的信息,也保证了告发者不会受到报复;(3)为雇主组织适当、有效处理违法不当情事提供可能性,一套完整、有效的内部告发机制为雇主处理不法问题提供了依据,不会面对不法行为而不知所措、慌乱出错;(4)有利于雇主知悉不法情事后采取必要的控制作为,即使劳动者最终选择了向主管机关告发或者外部告发,雇主也不会过于被动。[1] 内部告发一旦形成常态机制,可以打消劳动者通过内部程序进行告发的顾虑,客观上可以增进劳动者对管理层的信赖与公司内部上下级之间的和谐。总之,内部告发对雇主和雇员都有利,虽然劳动者将问题告发到高层管理者可能会被监管者视为不忠实,但不能将其视为违反普通法关于信任或忠实的义务。雇主也有机会在没有外部压力或舆论的情况下处理问题。从员工的角度来看,一旦选择了外部告发,他们可能被视为背叛者,更有可能遭到报复。[2] 在劳动者内部告发机制设置过程中最重要的两个问题,首先是由谁来受理劳动者的内部告发,其次是受理者如何处理内部告发。

1. 内部告发的受理部门

所谓内部告发的受理部门采取的是一种法律标准,其与受理告发的部门或单位是否属于公司的组成部门并没有必然联系。事实上,各国立法上受理单位也并非都是企业的内部组织,而是包括了雇主预先指定的单位。雇主预先指定的受理单位是指企业预先设置的告发路径,因其属于企业自行指定,虽然不是设置于企业内部但属于内部通报,通常包括企业法律顾问、会计师、审计师和委托受理申诉的公司等。《萨班斯 - 奥克斯利法案》第 301 条第 4 款规定公众公司的审计委员会应当设置内部沟通机制,妥当机密地处理员工告发的违法不当行为。《萨班斯 - 奥克斯利法案》规定公开发行公司必须建立稽核委员会,其主要职责之一就是受理内部告发。《英国公益披露法》则要求在一般的管理机制之外构建内部告发机制,并确保劳动者有两个以上的告发渠道,第 43C 条、第 43D 条规定了向其雇主、因雇主授权而具有管理权责的劳动者,雇主以外对不法情事负责的第三人或雇主指定的人以及法律顾问进行告发。劳动者选择内部告发,只要其“合理相信”有不法情事及“善意

〔1〕 参见程挽华、杨茂龙:《英国、纽西兰、澳洲(维多利亚省)揭弊保护立法比较》,载高雄大学政治法律学系主编:《公益揭发——职场伦理新趋势》,高雄,巨流图书股份有限公司 2010 年版,第 156 ~ 157 页;李飞:《法律如何面对公益告发? ——法理与制度的框架性分析》,载《清华法学》2012 年第 1 期。

〔2〕 See David Lewis, *Whistleblowers and Job Security*, Modern Law Review, January 2011, p. 209.

的”进行揭发，让不法问题被处理，即受到公益披露法的保护。《日本公益通报者保护法》规定，应向劳务提供对象即雇主或其指定的人进行告发，包括接受劳务的公司代表人、对于告发事实具有管理权限的人或者对劳动者与业务上具有指挥监督权的人；企业专门的法务部门、业务监督部门、企业内工会等。鉴于内部告发的主要目的在于雇主自净，内部告发机制在设计时应能做到防范原有管理系统的干预、打压，在原有管理机制之外，由专门的部门负责受理、调查告发事实，包括雇主单位负有管理、监督职责的机构或个人，或者其指定的机构或个人。其中雇主预定受理者易于形成常态机制，能够使劳动者在选择告发时更加安心，而且雇主与预定的受理者之间具有信赖关系，其进行调查与改进也更容易获得支持。

2. 内部告发的处理

雇主及其指定的机构和个人在收到劳动者的告发后应当如何处理呢？公益告发的立法目的在于让违法不当情形及时得到调查、矫正，理论上，不论是否有法条明文规定，都应推定受理部门有调查或移转调查及采取必要作为的义务。但内部告发机制毕竟是雇主内部的一种自律、自查机制，其设置的初衷在于发挥雇主组织自治、自净的作用，法律不宜过多干预，但为了保护劳动者关心社会公益的积极性和参与权、知情权，法律应该赋予告发者积极、重要的利害关系人的地位，雇主负有必要的回应义务，告知其告发事情的后续发展、结果，并提供有意义的参与机会。如果雇主对于劳动者的公益告发不予任何回应，无疑是对其举报权的漠视，会使劳动者失去对内部告发可行性的信任。关于雇主的调查回应义务的规定，比较法上可以借鉴日本的做法，概括性地规定雇主的调查和告知义务，而具体的处理程序可以授权雇主自行决定。根据《日本公益通报者保护法》第 9 条规定，事业单位收到告发者的书面告发后，为中止或纠正该公益告发有关的告发对象事实时，应当立即将其内容告知告发者；但超过法定的处理期限，劳动者则有权将不法情事诉诸主管机关和外部告发程序。

不可否认，内部告发有其独特的价值存在。但如果雇主组织本意在于谋取违法不当利益，那么内部告发程序就失去了意义，甚至可能为其提供了隐匿销毁证据的机会,而且也将告发劳动者特定化或相对确定化,从而增加了遭受报复性雇佣行为的可能性。法律倡导劳动者先启动内部告发,但对这种内部排除违法状态或打算的努力,不应提出过高的要求,如果纠正不可预期或者雇主本身就是犯罪嫌疑人,内部告发原则上就不必要了。[1] 因此,所谓内部告发渠道的优先性必须是有条件的。内部告发机制的设置必须独立于一般经营管理体制,确保劳动者能够越过直属上司传递告发信息,否则在一般管理体制下,不仅可能发生告发无效,还可能因告发遭受报复。建立独立于现有经营管理体系的内部告发机制,不仅是有效处理告发的需要,也是保护告发劳动者所需要的。甚至基于企业组织的特性,另由其他单位受理告发亦无不可。

(三)主管机关告发

虽然内部告发具有诸多优点,也为各国立法所重视,但其优先性建立在雇主对其知晓的违法不当行为积极处理之上;否则,不但难以发挥内部告发自律、自净的作用,劳动者也可能因告发行为而遭受报复。这也是主管机关告发的正当性来源之一。事实上,外部的管制机构与社会公众、新闻媒体等第三方也是有差别的。相对而言,管制机构具有权威性和中立性,具有公民个人和一般社会组织所不具备的优势,对监管信息更为敏感,判断力也更强,有能力在更广的范围内发现证据,深入调查。因此管制机构被认为是最可靠的告发受理对象。当内部告发无法达到中止或纠正违反不当行为的目的时,告发者可以选择向主管行政机关、自律协会等部门告发。首先,劳动者向主管机关进行告发通常在动机上都是比较单纯的,即便有时候可能夹杂着一些个人的私心或私欲,其也不可能因为公益告发而获得直接的财产性利益,从而出于维护公共利益的可能性更大。即便劳动者告发的内容失真,主管机关也不能将其散布到社会上,从而避免了公司商誉、业绩受损。其次,主管机关具有中立性,与劳动者所在雇主组织不存在竞争关系,而且对劳动者告发信息负有保密义务,禁止其利用告发信息来获取利益,该保密义务可以确保劳

[1] 参见[德]雷蒙德·瓦尔特曼:《德国劳动法》,沈建峰译,法律出版社2014年版,第155页。

动者的告发行为不损坏雇主的名誉。因此,为了维护公共利益有必要鼓励劳动者勇于告发违法不当行为,以保障生命财产安全,不宜在法律保护要件上作太多限制。最后,劳动者公益告发是监管信息的重要来源之一,[1]主管机关行使法律赋予的监督、调查的权力也需要社会公众积极提供信息。[2]主管机关对劳动者告发内容所涉及的事务进行调查、处置是其职责所在,有权采取补救或矫正措施;由于监督机关对于行使职权过程中的信息负有保密义务,无论对于劳动者告发事实的调查结果如何,被告发的公司的信息都不会因此外泄。在美国法上,《萨班斯-奥克斯利法案》第806条规定的受理单位包括了联邦管理或执法机关、国会议员或其委员会、对劳动者具有监督管理权限的人或其他受雇主委托有权调查、发现或终止不法行为的人。受理单位限于以上三种类型,排除了消费者团体、媒体等外部机构,只允许劳动者向雇主或政府机关告发。告发者基于合理相信有违反证券交易法的行为,可向上述受理者提供信息、促使信息的提供或协助受理单位进行调查。《多德-弗兰克法案》则在SEC下设独立办公室专司公益告发。《英国公益披露法》第43E条、第43F条分别规定了政府首长、国务大臣指定的机关作为劳动者告发的受理机关。在主观要件上,不仅要求符合内部告发关于"善意"的标准,还要合理相信所告发的事实实质上真实,且该指定人员负有职责处理告发事实。《日本公益通报者保护法》所谓的主管机关,乃是指主管行政机关,根据第11条规定,如果告发人误认为是有权处理机关而进行告发时,该误受告发的机关应对告发人告知实际有权处理的机关。

对于劳动者的告发行为,行政主管部门负有调查、处理和告知的义务。比较法上,《日本公益通报者保护法》第10条与第11条规定了行政机关进行调查并采取合理措施和通知告发者的义务。就我国现行法而言,法律多原则性地规定受理部门的处理义务,但很少规定将处理结果通报告发者的义务和不处理的法律责任,致使很多告发、举报无疾而终,举报机制形同虚设。例如,我国《劳动

---

〔1〕 参见王贵松:《论公益性内部举报的制度设计》,载《法商研究》2014年第4期。

〔2〕 根据《日本公益通报者保护法》第11条规定,在对行政机关告发时,如果告发者因不知道确切的适格告发机关而发生错误的,受理机关负有告知告发者正确告发途径的义务。

合同法》第79条规定了劳动行政部门及时核实、处理举报的义务，但没有告知举报者处理结果和不处理的法律责任。从法律解释的角度，即使没有明文规定，劳动行政部门也应及时核实、处理，并告知举报者处理结果，否则怠于履行法定职责。笔者认为，公益告发统一立法的优势就在于明确规定受理机关的调查、处理、告知义务，不同的行政机关可以根据自身工作特点和规则履行职责，但必须明确规定调查、处理的期限和告知义务，对于收到告发信息未在法定期限内予以处理的应该承担法律责任。对于劳动者误认为有权处理机关而进行告发的，该机关有义务告知适格的受理机关或移交至有权处理的机关。

对此，我国学者李飞将向雇主组织内部告发和主管机关告发两种渠道合二为一，成为"内部告发"，理由是劳动者向行政组织、机关告发并不会直接发生法律效果，也不会对企业的正常经营管理造成实质威胁，反而是企业自我纠正、改进的途径。之所以存在如此认识，是因为对劳动者忠实义务和雇主经营管理权的漠视，试想如果劳动者无须对告发内容的真实性负责，将会导致轻率的告发。劳资之间何谈信赖，无异于营造一种告密文化，不仅影响到雇主正常的经营管理秩序，甚至影响整个社会的信任与职业伦理。

（四）外部告发程序

外部告发是指劳动者向企业以外的第三人通报，目的在于让第三人介入并及时纠正企业的问题，并且凭借新闻媒体快速广泛地宣传，避免一般民众、消费者或利害关系人损害的发生或扩大。随着违法不当行为的公开曝光，企业或相关人员应当承担的法律责任也将逐渐浮现，从而可能受到法律制裁，所以外部告发机制在杜绝企业违法行为方面有着特殊的功效。但外部告发因其存在对雇主造成巨大损害和冲击正常劳动关系的可能性，而被各国立法所限制。从英国、美国、日本等国的立法例来看，各国对向媒体等第三方告发均持消极态度，或不予保护，或施加严格的限制性条件。《萨班斯－奥克斯利法案》和《新西兰披露保护法》就禁止劳动者向社会公众实施告发；《英国公益披露法》和《日本公益通报者保护法》虽然规定了外部告发渠道，但对其设置了严格的适用条件。欧洲议会曾于2009年提出建议，基于善意进行的内部告发应该获得立法保护，并免于任何形式的报复；如果内部告发渠道不存在、无法正常运作或无法预期正常运作，外部告发也应该被保护。[1] 由于外部告发通常借助大众传播媒介，相关信息和风险也超出了企业能够控制的范围，企业外的社会公众对于接受的信息并没有保密的义务，从而可能迅速造成极大的负面效应，对于公司利益可能造成的损害是难以估量的。从各国立法设定告发体系的倾向和员工可获得法律保护的门槛看，内部告发都居于优先地位。因此，法律必须严格限定外部告发的适用范围，厘定其适用条件，提高外部告发能够获得法律保护的门槛。

从目前各国立法例和公益告发的实际运行来看，外部告发除满足内部告发和主管机关告发的适用条件外，还需要满足特殊的构成要件，概括而言可分为两大类五种情形：(1)客观原因或雇主方面的原因导致内部告发或主管机关告发渠道不畅通；(2)告发涉及的内容异常严重。以上两种情形是劳动者放弃或越过内部告发、主管机关告发，转而寻求外部告发途径的正当性根源。

第一类情形是因告发渠道不畅通而转向外部告发。在告发问题的严重性上，属于一般意义上的违法、适当行为，尚未达到非得立即作出外部告发不足以阻却违法的程度。具体而言，包括以下几种情形：(1)没有内部告发机制或没有将告发的办法以一般员工可得了解的方式公开；(2)已经为内部告发或向主管机关告发，但在合理的期限内没有获得处理结果，或者雇主试图掩盖不法行为；(3)有理由相信进行内部告发或者主管机关告发有严重损害劳动者合法权益的可能或达不到告发目的，例如，曾经发生过雇主阻止内部告发和主管机关告发，或者打击报复告发者的情形。以上均为内部告发或主管机关告发渠道不可行或暂时不可行，劳动者径行选择外部告发渠道具有一定的必要性。但在理由的充分性上则存有疑虑，毕竟还存在以内部告发或主管机关告发来消除违法、适当行为的可能性与时机，如果断然排除这种并非绝对不可能的机会，有未穷尽内部和主管机关告发的途径的嫌疑。[2] 也就

---

〔1〕 参见程挽华、杨茂龙：《英国、纽西兰、澳洲（维多利亚省）揭弊保护立法比较》，载高雄大学政治法律学系主编：《公益揭发——职场伦理新趋势》，高雄，巨流图书股份有限公司 2010 年版，第 158 页。

〔2〕 参见李飞：《法律如何面对公益告发？——法理与制度的框架性分析》，载《清华法学》2012 年第 1 期。

是说,只要已经发生、正在发生或即将发生的违法、失当行为不是异常严重,不妨再等一等,穷尽内部或主管机关告发机制调整、完善的优势,最大可能地避免利用风险猝然增大的外部告发途径。立法对告发者给予法律保护的条件也明显高于问题异常严重情形的告发。法院在审查是否提供法律保护时,也需要更加审慎。如此方能使一般的违法、适当行为在告发渠道不畅的情形下转向外部告发变得更加合理,从而解除违背劳动者忠实义务、破坏劳资信赖的顾虑。在比较法上,《英国公益披露法》规定的外部告发受理者,包括警察、媒体、国会议员、消费者或非指定人员,除在主观要件上要求符合主管机关告发的标准,即善意、合理相信告发事实为真实外,还要求非为个人利益,第43G条第2款规定了三种外部告发情形:(1)员工合理相信内部告发或主管机关告发可能遭受雇主的报复;(2)没有指定的主管机关或者员工合理相信不法证据、信息可能被隐瞒或销毁;(3)已经就相同内容向内部或主管机关告发,但没有产生积极效果。同时在第43G条第3款规定了是否给予外部告发者法律保护的六个判断基准:(1)告发受理者的身份;(2)告发内容的严重性;(3)告发事实是否具有持续性;(4)外部告发是否令雇主违背对第三人的保密义务;(5)雇主或其指定的人对曾经发生过的告发行为所采取的措施;(6)内部告发时是否遵循了雇主制定的程序。规定了如此严格的条件,说明在英国对媒体等外部告发是一种最后的选择。《日本公益通报者保护法》第3条第3款也将外部告发类型化为告发渠道不畅通和问题异常严重两类,其中告发渠道不畅通进一步分为可能遭受报复性解雇或不利益待遇、告发事实可能被掩盖、雇主阻止内部告发和主管机关告发、合理期限内未处理四种情形。[1] 由此

---

[1] 日本的《公益通报者保护法》规定劳动者非出于获取私利或其他不正当目的,有相当理由相信所通报的内容正在或即将发生,并且符合以下情况之一的,才能向外部告发:(1)有足够理由认为,如果向事业单位内部或行政机关告发,告发者可能会遭到解雇或其他不利待遇的;(2)有足够理由认为,如果向事业单位内部为公益通报,有可能发生告发事实的证据遭受到消灭、伪造或变造之情形;(3)工作所在之单位会无正当理由地要求劳动者不得向事业单位内部或行政机关为告发之行为;(4)经由书面的告发,经过20日之后,事业单位内部并未向告发人表示将展开调查之通知,或是事业单位内部在无正当理由的情况下不进行调查;(5)个人的生命或身体已遭受危害,或者是有足够相信有发生危害的急迫性危险存在。参见林良荣:《论企业内部告发(揭弊)之劳工保护——以日本〈公益通报者保护法〉为中心》,载高雄大学政治法律学系主编:《公益揭发——职场伦理新趋势》,高雄,巨流图书股份有限公司2010年版,第126页。

可见,法律对外部告发的保护门槛显著提高了,因为从劳动者的角度来说,实施外部告发能否获得法律保护附加了更多的条件。法律规定作用于劳动关系和公益告发实践,劳动者选择外部告发的顾虑增多,从而抑制了转向外部告发的勇气和魄力。这种制度设计可以有效防范那些带有轻率、冲动情绪的外部告发,雇主的潜在风险和顾虑也随之降低,也有利于劳资信赖关系的维系。

第二类情形是告发涉及的情况异常严重,非立即作出外部告发不足以阻却违法。主要包括以下两种具体情形:(1)个人的生命、健康或环境遭受威胁,或有足够理由相信上述威胁存在;(2)劳动者不告发即违反法定义务,可能承担刑事责任的情形。于此情形,劳动者只要主观上是善意的、并非为了获取个人私利,有理由相信告发的问题属实,且手段具有相当性,就满足了外部告发的正当性要求,告发者因此可以获得法律的保护而无须担心受到雇主的不利益对待。根据《英国公益披露法》第43H条第1款规定,问题异常严重情形的外部告发需满足五个要件:(1)主观上为善意;(2)非为获取个人私利;(3)合理相信告发内容真实;(4)告发涉及情形具有异常严重性;(5)劳动者的告发选择具有合理性。《日本公益通报者保护法》规定的外部告发的第五种情形就属于问题异常严重,即个人的生命或身体已经或正在遭受危害或有足够理由相信上述危害存在。鉴于《英国公益披露法》和美国《萨班斯-奥克斯利法案》的推动作用,2008年德国议会曾提出公益告发的立法修正案,拟于民法修正草案第612条a对告发管道与程序有所规定,针对特殊情形,如就告发情形为对于人身安全、健康有直接危害或环境有危险、雇主或员工为犯罪行为、劳动者不告发可能被追究法律责任或与犯罪行为成为共犯等情形,劳动者得直接向外部告发,无须先行内部告发。[1] 由此可见,当问题达到异常严重的程度,劳动者公益告发不应受到任何限制。相对于告发渠道不畅通的外部告发,问题异常严重的外部告发获得法律保护的门槛要低得

〔1〕 参见李淑如:《公司治理原则之内部组织控制与不法资讯揭露之法制发展》,载高雄大学政治法律学系主编:《公益揭发——职场伦理新趋势》,高雄,巨流图书股份有限公司2010年版,第48页。

多。这有利于激励告发者积极、及时制止、矫正雇主内部的异常重大违法不当行为。鉴于外部告发可能产生的风险具有不可控性,对于劳动者是否是善意的考量,还要考量告发劳动者的"隐晦动机",即基于公共利益以外的动机,如为个人对抗、追求个人业务或雇佣利益等;如果所谓的隐晦动机具有支配性,则不受保护。但是对于劳动者是否为善意的证明责任在雇主,而且必须有具体的指证。[1] 此外,对于告发受理对象也应予以严格限定,即使涉及问题异常严重也不意味着劳动者可以向外部的任何部门和人员进行告发,各国立法和判例也将告发受理主体的选择作为外部告发合理性的考量因素之一。例如,《英国公益披露法》第43H条第2款再次强调了告发主体的选择应作为外部告发合理性的考量因素。通过限制外部告发受理主体的选择,从而减少雇主秘密信息泄露的风险,促使劳动者优先选择内部告发和主管机关告发的渠道。

(五)劳动者公益告发三阶段之间的竞争与选择

在内部告发、主管机关告发和外部告发制度同时存在的情形下,制度之间就会形成竞争。到底哪一种制度能够发挥作用,应该由劳动者评价或决定。建立内部告发机制的目的在于引导劳动者通过内部渠道报告不法活动,而不是对外告发获得法律规定的奖励,内部告发机制不仅可以阻止并纠正不法行为,也可以保护企业以及企业的董事、高级职员等免于承担不法行为的后果。内部告发机制要获得劳动者的信赖,就必须有独立于经营管理体制的中立组织,让劳动者信任其不会隐匿、销毁、变造证据,已经发生的告发也没有发生泄密事件和雇主打击报复,劳动者也未因此而受到不利益待遇。其中保证不予不利对待是构建内部告发机制的基础,内部受理主体要及时诚实地调查、纠正违法不当行为,并负有保密义务,必要时可以通过奖励的方式引导劳动者优先选择内部告发。从各国公益告发的实践来看,在公益告发保护立法实施之后,无论是企业还是国家机关,大多数都建立了机构内部的告发处

---

[1] 参见程挽华、杨茂龙:《英国、纽西兰、澳洲(维多利亚省)揭弊保护立法比较》,载高雄大学政治法律学系主编:《公益揭发——职场伦理新趋势》,高雄,巨流图书股份有限公司2010年版,第147页。

理机制。主管机关告发是介于内部告发和外部告发之间的一种处理机制,不仅具有中立、权威、高效的优势,也有促进内部告发、减少外部告发的作用。外部告发则具有高效、影响力大的特点,也有监督内部告发和主管机关告发效果的作用。事实上,实践中三阶段的告发机制并非泾渭分明、单向发展的,而是可以相互转化、双向互动的。举例而言,劳动者因内部告发在合理期限内未获得答复而转向主管机关告发的,主管机关也可以责令,或者主管机关、雇主组织迫于外部告发形成的舆论压力,而采取行动。

三阶段举报程序的设计虽然权衡了各方利益,但是无疑也增加了公益告发的难度,从而让劳动者有所顾虑,限制了其告发的勇气和魄力。正如有学者警告的那样,过度关注程序的正确性会遮蔽公益告发制度中蕴含的公共利益,程序的选择只是决定是否给予保护的一个考虑因素,所列举的外部告发标准也并不是决定性的,它只是表明裁判所需要特别考虑的因素而已。[1]的确,过于复杂的程序会让劳动者望而却步,但又不能完全没有这种程序上的限制,因为公益告发程序是体现各种利益诉求并作出衡量取舍的一种机制。

表 5-3 美国、英国、日本公益告发程序设计之比较

	美国		英国	日本
法规	2002 年《萨班斯-奥克斯利法案》	2010 年《多德-弗兰克法案》	1998 年《英国公益披露法》	2004 年《日本公益通报者保护法》
受理对象	1. 联邦管理或执法机关;2. 国会议员或其委员会;3. 对劳动者有监督管理权限的人,或雇主指定的人	SEC	雇主组织内部、主管机关、外部其他单位(媒体、警察、监督机关、国会议员、被害人)	雇主组织内部、主管行政机关、外部其他单位(媒体、消费者团体、国会议员)
告发路径	上述路径并行	外部告发	内部优先,后外部	通过保护要件的不同,引导内部优先

[1] See Lucy Vickers, *Whistling in the Wind: The Public Interest Disclosure Act* 1998, Legal Studies, September 2000, pp. 428-444.

综上,公益告发是一把“双刃剑”。不真实和过度告发的危害不见得比诽谤和诬告要轻,而且劳动者的告发行为可能带来主管机关和雇主更加严格的监管,这也必然会减少劳动者在工作场所的自由。因此,各国劳动者公益告发的法律构造从告发主体范围、主观要件、内容限定、程序设计与选择方面予以规范,寻求各种利益的平衡。

第五节　劳动者公益告发的激励与保护机制

劳动者在面对忠实义务与公民责任、专业责任等公共利益的利害冲突时,国家和社会的态度与支持对于其如何抉择是至为关键的,所以公益告发激励措施、立法保护和行政保护措施,以及在司法实践中对其有利的裁决,都是非常重要的。赫希曼则从政治经济学的角度提出,为了提高社会或组织的效率,应当设计出一种提高“呼吁”意愿和效率,并有效降低“呼吁”成本的制度。[1]

一、劳动者公益告发的激励机制

按照经济理性的决策模型,劳动者必然会对公益告发行动的收益与成本进行考量,比如获得赞扬或奖赏、遭到组织报复、影响职业生涯等。就激发劳动者告发勇气与热情的角度而言,给予物质或精神上的激励无疑是一种正面刺激;就社会伦理的角度而言,则有必要控制告发行为对劳资伦理、善良风俗造成冲击,审慎评估奖励的方式与限制。因此,关于劳动者公益告发的激励机制,需要从以下几个方面展开讨论:

首先,劳动者公益告发是否需要激励。从各国公益告发实践来看,告发所面临的风险是巨大的,需要劳动者具备强烈的正义感和极大的道德勇气,实施公益告发对其职业和生活的不利影响是长期存在、难以证明的,因而奖励在一定程度上被认为是必要的。况且不利益待遇的形式可能多种多样、存

---

〔1〕 参见[美]阿尔伯特·O.赫希曼:《退出、呼吁与忠诚——对企业、组织和国家衰退的回应》,卢昌崇译,经济科学出版社2001年版,第32~46页。

在于雇佣关系的各个阶段,许多不利益待遇也并非法律所能解决,必要的奖励、补偿制度可以弥补这一不足。但奖励公益告发应限于重大违法不当行为,以减少对社会伦理的冲击,不能鼓励劳动者借此牟利,增加告发受理者的甄别核查义务。从比较法的视野来看,美国、韩国和加纳等国都有奖励告发的立法。1863年美国制定了《虚假请求法》,鼓励公民作为告发者会同司法部提起分享罚款的诉讼,如果胜诉帮联邦政府追回国家资产,告发者可以获得罚款金额10% ~25%的奖金。此后各州都争相效仿,陆续制定了类似的法律。2010年《多德-弗兰克法案》建立了新的分享罚款机制,向SEC或CFTC提供原始违法资讯的,在该委员会胜诉后,有权向该委员会分享罚款金额10% ~30%作为报酬。有学者对此提出质疑,该规定可能引发劳动者越过公司内部告发机制转向SEC等主管机关的告发,可能使《萨班斯-奥克斯利法案》强调公司内部法令遵循的初衷落空。[1] 事实上,这一问题是由于美国公益告发制度不重视内部告发、主管机关告发、外部告发的程序设计所导致的,从而可能使内部告发机制流于形式。2002年《韩国腐败防止法》也规定了告发使公共机关的收入增加或经费减少的,告发者可以向腐败防止委员会请求一定的报偿金。[2] 但值得关注的是,在与我们具有相似文化的日本,公益通报统一立法之前,个别地方自治体也曾采取奖励的做法,国会在制定《公益通报者保护法》时最终没有采纳这一方案。[3] 法律对激励方式和条件的设置应当综合考量违法不当行为在社会中的严重程度、社会文化的接受程度以及对社会伦理道德的影响等。

其次,劳动者公益告发的激励方式。激励的方式是多种多样的,既包括物质或精神奖励、分享罚款等激励方式,也包括减轻、免除处罚等激励方式。

---

〔1〕 See Rachel Beller, *Whistleblower Protection Legislation of the East and West: Can It Really Reduce Corporate Fraud and Improve Corporate Governance-A Study of the Successes and Failures of Whistleblower Protection Legislation in the US and China*, New York University Journal of Law & Business, Vol. 7, 2011, p. 873.

〔2〕 参见黄铭杰:《组织内部不法资讯揭露法制之研究》,台北,"行政院研究发展考核委员会"2006年4月编印,第105页。

〔3〕 参见王贵松:《论公益性内部举报的制度设计》,载《法商研究》2014年第4期。

最为常见和有效的是物质奖励,包括赋予告发者利益分享的权利和直接给予经济奖励。虽然公益告发的渠道可以分为内部、主管机关、外部三种类型,但对于违法不当行为的矫正、处理最终还是要落实到雇主组织和主管机关。外部告发的主要功能在于形成舆论压力,引起雇主或主管机关的重视。这就决定了给予物质奖励的部门主要是雇主或主管机关,而且内部告发机制往往涉及雇主的经营管理权和财产权,法律更多的是引导其建立奖励机制,所以各国立法上关于公益告发的奖励主要存在于主管机关告发中。所谓利益分享的权利,是指劳动者有权从主管机关的罚款或雇主追回的相关款项,包括减免的损失和获得赔偿中分得一定比例的补偿。例如,《美国虚假请求法》和《多德-弗兰克法案》中的分享罚款之诉。赋予利益分享的权利不仅可以鼓励告发者积极告发违法不当行为,还有利于告发者关注告发事实的调查、处理情况,因为告发者最终获得的奖励以告发受理部门的最终处理结果为依据。美国公益告发的立法与实践均旗帜鲜明地支持对告发者给予物质奖励,最为典型的就是分享罚款之诉。直接给予经济奖励是更为普遍的一种立法模式(见附表3),例如,我国《食品药品违法行为举报奖励办法》把奖励金额分为3个等级,原则上不超过50万元,特定情形不少于30万元,告发者对奖励等级、金额有异议的可向奖励部门提出复核请求。

最后,对劳动者公益告发给予奖励的例外。劳动者实施公益告发获得奖励的前提条件是符合前述公益告发的法律构造,但出于控制告发行为负面效应的目的,对即使符合法律构成要件的公益告发,也应设置更为严格的奖励条件,主要表现为发给奖励的例外规定。(1)参与违法不当行为者不发给奖金。国外立法多数要求公益告发者不能是自己参与了违法犯罪的人,这似乎是有意避免自首、立功和公益告发奖励之间发生竞合。[1] 虽然参与违法不当行为者出面检举,对于违法不当行为调查的重要性丝毫不亚于借由奖金鼓励未参与犯罪者的检举,但给予奖金在道德上却极富争议。对于违法不当行为参与者的检举理应给予鼓励,只不过这种鼓励的方式是以减轻其行为所应

---

〔1〕 参见王贵松:《论公益性内部举报的制度设计》,载《法商研究》2014年第4期。

当负担的法律责任为之,属于宽恕政策的范畴。例如,我国《刑法》第67条和第68条对犯罪后自首和立功的犯罪分子从轻、减轻、免除处罚作出了规定;《行政处罚法》第27条对主动消除、减轻违法行为后果,配合查处有立功表现的,规定应当依法从轻或减轻处罚。[1] (2)对借此牟利者可以不予奖励或减少奖励。诚如上述,为了更好地激励劳动者出于公益对雇主组织违法不当行为进行告发,有必要对其予以物质或精神方面的奖励。但问题也随之而来,劳动者可能为了谋求利益最大化"待价而沽",在获知雇主违法不当行为后不立即实施告发,而是等待雇主、社会公共利益的损害已经不可避免或损失扩大之后再进行告发,从而证明告发的必要性和价值,以获取更多的奖励或酬金。为了有效防止这种情形出现,法律有必要对告发时机的选择作出干预。其一,对同一违法、失当行为,只为在顺序上最早的公益告发者提供奖励,从而促使其尽快进行告发,避免其为了私利而延误告发时机;其二,赋予受理机关奖励裁量权,如果有证据表明劳动者为了获取更多奖励而没有及时进行告发,公益告发受理机关具有决定、减少甚至剥夺、收回劳动者获得奖励的权利。当然,这种裁量权的行使必须接受司法审查,例如《多德–弗兰克法案》规定,不服分享罚款的决定者可以向联邦上诉法院请求审查。

二、劳动者公益告发的保障机制

法律对劳动者公益告发予以保障的核心思想在于防止告发者受到不利益对待和确保告发者受到不利益对待之后能够获得必要的法律救济。提升法律保护措施也意味着对公益告发的激励,消除劳动者的后顾之忧。国际透

[1] 我国《刑法》第67条第1款、第2款规定:"犯罪以后自动投案,如实供述自己的罪行的,是自首。对于自首的犯罪分子,可以从轻或者减轻处罚。其中,犯罪较轻的,可以免除处罚。被采取强制措施的犯罪嫌疑人、被告人和正在服刑的罪犯,如实供述司法机关还未掌握的本人其他罪行的,以自首论。"第68条规定:"犯罪分子有揭发他人犯罪行为,查证属实的,或者提供重要线索,从而得以侦破其他案件等立功表现的,可以从轻或者减轻处罚;有重大立功表现的,可以减轻或者免除处罚。"《行政处罚法》第27条规定:"当事人有下列情形之一的,应当依法从轻或者减轻行政处罚:(一)主动消除或者减轻违法行为危害后果的;(二)受他人胁迫有违法行为的;(三)配合行政机关查处违法行为有立功表现的;(四)其他依法从轻或者减轻行政处罚的。违法行为轻微并及时纠正,没有造成危害后果的,不予行政处罚。"

明组织2013年发布了30点指导原则，包括对告发者的保护和例外，其中保护性原则8项：(1)反报复，保护个人不因告发而在工作中受到各种形式的报复、不利益或歧视，包括免职、鉴定或者其他工作惩罚、惩罚性调职、骚扰、缩减职责或工时、不予升迁或训练、丧失地位或福利，或威胁为以上各类损害。(2)身份保护，未经告发者同意不得加以公开。(3)雇主的举证责任，雇主对劳动者所采取的任何处罚措施，应提出清晰、令人信服的证据，证明与其告发无任何关系或非受告发刺激而为。(4)责任豁免，任何符合告发立法规范的告发，应免于纪律处分及刑事、民事、行政责任，告发对象应负担举证责任，证明告发者有违反法律的意图。(5)拒绝参与不法情事的权利，劳动者及工作者有权拒绝参与贪腐、违法、欺诈行为，他们行使这一权利，应受到保护不受任何形式的报复或歧视。(6)权利保护，妨碍告发者保护及其权利的任何私立规则或协议均无效；例如，告发者的权利应优于劳动者忠实宣誓、保密或服从协议，即"闭口条款"。(7)个人保护，受生命或安全威胁的告发者及其家庭成员，有权请求个人保护措施，应投入适当的资源提供相应保护。(8)匿名举报的权利，法律应提供匿名告发、未经本人明确同意身份不被公开的充分保障。另外一项例外原则是故意不实告发不受保护，任何被证明故意而为的不实告发，都应受到雇佣或专业上处罚及民事责任，被不实指控的人应透过适当的措施给予补偿，但告发对象应负担举证责任，证明告发者进行告发时已经知道信息虚假。[1] 在公益告发的保障机制方面，英国的立法仅有反报复的规定，即赋予员工不被雇主不正当免职或解雇的权利。而新西兰及澳大利亚(维多利亚省)的立法则包括身份保密、民刑事及行政责任豁免、反报复三个方面。[2] 本部分借鉴上述立法模式，也从三个方面展开。

(一)身份保密

告发者的身份保密涉及其切身利益，匿名告发可以在很大程度上提升告

---

〔1〕 参见杨茂龙：《公益揭发——揭弊保护法制比较研究》，台北，翰芦图书出版有限公司2014年版，第42～47页。

〔2〕 参见程挽华、杨茂龙：《英国、纽西兰、澳洲(维多利亚省)揭弊保护立法比较》，载高雄大学政治法律学系主编：《公益揭发——职场伦理新趋势》，高雄，巨流图书股份有限公司2010年版，第159页。

发者的安全感和积极性。一旦身份遭到曝光,其遭受雇主报复的可能性也增加。因此,不论是内部受理者、主管机关还是外部告发受理者,都应对告发者身份采取保密措施。调查显示,欧洲大部分公司提供了保密担保和匿名的告发程序,近半数公司提供举报热线服务。[1] 但是基于告发事实调查的便利,有时不得不要求告发者予以协助或出面作证,此时不得不公开告发者的身份信息。因此,在告发者身份保密的问题上,不仅原则性地规定受理机关的保密义务,还要规定在特殊情况下,授权受理机关公开告发者身份的权力。在比较法上,《新西兰披露保护法》对告发者身份保密的规定更具可采性,除非经告发者本人书面同意,或公布身份是彻底调查告发事实的需要,或为了预防严重的社会公众健康、安全或环境风险,或为实现自然正义原则所必要,受理单位或人员应致力于告发者身份的保密。[2] 由此引发的另一个问题是匿名告发能否获得法律保护。长久以来,匿名告发被认为具有显著的负面效应,可能导致告发数量急剧增长,甚至诬告难以控制,从而影响劳资信赖和组织内部和谐。日本在制定《公益通报者保护法》过程中曾引起激烈讨论,最终立法者将匿名告发排除出该法保障范围,但学界认为这一模式有待商榷。反对匿名告发者认为,实名告发可以有效避免不负责任的诬告,并有利于受理机关调查处理。赞同匿名告发者则认为,考虑劳动者所处环境,选择匿名告发是自我保护的人之本能,而且匿名告发也不影响受理机关的信息获取,因而受理机关负有身份保密义务。事实上,法律只能鼓励实名告发,但不能禁止匿名告发。一方面,实名告发的确有利于违法不当行为调查、处理的及时性和准确性,但强制实名告发可能打击告发者的积极性,影响告发机制的实施效果;另一方面,匿名告发对保护劳动者利益具有重要意义,也是趋利避害的人性使然,法律禁止匿名告发将得不偿失。况且公益告发制度的构成要件、处理程序等制度设计的意义就在于甄别并排除那些别有用心的、轻率的

---

〔1〕 See Hassink, Harold, Meinderd De Vries, Laury Bollen, *A content analysis of whistleblowing policies of leading European companies*, Journal of business ethics, Vol. 75, 2007, pp. 25 – 44.

〔2〕 参见程挽华、杨茂龙:《英国、纽西兰、澳洲(维多利亚省)揭弊保护立法比较》,载高雄大学政治法律学系主编:《公益揭发——职场伦理新趋势》,高雄,巨流图书股份有限公司 2010 年版,第 154 页。

告发,良好的制度设计可以减轻其负面效应。

(二)责任追究的豁免

如前所述,劳动者实施公益告发最大的法律风险是可能违反忠实义务,一方面可能泄露雇主秘密,从而违反保密义务,甚至构成侵犯商业秘密罪等法律责任;另一方面是言论内容不利于雇主,可能产生损害雇主名誉,甚至构成诽谤罪等法律责任。而法律责任豁免是劳动者防御雇主追诉的盾牌。因此,法律应该规定劳动者实施公益告发免除其忠实义务及相关的保密义务、不利言论限制义务等,在不侵害第三人权利的前提下,免除符合法定要件的告发行为的民事、刑事及行政法律责任。例如,对劳动者因告发而受到惩戒的提供保护,或者受到诽谤之诉追究的可以此抗辩从而免责。根据《新西兰披露保护法》规定,依法定程序告发或将不法信息移交主管机关调查的人员,免于民、刑事追诉及惩戒处分。告发者之所以出现被追究法律责任的情形,主要是为了防止其故意借"公益告发"之名而行损害雇主利益之实。对于导致第三人信息泄露或侵害其他合法权益的,则不能免除其相应的法律责任,从而要求告发者尽可能不害及他人正当利益。为此,《日本公益通报者保护法》第8条规定了告发者的注意义务,即"劳动者从事第三条各项规定的公益告发行为,应当努力避免侵害他人的正当利益或社会公共利益"〔1〕。在实践中,即使符合公益告发的法定条件,作为报复手段之一,从事违法、失当行为的公司的相关责任人仍然会操作公司追究告发者的法律责任,达到制止告发者的后续行为并据此要挟其他知情员工。因此,公益告发责任豁免与告发者反报复保护之间也存在某种关联。

(三)反报复机制

公益告发保障机制非常重要的内容就是对于报复性雇佣行为的责任追

---

〔1〕 "Whistleblower Protection Act" Article 8: Any worker who is to do whistleblowing as provided for in the Items of Article 3 shall make efforts not to damage the justifiable interests of others and the public interests. Available at: http://www.japaneselawtranslation.go.jp/law/list/?x=37&y=13&re=02&x=45&y=8&ky=whistleblower+protection+act&co=1&ia=03&yo=&gn=&sy=&ht=&no=&bu=&ta=, 2017年12月18日访问。

究。劳动者实施公益告发最大的后顾之忧就是雇主的报复,因此各国立法都明文禁止雇主对告发者的报复。美国《萨班斯－奥克斯利法案》第 806 条保障告发者不受解雇、降级、停职、威胁、骚扰或歧视。若雇主违反上述规定,员工不仅可以恢复原职、发放拖欠工资及利息,还可以获得所有因歧视遭受损害的赔偿,包括诉讼费、专家作证费用以及合理的律师费。《多德－弗兰克法案》则赋予遭到报复的告发者请求双倍欠薪的权利,并将请求救济的时效延长至 6 年。《英国公益披露法》只有反报复的规定,即赋予劳动者不被雇主不正当免职或解雇的权利,被免职或解雇的劳动者有权依《雇佣权利法》的规定向就业法庭请求救济。一般的免职或解雇理由是否正当,要根据雇主提出的理由决定,但如果劳动者被免职或解雇的理由或主要理由是因为从事受保护的告发,则自动视为不正当免职或解雇。《日本公益通报者保护法》第 3 ~ 5 条规定了雇主因公益告发而解雇或解除劳务派遣契约无效,并禁止给予劳动者不利益待遇,包括降级、减薪、调职、差别待遇、其他有害工作环境的行为或减少、取消退休劳动者的退休金。[1] 但其对于告发者的保护采取了消极防御的保护方式,只规定了恢复告发者法律地位的原状,并不追究作出不利用雇佣行为者的责任,因此受到学界广泛批评。我国《安全生产法》第 51 条规定,不得因劳动者告发而降低工资、福利待遇或解除劳动合同。但我国法律没有针对报复行为的惩罚性规定,现有规定都是针对在职劳动者的,对于退休劳动者则只能类推适用。针对违反报复规定的雇主的法律责任,越来越多的国家加大了责任追究力度,开始追究雇主的刑事责任。例如,我国《刑法》第 254 条则针对国家机关工作人员打击报复举报人规定了报复陷害罪。[2] 《加拿大刑法典》新增第 425. 1 条,规定雇主以雇佣有关的手段而恐吓或报复吹哨者,将有刑事责任的风险。[3] 美国《萨班斯－奥克斯利法案》

---

〔1〕 See "Whistleblower Protection Act" Article 3.

〔2〕 我国《刑法》第 254 条规定:"国家机关工作人员滥用职权、假公济私,对控告人、申诉人、批评人、举报人实行报复陷害的,处二年以下有期徒刑或者拘役;情节严重的,处二年以上七年以下有期徒刑。"

〔3〕 参见谢棋楠:《英美法国家对吹哨者合法爆料行为之认定》,载《台湾劳动评论》2011 年第 3 卷第 1 期。

第1107条对雇主意图报复或实施报复告发者的行为,规定了罚金或十年以下的有期徒刑,适用范围包括了所有雇主;澳大利亚多个州的公益告发立法也规定了"不法报复罪"的刑事责任。[1]

除上述公益告发保障机制外,应当明确阻碍或限制劳动者公益告发的约款无效。例如,《英国公益通报者保护法》第43J条规定了任何限制劳动者公益告发行为的约定都是无效的。在证明责任上,雇主负有证明其惩戒和解雇正当性及符合比例原则的义务,而不是由劳动者证明其受到的惩戒和解雇的原因,这一原则已经在英国、美国、德国等国家得到普遍遵循。

本章小结

在公益告发广受瞩目的当代,劳动者忠实义务与公共利益显然必须放在同一层面予以观察,因为我们身处的已经不是劳动者忠实义务独大且关键的时代了。劳动者公益告发制度以"公益"的概念解除了劳动关系中的忠实义务,就雇主组织的违法不当行为劳动者有权进行告发,对推进法治国家建设具有重要意义。该制度的确立,特别是统一立法模式得到更多国家的采纳,已经让社会公众,特别是雇主和劳动者逐渐认识到,公益告发已经受到法律的明确保护,让公部门和私部门的劳动者,更加无所顾虑的进行公益告发,让企业及其职员的守法意识更强。但为了平衡劳动者、雇主、社会公共利益之间的冲突,协调忠实义务与专业责任、公民责任之间的关系,法律对公益告发的构造、程序、激励和保障机制应该予以准确、细致地规范。

---

〔1〕 参见李飞:《法律如何面对公益告发?——法理与制度的框架性分析》,载《清华法学》2012年第1期。

第六章　劳动者忠实义务的违反与责任

对奖励和惩罚的分配是社会中一项无所不在的事务，虽然程序上存在巨大差异，但人们期待处理得英明而又公允。[1]

——[美]富勒

社会转型期的中国，劳动争议多发、易发是当前影响和谐社会构建的突出问题。其中既有整体社会环境的因素，主要原因依然是雇主的违法用工行为。但客观地讲，部分劳动者的背信行为也难脱干系。例如，本书导论部分提到的“老干妈”员工泄密和空姐微博吐槽解雇案。诸如此类违反服从、兼职限制、保密、竞业限制、不当言论限制、雇主利益增进等义务内容的现象，在劳动争议纠纷处理实践中可谓屡见不鲜。但由于缺乏明确的法律规定和责任追究机制，在某种程度上也造成了我国劳动保护标准过高的误解。明确劳动者违反忠实义务的法律后果，对因此而遭受损害的雇主予以法律救济，是劳动者忠实义务理论研究与制度构建中必须重视的面向。

第一节　劳动者忠实义务的违反

根据传统债法理论，债务人因可归责的事由违反附随义务的，应对债权

〔1〕［美］富勒：《法律的道德性》，郑戈译，商务印书馆 2016 年版，第 37～38 页。

人负担债务不履行的责任,这一点已经在民法学界达成共识。但我国立法上对于违反附随义务后应承担何种责任、适用何种归责原则都没有明确规定,劳动合同附随义务违反的责任理论更是空白。劳动关系在本质上依然是具有人身因素的债法契约关系,当事人对于违反劳动合同义务的行为,应当承担债务不履行的责任。但劳动关系同时也是一种具有人身因素的继续性契约关系,完全适用债法规范可能不利于保障劳动者生存和尊严劳动,造成不公正的后果。在德国法律实践中,劳动合同是《德国民法典》规定的双务合同,一般债法上的规定原则上也适用劳动关系上的给付障碍,但是在一般债法规定之外存在大量劳动法的特别规定,在劳动合同履行障碍中首先要关注的是劳动法上特别规范的介入。[1] 由于多数附随义务并未在契约中或法律上规定,债务人不履行只能根据违反附随义务的样态、类型、损害的程度以及对契约目的的影响等个别情形,按照债务不履行的规定确定其法律效果。

一、劳动者忠实义务违反的法律后果

义务违反被视为债务不履行责任的核心概念,任何义务的违反都成立债务不履行的责任。关于债务不履行的形态,或者说债务的履行障碍,民法学界的通说认为,在给付不能、给付迟延、给付拒绝之外,还包括不完全给付。[2] 债务人违反附随义务具有可归责的事由且造成债权人实际损害的,成立不完全履行,应依债务不履行规定承担相应的损害赔偿责任。[3] 由此可见,违反附随义务的构成不完全履行,债权人可以因此而请求损害赔偿或强制履行;如果达到合同目的无法实现的程度,则产生合同解除权;如果构成加害给付,还可能发生违反附随义务的违约责任与侵权责任的竞合。作为劳动合同的附随义务之一,劳动者忠实义务的违反也属于不完全履行的类型,具有相似的法律后果。

---

〔1〕 参见[德]W. 杜茨:《劳动法》,张国文译,法律出版社 2005 年版,第 76 页。

〔2〕 参见韩世远、[日]下森定主编:《履行障碍法研究》,法律出版社 2006 年版,第 1~4 页;王泽鉴:《民法学说与判例研究》(第 3 册),中国政法大学出版社 1998 年版,第 53~66 页。

〔3〕 参见王泽鉴:《民法学说与判例研究》(第 8 册),北京大学出版社 2009 年版,第 91 页。

(一)积极侵害债权或不完全履行

附随义务的违反与不完全履行(积极侵害债权)介于侵权责任与违约责任之间,是民事责任制度变革及发展的表现,也是当前民法理论中最具争议的一个基本问题。德国在债法修改过程中肯定了积极侵害债权理论,债务人附随义务的违反被认为是积极侵害债权的一种类型。而在我国台湾地区,积极侵害债权被称为“不完全给付”,附随义务的违反属于不完全给付的一种。〔1〕根据我国台湾地区“民法”理论与实务界的通说,不完全给付是债务不履行的形态之一,从内容发展变化过程来看,不完全给付经历了由给付义务的不完全履行逐步到包含附随义务的违反这样一个发展过程。因此,“不完全给付”中“给付”二字应采扩张解释,不仅包含了给付义务的违反,也包含附随义务的违反。〔2〕为避免引发误解,本书除引文外使用“不完全履行”,以便与“主给付义务”“从给付义务”中“给付”二字相区别。

由于我国大陆立法并没有明确规定不完全履行的构成要件和法律效果,所以我们只能将研究视角转向我国台湾地区“民法典”第227条的规定。〔3〕该条规定,债务人具有可归责事由导致不完全给付的,债权人可以按照给付迟延或给付不能的规定救济其权利,如果不完全给付造成履行利益之外固有利益损害的,债权人可以请求赔偿损失。故此,不完全履行的基本构成要件可以总结如下:一是债务人提出的给付不完全符合债的本旨或者债务人违反债之关系上的附随义务;二是债务人具有可归责的事由。至于债权人请求损害赔偿,损害赔偿的一般要件当然需要具备。因此,在劳动合同领域,违反忠实义务的责任在性质上依然属于违约责任,但如果劳动者违反忠实义务的行为导致雇主固有利益损害的,则可能成立加害给付。也就是说,劳动者违反忠实义务可能引发违约责任和侵权责任的竞合。

---

〔1〕 参见侯国跃:《契约附随义务研究》,法律出版社2007年版,第337~338页。

〔2〕 参见王泽鉴:《债法原理》,北京大学出版社2009年版,第30~34页。

〔3〕 我国台湾地区“民法典”第227条规定:“因可归责于债务人之事由,致为不完全给付者,债权人得依关于给付迟延或给付不能之规定行使其权利。因不完全给付而生前项以外之损害者,债权人并得请求赔偿。”

(二)法律后果的形式

按照债法上附随义务理论,劳动者忠实义务的违反构成不完全履行,应当承担损害赔偿责任,对此我国理论界和实务界基本能够达成共识。主要争议在于雇主是否可以诉请强制履行,是否因此产生惩戒权、同时履行抗辩权和劳动合同解除权。根据不完全履行的理论框架,雇主可以按照给付迟延和给付不能的规定获得权利救济。债务人构成迟延给付的,债权人可以请求继续履行。劳动者违反具有重要意义的忠实义务,雇主原则上享有诉请强制履行的权利。但由于劳动合同的人身性特征,结合传统债法理论关于独立附随义务和非独立附随义务的划分,关于忠实义务的履行请求权问题不能一概而论,应依个案而定。除了国家法层面的法律后果之外,在劳动关系内部,雇主也有一套企业秩序的维系机制即惩戒制度,其性质也非传统契约责任所能完全涵括的。而且,与国家法对劳动者的倾斜保护不同,雇主自行制定的惩戒制度多倾向于资方。而为了保障工作权,劳动者在劳动关系尚可维持的情形下,通常也会选择接受雇主的惩戒。事实上,在劳资双方意欲维持劳动关系的情形下,传统的契约责任并不常用,双方更为关心的是雇主组织内部的解决手段。因此,劳动者违反忠实义务所发生的责任具有多层次性,不同于传统民事责任体系,既有伦理上的道义责任,也有劳动纪律责任,还有法律责任,而法律后果的形式主要为继续履行、解除合同、损害赔偿和预防侵权责任。

二、劳动者忠实义务违反的责任竞合

既然劳动忠实义务违反的责任体系具有多层次性,那么在这些责任之间必然会发生竞合的问题。首先表现为民事责任与劳动纪律责任之间的竞合,其次才是传统民事责任上的竞合,即违约责任与侵权责任之间的竞合。

(一)民事责任与劳动纪律责任的竞合

责任发生竞合的前提是劳动纪律责任不同于民事责任。劳动纪律责任既不同于具有惩罚功能的行政处罚,也不同于民事责任,只是具有民事责任的某些特征而已,这一点将在第三节详述。当劳动者忠实义务违反的行为既符合雇主惩戒的构成要件,又符合民事责任的构成要件,民事责任与劳动纪律责任就发生了竞合。此时,劳动者只需承担违纪责任,雇主一旦对劳动者作出惩戒,追究了劳动纪律责任,就不能再行使民事赔偿请求权,即"一事不二罚"。理由有二:首先,劳动纪律责任一般存在于劳动合同、集体协议和规章制度之中,其表现形式和实施效果与民事责任相似。而且已经公示于全体劳动者,劳动者也已经对自己的违纪行为有了一定的预期,更容易接受,雇主不应再选择追究劳动者民事责任。其次,一般来说劳动纪律责任相比民事责任更轻,而且往往局限于组织内部处理,双方信赖关系还可以继续维持,一旦诉诸法律程序则很难继续维系信赖。

(二)侵权责任与违约责任的竞合

在私法体系上,将民事责任划分为侵权责任和违约责任两大类的历史可以追溯到罗马法,其中侵权责任适用于无特别契约关系的人之间的损害赔偿,违反不得加害他人的一般义务应负侵权责任;违约责任适用于具有契约关系的特定当事人之间的损害赔偿。如果债务人为不完全给付是因可归责于自己的事由,致使债权人人身或财产权益遭受损害的,债权人有权对所生损害以债务不履行为由,请求债务人承担损害赔偿责任。不完全给付行为同时具备侵权行为要件时,被害人还有侵权行为损害赔偿请求权,从而产生违约责任与侵权责任的竞合关系。责任竞合虽然是传统民法学上的概念,但劳动者违反忠实义务的责任在性质上也是一种违约责任,如果劳动者对忠实义务的违反造成雇主固有利益的损害,还可能构成"加害给付",同样会产生民事责任体系上违约责任与侵权责任竞合的问题。事实上,就法律体系而言,加害给付所生损害原本属于侵权行为法的范畴,后来契约上附随义务理论的发展使得违约责任得以进一步扩张。因此,债权人按照不完全给付规定请求损害赔偿,被认为是违反传统民事法律体系的,有人认为只能适用侵权行为的规定,就法律体系上而言不无道理,但鉴于债的关系的本质属性,为保护债权人的利益,应当支持被害人按照债务不履行的规定请求损害赔偿。[1]

---

〔1〕 参见王泽鉴:《民法学说与判例研究》(第3册),北京大学出版社2009年版,第64~70页。

关于违约责任与侵权责任竞合的理论,民法学界长久以来形成了多种学说,本处不再赘述。笔者赞同"请求权规范竞合说",即当事人间只产生一个请求权,但兼具有债务不履行和侵权行为的性质,能够依据两个法律依据成立,债权人可以主张对己有利的法律效果。根据我国《民法典》第186条和原《合同法》第122条的规定[1],雇主有权选择劳动者承担违约责任或侵权责任。赋予受损害方选择权,如果受损害方行使一种请求权未能成功,另一种请求权未因时效而消灭,则受损害方仍可行使另一种请求权。[2] 也有学者认为违约责任与侵权责任竞合时的差别并不大,区分二者的实益也非常有限。[3]

第二节 劳动者违反忠实义务的归责

归责原则是确定行为人应否承担责任的法律原则,通常以考察行为人主观心理状态为标准,是劳动者违反忠实义务的行为发生后,据以确定其违约责任的标准和准则。因此,归责原则在劳动合同违约责任制度中处于核心地位,归责原则的选择对于责任构成要件、举证内容和免责事由具有决定性作用,从而影响到受害人损害救济的难易程度。归责原则不仅是劳动合同双方当事人的行为规范,也是仲裁机关和司法机关的裁判依据,还是立法机关正确规定劳动合同违约责任制度的准则。主流观点认为,我国《民法典》违约责任的归责原则是以严格责任为主、过错责任为辅的二元体系。并非所有合同义务的违反都适用无过错责任,无论是对合同法上附随义务违反的归责原则,还是对劳动合同法违约责任的归责原则都存在争议。因此,对劳动者忠实义务违反的归责原则进行讨论是必要的。劳动法损害赔偿责任的归责原

---

〔1〕 我国《民法典》第186条规定:"因当事人一方的违约行为,损害对方人身权益、财产权益的,受损害方有权选择请求其承担违约责任或者侵权责任。"原《合同法》第122条规定:"因当事人一方的违约行为,侵害对方人身、财产权益的,受损害方有权选择依照本法要求其承担违约责任或者依照其他法律要求其承担侵权责任。"

〔2〕 即使债权行使超过诉讼时效,受损害方并未丧失请求权,请求权并不会因诉讼时效而消灭,但相对人可以行使抗辩权,债权丧失强制力。参见李适时主编:《中华人民共和国民法总则释义》,法律出版社2017年版,第583~584页。

〔3〕 参见叶名怡:《违约与侵权竞合实益之反思》,载《法学家》2015年第3期。

则,与民法上的损害赔偿的归责原则并不相同,劳动者忠实义务违反责任的成立,必须有其归责事由。

一、忠实义务违反的过错责任原则

我国《劳动法》第102条和《劳动合同法》第90条[1]虽然规定了劳动者违法解除劳动合同和违反保密、竞业限制等忠实义务的损害赔偿责任,但并未明确归责事由。不同于合同法的严格责任原则与附随义务违反的过错推定责任原则,劳动者违反忠实义务的归责原则应为过错责任原则,且劳动者仅对故意或重大过失行为负责。

(一)劳动合同附随义务违反的归责原则

合同法归责原则本身就是一个存在争议的问题,虽然我国《民法典》对以严格责任为主、过错责任为辅的二元归责体系已经达成一定共识,但对附随义务违反的归责原则还存在争议。《民法典》第509条第2款虽然规定了附随义务的内容,但并没有债务人是否具有归责事由的明确要求,按照体系解释的方法,违反附随义务也应当遵循严格责任原则,债权人只需就附随义务的违反承担举证责任,由债务人对其具有免责事由承担举证责任。但从理论和司法实践分析,违反附随义务的归责原则实质上是过错推定责任原则。在比较法上,日本民法学说认为附随义务的违反以具有归责事由为必要,债权人对于债务人的违反义务、债务人对于归责事由的不存在,分别负举证责任。[2] 而《德国民法典》通过第280条[3]建立了统一的请求权基础,违反附随义务与给付义务同样适用过错责任原则。实质上,德国民法典对债务人违

---

〔1〕 我国《劳动法》第102条规定:“劳动者违反本法规定的条件解除劳动合同或者违反劳动合同中约定的保密事项,对用人单位造成经济损失的,应当依法承担赔偿责任。”《劳动合同法》第90条规定:“劳动者违反本法规定解除劳动合同,或者违反劳动合同中约定的保密义务或者竞业限制,给用人单位造成损失的,应当承担赔偿责任。”

〔2〕 参见[日]奥田昌道:《债权总论(增补版)》,悠悠社1992年版,第163页。转引自韩世远:《合同法总论》,法律出版社2011年第3版,第430页。

〔3〕 《德国民法典》第280条第1款规定:“(因违反义务而发生损害赔偿)(1)债务人违反因债务关系而发生的义务的,债权人可以请求赔偿因此而发生的损害。债务人无须对义务之违反负责任的,不适用前句的规定。”参见《德国民法典》,陈卫佐译注,法律出版社2010年第3版,第94页。

反附随义务实行过错推定原则，对于不应承担违约责任的情况，需要债务人主张和证明。但劳动合同中则实行过错责任原则，《德国民法典》第619a条规定："（在受雇人负责任的情形下的举证责任）与第280条第1款不同，就因违反以劳动关系为基础的义务而发生的损害，仅在受雇人须对义务之违反负责任时，受雇人始须向雇主给予赔偿。"[1]

首先，过错责任原则更符合劳动者忠实义务的本质。劳动者忠实义务在性质上属于劳动合同的附随义务，不同于合同法上的给付义务，无过错责任原则并不符合其本质。在传统民法上，有效合同的存在是违约责任得以成立的前提，当事人必须信守承诺，如有违背，不论主观意愿为何，都应当承担违约后果。违约责任在实质上是合同义务的化身，是基于当事人的约定而非法定，反映了当事人的意志和承诺，义务人即使没有过错也不应违背承诺，所以施行无过错责任是合理且正当的。而忠实义务作为一种附随义务，其本身并不像给付义务一样是双方的约定，而是法律为平衡当事人利益、维护社会公共利益的产物，与侵权法上无害他人的义务要求没有本质差别，因此归责原则也应该具有一致性，义务人如果没有过错不应认定其违反诚信而追究其责任，所以使用过错责任。其次，过错责任更有利于实现劳资利益平衡。法律对归责原则的选择，归根结底要考虑义务履行的严格程度和当事人利益的平衡。如前所述，劳动者忠实义务是基于劳资关系的本质属性并依信赖保护和诚实信用原则而生，极具不确定性，远不如劳动合同的主要义务及一般合同义务明确具体，这些义务必须是善意的劳动者所必须具有的适当注意义务，且必须为劳动者所能认知或应知，所以义务的违反只能是主观上的故意或过失。

（二）劳动者承担法律责任的过错限于故意或重大过失

关于劳动合同违约责任归责原则的讨论，学界可谓众说纷纭，既有过错责任说、推定过错责任说，也有无过错责任说，甚至还有劳动者承担过错责

〔1〕《德国民法典》，陈卫佐译注，法律出版社2010年第3版，第232页。

任、雇主承担无过错责任的“两分说”。[1] 总而言之,对劳动者违反忠实义务的归责原则没有直接进行讨论,笔者认为,劳动者违反忠实义务仅就故意和重大过失行为负责,具体理由如下:

首先,劳动关系的本质属性决定了劳动者不能承担一般过错责任。从属性是劳动关系区别于普通雇佣关系的本质属性。劳动关系成立后,劳动者被纳入雇主组织,其所从事的工作是雇主安排的,完成工作的主要场所和工具也由雇主提供,劳动者的劳务给付行为已经成为雇主营业的组成部分,即使劳动者的过错行为也属于雇主的经营组成行为,雇主理应承担相应的经营风险。而且劳动合同双方所追求利益的性质与意义也完全不同,雇主获得的是经营利益,劳动者获取的是生存利益;雇主获利属于资本收益,劳动者获取的只是劳动关系的对价,是生存与发展的物质保障。但劳动者的故意及重大过失无疑将会使雇主的风险进一步扩大,已经超出雇主的合理预判和经营管理的控制范围,出于利益平衡的考量,应采过错责任原则,由劳动者对故意和重大过失行为负责。换个角度讲,这也是德国司法实践中形成的“经营风险理论”和“社会保护思想”的体现,将在责任减轻部分详述。

其次,就风险分摊的角度而言,劳动者也不应承担轻微过失的损害。如前所述,正是雇主的经营行为和雇佣行为开启了劳动者犯错的风险,增加了劳动者犯错的概率。为了避免造成劳动者因一时之疏忽,而终身负损害赔偿责任的不公正结果,德国联邦劳工法院发展出“经营风险理论”,给予劳工责任优遇。劳动者在工作中造成财产或人身上的损害,如果完全依照民法上的损害赔偿原则处理,对只有轻微过失而造成巨额损害的劳动者而言,将加予超过合理的负担而显失公平。因此,劳动法上损害赔偿责任的归责原则,与民法上损害赔偿的归责原则并不相同。对于劳动者所造成的损害,雇主一般比较有经济上的补偿能力及可能性,将该风险用责任险的形式予以分散,并最终将该费用转嫁给社会大众。但劳动者因经济能力较弱,并没有将该风险转嫁给社会大众的可能性。对于危险性的工作,如果要求劳动者对于任何过

---

〔1〕 参见潘峰:《劳动合同附随义务研究》,中国法制出版社 2010 年版,第 122 页。

失所造成的损害承担全部赔偿责任，显然对劳动者过于严厉，也与劳动者的工作所得不成比例。所谓危险性工作，是指由劳动者负责执行的职务，在其本质上具有较高的危险性，即使是个性谨慎的劳动者也会偶尔犯错。虽然某些错误从个别观察，似乎每次都能避免，但因人类的能力有限，经验上可以预料任何劳务提供行为都存在发生疏忽概率。[1] 德国联邦劳动法院已经普遍接受了应当限制雇员责任的观念，基于劳动关系的从属性和组织性，劳动者的轻微过失的风险就成为雇主理应自担的经营风险。事实上，对于危险性较高的工作，各个国家已经发展出一些强制责任保险。雇主也应该可以预见这类工作具有极高的危险性，因此将相关业务投保商业保险转嫁，以填补强制保险外的损害赔偿额度。这也是西方国家雇员忠诚保险发展迅速的原因之一。即使不如此做，雇主也可以在薪资中加入风险津贴一项，一方面提高劳动者的风险意识，另一方面也借此避免自己的责任。在考量劳动者责任减轻时，应该纳入劳动者职位高低这一因素，其职位越低责任越轻。除此之外，也应该考虑其社会地位，包括在单位工作时间的长短、年龄、家庭状况（家庭负担）及其至今的工作表现。因而，将这种损害赔偿的风险转移给雇主是合适的。

应当说，这是劳动合同附随义务的特殊之处，受雇人承担违反附随义务的法律责任必须具有归责事由，而且应由雇主承担劳动者违反忠实义务且具有归责事由的举证责任，劳动者无须对归责事由的不存在负担举证责任。我国原《合同法》起草之初由学者起草的《合同法（建议草案）》包含了“雇佣合同”章，其中第454条关于受雇人承担法律责任的归责事由，只有受雇人故意或者因重大过失违反忠实义务才承担相应责任。[2]

---

〔1〕 参见杨通轩：《个别劳工法——理论与实务》，台北，五南图书出版股份有限公司2011年第2版，第274～275页。

〔2〕 《合同法（建议草案）》第454条规定：“受雇人于提供劳务期间，有服从雇用人指示，保守秘密，重大情况告知和照顾雇用人利益的义务。受雇人故意或者因重大过失违反前款规定的义务，致雇用人遭受重大损失时，雇用人有权终止合同，并请求损害赔偿。”参见梁慧星主编：《民商法论丛》（第4卷），法律出版社1996年版，第526页。

二、劳动者“过错”的判断基准

虽然劳动法律责任制度具有综合性的特点,但劳动者违反忠实义务所应承担的主要责任依然是私法责任。基于忠实义务具有职业伦理和法律义务的双重属性及其维系劳资信赖、重塑雇佣伦理的独特功能,对于劳动者“背信”的判断不同于民法上“过错”的判断,必须注意把握以下几点。

(一)基于忠实义务双重属性的判断

鉴于劳动者忠实义务的双重属性,对其行为是否“忠实”的判断也应当从道德层面和法律层面进行。道德判断是法律判断的前提,劳动者相关行为在法律上是否构成过错,必须从道德层面是否符合诚信、谨慎、善意、合理注意等伦理要求出发。反过来,法律判断是对道德判断的确认与强化,道德判断因法律的介入更加具有强制力。不同于民法上对“过失”的判断依赖客观的“应尽的注意”标准,劳动法上判断过失的标准是主观化的,劳动者只有存在严重的过错时,才能认定为重大过失。随着雇佣关系的演变,劳动关系中的诚实信用原则已经进化为最大诚信原则,尽管最大诚信对劳资双方的要求存在重大差别,对雇主的要求接近于“无过错”的程度,但对劳动忠实义务履行情况进行法律判断时,其道德裁量的尺度也远高于对社会公众言行的要求;其法律裁量的尺度虽然不能按照伙伴型关系要求,但也要高于一般契约型关系的要求。这既是劳动关系从属性和继续性特征所决定的,也是劳动关系介于伙伴型关系与契约型关系的本质要求,更是中国特色新型劳资伦理构建的需求。

为了补充契约理论的局限,维系劳资信赖,重塑雇佣伦理和回应现实需求,对劳动者是否“忠实”的解释、判断必须始终坚持“有利于劳动者”原则,坚决抵制“过错推定”。在没有足够的证据可以证明劳动者实施了兼职、泄密、竞业、侵占等“不忠”行为之前,任何劳动者都应被推定为忠于职守的优秀员工。在劳动合同订立实践中,往往是雇主拟定并提供合同条款,按照我国《民法典》关于解释规则的规定,理应由雇主(用人单位)承担合同条款不完整或有歧义的风险。在劳动合同解释过程中,关于劳动者忠实义务的解释出现多种解释可能性时,选择对劳动者不利影响最小的解释符合劳动合同解释的规则。在劳动者违反忠实义务的案件处理中,不应对其适用“过错推定”的原则,相反应该强化雇主的举证责任。

(二)基于利益衡量的判断

劳动者忠实义务的履行不仅关系到劳资双方的私人利益,还涉及公共利益的维护,所以对于劳动者是否“忠实”的判断必须慎之又慎,对行为背后的公私利益进行衡量之后作出价值判断。首先,要准确把握忠实义务内涵的变化。随着全球雇佣实践的发展和人类法治事业的进步,忠实义务已经摆脱了“愚忠”和“主仆”观念的束缚,而逐渐蜕变为一种具有合理限度的“理性忠实”。进化后的忠实义务,在私人利益层面更加强调对劳动者权利的保护,劳动者忠实义务与雇主照顾义务形成一种对应关系,雇主忠实利益的实现不能侵害劳动者的利益;在公共利益层面弱化了与私人利益的冲突,甚至认为劳动者公益告发也属于忠实义务的合理内涵。其次,要准确把握劳动者忠实义务的豁免制度。并非任何有损雇主利益的行为都构成劳动者忠实义务的违反,在具备豁免事由的情形下,即使劳动者行为有损雇主利益,也不构成对忠实义务的违反。公益告发是劳动者忠实义务的豁免制度,包括揭发雇主不法情事、反对雇主违法不当行为、参与针对雇主的法律程序等。劳动者实施上述行为不仅不能认定其存在“背信”的过错,还要给予法律保障和激励。最后,坚持个案判断原则。在对劳动者忠实义务履行情况和责任分担比例进行判断时,应该将劳动者职位、工龄、工作表现、家庭状况(家庭负担)纳入考量范畴。例如,劳动者职位越高,其负担的注意程度越高,责任也越重;劳动者职位越低,其注意程度越低,责任也越轻。除此之外,还应该结合劳动者的社会地位,包括在单位工作时间的长短、年龄,坚持面向未来的原则,对劳动合同继续履行的影响作出判断。

三、劳动者责任减轻原则

民法中完全赔偿原则不能毫无限制地适用于劳动法,已经成为学术界和实务界的共识。为此,司法界和理论界逐步发展出劳动者责任减轻原则,所有劳动者因工作行为造成的损害都属于雇主经营风险的范畴，因为雇主借助组织权限可以有效控制风险产生的条件。

（一）劳动者责任减轻的理论依据

劳动者责任减轻原则建立在多元理论基础之上，其中最具影响力的是前文提到的经营风险理论和社会保护两大思想。经营风险理论是衍生于民法理念的产物，为实现自身利益最大化而使他人从事有危险性的活动，必须对活动存在的特殊风险以及可能由此产生的损害承担责任，也即民事责任体系中“为他人利益活动的风险责任减轻原则”。[1] 风险责任理论是劳动者责任减轻原则的核心理论依据之一，具体包括可归责于雇主的两方面原因：首先，工作行为具有危险性。如前所述，在劳动法发展的初期，劳动者应对工作过程中造成的任何损害承担责任，至于劳动者主观上是故意还是过失，在所不问，德国劳动法院为了减轻劳动者损害赔偿责任发展出“危险性工作理论”。德国魏玛时代的法院认为，这种套用民法责任认定的模式对雇佣关系的规定是不充分的，新的解决方案应该考虑两个因素：一是因工作造成损害的风险增大；二是劳动者没有足够的经济能力赔偿损失。[2] 为此，联邦劳动法院创造了“危险性工作理论”，对民法上的过错责任原则进行了修正，劳动者只对故意和重大过失行为负责。该理论因为深合公平正义的法理，不仅为德国各级法院和学者所接受，也得到了我国台湾地区各级法院和学者的认同。其次，可归责于雇主的组织风险。作为经营风险理论的另一层内涵，20 世纪 80 年代德国劳动法院经历了从“危险性工作”到“工作行为”标准的转变。劳动者即使从事非危险性工作，也同样可能承担巨额损失的风险，风险性因素只能涵盖部分工作，具有局限性。为了保护所有劳动者，雇主对组织生产经营和安排工作条件的责任不仅存在于危险性工作，也同样存在于非危险性工作，无论从法律层面还是从事实层面都必须承担责任。劳动者责任减轻拓展到了一切劳动关系中的劳动者。工作行为的判断包括了给付劳务的所有行

---

〔1〕 王倩、朱军：《德国联邦劳动法院典型判例研究》，法律出版社 2015 年版，第 324 页。

〔2〕 [德]曼弗雷德·魏斯、马琳·施米特：《德国劳动法与劳资关系》，倪斐译，商务印书馆 2012 年版，第 125 页。

为和为雇主利益从事的任何行为。社会保护思想是存在于劳动法的对劳动者倾斜保护的体现,法律之所以对劳动者提供社会保护,是因为劳动者工资与承担的责任和风险不成比例,工资是劳动者提供劳务的对价,是一种生存利益。劳动者既然不能分享经营利润,就不能承担经营风险。如果劳动者对轻微过失承担全额赔偿责任可能对其构成生存威胁。

(二)劳动者责任减轻的实践处理

首先,劳动者责任取决于他的过错程度。为此,可以将劳动者的过失程度分为三个等级,然后决定其应否负责、应该承担什么责任:(1)劳动者只有轻微过失的不承担劳动纪律责任和法律责任。(2)劳动者具有故意或重大过失的,对雇主负完全责任,既包括劳动纪律责任,也包括法律责任。(3)劳动者具有一般过失时,斟酌劳动者的归责可能性及雇主的营业风险,决定承担责任的类型及内部的分担比例;原则上劳动者对于中度过失只承担劳动纪律责任,只有在极个别的情形下才能分担部分赔偿责任。其次,传统民法上对于“过失”的判断标准不是个人的主观能力,而是具有客观性的“交易中应尽的注意”[1],而劳动法中判断过失的标准是主观化的,劳动者过错程度的大小需要考察行为时的主观状态。只有劳动者个人具有严重过错时,才可以认定其具有重大过失。而且劳动者不仅需要对违反忠实义务的行为本身有故意或重大过失,还要就该行为造成的利益损失具有故意或重大过失。如果劳动者只是有意识地违背雇主的指示或交易规则,还不足以构成故意和重大过失。

第三节　劳动者忠实义务违反的责任承担

劳动者违反忠实义务所应承担的责任可以从内在和外在两个层面去讨论,外在层面强调违反义务可能受到的敌对反映和惩罚的预测与评估;而内在层面对于那些从内在观点来看待他们自己和其他人的行为的人则非常必

[1] 《德国民法典》第276条对“过失”的概念进行了明确规定:“疏于尽交易上必要的注意的人,即系有过失的实施行为。”参见《德国民法典》,陈卫佐译注,法律出版社2010年第3版,第93页。

要,这些人“使用这些规则作为生活中的行为标准,作为主张、要求、允许、批判或惩罚的基础,也就是在所有根据规则运作的常见生活事务中使用规则。对他们而言,规则的违反不仅仅是预测敌对反应将随之而来的基础,同时也是敌视的一个理由”。[1] 劳动者忠实义务作为一种价值选择,与其对应的是责任和义务的承诺,放弃承诺通常意味着背叛。上升为法律的忠实,无论市场环境多么复杂,人心多么叵测、难料,失去的“忠实”终究会以另一种方式得到“补偿”。借鉴责任层次理论,笔者对忠实义务违反的责任作出层次划分,对违背忠实义务的惩罚,首先就是道义上的责任,包括劳动者的自我谴责和社会舆论的谴责;其次才是劳动纪律的惩戒;最后是法律责任的追究。劳动者忠实义务实质上是劳动者和雇主组织之间形成的一种“心理契约”,要注重培育劳动者伦理道德上的责任感,塑造职业伦理文化氛围,在劳动纪律责任和法律责任的潜在保障下,以忠于职守的精神引导、提示劳动者的劳务提供过程。

一、劳动者忠实义务违反的道义责任

劳动者忠实义务首先是作为一种职业道德上的义务而存在。劳动者违反了忠实义务,同普通公民违背了道德要求一样,不仅会产生内疚和自我谴责,也不可避免地会遭受到来自雇主组织和同事,乃至社会公众的谴责。在心灵自责和外界舆论的双重压力下,劳动者会悔不当初,原本熟悉的同事群和工作场所能够带来的归属感、安全感将不复存在,甚至自我察觉到再也不适合继续在原雇主处工作了,有的还会主动要求解除合同,这就是劳动者忠实义务道义责任的运行逻辑。

道义责任并非法定责任,往往是一些劳资惯例或企业惩戒的辐射效应,为发挥道义责任的作用必须完善两个机制的建设。一是加强企业内部组织控制,完善企业法人治理结构。完善的企业内部组织控制机制和企业民主管理制度,有助于及时发现企业内部的违法不当行为,包括劳动者违反劳动纪

[1] [英]H. L. A. 哈特:《法律的概念》,许家馨、李冠宜译,法律出版社2006年第2版,第86页。

律的行为,如果劳动者未主动承担道义责任,企业的考核、监督部门可以启动劳动纪律责任追究程序,然后才是法律责任追究程序。二是企业内部舆论监督与大众传媒舆论监督的结合。劳动者违反忠实义务的外界舆论压力来自两个方面,一方面是内部舆论压力,如前所述,企业或组织内部的成员通常情况下将违背忠实义务的成员视为叛徒,即使是出于维护社会公共利益的目的也容易遭到排斥。另一方面是公共媒体和社会公众的舆论监督。公共媒体越来越发达和人人都是自媒体的时代,社会大众不仅能够及时发现和扩散违法不当行为,而且能够充分、自由、及时地表达自己的不满,以形成强大的舆论压力。企业或组织外的公众察觉到劳动者违背忠实义务的行为,就会与内部舆论压力形成合力,迫使劳动者承担道义责任,甚至主动辞职。由于企业具有相对的封闭性,舆论监督的作用更多地靠内部成员完成,而且配合企业惩戒制度发挥作用,例如,口头、书面的申戒、训斥、警告等方式将劳动者背叛的行为广而告之,从而形成内部的舆论压力。劳动者忠实义务履行具有内部性的特点,承担道义责任也主要靠内部的监督控制机制和舆论,一般能够得到公共媒体关注和自媒体大量传播的情形比较少,法律应当限制雇主利用大众媒体的力量,否则可能构成对劳动者隐私权的侵犯。

二、劳动者忠实义务违反的劳动纪律责任

劳动纪律责任是劳动者违反了劳动纪律必须承担的责任。基于劳动关系从属性的特征,雇主对劳动者享有指挥和命令的权利,而劳动者应当服从雇主的合理指示和管理。劳动者违反忠实义务属于违纪行为,实质上违反了“从属性”的基本要求。[1] 纪律责任本质上是一种内部责任,追究劳动者纪律责任的主体是雇主组织内的特定部门或直接上司,表现为上级对下级的监督考核。从理论上讲,劳动者的纪律责任是介于道义责任和法律责任之间的中间责任。道义责任是劳动者违反了最基本的道德要求、触犯了道德底线而应承担的责任,故这种责任追究方式是以企业内部舆论、社会舆论和自我良

---

〔1〕 参见许建宇:《论劳动者违纪赔偿责任》,载《中国劳动》2014 年第 3 期。

心谴责为主;法律责任则是劳动者忠实义务法律化的结果,是维护雇主与劳动者之间信赖关系存在的一种特殊义务,是雇主与劳动者之间关系有效运行的保障。法律必须保障其不被破坏,并且明文规定这种关系的存在以及违反这种关系所应承担的责任;纪律责任就应该是一种从最基本的道德义务中演化而来,但尚未上升到法律层次的责任。我国《劳动法》第3条有劳动者应当遵守劳动纪律的规定,但法律没有对劳动纪律责任的内容作出进一步规范,是劳动立法轻视雇佣习惯的表现。雇主惩戒是劳动者违反忠实义务最常见的纪律责任。现代社会的劳动活动具有组织性格和集体性格,为统合、协调多数个别劳动者进行经营生产活动,雇主组织必须形成一套规则体系对劳动者的行为进行规范,对个别劳动者的偏差行为施加制裁,以及维持经营秩序、生产活动纪律的惩戒制度。[1] 我国《企业职工奖惩条例》废止后,雇主惩戒一直处于法外运行的状态,对其缺乏规制也不利于劳动者权利的保障,相关制度改革迫在眉睫。

(一)雇主惩戒权的法源基础与纪律责任的性质

所谓惩戒,就是惩治过错,警戒未来。法律上的惩戒是为了某种纪律或秩序的维持,基于特别的身份关系而对违反一定义务的人所采取的措施。在权利属性上,雇主惩戒权是权利人按照自己单方意思表示而发生法律效果的形成权。惩戒制度一般以企业规章制度中规定的惩戒事由和处分类型为依据,是一种对劳动者违反附随义务的责任追究制度。[2] 在劳动关系中,雇主通过行使惩戒权得以单方限制或减损劳动者利益,因此,雇主惩戒权需要法律上的正当性根据。长久以来,对惩戒权的研究将法源基础和性质作为"一体两面",混淆了二者应有的区别,导致了错误的认识。

1.雇主惩戒权的法源基础

雇主惩戒权的法源基础,即强制力的源泉,是雇主惩戒权作为一种私权利的效力来源,或其存在的正当性根据。关于雇主惩戒权的法源基础,学界

---

〔1〕 参见台湾"劳动法学会"编:《"劳动基准法"释义——施行二十年之回顾与展望》,台北,新学林出版股份有限公司2005年第2版,第351页。

〔2〕 参见田思路、贾秀芬:《日本劳动法研究》,中国社会科学出版社2013年版,第142页。

形成了经营权理论（固有权说）、契约理论（合同说）、法规范说、否定说、企业秩序论等几种主要学说。[1] 其中经营权理论与契约理论针锋相对，影响最大。经营权理论认为劳动纪律来源于雇主固有的经营权，雇主对违反工作制度或工作纪律的劳动者进行制裁是基于自身的固有权能，也就是惩戒处分是基于企业经营权所导出。现代企业运作方式和经营形态复杂化，劳动者不仅要履行劳动合同义务，还要服从雇主指示和组织内的职场规则，这是集体工作最基本的要求。雇主为维持工作纪律和经营秩序，理应具有惩戒的权利。我国台湾地区的“劳动基准法”采纳此说。在具体的惩戒措施上，该说严格区分了违反忠实义务的违纪责任和违约责任。[2] 契约理论则从民法原则出发，认为企业惩戒处分是契约合意约定的处罚，约定的方式可以是劳动合同、团体协约、劳资会议的决议[3]。惩戒权是劳动契约的固有内涵，也是劳动合同区别于其他劳务供给合同的重要特征之一，欠缺固有惩戒权的契约关系，更近于合伙关系、承揽契约等契约关系。黄程贯教授认为，当今契约时代的企业惩罚制度是劳动契约的具体化规定，只有涉及劳动契约义务的违反，才有实施雇主惩戒措施的正当性和合法性。[4] 雇主惩戒权的获得必须基于劳动者明示或默示的同意，也就是需要劳动合同或规章制度中的明文依据。雇主组织规范、规章制度本质上是劳动者依劳动合同负担的附随义务的具体化，劳动者只有在违反劳动合同附随义务的范围内才接受惩戒。有学者认为雇主规章作为劳动合同的附件，是劳动合同内容的补充，警告、记过等惩戒手段在性质上是违反劳动纪律的法律责任，纪律处分或者说雇主惩戒在本质上是惩戒性违约责任，雇主以惩戒方式追究劳动者违反忠实义务的违约责任是一种私力救济行为。[5]

---

〔1〕 参见黄越钦：《劳动法新论》，中国政法大学出版社2003年版，第183页。

〔2〕 参见沈同仙：《劳动合同违约责任的承担方式及适用条件》，载《法学杂志》2005年第4期。

〔3〕 关于劳资会议决议的问题可以参考我国台湾地区“劳资会议实施办法”的规定。

〔4〕 参见黄程贯：《企业惩罚权》，载《台湾社会研究季刊》第2卷第3、4期，1989年秋、冬季号（1990年12月出版）。

〔5〕 参见黄昆、王全兴、孙瑞玺：《惩戒争议应纳入劳动争议的受案范围》，载《中国劳动》2008年第4期。

虽然经营权理论和契约理论都有其理论基础，而且在理论和实践中形成了很多变种，例如，集体合意说、定型化契约说[1]、“二分说”等，但综合考量各自理由，雇主惩戒的法源基础并非任何一种观点所能解释，劳动合同是雇主惩戒权的重要来源，但只依赖劳动合同的约束是远远不够的，至少还需要团体协约或法律的认可。首先，经营权理论过于注重劳动关系的“从属性”。虽然惩戒标准的制定与惩戒权的行使都是由雇主单方行使，无须经劳动者或者工会的同意，但须遵循一定的原理原则，因此固有权说有一定的理论基础。但一方面，经营权理论导出于所有权和企业经营权，基于现代企事业单位的发展，企事业单位的股东分布越来越分散，无法或难以断定真正的所有权人是谁。[2] 另一方面，经营权理论可能导致雇主惩戒的恣意，有违劳动关系契约化的精神。其次，契约理论虽然合于现代法治精神和尊重人性尊严，但过于注重劳动关系的契约属性，不能准确反映立法和现实。限制雇主权利、保护劳动者权利的出发点是好的，但与各个国家或地区认可雇主惩戒权的立法实践不符，而且雇主制定规章制度也不是都需要劳动者同意。从立法实践来看，我国 2008 年废止了《企业职工奖惩条例》，原因是《劳动法》与《劳动合同法》中包含了劳动者奖惩的内容，可以说雇主惩戒从统一立法模式转向了授权立法模式。

基于劳动合同的从属性、继续性特征，劳动者必须服从雇主的指挥管理。从劳动关系实践看，雇主行使指示权的方式既可以是个别、临时的指示，也可以是长期、稳定、普遍的规章制度，还可以是劳动合同、团体协议。雇主订立劳动合同的前提是不会影响自己的经营管理秩序。劳动者对雇主秩序维护权利明示或默示的同意是合同得以成立的前提和基础。但不管是明示的，还是默示的同意，都是一种概括的同意，具体惩戒事由、方式、程度由雇主制定，但应当受到法律和劳动合同、劳资协议的制约。“经营权理论”和“契约理论”都有其缺陷，只有综合各自的合理因素，才有可能解释雇主惩戒权的法源

---

〔1〕 参见董文军：《我国惩戒处分法律规制问题研究》，载《当代法学》2010 年第 3 期。

〔2〕 参见杨通轩：《个别劳工法——理论与实务》，台北，五南图书出版股份有限公司 2011 年第 2 版，第 281 页。

基础和性质。借鉴日本最高法院创设的“企业秩序论”，雇主拥有固有的建立和维护秩序的权利，这对雇主生存和顺畅管理十分重要；劳动者与雇主订立了劳动合同，就有尊重雇主组织秩序、履行工作任务的附属义务。[1] 因此，雇主惩戒权的效力来源是劳动关系与劳动合同本身，既有雇主本身“固有”权力的特性，也有“契约”权利的性质。[2] 因此，雇主惩戒权的效力来源于劳动契约的本质。

2. 劳动纪律责任的性质

劳动纪律责任的性质取决于雇主惩戒权的性质判断。实质上，惩戒权的法源基础与性质是两个不同的问题，但长久以来，学界未作区分。与法源基础理论相对应，关于雇主惩戒权的本质也形成了固有权说、契约罚说、法规范说和秩序罚说。当然，但最具代表性的还是秩序罚说与契约罚说。经营权理论着眼于劳动关系的身份属性，认为雇主惩戒权的性质是一种固有权，劳动者承担的责任是一种秩序罚，即使没有法律的规定或授权，雇主也有权对劳动者施加适当的制裁。契约理论认为雇主惩戒权本质上属于雇主合同权利的行使，劳动者承担的责任是一种契约罚，将其视为劳动者违反劳动合同义务的违约处罚。

由于经营权理论和契约理论的缺陷，关于雇主惩戒权性质的固有权说和合同权利说也不具有合理性。既然雇主惩戒权的法源基础是劳动契约的本质，是劳动契约的一种派生权力。雇主有权建立和维持一定的秩序，劳动者遵守这种秩序是劳动合同的附属义务，这也是组织生产经营得以正常运转的前提。按照企业秩序论，雇主惩戒权实质上是一种维持秩序的权利。在劳动关系实践中，这种权力更多的是以团体协议和规章制度的形式呈现，在个体劳动合同中并不多见。而团体协议和规章制度的形成有着更高的程序要求，需要一定的民主参与度，被视为具有“法规”的普遍效力。因此，这种维持秩序的权利具有雇主团体自治权力的性质。将雇主惩戒权视为具有自治性质

---

〔1〕 参见[日]荒木尚志：《日本劳动法》，李坤刚、牛志奎译，北京大学出版社2010年版，第115～116页。

〔2〕 参见谢增毅：《用人单位惩戒权的法理基础与法律规制》，载《比较法研究》2016年第1期。

的秩序维持权,与惩戒权的法源基础是劳动契约并不冲突。因为惩戒权的法源基础主要说明惩戒权的效力来源,而秩序维持权主要说明惩戒权的性质、表现形式和实施方式。关于劳动纪律责任的性质,正如前文所述,劳动者忠实义务的类型和强度表现为从"愿望的道德"至"义务的道德"一个逐步渐变的过程,对其展开研究就是为了寻找两种道德在同一标尺上的指针位置,那么对其违反的责任也表现为从"道义责任"至"法律责任"这样一个渐变的过程。因此,劳动纪律责任应该是介于道义责任与传统民事责任之间的一种责任类型。一方面,雇主惩戒具有私人执行的性质,例如,在现行制度安排和劳动关系实践中,雇主的惩戒权包含了认定权、决定权和执行权。[1] 雇主惩戒也具有一定的法律强制力,表现为法律的授权或认可。另一方面,雇主惩戒表现出很强的自治性,出于秩序维护的必要和对企业经营自主权的尊重,法院很少介入审查,除非侵害了劳动者基本权利。

(二)雇主惩戒方式及其法律限制

虽然学界对于雇主惩戒权的法源、性质和劳动纪律责任的性质存在争议,但几乎所有的研究和讨论都赞成对雇主惩戒的规范与合理限制。关于劳动纪律责任的形式,通说认为包括警告、训诫、记过、减薪、调职、降职、停职、惩戒解雇等,由于解雇涉及劳动合同的解除,已经转化为一种法律责任,将放在后面讨论。此外,根据《劳动合同法》第 17 条的规定,合同期限、工作内容、地点和劳动报酬属于劳动合同的必备条款,所以降职调职、减薪、停职等惩戒方式如果超出劳动合同约定,则可能发生劳动纪律责任与法律责任的竞合。按照惩戒方式给劳动者带来不利后果的类型和影响,笔者将雇主惩戒方式可以分为名誉惩戒方式、经济惩戒方式、工作变更惩戒方式进行讨论。

1. 名誉惩戒方式及其法律限制

名誉惩戒是直接使违纪劳动者承受谴责、警戒等名誉上的不利后果,造成劳动者心理上或社会评价可能降低的压力,促使其正确履行劳动合同,服从雇主合法、合理的指示与管理。具体方式包括了警告、训诫(申诫)、训斥、

---

〔1〕 参见许建宇:《论劳动者违纪赔偿责任》,载《中国劳动》2014 年第 3 期。

记过、通报批评等，花样繁多，不一而足。其中记过具有强烈的行政色彩，是计划经济时代的产物，我们将之理解为劳动者过错的记录即可；警告或者严重警告是应用最为广泛的一类劳动纪律责任。名誉惩戒方式的目的不仅是对劳动者的违纪行为进行惩罚，最重要的是防微杜渐，要求劳动者停止不适当的行为，并在今后不再有类似行为，维持经营秩序、履行劳动合同。名誉惩戒方式一般不会造成劳动者直接经济利益的损失，劳动者一般也能够接受，不愿与雇主发生争议。法律也尊重雇主经营管理自主权，不做过多干预，最高人民法院关于名誉权案件审理的司法解释确认了这一点。[1] 规范的雇主组织一般会有惩戒记录，在发放奖金、提薪、升职时，成为考量因素，有时惩戒处分的累计，可能会导致更严厉的纪律处分。但名誉惩戒方式应该严格限定在工作范围之内，只能在特定情形下扩展到企业外行为，已如前述。在具体操作过程中，要注意不得造成劳动者人格贬损，例如将劳动者姓名、行为甚至照片“张榜公布”。[2] 禁止名誉惩戒的想法既不符合劳动关系实践，也是对纪律惩戒性质认识不清的表现。基于劳动者忠实义务具有的职业伦理属性，名誉惩戒谴责、警戒的作用可以与道义责任结合，起到阻止和预防劳动者违反忠实义务的作用。当然，对于超越正常经营管理需求和操作方式，不适当扩大不良影响，可能侵害劳动者名誉权的惩戒，劳动者有权申请司法审查，或者寻求违约或侵权救济。

综观各国法治，警告因具有独特功能，成为应用最为广泛的惩戒方式。通过警告，雇主可以指出劳动者具体的不当行为、不妥之处、再犯时可能面临的惩戒或劳动合同变更甚至解雇的后果。因此警告具有多种功能，一方面雇主可以提醒劳动者违反了什么合同义务，告诫其如果不能知错就改，再犯可能承担更为不利的后果，甚至解雇；另一方面通过警告也记录了“前科”，可以为今后劳动者职务升降、负面预测提供依据。雇主警告所依据事实不成立

---

〔1〕 最高人民法院《关于审理名誉权案件若干问题的解释》第4条规定：“国家机关、社会团体、企事业单位等部门对其管理的人员作出的结论或者处理决定，当事人以其侵害名誉权向人民法院提起诉讼的，人民法院不予受理。”

〔2〕 参见黄程贯：《企业惩罚权》，载《台湾社会研究季刊》第2卷第3、4期，1989年秋、冬季号（1990年12月出版）。

的或者超过必要性的，劳动者可以请求司法审查，将警告从人事档案中删除。

2. 经济惩戒方式及其法律限制

经济惩戒方式主要是指减薪（扣薪），作为劳动纪律处罚措施，是指从本应支付给劳动者的报酬中扣除一部分。但是由于怠工或未履行工作义务而扣除工资的相应部分，不属于劳动纪律处分，而属于雇主的一种履行抗辩权。我国原《企业职工奖惩条例》是认可雇主"罚款"的[1]，该条例废止后经济惩戒的合法性受到了质疑，学界的争议也很大。我国《劳动合同法》第25条也规定，除服务期和离职后竞业限制两种情形，雇主不得与劳动者约定违约金。在实践中，经济惩戒方式被广泛使用，因为其具有合理性和实用性。首先，经济惩戒符合劳动合同法理，当劳动者违反忠实义务行为足以影响合同目的实现，或者合同上有特别的约定，雇主自然可以相应减少其对价给付。其次，经济惩戒相对而言也是一种柔性而实用的惩戒。与名誉惩戒相比，经济惩戒直接影响劳动者经济利益，有利于督促劳动者遵守劳动纪律、履行合同义务，减少忠实义务的违反，是实践中比较实用的一种惩戒方式。同时，经济惩戒相较于调岗、降薪、解雇而言，一般数额较小，具有防微杜渐的作用，是对劳动者更为有利的"柔性"执行方式。最后，减薪作为惩戒方式，规则较为明确，实践中的操作简便易行。在比较法上，日本、意大利和我国台湾地区的法律都认可雇主的经济惩戒方式。

但获取工资属于劳动者最基本的权利，各国都对雇主经济惩戒方式进行严格限制。违反忠实义务不属于对待给付，原则上不发生同时履行抗辩，不得实施经济惩戒。即使具备实施经济惩戒的条件，对于减薪的数额也进行严格限制。例如，根据《日本劳动基准法》第91条规定，一次违纪扣除金额不得超过半天的工资，多次违纪的不得超过一个工资支付周期的10%的工资。[2]

---

〔1〕"罚款"在实践中常被使用，容易与行政处罚混淆，撇开字面理解的歧义，实践中所谓的"罚款"实为"减薪"。原《企业职工奖惩条例》第12条规定："对职工的行政处分分为：警告，记过，记大过，降级，撤职，留用察看，开除。在给予上述行政处分的同时，可以给予一次性罚款。"第16条规定："对职工罚款的金额由企业决定，一般不要超过本人月标准工资的20%。"

〔2〕参见［日］荒木尚志：《日本劳动法》，李坤刚、牛志奎译，北京大学出版社2010年版，第117页。

由于劳动报酬属于劳动合同的必备条款,所以经济惩戒方式还可能涉及劳动合同的变更。

3. 工作变更惩戒方式及其法律限制

工作变更惩戒方式包括了调职、降职、停职等惩戒手段,由于工作期限、内容、地点属于劳动合同的必备条款,上述惩戒方式有可能涉及劳动合同的变更问题。根据《劳动合同法》第35条规定,劳动合同的变更必须经劳资双方协商一致。一方面,由于劳动合同是继续性、不完全合同,雇主需要根据劳动合同履行状况,对工作内容、岗位、地点予以调整。另一方面,工作内容、岗位、地点往往涉及劳动者工资、级别和工作技能的要求,对劳动者切身利益影响甚大。特别是惩戒性的工作变更,涉及雇主惩戒权与劳动者职业安定权的矛盾。根据雇主惩戒性变更工作的理论与实践,完全禁止雇主惩戒性工作变更是不现实的。主要理由:一是惩戒性工作变更作为一种必要的秩序维持手段,一般都记载于劳动合同或规章制度,基于劳动者明示的或默示的同意,雇主取得单方变更工作方式的权利并不难;二是适当的工作变更惩戒并非坏事,劳动者违反忠实义务可能致使其不适合继续在原工作岗位工作,如果没有工作变更的惩戒作为过渡,直接使用惩戒性解雇,不利于劳动者权益保护;三是惩戒性工作变更在劳动关系实践中比较普遍,这种工作变更都是基于劳动者的过错行为实施,不同于一般的劳动合同变更,具有一定的合理性。在比较法上,日本和我国台湾地区均认可工作变更的惩戒方式。在瑞典,无论是否通知,防止违纪处理都是非常重要的。解雇被认为是最后的补救措施,雇主有广泛的义务去努力解决不解雇的问题。纠正措施是有利的补救措施:雇主必须通知员工,如果员工的行为没有改善,可能需要解雇。除此之外,在大多数情况下,雇主必须设法帮助雇员改变,主要是通过教育他/她进一步了解雇佣关系中隐含的对雇主的忠实义务。最后,雇主必须探索将劳动者转移到其他岗位作为解雇替代方案的可能性。[1]

---

[1] See Fahlbeck Reinhold, *Employee Loyalty in Sweden*, Comparative Labor Law and Policy Journal, Vol. 20, 1998, p. 297.

调职作为惩戒手段之一,是雇主对违反忠实义务的劳动者单方调整工作岗位。雇主原则上不能单方变更劳动合同,但是劳动者违反忠实义务已经威胁到合同的继续履行时,调职被认为是合理的惩戒手段。因为劳动者违反劳动合同义务或规章制度被视为明示或默示地同意了雇主变更合同,而且雇主调职也不应当被认定为滥用调职的权利。当然,法院对于调职的合理性具有审查权,台湾地区"内政部"的调职"五原则"可兹参照。[1] 雇主超出惩戒必要性的调职,比如刁难、羞辱,或者迫使其辞职的,都属于权利滥用。降职是指作为惩戒措施,将劳动者从当前位置调整到较低档次的岗位上,要满足除"不利变更"的调职条件。停职是一种暂停劳动合同履行的处罚措施,停职期间雇主无须支付工资,劳动者丧失了工资请求权。停职期间虽然劳动关系还存在,但对劳动者影响很大,应对期限予以严格限定。

综上,雇主惩戒作为一种纪律责任,是劳动者违反忠实义务所应承担的最为常见的后果。雇主惩戒权可以规范劳动者行为、维持生产经营秩序,而且劳动者违反忠实义务,也能与雇主达成妥协,无须采取仲裁、诉讼等破坏劳资信赖的方式。因此,劳动纪律责任是一种依靠内部惩戒机制化解冲突的形式,对于激励、培育劳动者忠实具有积极意义。

三、劳动者违反忠实义务的传统民事责任

劳动者的忠实义务具有法律义务的属性,违背劳动合同的承诺或默示的承诺,就应当承担法律责任。作为一种法律责任,并非道义责任层面的义务,依靠劳动者自身的良心发现就可实现;也不是劳动纪律责任层面的义务,依靠雇主自治权力就能实施,而是同任何法律制度一样,需要外在的强制性力量。法律责任的追究主体是国家机关,表现为公权力对私领域、法律对道德领域的介入和调整,国家机关追究劳动者违反忠实义务的责任属于公权力的

[1] 1985年9月5日我国台湾地区"内政部"台内劳字第328433号函规定:"工作场所及应从事之工作有关事项应于劳动契约中由劳资双方自行约定,故其变更亦应由双方自行商议决定。如雇主确有调职劳工工作必要,应依下列原则办理:(一)基于企业经营上所必需;(二)不得违反劳动契约;(三)对劳工薪资及其他劳动条件,未作不利之变更;(四)调动后工作与原有工作性功能之为其体能及技术所可胜任;(五)调动工作地点过远,雇主应予以必要之协助。"

行使,有利于确保公平、公正的结果,有利于实现劳动者履行忠实义务的自律和他律的双重效应。法律责任也是道义责任和劳动纪律责任实现的最终保障。根据合同法理论,违反附随义务的法律后果可以概括为继续履行、可归责时替代给付的损害赔偿、双务契约的解除权。[1] 构成加害给付的情形,还可能承担侵权责任;在可能构成加害给付时,还可能进而承担预防侵权责任。关于预防侵权责任,因其具有特殊性,将放在雇主权利救济部分阐述。

(一)违约损害赔偿

按照合同附随义务理论,劳动者违反忠实义务应当承担债务不履行的责任,其损害赔偿的请求权基础为《民法典》第 509 条和第 577 条的规定。劳动法上违约损害赔偿责任与民事合同存在差别,前述《合同法(建议草案)》第 454 条规定了雇用人终止合同与请求赔偿的权利。根据《劳动合同法》第 90 条[2]的规定,损害赔偿的适用范围受到了严格限制,即违法解除合同、违反保密义务和竞业限制义务三种情形。据此,劳动者忠实义务违反应承担违约损害赔偿责任的,仅限于对保密义务、竞业限制义务的违反。但是,关于损害赔偿范围和劳动者责任限缩的问题,仍值得深入探讨。

1. 损害赔偿范围

学理上将不完全给付造成的损害分为两类,一是因给付本身具有瑕疵,导致该给付本身减少或丧失的价值或效用,造成债权人对完全给付情形下所具有的履行利益的侵害;二是除该给付本身减少或丧失的价值或效用之外,对债权人的人身或其他财产法益所造成的损害,也即造成了履行利益以外的其他权益的侵害,即加害给付。在传统的债法理论上,债务人不为完全给付时,对于这两种损害都应该按照债务不履行原则负担损害赔偿责任。劳动者违反忠实义务,所产生的损害赔偿责任,最重要的就是赔偿雇主固有利益的损害,也就是解决加害给付的问题,然后才是履行利益的损害赔偿问题,我国《民法典》第 584 条明确规定了履行利益损害应该得到赔偿。关于损害赔偿

---

[1] 参见侯国跃:《契约附随义务研究》,法律出版社 2007 年版,第 308 页。

[2] 《劳动合同法》第 90 条规定:"劳动者违反本法规定解除劳动合同,或者违反劳动合同中约定的保密义务或者竞业限制,给用人单位造成损失的,应当承担赔偿责任。"

范围的另一个问题就是非财产损害的赔偿,这一问题在我国民法中尚且争议很大,在劳动合同领域更不能贸然扩大赔偿范围,除非违反忠实义务的行为同时符合侵权行为构成要件,雇主选择侵权之诉主张权利。除此之外,我国民法上损害赔偿范围经历了从"完全赔偿主义"到"限制赔偿主义"的变化,忠实义务违反的损害赔偿都有可预见性原则、与有过失原则和损益相抵原则的适用。

2. 劳动者损害赔偿数额的限缩

劳动者责任限缩是劳动法极为典型和特殊的问题,将民法关于过失与责任的规定直接适用于劳动法无异于"削足适履"。就像人在生活中必然会犯错一样,劳动者在提供劳务的过程中造成损害也具有必然性。首先,传统债法上与有过失原则的解释适用,即雇主对于损害的发生或扩大存在过失时,减轻或者免除劳动者的赔偿责任。[1] 就雇主组织内的损害分担,劳动者违反忠实义务承担的损害赔偿应根据劳动者过错程度,结合劳动者的收入水平、职位高低、以往表现,进行全面考量。为此,德国劳动法院发展出"容忍界限理论",对于已经发生的损害,通过考察雇主的相关行为是否存在过失,即使劳动者依其他规定未能免责,法院仍能据此酌情审查减免其赔偿责任的可能。其次,损害赔偿的合理性审查。如果将劳动者过错按照严重程度分为三个等级,轻微过失、中度过失、重大过失和故意三种情形。一是劳动者因轻微过失违反忠实义务不承担责任。二是劳动者因中度过失违反忠实义务,即使给雇主造成损失,原则上也不承担损害赔偿责任,将责任限制在劳动纪律责任范围内,只有在极个别情形斟酌个案,在惩戒的意义上法官可以裁量劳动分担部分损失,二者已如前述。三是劳动者因为故意或重大过失违反忠实义务,给雇主造成损失的,原则上应全额承担损害赔偿责任。重大过失是指劳动者应当预见或者能够预见自己的行为违反忠实义务,但因疏忽大意没有预见,或过于自信能够避免。即使对于此类损害也并不是没有限缩的可能,劳

---

〔1〕 参见王泽鉴:《损害赔偿法上的与有过失》,载《法令月刊》2016 年第 4 期;尹志强:《论与有过失的属性与使用范围》,载《政法论坛》2015 年第 5 期。

动者责任的限缩应当根据个案衡量，特别是赔偿额与劳动者收入的比例关系，以及劳动者的生存保障问题。例如，德国劳动法院对赔偿额超过劳动者一年总收入的，考虑予以责任分担，可资参照。[1] 劳动者因为故意违反忠实义务，即劳动者明知或应当知道违反忠实义务的行为将造成雇主合法权受损，主观上依然希望或放任不利后果发生。对于此类损害，劳动者的主观恶性很大，法律不能袒护其不法行为，原则上由劳动者承担全部赔偿责任。

我国制定法上关于劳动者损害赔偿范围的规定为，原劳动部《违反〈劳动法〉有关劳动合同规定的赔偿办法》第 5 条规定，劳动者违反保密义务对用人单位造成损失的，按照《反不正当竞争法》第 20 条规定（2017 年修订后第 17 条）的计算办法计算损失。原则上按照实际损失或劳动者获利计算，包括支出的合理费用，实际损失与获利无法计算的由法院酌情判决 300 万元以下的赔偿。《工资支付暂行规定》第 16 条规定扣除的最高比例是月工资的 20%。

（二）惩戒性解雇

惩戒性解雇，又称“过失性解雇”，是指劳动者违反忠实义务，致使劳动合同无法继续履行，雇主单方行使合同解除权将劳动合同解除。在民法上，违反附随义务是否产生合同解除权素有争议，此处不再展开。目前理论界和实务界相对有说服力的观点是：对附随义务的违反，构成损害赔偿的原因，但债权人原则上没有合同解除权，足以影响合同目的实现的，债权人可以解除合同；特别是继续性合同中，如果附随义务违反已经摧毁当事人之间的信赖，强迫债权人维持合同关系有违诚实信用原则，应该承认合同解除权。劳动合同当事人缔结合同的目的不是合同本身，而在于劳务提供目的的实现，如果雇主对合同继续履行不能再有合理期待时，劳动者已经构成严重违约，应该允许雇主解除合同。总而言之，违反附随义务的债权人原则上没有合同解除权。与民法上继续性合同的单方解除权相比，雇主行使惩戒权单方解除劳动

---

[1] 参见黄程贯：《德国劳动法中劳工债务不履行损害赔偿责任及限缩》，载《台湾劳工》2007 年第 6 期。

合同存在诸多限制。

1. 惩戒解雇权行使须符合比例原则

惩戒解雇具有惩戒和劳动合同解除的双重属性，雇主一旦行使单方解除权，劳动者就可能陷入失业的困境，而且不能得到经济补偿。因此，惩戒解雇对劳动利益影响巨大，法律一般予以严格限制，只有劳动者违反忠实义务的行为导致双方信任关系无法维持时，雇主才有权单方解除合同。从世界各国立法例看，惩戒解雇只能作为最后手段使用，在个案判断中穷尽其他可能的、更为温和的惩戒措施才能解雇，被称为“最后手段性原则”或“比例原则”。劳动者违反忠实义务致使合同双方基本信赖确已破裂，继续履行的基础业已丧失的，雇主才可以解除劳动合同。首先，雇主应优先选择解雇以外的惩戒措施。雇主有义务在力所能及的范围内，根据劳动合同的订立、内容及履行情况，尽可能采取比解雇更轻微的惩戒措施。在德国，最后手段性原则通常要求雇主对劳动者予以警告，只有当警告未能发挥作用，才能对劳动者违反忠实义务的行为实施解雇。当然，并不是所有情况都要求雇主先为警告，如果劳动者明显不会纠正自己的行为，或者劳动者违反忠实义务的情形特别严重，以至于劳动合同继续履行不合理时，雇主可以直接解雇劳动者。[1] 当然，雇主发出警告的违约行为与最终解雇的违约行为得具有基本的相似性，否则很难起到提醒、告诫与预测的作用。其次，根据近年来合同法领域发展出的“再交涉”理论，继续性契约履行过程中发生纠纷的，当事人负有再协商的义务，而不能直接解除合同，从而维持当事人合作关系稳定。[2] 只要劳动违反忠实义务的行为没有严重到影响合同目的与双方信赖基础的，雇主就应选择警告、扣除奖金、协商变更合同等方式，继续留用劳动者。在比较法上，新西兰司法判例普遍认为，雇员违反忠实义务，雇主并不当然取得解除权，因为雇主也负有维护信赖关系的义务，应尽可能选择比解雇轻微的惩戒方式，只有非常严重的违反才可能使解雇具有实质正当性，严重的程序瑕疵也可能

〔1〕 See Achim Seifert, Elke Funken-Hötzel, *Wrongful Dismissals in the Federal Republic of Germany*, Comparative Labor Law and Policy Journal, March 2003, p. 147.

〔2〕 参见王利明：《论合同法组织经济的功能》，载《中外法学》2017 年第 1 期。

使解雇不合法,导致雇员复职或赔偿。[1] 瑞典法律也规定,雇主对劳动者违反忠实义务的,首先应采取教育措施,然后再采取工作调动措施,除非雇员错误非常严重,否则雇主不能减免这方面的义务。[2]

2. 惩戒解雇应该坚持预测原则

基于劳动合同继续性的典型特征,解除合同没有溯及力,只向将来发生消灭合同关系的法律效力。因此,惩戒解雇的制度设计也要面向将来,惩戒解雇的主要目的并非对违反忠实义务的劳动者进行惩罚,而是为了防止继续出现履行阻碍。雇主应对劳动者违反忠实义务行为的负面影响进行预测,已经动摇劳动关系赖以维系的信赖基础或者未来再犯的可能性极大是其合法行使解雇权的前提条件。预测原则要求,雇主对负面影响的评估必须建立在已经发生的事实之上,包括劳动者违反义务的情节、过往表现等。通常雇主应该先进行"警告",预测劳动者是否会亡羊补牢、痛改前非,如果屡教不改,则说明其再犯的可能性很大。由于惩戒解雇权属于形成权,解雇通知一经到达劳动者就发生法律效力,对其合法性的判断也以到达时为准。在通知期届满前预测结论发生变化的,雇主可以撤回解雇的意思表示,劳动者也有权要求恢复劳动关系。

3. 基于怀疑和轻微违法行为导致的解雇

值得讨论的是,如果雇主基于某种客观事实怀疑劳动者有严重违反忠实义务的行为或者与劳动合同相关的犯罪行为,而且嫌疑很大以至于完全摧毁了劳动合同继续履行的信赖基础,雇主是否可以宣布解雇劳动者。对此,司法实践倾向于作出支持雇主的判决,而学界则充满了对雇主滥用解雇权的担忧。笔者的观点是,完全排除雇主基于怀疑的解雇并不科学,但对此应给予非常严格之审查。首先,劳动者涉嫌违反忠实义务的行为足够严重,已经威胁到双方的基本信任与合同继续履行。判断双方信任的影响程度与雇主的

---

〔1〕 See Geare, A. J., *An Employee's Duty of Loyalty: New Zealand Law and Practice*, Comparative Labor Law and Policy Journal, Vol. 20, 1998 p. 283.

〔2〕 参见李坤刚:《瑞典劳动法中雇员忠诚义务及其启示》,载《安徽大学法律评论》2009 年第 1 辑。

主观感受关系不大,而是一个基于客观、理性、公正的雇主是否会失去对劳动者的信赖。劳动者所在岗位需要较高的信任作为基础,但双方的信任已经不可修复。例如,教师刻意隐瞒了因性骚扰受到处罚的不良记录,厨师隐瞒患有传染病的情况。其次,雇主的怀疑必须有客观事实支撑,即使不能确信有违约行为或犯罪行为存在,但可能性也很大。雇主在程序上已经穷尽调查手段调查劳动者的违约事实,给予劳动者申辩的机会,避免作出轻率判断。具体情形的合法性审查应由法官根据合同内容、履约情况、劳动者以往信用记录进行个案判断。

劳动者违反忠实义务侵犯雇主人身财产权利,具有一定社会危害性,但尚未构成刑事犯罪的轻微违法行为,雇主是否有权行使惩戒解雇权。这类行为往往违反了我国《治安管理处罚法》,但尚未达到刑事犯罪的程度。我国《劳动合同法》第 39 条对劳动者严重违反规章制度、失职、营私舞弊和构成犯罪情形的解雇作出了规定。首先,需要明确的是,劳动关系不同于普通民事契约关系,具有较为强烈的人身信任关系,劳动者侵犯或者威胁雇主人身权利的行为构成雇主非常解雇的理由。例如,劳动者不服从雇主合理指示并辱骂雇主及其代理人的行为〔1〕;用手枪威胁上级的行为〔2〕。其次,劳动者违反清廉义务侵占雇主价值较低的财物,雇主行使解雇权受到的限制。劳动者违反清廉义务,在工作中故意侵占雇主或客户、同事的财产,虽然价值不大,但其行为已经威胁到双方的信赖基础。衡量这种威胁程度时,要结合劳动者的岗位、财物的性质、劳动合同履行情况和劳动者一贯表现,例如,会计、出纳、保管等岗位本身就具有保管雇主财物的义务,其违反清廉义务的行为就严重得多。法律也很难设定一个统一的额度标准判断解雇的合理性。因为,法律上对劳动者解雇保护适用的并非过错原则而是预测原则,解雇的目的并非惩罚不法行为而是避免劳动关系的履行受到干扰。〔3〕 法院在利益衡量过

〔1〕 参见黄越钦:《劳动法新论》,台北,翰芦图书出版有限公司 2015 年第 5 版,第 257 页。

〔2〕 参见[德]沃尔夫冈·多伊普勒:《德国劳动法》,王倩译,上海人民出版社 2016 年版,第 172 页。

〔3〕 王倩、朱军:《德国联邦劳动法院典型判例研究》,法律出版社 2015 年版,第 189 页。

程中应该考虑个案的具体情况，包括但不限于劳动者违约行为的严重程度及其造成的影响、劳动者的过错程度、再犯的可能性、劳动关系存续时间以及劳动者既往表现情况等因素。

第四节　报复性雇佣行为的禁止

诚然，法律应该尊重雇主的经营自主权和维护秩序的权利，对雇主合理范围内的经营管理行为和惩戒措施不应过多干涉。但雇主组织及其场所并非法外之地，雇主的经营管理行为和劳动者忠实义务的履行必须符合法治原则和社会公共利益。劳动者行使拒绝权和实施公益告发的后顾之忧莫过于雇主的报复，因此，保护劳动者不受报复，对雇主报复性雇佣行为进行司法审查是非常必要的。而雇主的报复行为也往往借助普通的雇佣行为和惩戒方式实施。因此，雇主报复性雇佣行为的禁止是为了规范雇主内部的雇佣行为，也有助于平衡劳动者、雇主和社会三方的利益。劳动者行使其法定的权利不会遭到雇主的报复，雇主的行为只要符合法律规定和社会公共利益就能自由经营，社会公众有权享受公平、稳定的就业环境和安宁的社会生活。

一、报复性雇佣行为的审查

雇主对劳动者的拒绝服从行为和告发行为具有容忍义务。因劳动者的拒绝服从和公益告发行为，任何有权做出或者指挥他人做出雇佣性行为的主管人员，基于其职权实行或不实行、威胁会实行或不实行有关该劳动者的雇佣性行为，都可能构成报复性行为。报复性的行为也包括对行使合法权利的劳动者的惩戒行为，或者阻碍劳动者行使其权利的行为，至于该行为对劳动者权益影响的程度则在所不问。我国有关雇主报复性雇佣行为的研究并不多，而且主要集中于报复性解雇方面。[1] 不可否认，解雇报复是实践中最常见和威力最大的报复性雇佣行为，但雇主报复性雇佣行为却不仅局限于此，

---

〔1〕 参见韩旭、齐延平：《论美国法上的“禁止报复性解雇”规则》，载《华东政法大学学报》2017年第2期；毛景：《报复性解雇认定标准及法律责任之构造——基于美国立法与司法经验的考察》，载《上海财经大学学报》2017年第6期。

雇主可能借助很多雇佣行为实施。我国立法上也有明确的报复性雇佣行为的禁止性规定，如我国《安全生产法》第51条第2款、《职业病防治法》第33条第3款、第39条第2款、《食品安全法》第115条第2款和《会计法》第46条，[1]规定了禁止降低工资、福利待遇和解除、变更劳动合同等报复性雇佣行为的类型。报复性雇佣行为表面上符合普通的雇佣行为和惩戒方式，与一般性违法行为和针对劳动者违反忠实义务的过激反应不同，雇主违法的动机及其法律后果也存在差别。

（一）报复性雇佣行为的动机

雇主的报复行为假借正当的雇佣行为或惩戒方式实施，通常就是为了掩护其报复性动机。而雇主之所以产生报复性动机，是因为劳动者实施了拒绝行为、揭发行为、反对行为和参与行为等先行为，先行为虽然属于合法行为，但直接或间接地损害了雇主的利益。因此，在雇主报复性雇佣行为中，其主观心理状态不仅是故意为之，同时含有强烈的恶意和可责性。恶意报复是雇主发动报复行为的直接动机，但这种动机通常被虚伪的意思表示所掩盖，很难通过雇主的主观心理状态判断其过错程度。只能通过报复行为与先行为的先后顺序、劳动关系双方的惯常表现、雇主对类似行为的处理方式等结合举证责任分配的方式进行个案判断。通常，劳动者先行为是引发雇主报复性雇佣行为的直接原因，劳动者实施先行为后的特定时间段内，雇主对劳动者的不利雇佣行为都有报复嫌疑，雇主对其提出的即使没有劳动者先行为，也同样会做出不利雇佣行为承担举证责任。关于特定时间段的长短只能根据

---

[1] 我国《安全生产法》第51条第2款规定："生产经营单位不得因从业人员对本单位安全生产工作提出批评、检举、控告或者拒绝违章指挥、强令冒险作业而降低其工资、福利等待遇或者解除与其订立的劳动合同。"《职业病防治法》第33条第3款规定："用人单位违反前两款规定的，劳动者有权拒绝从事存在职业病危害的作业，用人单位不得因此解除与劳动者所订立的劳动合同。"第39条第2款规定："用人单位应当保障劳动者行使前款所列权利。因劳动者依法行使正当权利而降低其工资、福利等待遇或者解除、终止与其订立的劳动合同的，其行为无效。"《食品安全法》第115条第2款规定："有关部门应当对举报人的信息予以保密，保护举报人的合法权益。举报人举报所在企业的，该企业不得以解除、变更劳动合同或者其他方式对举报人进行打击报复。"《会计法》第46条规定："单位负责人对依法履行职责、抵制违反本法规定行为的会计人员以降级、撤职、调离工作岗位、解聘或者开除等方式实行打击报复，构成犯罪的，依法追究刑事责任；尚不构成犯罪的，由其所在单位或者有关单位依法给予行政处分。对受打击报复的会计人员，应当恢复其名誉和原有职务、级别。"

个案确定,法律不应该将其固定化,雇主的报复行为可能即时作出,也可能“来日方长”。

(二)报复性雇佣行为的类型

雇主的报复性动机可能隐藏于一切针对劳动者的不利雇佣行为之中。只要雇主出于报复动机实行或不实行、威胁实行或不实行特定雇佣行为,都可能构成报复类型。例如,我国《安全生产法》第51条第2款规定的降低工资、福利等待遇、解除劳动合同,《食品安全法》第115条第2款规定的解除、变更劳动合同或其他方式,《会计法》第46条规定的降级、撤职、调离工作岗位、解聘、开除等方式,既涉及雇主惩戒权的行使,也有劳动合同法律责任的承担。立法难以预见到劳动关系中可能存在的全部报复情形,分散立法模式难免挂一漏万。举例而言,我国解雇保护制度实行法定事由模式,《劳动合同法》第36~42条规定了多种解除劳动合同的方式,雇主可以假借协商解除、即时解除、预告解除或者迫使劳动者辞职等多种方式实施报复行为。而且司法机关面对雇主的报复性解雇也只能按照普通的违法解雇处理。因此,报复性解雇成为我国解雇保护制度的主要不足。[1] 解雇制度作为劳动法中最强有力的保护制度尚且如此,更何况雇主假借惩戒措施、合同变更等方式的报复性雇佣行为,由此导致我国雇主报复性解雇、调职等行为的成本极低。

(三)报复性雇佣行为的法律责任

对劳动者遭受报复性雇佣行为的救济,首先就是要豁免其可能负担的责任。在针对报复性雇佣行为的诉讼中,劳动者可以向其律师披露或在庭审中使用雇主的秘密信息。其次才是对雇主法律责任的追究。由于我国尚未建立系统的公益告发保护制度,现有法律中关于禁止雇主报复性雇佣行为的规定比较分散,劳动者遭受雇主报复性雇佣行为时,很难获得有力的救济。同样以报复性解雇的法律责任为例,我国劳动法规定了继续履行合同和支付经济补偿金、赔偿金的责任承担方式,而且对经济补偿金和赔偿的上限进行了规定。如果将报复性解雇视为普通的违法解雇进行处理,对劳动者的救济显

---

〔1〕 参见沈同仙:《论完善我国不当解雇的法律救济措施》,载《中国法学》2012年第6期。

然是不足的。在比较法上,美国对报复性解雇的法律责任规定了恢复原职、补偿性赔偿金和惩罚性赔偿金,其中加利福尼亚州对报复性解雇的赔偿金是我国标准的155倍(中小企业)和58倍。[1] 报复性雇佣行为不仅侵犯了劳动者工作权,同时侵害了劳动者的公民权和社会公共利益,应该承担更为严厉的法律责任,甚至越来越多的国家开始追究雇主的行政责任和刑事责任,例如,本书第四章中提到的《加拿大刑法典》和美国《萨班斯－奥克斯利法案》均对雇主意图报复和实施报复性雇佣行为规定了刑事责任。

二、报复性雇佣行为的举证责任

由于报复性雇佣行为雇主的动机具有隐蔽性,劳动者很难证明雇主恶意报复的故意,各国通过举证责任的分配加大对雇主行为的司法审查。美国联邦最高法院1977年在健康山诉道尔(Mt. Healthy v. Doyle)一案中建立了"实质因素"原则,要求劳动者举证证明其所受保护的言论是引起行政机关进行报复的实质因素,实际上相当于要求劳动者证明行政机关有报复的故意,显然这一要求对劳动者是极为不利的。[2] 因此,1998年《美国吹哨者保护法》降低了劳动者的举证责任,不再要求劳动者举证证明雇主有明确的报复意图,只要雇主的报复性雇佣行为是因劳动者的揭发行为引起的就已经足够。也就是说,劳动者可以提出优势证据的方法,只需证明自己的告发行为正是雇主作出报复性雇佣行为的促发因素,就完成了其举证责任。劳动者只需证明先行为是雇主所做不利的雇佣行为的促发因素,不必是实质因素,构成报复性雇佣行为的表面证据,劳动者的举证责任就转换到了雇主身上。相反,雇主对于作出雇佣性行为的合法性,或对于即使没有劳动者的告发行为,也会做出同样的雇佣性行为,负有提出明确且令人确信的证据。因此,如果雇主主张即使没有劳动者的告发行为,其依然会采取同样的不利于劳动者的

---

〔1〕 参见毛景:《报复性解雇认定标准及法律责任之构造——基于美国立法与司法经验的考察》,载《上海财经大学学报》2017年第6期。

〔2〕 参见谢棋楠:《英美法国家对吹哨者合法爆料行为之认定》,载《台湾劳动评论》2011年第3卷第1期。

雇佣行为，那么，雇主需要提出明确且令人确信的证据。雇主明确而令人确信的举证责任要远远高于劳动者优势证据的证明责任。当然，即使雇主完成了明确而令人确信的举证责任，那么，举证责任再一次回到劳动者身上，劳动者可以举出雇主所为证明是其借口的证据。

对雇主提出的即使劳动者没有先行为，其也会做出同样的雇佣性行为的证据，是否符合明确且令人确信的证明责任的要求，不仅要考量雇主所提证据的证明强度，还需要考察参与雇佣性行为决策的管理人员是否有报复的动机，以及雇主做出雇佣性行为的公平性，即对于其他没有从事告发行为但也有类似雇佣情形的劳动者，雇主所做出的雇佣性行为是否一致。

第五节 劳动者忠实义务违反与雇主权利救济

劳动者违反忠实义务不仅可能破坏劳资信赖关系，还会对雇主合法权益造成损害，严重者可能影响公平竞争的市场秩序。对劳动者背信行为的责任追究，主要目的之一就是对雇主受损权利提供救济，从而平衡劳资利益，恢复劳资之间的基本信赖，维护公平、公正的市场经济环境。为此，明确雇主的请求权基础，赋予雇主必要的救济手段，畅通救济渠道，不仅有利于维护雇主的权利，也有利于将雇主维权纳入法律制度的轨道。

一、雇主权利救济的特性

从上述对劳动者忠实义务违反的性质与责任形式的分析来看，劳动者承担责任的方式具有综合性的特点，不仅局限于法律责任，还可能承担道义和纪律上的责任，形成了一个全方位立体的责任体系。相应地，雇主权利救济手段也具有综合性的特点，在追究劳动者背信行为的责任方面有多种救济渠道可供选择。

（一）在权利救济手段上具有综合性

当劳动者违反忠实义务可能侵害雇主合法权益时，雇主既可以选择非法律手段，也可以选择法律手段进行权利救济。通常，对于劳动者轻微违反忠实义务的行为，出于效率和信赖维系的考量，雇主一般会选择非法律手段救济权利,例如,通过警告、批评等方式公开谴责劳动者违反义务的行为,让劳动者接受良心或道义上的谴责。除道义责任之外,劳动者违反忠实义务还可能承担一种劳动关系领域独特的纪律责任,例如,雇主对违反忠实义务的劳动者作出警告、记过、降级、撤职、调职等惩戒措施。在法律手段上,雇主不仅可以请求违反忠实义务的劳动者承担民事责任,还可以请求其承担行政责任和刑事责任等公法责任。在民事责任方面,则可能出现多种责任方式竞合或结合适用的复杂情形,雇主既可以选择合同之诉,追究劳动者的违约责任,也可以选择侵权之诉,请求劳动者赔偿相关损失。例如,劳动者违反保密义务的情形,劳动者可能因违反劳动合同中的保密条款或保密协议而承担违约损害赔偿责任,甚至解除劳动合同,也可能因其参与不正当竞争行为而承担停止侵害、赔偿损失等侵权法上的责任,于此情形便产生了违约责任、侵权责任的竞合问题和多种责任方式综合运用的问题。劳动者违反不当言论限制义务的情形,雇主可以请求劳动者承担消除影响、恢复名誉、赔礼道歉、赔偿损失等多种民事责任。在侵权责任方面,对于已经发生的加害给付可以请求停止侵害、返还财产、赔偿损失,对可能出现的侵权可以行使防御请求权,请求劳动者排除妨碍、消除危险。因为有些忠实义务违反具有突发性和可预防性的特点,例如劳动者的竞业准备行为,赋予雇主防御请求权对于预防、减轻损害发生至关重要。除民事责任外,劳动者违反忠实义务的行为还可能承担行政责任,情节严重、触犯刑法规定的,还可能承担刑事责任。例如,劳动者违反保密义务的行为,在承担停止侵害、赔偿损失等民事责任之外,还可能由相关行政部门责令承担停止违法行为、罚款等行政责任;如果构成《刑法》第219条侵犯商业秘密罪的要件,还可能承担刑事责任。

(二)权利救济渠道具有综合性、层次性的特点

对于劳动者违反忠实义务的行为,雇主既可以与劳动者达成和解,也可以遵循企业内规章制度规定的要件按照内部程序处理,例如,给予违反纪律要求的劳动者惩戒处分;或者通过调解、仲裁、诉讼等外部处理途径解决争议。相对于外部处理途径的公开性,内部处理途径则具有封闭性,一方面有利于秘密信息的保护,另一方面也有利于雇主名誉的维护。这也正是本书第

五章关于内部程序构建的积极意义。在外部处理方式中,既可以选择诉诸劳动争议或民事纠纷的调解、仲裁或诉讼等第三方裁决,也可以选择通过行政机关或司法机关追诉行政违法行为或犯罪行为实现。

二、雇主权利救济的限制

劳动者忠实义务的违反必然侵害雇主的具体权益,理应承担一定的不利法律后果,对雇主受损的权利予以救济。但劳动法上对劳动者责任承担和雇主权利救济都存在限制。除前述劳动者责任限缩理论外,学术界和实务界争论颇为激烈的问题是,雇主是否享有履行请求权和同时履行抗辩权?

(一)劳动者忠实义务的违反与履行请求权

履行请求权是债权本身具有的权能,在不完全履行的情形下,债权人相应地具有完全履行请求权。我国《民法典》第509条规定了债务人全面履行的义务,其对应的就是债权人的履行请求权。传统债法理论上,关于从给付义务不可诉、狭义附随义务可诉的观点受到了广泛质疑。但笔者认为,对于劳动者忠实义务履行请求权的研究还是有意义的。劳动者忠实义务是否可以诉请履行不能一概而论,而应当视具体义务的性质和履行是否有意义而定。对于某些在性质上不宜强制履行或履行已经失去实际意义的义务类型,原则上不应赋予雇主履行请求权。但即使某些具体的义务类型不可诉请履行也有其独特意义,对此,埃利希教授曾有经典论述,人类社会秩序的建立与维持是基于法律义务被普遍地履行,并非因为它们是可以诉请履行的。[1] 这些不能诉请履行的债务称为不完全债务,或者因欠缺请求力,例如,服从义务的违反,即使命令劳动者履行,对雇主来说也已经没有意义;或者欠缺强制力,不能对应履行的义务进行强制执行,例如,劳动者兼职限制义务,即使作出禁止兼职的命令也因涉及劳动者人格权而无法强制履行。[2] 对于某些在性质上可以强制履行而且强制履行尚有意义的情形,雇主可以诉请违反忠实

〔1〕 参见[奥]欧根·埃利希:《法社会学原理》,舒国滢译,中国大百科全书出版社2009年版,第24页。

〔2〕 参见王泽鉴:《民法学说与判例研究》(第4册),北京大学出版社2009年版,第82~83页。

义务的劳动者继续履行，例如，保密义务和竞业限制义务，为防止损害进一步扩大，无论雇主是否请求赔偿都有强制继续履行的意义。

（二）劳动者对忠实义务的违反与同时履行抗辩权

同时履行抗辩权在原则上适用于具有对价关系或实质上具有牵连关系的对立债务之间。附随义务原则上不属于对待给付，不发生同时履行抗辩，但也并非绝对。因为劳动者忠实义务与雇主的工资给付义务和照顾保护义务不属于对待给付关系的范畴。[1] 而且忠实义务与照顾保护义务本属于伦理内容，具有独自为善的本质，而非对待性义务，不能发生同时履行抗辩。[2] 因此，即使劳动者违反了全面履行原则，没有履行或者没有全面适当地履行忠实义务，雇主原则上不得主张同时履行抗辩权，不能停止工资给付义务和照顾保护义务的履行。此处对于"原则上"的理解，如果忠实义务未全面履行不足以影响合同目的实现，则雇主不得据此行使同时履行抗辩权；但如果忠实义务未全面履行足以影响合同目的实现或当事人在合同中有特别约定的，雇主可以行使同时履行抗辩权。从《劳动合同法》第 23 条关于竞业限制义务的规定可以得出，劳动者竞业限制义务与雇主经济补偿金给付义务构成对待性义务，劳动者违反竞业限制规定的，雇主可以行使同时履行抗辩权拒绝支付经济补偿金。1995 年原劳动部《对〈工资支付暂行规定〉有关问题的补充规定》中关于雇主减发工资的情形，肯定了雇主通过劳动合同、规章制度对劳动者忠实义务行使同时履行抗辩权减发工资。[3]

---

〔1〕 参见台湾"劳动法学会"编：《"劳动基准法"释义——施行二十年之回顾与展望》，台北，新学林出版股份有限公司 2005 年第 2 版，第 110 页。

〔2〕 参见杨通轩：《个别劳工法——理论与实务》，台北，五南图书出版股份有限公司 2011 年第 2 版，第 284 页。

〔3〕 《对〈工资支付暂行规定〉有关问题的补充规定》（劳部发〔1995〕226 号）第 3 条规定："《规定》第十五条中所称'克扣'系指用人单位无正当理由扣减劳动者应得工资（即在劳动者已提供正常劳动的前提下用人单位按劳动合同规定的标准应当支付给劳动者的全部劳动报酬）。不包括以下减发工资的情况：（1）国家的法律、法规中有明确规定的；（2）依法签订的劳动合同中有明确规定的；（3）用人单位依法制定并经职代会批准的厂规、厂纪中有明确规定的；（4）企业工资总额与经济效益相联系，经济效益下浮时，工资必须下浮的（但支付给劳动者工资不得低于当地最低工资标准）；（5）因劳动者请事假等相应减发工资等。"

三、雇主防御请求权

有些劳动者对忠实义务的违反具有突发性、可预防性和不可恢复性的特点，在雇主合法利益（主要是固有利益）有遭受侵害之虞时，通过赋予雇主防御请求权，可以很好地预防侵权行为发生，或者有效降低忠实义务违反的损害后果。

（一）雇主防御请求权的合理性

针对劳动者忠实义务的违反，法律赋予了雇主赔偿请求权，但如果其没有权利制止即将发生的损害，是不可接受的，国家如果没有授权法院在损害尚未发生之前基于雇主申请采取法律保护措施的职权，属于没有尽到法律保护义务。[1] 雇主防御请求权是为了有效预防劳动者违反忠实义务造成损害，在损害可能发生但尚未发生之前，赋予雇主请求法院发出禁止令的权利。首先，雇主防御请求权在功能上是有效且不可替代的。我国《民法典》第1167条规定了侵权行为可能危及人身、财产安全时，被侵权人请求排除妨碍、消除危险两种侵权预防责任。所以，雇主防御请求权具有前瞻性和预防功能，是当前侵权法的发展成果在劳动法领域的应用，只不过在具体责任承担方式上表现为禁止令。本书第四章第四节所述“不可避免披露原则”就属于雇主防御请求权在保密义务中的应用。只不过，我国现行劳动法与竞争法并未确立防御请求权制度，也没有单独的侵权预防责任类型，解释上可以将禁止令视为消除危险。其次，劳动者对忠实义务的违反具有不可逆转性和后果的严重性。劳动者对忠实义务的违反很难真正地恢复原状，例如，商业秘密不仅保护成本高，一旦泄露或被他人利用也具有不可控性和不可挽回的特点，损失也往往难以估量，防御请求权可以很好地解决这些问题。不同于劳动者忠实义务违反的违约责任和侵权责任，一方面，雇主行使防御请求权，劳动者承担侵权预防责任不需要具有过错；另一方面，雇主防御请求权的对象

---

[1] 参见[德]冯·巴尔:《欧洲比较侵权行为法》(下卷),张新宝、焦美华译,法律出版社2004年第2版,第159页。

限于劳动者可能违反保密、竞业限制和不当言论限制义务的情形。因为这几类具体义务都属于不作为义务，其违反具有可预防性和后果的严重性的特点。

（二）禁止令制度

在劳动法领域，雇主防御请求权表现为禁止令制度。雇主针对劳动者可能违反忠实义务或者可能再次违反忠实义务的行为，可以申请法院发出禁止令。虽然法院发出禁止令不以劳动者主观上具有过错为要件，但劳动者的行为需具备违法性要件，因为禁止令不仅是法官对可指责行为的禁止，也是对未来可能发生的违法行为的惩罚与威慑。[1] 例如，商业秘密“保护令”或针对可能违反竞业限制义务的禁止令，详细论证可参见本书第四章第三节内容。也就是说，劳动者实施行为当时的主观心理状态可以在所不问，即使没有过错，只要其具备违法性的结果要件即可，无须具备违法性的行为要件。[2] 其行为本身也可能表现为行使言论自由或就业权的正常行为。在违法结果的判断上，是一种损害尚未发生但极有可能发生的危险，这种损害发生具有不确定性和或然性。因此，作为结果要件的危险只是一种潜在的损害发生的现实可能性或高度盖然性，并不是要求达到必然性的程度。当然，在实践操作中，劳动者也可以其行为尚未超越雇主容忍义务作为抗辩，因为在劳动关系中，劳动者行为是否超出雇主容忍义务，是判断雇主防御请求权是否成立的重要环节。

本章小结

既然忠实义务是劳动合同的一项附随义务，按照附随义务理论，劳动者违反忠实义务构成不完全给付，理应承担合同法上的违约责任和其他劳动法上的法律后果。劳动者违反忠实义务的责任具有综合性和层次性的特点。基于劳动者忠实义务职业伦理和法律义务的双重属性，借鉴责任层次理论，劳动者违反忠实义务的责任是一个包含道义责任、纪律责任和法律责任的多

---

〔1〕 参见王洪亮：《论侵权法中的防御请求权》，载《北方法学》2010 年第 1 期。

〔2〕 参见叶明怡：《论侵权预防责任对传统侵权法的挑战》，载《法律科学》（西北政法大学学报）2013 年第 2 期。

元化、全方位的综合性体系。本章将忠实义务放在劳动合同附随义务的框架下,重点讨论了违约责任。雇主权利救济也具有综合性和层次性的特点,既可以选择内部惩戒的方式,也可追究劳动者法律责任。针对劳动者违反忠实义务可能有侵权行为发生之虞,雇主可以行使防御请求权,如禁止令和商业秘密"保护令"制度,加强雇主商业秘密保护,适应国际竞争的新格局。

结 论

劳动者忠实义务是一项既具有传统文化根基,又契合于世界各国法治潮流的劳动法基本制度。伴随中华民族的伟大复兴,传统文化复兴也迎来了春天,"弘扬工匠精神、厚植工匠文化"就是传统文化契合于劳动关系现实需求的产物。劳动者忠实义务既受到传统儒家"忠恕文化"的滋养,也保有"忠于职守"的职业伦理特征,是劳动法治主动回应职业伦理滑坡的社会现状,构筑道德调整和法律调整的良性互动模式。笔者希望着眼于中国传统和现实国情,为构建劳动法具体制度提供理论支撑,为丰富解决现实问题的劳动法学研究做出贡献。劳动者忠实义务作为劳动法律关系的内容和基础理论问题,对整个劳动法权利义务结构的完善与职业伦理的塑造意义重大。

2012 年,空姐微博吐槽解雇案首次引发了笔者对劳动者忠实义务和不当言论限制的思考。2014 年福禧过期肉举报事件和沃尔玛解雇揭黑员工事件再次引发了笔者对劳动者忠实义务与公益告发的思考。2017 年"老干妈"员工泄密事件则直接促动笔者对本书的思考与写作。上述四个案例都引起了法学界和社会公众的关注,对于我国劳动法及相关制度的完善具有里程碑式的重要意义。我国经济社会发展已经取得了巨大成就,但当前诚信缺失、职业伦理滑坡、法治不彰等社会问题也制约着我们砥砺前行的步伐。社会诚信建设和职业伦理的重塑都需要法律介入更高层次的道德领域。理性的忠实义务,在价值上实现了正义与效率、公益与私益的平衡;在功能上弥补了契约理论的局限,维护了劳资基本信赖,回应了现实社会需求,是法律介入劳资伦理和社会诚信体系的桥梁。保持劳动者忠实义务的理性必须在主体上防止"泛化",对象上限于职业或契约,内容上防止道德化和"愚忠",制度上保障劳动者拒绝权、举报权和救济权。

在空姐微博吐槽解雇案中,空姐批评雇主的行为与工作内容和雇主利益直接相关,虽然属于私人时间的企业外行为,但与其身份的代表性和微博的传播性相结合,已经超出雇主的容忍义务,不利于劳资基本信赖的维护。法院以违反忠实义务为由作出判决是一种方法论上的进步,但未能具体到不当言论限制义务也存在缺憾。福禧过期肉举报事件和沃尔玛解雇揭黑员工事件,引起了社会公众对公益告发的重视,也促动了《食品安全法》中"反报复"条款的制定。"理性忠实"的概念消除了公益告发的伦理困境,从而转变为一项伦理职责。劳动者因身处雇主组织内部,公益告发具有权威、高效的特点,是提升社会治理水平和彰显法治的"一剂良方"。对我国当前证券内幕交易,环境污染,食品、药品安全,金融、网络犯罪和民生领域舞弊的预防、治理具有重要意义。同时,基于劳资关系的特点,劳动者也容易遭受雇主的报复性雇佣行为,法律应给予其必要的激励和保障,不能让公益告发劳动者成为"过街老鼠"。"老干妈"员工泄密事件则不仅反映出雇主保密意识的淡薄,也折射出立法和司法对以商业秘密为中心的企业秘密信息保护的不足。完善忠实义务违反的责任追究机制,赋予雇主防御请求权,引入"不可避免披露原则"和商业秘密"保护令",已经成为适应国际竞争新格局的当务之急。准确界定劳动者忠实义务的内涵,不仅有利于划定劳动者的义务边界,也是对雇主权利的限定,或者说是从义务的视角保护劳动者合法权益。

综上所述,作为劳动合同的附随义务,忠实义务具有职业伦理和法律义务的双重属性,在劳动法规范体系和现代社会中发挥着补偿契约法理论的局限,维系劳资信赖关系,重塑雇佣伦理,回应现实需求的功能。鉴于劳动关系带有人身因素的债法契约本质和劳动合同继续性契约的特征,结合对其社会背景与历史演进轨迹的梳理,可知劳动者忠实义务在世界各国法律制度中都有其存在的正当性;基于劳资信赖保护和劳动关系发展变革的需要,劳动者忠实义务也有其存在的必要性。劳动者忠实义务并非无原则、无限度、无条件服从的“愚忠”,而是一种有条件、有限度的“理性忠实”。劳动者忠实义务的违反构成不完全履行,但公益告发因符合理性忠实的内涵得以豁免其责任。在民法典时代,劳动者忠实义务不仅具有重塑雇佣伦理的作用,对于整个雇佣合同制度的构建与完善也具有重要理论和现实意义。

附　　表

附表1　劳动者忠实义务内涵之学说梳理

定义模式	要素	著作名称	著者	用语名称	法律定义或描述
替代论		《德国劳动法》	雷蒙德·瓦尔特曼	从义务	保障另一合同当事方值得保护的利益的义务，在劳动法中以前多被称为劳动者的“忠实义务”
		《劳动法》	W. 杜茨	体谅义务（忠实义务）	忠实义务是关于劳动者体谅雇主合法利益的义务，它既可能是一种积极作为义务，也可能是一种不作为义务，法律基础是劳动合同
		《德国劳动法与劳资关系法》	曼弗雷德·魏斯、马琳·施米特	附随义务	雇佣关系是否不应仅仅被看作是一种契约性关系，或者人身因素是否应该起到决定性的作用。后一种观点的结果是所谓的“忠实义务”仍将是其他附随义务的重要渊源

续表

定义模式	要素	著作名称	著者	用语名称	法律定义或描述
		《德国劳动法》	沃尔夫冈·多伊普勒	注意义务	德国联邦劳动法院在1985年的一份判决中默示地放弃了"人格法共同体"的观点。(按照"人格共同体关系"的观点,雇员负有广泛的忠诚义务)自此以后,联邦劳动法院都认为劳动关系就是一种交换关系:就像买方和卖方、房东和租客那样,雇员和雇主之间也各有自己的利益。基于《德国民法典》第242条的诚信原则,双方都负有顾及对方利益的注意义务,但是在确定该义务的具体含义时必须尊重宪法的价值取向
		《"劳动基准法"释义——施行二十年之回顾与展望》	刘士豪	附随义务(忠诚义务、忠诚义务)	在劳工方面,关于劳工附随义务的名称尚未统一,以往有的称为"忠实义务",也有的称为"忠诚义务",其主要意旨在于劳动者应尽注意提供劳务,忠实维护雇主的合法利益
		《劳动合同法的制度与理念》	郑尚元	附随义务	劳动者附随义务的名称尚未统一,以往有的称为"忠实义务",也有的称为"忠诚义务",其主要意旨在于劳动者应尽注意提供劳务,忠实维护雇主的合法利益
核心要素式	一元论	《劳动法原论》	史尚宽	忠实义务	忠实义务分为服从义务、秘密义务及增进之义务三种
		《劳动法的原理、体系与问题》	林嘉	忠实义务	劳动者对雇主的忠实义务包括服从雇主的统一指挥和管理,保守雇主的商业秘密,维护雇主的信誉,保护雇主的财产不遭受侵犯和毁损等
		《劳动契约法论》	郭玲惠	忠诚义务	忠诚义务分为作为义务和不作为义务。其中作为义务是指劳动者应尽可能避免造成雇主利益的伤害……而不作为义务是指不可从事有害于雇主利益的行为

续表

定义模式	要素	著作名称	著者	用语名称	法律定义或描述
		《劳动法的改革与完善》	谢增毅	忠实义务	劳动者应当以善意的方式履行职责、维护雇主利益,不得以牺牲雇主的利益为代价谋求个人利益。具体义务类型包括竞业限制义务、不接受贿赂或秘密佣金、不泄露秘密信息、合作的义务等
	二元论	《劳动法新论》	黄越钦	忠诚义务	劳动者提供劳务时应注意为之,并忠实维护雇主的合法利益。对于雇主的机器、设备、设施、工具以及工作所需要的材料等,应正确使用并注意保护
		《个别劳工法——理论与实务》	杨通轩	附随义务:忠实(诚)义务	劳动者负有忠实义务是为了雇主所追求目的得以实现。劳工基于忠实义务必须本于服从、勤慎及保密的原则去执行其工作
		《劳动基准法论》	林丰宾、刘邦栋	忠实义务	劳工本于受雇当事人的地位,接受雇用人的指挥,并依一般诚信原则,积极地增进雇用人的合法利益,消极地避免或减少雇用人不必要的损害,所以也可以称为忠诚义务
		《劳动法学》	王全兴	忠实义务	忠实义务是基于劳动关系的人身性、隶属性和诚实信用原则而生的义务,即作为雇主的劳动组织成员,必须在劳动过程中忠实于雇主,维护和增进而不是损害雇主利益[1]
	三元论	《劳动法与社会保障法——原理、材料与案例》	黎建飞	忠实义务	劳动者忠实义务是指为了维护和实现雇主的利益,基于诚信原则和劳动关系、劳动合同的人身性、继续性特征,劳动者应对雇主履行的包括服从、保密、增进利益、注意等主要内容的不作为义务和作为义务的总称

〔1〕 参见王全兴主编:《劳动法学》,人民法院出版社 2005 年版,第 110 页。

续表

定义模式	要素	著作名称	著者	用语名称	法律定义或描述
内容描述式		《劳动者忠实义务论》	许建宇	忠实义务	劳动者忠实义务是指为了维护和实现雇主的利益,基于诚信原则和劳动关系、劳动合同的人身性、继续性特征,劳动者应对雇主履行的包括服从、保密、增进利益、注意等主要内容的不作为义务和作为义务的总称
		《瑞典劳动法中雇员忠诚义务及其启示》	李坤刚	忠诚义务	依照瑞典法,劳动者对雇主忠诚义务的内涵极其广泛。忠诚意味着劳动者把雇主的利益放在自身利益之上,避免自己利益与雇主利益产生冲突。简言之,劳动者不能损害雇主利益
		《劳动法与社会保障法》	蒋月主编	忠实义务	劳动合同履行过程中,劳动者除提供劳务的义务外,根据劳动合同约定、劳动法律规定以及诚实信用原则,还负有一系列附随义务。其中,忠实义务是最重要的义务。根据忠实义务要求,劳动者应尽注意义务,忠实维护雇主的合法利益[1]
		《劳动合同附随义务研究》	潘峰	忠诚义务	劳动者在行使劳动合同权利和义务时,应按照诚实信用原则的要求,合理考虑自身在企业的地位,尽力维护雇主的利益
		《英国劳动法与劳资关系》	史蒂芬·哈迪	忠实义务	雇员必须忠实为其雇主服务。这一基本义务可以通过明示合同条款来扩展,即便合同没有约定,雇员的义务也存在于基本的法律默示

〔1〕 参见蒋月主编:《劳动法与社会保障法》,浙江大学出版社 2010 年版,第 118 ~ 119 页。

附表 2　我国法律中关于劳动者公益告发规定的梳理

代表性法律		主要条目及内容
基本法	《宪法》	第 41 条,关于公民批评、建议权利的规定。任何人不得压制和打击报复。受到打击报复的有取得赔偿的权利
法律	《安全生产法》	第 51 条,从业人员对安全生产工作中存在的问题提出有权提出批评、检举、控告;有权拒绝违章指挥和强令冒险作业。单位不得降低其工资、福利等待遇,也不得解除劳动合同
	《劳动法》	第 56 条第 2 款,劳动者有权拒绝执行违章指挥、强令冒险作业,有权对提出批评、检举和控告
		第 88 条第 2 款,公民和组织对违反劳动法律、法规行为有权检举和控告
		第 101 条,用人单位打击报复举报人员的,劳动行政部门或有关部门可以罚款,直至追究刑事责任
	《劳动合同法》	第 79 条,违反本法的行为都有权举报,劳动行政部门应当及时核实、处理,对于举报有功人员应给予奖励
	《消费者权益保护法》	第 6 条第 2 款,鼓励、支持一切组织、个人对损害消费者权益的行为进行监督
	《环境保护法》	第 57 条,公民、法人和其他组织对污染环境和破坏生态的行为,有权举报。对环保部门不依法履行职责的,有权向上级机关或者监察机关举报。保护举报人的合法权益,对举报人的相关信息予以保密
	《产品质量法》	第 10 条,任何公民和组织对违反本法的行为有权检举。应当为检举人保密,并按照规定给予奖励
	《职业病防治法》	第 13 条,任何公民和组织对违反本法的行为有权检举和控告。相关部门应当及时处理。对举报组织和个人,给予奖励

续表

代表性法律		主要条目及内容
	《食品安全法》	第12条,任何组织或者个人有权举报食品安全违法行为,依法向有关部门了解食品安全信息,对食品安全监督管理工作提出意见和建议。 第115条第2款,有关部门应当对举报人的信息予以保密,保护举报人的合法权益。举报人举报所在企业的,该企业不得以解除、变更劳动合同或者其他方式对举报人进行打击报复。 第133条第2款,违反本法规定,对举报人以解除、变更劳动合同或者其他方式打击报复的,应当依照有关法律的规定承担责任
	《会计法》	第30条,任何公民和组织对违反会计制度规定的行为,有权检举。收到检举的部门和负责处理的部门应当为检举人保密
规范性文件	《支付结算违法违规行为举报奖励办法》	第3条,任何公民和组织有权举报支付结算违法行为。举报应当采用实名举报方式

附表3　我国法律中关于劳动者公益告发奖励的规定
(含法律、法规、规章及规范性文件)

法规名称	奖励方式/金额	奖励部门	发给条件	发给程序	其他规定/备注
《劳动合同法》第79条	—	县级以上政府劳动行政部门	—	—	—
《职业病防治法》第13条	—	—	—	—	—
《食品药品违法行为举报奖励办法》	分为3个等级,原则上不超过50万元,特定情形不少于30万元	调查处理的食品药品监督管理部门	举报情况经立案调查,查证属实且作出行政处罚的或作出刑事判决的	通知举报人,举报人可亲自、委托他人领取,也可非现场领取。查实后,查处完毕前可先部分奖励	对奖励等级、金额有异议的可向奖励部门提出复核请求

续表

法规名称	奖励方式/金额	奖励部门	发给条件	发给程序	其他规定/备注
《支付结算违法违规行为举报奖励办法》	具体举报奖励标准由协会制定并对外公布	中国支付清算协会	实名举报，查证属实且经协会认定对规范市场有积极作用	通知举报人领取奖励	—
《价格违法行为举报奖励办法》	三级举报 = 精神奖励；二级举报 = 精神奖励 + 100 ~ 2000 元物质奖励；一级举报 = 2001 ~ 5000 元物质奖励。重大影响案件不超过 1 万元	价格主管部门	举报事项经查证属实并已依法作出行政处罚	精神奖励；书面通知举报人领取奖励金。可亲自具名领取也可委托他人领取	—
《安全生产举报奖励办法》	举报事故隐患、违法行为的，奖励 1000 ~ 1 万元，瞒报、谎报一般事故，奖励 3000 ~ 5000 元，较大事故，奖励 5000 ~ 1 万元，重大事故，奖励 1 万 ~ 2 万元，特别重大事故 3 万元	受理举报的安全监管部门	经调查属实的	通知领取，无法通知的可在一定范围内公告。具名领取	—
《船舶污染和船舶载运危险货物违法行为举报奖励办法》	不超过罚款金额 10%	受理举报的海事管理机构	调查属实，且确定责任人的违法行为	通知举报人领取	—

续表

法规名称	奖励方式/金额	奖励部门	发给条件	发给程序	其他规定/备注
《社会团体和国有企业"小金库"专项治理工作举报奖励办法》	按照查实金额的 3% ～5%，给予举报人奖励，奖励资金最高额为人民币 10 万元	"小金库"治理日常工作机构	核查属实	通知举报人到指定地点办理	—
原劳动和社会保障部《出版物被盗版举报奖励办法》	500～1500 元	中国劳动社会保障出版社专人负责	查证属实	—	—
国家质量监督检验检疫总局《关于在打假工作中推行密码举报奖励制度的通知》	—	—	—	凭举报密码兑奖	—
《农业生产资料打假举报奖励办法（试行）》	1 万～15 万元	农业生产资料打假奖励评审委员会	查证属实、案情恶劣、社会危害大	—	—
国家税务总局《关于建立税务违法案件举报奖励基金的通知》	—	—	—	—	—

附表4　我国法律、法规、规章中关于劳动者公益告发的保护规定

法规名称及条目	保护规定			
	保密内容	泄密追责	人身安全保护	对打击报复的追责
《劳动法》第101条	—	—	—	1. 劳动行政部门或有关罚款； 2. 构成犯罪的追究刑事责任
《环境保护法》第57条	举报人的相关信息	—	—	—
《食品药品违法行为举报奖励办法》	举报人相关信息	行政处分、刑事责任	—	—
《支付结算违法违规行为举报奖励办法》	应当为举报人保密原则。举报人姓名、身份及举报材料不得公开或泄露给被举报单位和其他无关人员	纪律处分、法律责任	—	—
《价格违法行为举报奖励办法》	未经举报人同意，不得以任何方式透露举报人身份、举报内容和奖励等情况	违者依法承担相应责任	—	—
《安全生产举报奖励办法》	调查核实情况，不得出示举报材料、暴露举报人。除调查需要，不得对手写的匿名信鉴定笔迹。除经本人同意外，不得公开举报人信息。 严禁泄露举报人的个人信息或将举报材料和举报人的个人信息透露给被举报单位和个人	—	—	—

续表

法规名称	保护规定			
	保密内容	泄密追责	人身安全保护	对打击报复的追责
《船舶污染和船舶载运危险货物违法行为举报奖励办法》	未经举报人同意,禁止泄露举报人的身份、联系方式等个人信息	—	—	—
《社会团体和国有企业"小金库"专项治理工作举报奖励办法》	不得以任何方式泄露举报人情况及举报内容	—	—	—
原劳动和社会保障部《出版物被盗版举报奖励办法》	严格为举报人保密,保证不公开举报人姓名、身份及居住地	—	—	—
《农业生产资料打假举报奖励办法(试行)》	未经举报人同意,不得公开举报人的姓名、身份、居住地及有关资料	—	—	—

参考文献

一、中文著作

1. 常凯主编:《劳动合同立法理论难点解析》,中国劳动社会保障出版社2008年版。

2. 曹刚:《法律的道德批判》,江西人民出版社2001年版。

3. 曹燕:《劳动法基本概念的法哲学研究——基于和谐劳动关系法律建构视角》,中国法制出版社2012年版。

4. 董保华主编:《劳动合同研究》,中国劳动社会保障出版社2005年版。

5. 董保华:《劳动合同立法的争鸣与思考》,上海人民出版社2011年版。

6. 范围:《工作环境权研究》,中国政法大学出版社2014年版。

7. 傅静坤:《二十世纪契约法》,法律出版社1997年版。

8. 郭忠:《法律秩序和道德秩序的相互转化——道德的法律化和法律的道德化问题研究》,中国政法大学出版社2012年版。

9. 韩世远:《违约损害赔偿研究》,法律出版社1999年版。

10. 韩世远:《合同法总论》,法律出版社2011年第3版。

11. 韩世远、[日]下森定主编:《履行障碍法研究》,法律出版社2006年版。

12. 何柏生:《法律文化的数学解释》,商务印书馆2015年版。

13. 侯国跃:《契约附随义务研究》,法律出版社2007年版。

14. 黄茂荣:《债法通则二——债务不履行与损害赔偿》,厦门大学出版社 2014 年版。

15. 黄越钦:《劳动法新论》,中国政法大学出版社 2003 年版。

16. 靳凤林:《追求阶层正义——权力、资本、劳动的制度伦理考量》,人民出版社 2016 年版。

17. 孔祥俊:《商业秘密保护法原理》,中国法制出版社 1999 年版。

18. 李宝元主编:《中国劳动关系简史》,企业管理出版社 2016 年版。

19. 李适时主编:《中华人民共和国民法总则释义》,法律出版社 2017 年版。

20. 李寿喜:《产权、代理成本和企业绩效——理论分析与实证检验》,复旦大学出版社 2006 年版。

21. 黎建飞:《立法学》,重庆出版社 1992 年版。

22. 黎建飞:《劳动与社会保障法教程》,中国人民大学出版社 2013 年版。

23. 黎建飞:《劳动法与社会保障法——原理、材料与案例》,北京大学出版社 2015 年版。

24. 李亮:《合同之附随义务研究》,中国检察出版社 2009 年版。

25. 梁慧星:《民法解释学》,中国政法大学出版社 1995 年版。

26. 梁慧星:《民法总论》,法律出版社 2011 年第 4 版。

27. 林诚二:《民法问题与实例解析》,法律出版社 2008 年版。

28. 林嘉主编:《劳动和社会保障法》,中国人民大学出版社 2016 年版。

29. 林嘉:《劳动法的原理、体系与问题》,法律出版社 2016 年版。

30. 林晓云等编著:《美国劳动雇佣法》,法律出版社 2007 年版。

31. 刘建伟:《新康德主义法学》,法律出版社 2007 年版。

32. 卢文捷:《夫妻忠实义务制度研究》,中国政法大学出版社 2016 年版。

33. 吕世伦、文正邦主编:《法哲学论》,中国人民大学出版社 1999 年版。

34. [德]马克思:《资本论》,中共中央马克思恩格斯列宁斯大林著作编译局译,人民出版社 2004 年版。

35. 毛兴贵编:《政治义务——证成与反驳》,江苏人民出版社 2007 年版。

36. 潘峰:《劳动合同附随义务研究》,中国法制出版社2010年版。

37. 胡康生主编:《〈中华人民共和国合同法〉释义》,法律出版社1999年版。

38. 邵建东:《德国反不正当竞争法研究》,中国人民大学出版社2001年版。

39. 沈达明、梁仁洁编著:《德意志法上的法律行为》,对外贸易教育出版社1992年版。

40. 石峰:《劳动合同法专题研究》,上海大学出版社2016年版。

41. 史尚宽:《劳动法原论》,台北,正大印书馆1978年版。

42. 史尚宽:《民法总论》,中国政法大学出版社2001年版。

43. 田思路、贾秀芬:《契约劳动的研究——日本的理论与实践》,法律出版社2007年版。

44. 田思路、贾秀芬:《日本劳动法研究》,中国社会科学出版社2013年版。

45. 王博:《竞业限制制度研究——以权力冲突及其化解为视角》,武汉大学出版社2016年版。

46. 王利明:《违约责任论》,中国政法大学出版社2000年修订版。

47. 王利明:《债法总则》,中国人民大学出版社2016年版。

48. 王全兴主编:《劳动法学》,人民法院出版社2005年版。

49. 王全兴:《劳动法》,法律出版社2008年第3版。

50. 王倩、朱军:《德国联邦劳动法院典型判例研究》,法律出版社2015年版。

51. 王益英主编:《外国劳动法和社会保障法》,中国人民大学出版社2001年版。

52. 王泽鉴:《民法学说与判例研究》(第1册),北京大学出版社2009年版。

53. 王泽鉴:《民法学说与判例研究》(第2册),北京大学出版社2009年版。

54. 王泽鉴:《民法学说与判例研究》(第3册),北京大学出版社2009年版。

55. 王泽鉴:《民法学说与判例研究》(第4册),北京大学出版社2009年版。

56. 王泽鉴:《民法学说与判例研究》(第5册),北京大学出版社2009年版。

57. 王泽鉴:《民法学说与判例研究》(第6册),北京大学出版社2009年版。

58. 王泽鉴:《民法学说与判例研究》(第7册),北京大学出版社2009年版。

59. 王泽鉴:《民法学说与判例研究》(第8册),北京大学出版社2009年版。

60. 谢邦宇:《罗马法文稿》,法律出版社2008年版。

61. 谢增毅:《劳动法的改革与完善》,社会科学文献出版社2015年版。

62. 徐国栋:《民法基本原则解释——成文法局限性之克服》,中国政法大学出版社1992年版。

63. 徐国栋:《民法基本原则解释——以诚信原则的法理分析为中心》(增删本),中国政法大学出版社2004年版。

64. 姚辉:《民法的精神——法学学术随笔》,法律出版社1999年版。

65. 姚志明:《债务不履行——不完全给付研究》,中国政法大学出版社2003年版。

66. 赵红梅:《私法与社会法——第三法域之社会法基本理论范式》,中国政法大学出版社2009年版。

67. 张恒山:《义务先定论》,山东人民出版社1999年版。

68. 张君平:《黑格尔人学思想研究》,知识产权出版社2015年版。

69. 张文显:《法哲学范畴研究》,中国政法大学出版社2001年版。

70. 张新宝:《隐私权的法律保护》,群众出版社2004年第2版。

71. 张玉瑞:《商业秘密法学》,中国法制出版社1999年版。

72. 郑爱青:《法国劳动合同法概要》,光明日报出版社 2010 年版。

73. 郑尚元:《劳动合同法的制度与理念》,中国政法大学出版社 2008 年版。

74. 周枏:《罗马法原论》(下册),商务印书馆 2014 年版。

二、中文论文

(一)中文期刊论文

1. 常凯:《中国特色劳动关系的阶段、特点和趋势——基于国际比较劳动关系研究的视野》,载《武汉大学学报》(哲学社会科学版)2017 年第 5 期。

2. 陈冠中、蔡孟真:《新劳动基准法与事先给付竞业禁止补偿金》,载《万国法律》2016 年第 205 期。

3. 陈良文:《唐代地主庄园中雇佣劳动者的几个问题》,载《中国社会经济史研究》1986 年第 4 期。

4. 杜文玉:《论唐代雇佣劳动》,载《渭南师专学报》1986 年第 1 期。

5. 邓恒:《德国的竞业禁止制度与商业秘密保护及其启示——兼论〈劳动合同法〉第 23、24 条的修改》,载《法学杂志》2017 年第 3 期。

6. 邓小荣:《契约、身份与近现代民法的演变》,载梁慧星主编:《民商法论丛》(第 15 卷),法律出版社 2000 年版。

7. 董保华:《劳动立法中道德介入的思辨》,载《政治与法律》2011 年第 7 期。

8. 冯彦君:《劳动权的多重意蕴》,载《当代法学》2004 年第 2 期。

9. 冯彦君:《民法与劳动法——制度的发展与变迁》,载《社会科学战线》2001 年第 3 期。

10. 高圣平:《用人单位劳动规章制度的性质辨析——兼评〈劳动合同法(草案)〉的相关条款》,载《法学》2006 年第 10 期。

11. 郭志刚、刘昌宇:《国外劳动关系发展变革及其对我国的启示》,载《理论与改革》2017 年第 1 期。

12. 韩旭、齐延平:《论美国法上的“禁止报复性解雇”规则》,载《华东政法大学学报》2017 年第 2 期。

13. 华燕:《论“忠”之法律义务及其限度》,载《法律科学》(西北政法大学学报)2011 年第 6 期。

14. 黄程贯:《企业惩罚权》,载《台湾社会研究季刊》第 2 卷第 3、4 期,1989 年秋、冬季号(1990 年 12 月出版)。

15. 黄程贯:《劳动法中关于劳动关系之本质的理论》,载《政大法学评论》1998 年总第 59 期。

16. 焦兴凯:《重要英美法系国家对受雇者竞业禁止规范之研究》,载《万国法律》2003 年第 131 期。

17. 金伟峰、姜裕富:《公务员忠诚义务的若干问题研究——对〈公务员法〉第 12 条的解读》,载《行政法学研究》2008 年第 1 期。

18. 蒋大兴:《企业内部处罚性自治规则及其法律调整机制》,载《法学研究》1998 年第 3 期。

19. 李飞:《法律如何面对公益告发?——法理与制度的框架性分析》,载《清华法学》2012 年第 1 期。

20. 李亘:《德国劳动者忠实义务的制度发展与历史变迁》,载《德国研究》2017 年第 3 期。

21. 黎建飞、高冠雄:《论劳动合同的竞业禁止条款》,载《中国劳动》2006 年第 3 期。

22. 黎建飞、丁广宇:《竞业禁止义务规范研究——以英国法为比较视角》,载《法学杂志》2006 年第 4 期。

23. 黎建飞、董泽华:《企业惩戒制度研究——以德、法、日三国为借鉴》,载《天津师范大学学报》(社会科学版)2014 年第 3 期。

24. 李昊:《德国新债法中附随义务的构造》,载《环球法律评论》2009 年第 5 期。

25. 李永军:《从契约自由原则的基础看其在现代合同法上的地位》,载《比较法研究》2002 年第 4 期。

26. 梁慧星:《从近代民法到现代民法——二十世纪民法回顾》,载《中外法学》1997 年第 2 期。

27. 林嘉:《在〈劳动合同法〉中设定一般权利义务条款之思考》,载《当代法学》2006 年第 6 期。

28. 林欧:《论企业内部举报人的劳动法保护》,载《中国人力资源开发》2014 年第 20 期。

29. 林信和:《论民法第四八三条之一雇用人对于受雇人之保护义务》,载《月旦法学教室》2013 年 4 月总第 126 期。

30. 刘长秋:《法律介入道德——基础、限度与对策》,载《东方法学》2012 年第 1 期。

31. 刘金祥、高建东:《论劳动者忠实义务的内涵——基于法律适用的研究视角》,载《福建论坛》(人文社会科学版)2016 年第 4 期。

32. 刘燕等:《组织中的揭发行为——决策过程及多层次的理论框架》,载《心理科学》2014 年第 2 期。

33. 乜小红:《对敦煌农业雇工契中雇佣关系的研究》,载《敦煌研究》2009 年第 5 期。

34. 马新彦:《信赖原则在现代司法体系中的地位》,载《法学研究》2009 年第 3 期。

35. 毛景:《报复性解雇认定标准及法律责任之构造——基于美国立法与司法经验的考察》,载《上海财经大学学报》2017 年第 6 期。

36. 钱大军:《法律义务的合理性分析》,载《社会科学战线》2003 年第 3 期。

37. 乔健:《试论劳动关系的道德基础》,载《中国劳动关系学院学报》2010 年第 4 期。

38. 秦国荣:《劳资伦理——劳动法治运行的价值判断与秩序维护》,载《社会科学战线》2015 年第 7 期。

39. 鄯爱红:《传统忠德在现代行政伦理中的转化与创新》,载《中国人民大学学报》2016 年第 4 期。

40. 沈同仙:《劳动合同违约责任的承担方式及适用条件》,载《法学杂志》2005 年第 4 期。

41. 谭倩:《论劳动者的忠诚义务》,载《江苏行政学院学报》2017 年第 5 期。

42. 王长发、稽中安:《我国首例赡养义务转让案质疑——兼论专属义务的性质及债务履行承担》,载《鸡西大学学报》2004 年第 6 期。

43. 王超华:《中世纪英国庄仆探微》,载《史学理论研究》2012 年第 3 期。

44. 王贵松:《论公益性内部举报的制度设计》,载《法商研究》2014 年第 4 期。

45. 王利明:《论合同法组织经济的功能》,载《中外法学》2017 年第 1 期。

46. 王喜荣:《工资定义的法教义学分析》,载《内蒙古大学学报》(哲学社会科学版)2016 年第 4 期。

47. 王喜荣:《法典化潮流下的劳动法判例制度研究》,载《学习与探索》2017 年第 6 期。

48. 王倩:《保护"吹哨人"的劳动法分析——基于德国司法经验的考察》,载《当代法学》2016 年第 5 期。

49. 王倩:《从德国法看雇员的言论自由和忠诚义务》,载《社会科学战线》2017 年第 5 期。

50. 王淑芹:《道德法律化正当性的法哲学分析》,载《哲学动态》2007 年第 9 期。

51. 王思思、郑尚元:《浅述劳动关系中的商业秘密保护制度》,载《云南大学学报》(法学版)2005 年第 2 期。

52. 王轶:《民法价值判断问题的实体性论证规则——以中国民法学的学术实践为背景》,载《中国社会科学》2004 年第 6 期。

53. 吴文芳、韦祎:《论劳动合同中的附随义务——兼评〈中华人民共和国劳动合同法(草案)〉的相关条款》,载《法商研究》2006 年第 4 期。

54. 谢增毅:《用人单位惩戒权的法理基础与法律规制》,载《比较法研究》2016 年第 1 期。

55. 谢哲胜:《忠实关系与忠实义务》,载《月旦法学杂志》2001 年第 3 期。

56. [日]星野英一:《私法中的人》,王闯译,载梁慧星主编:《为权利而斗争》,中国法制出版社、金桥文化出本社(香港)有限公司 2000 年版。

57. 许建宇:《劳动者忠实义务论》,载《清华法学》2014 年第 6 期。

58. 许建宇:《论劳动者违纪赔偿责任》,载《中国劳动》2014 年第 3 期。

59. 徐小洪:《劳动法的价值取向——效率、劳动者主体地位》,载《天津工会管理干部学院学报》2009 年第 1 期。

60. 许政贤:《高龄化社会中法律规范的挑战——以养护(长期照护)契约在台湾社会发展为例》,载《月旦法学杂志》2014 年 7 月总第 230 期。

61. 薛军:《人的保护——中国民法典编撰的价值基础》,载《中国社会科学》2006 年第 4 期。

62. 阎天:《劳动者保守商业秘密的法定义务辨析》,载《北京社会科学》2016 年第 1 期。

63. 叶名怡:《违约与侵权竞合实益之反思》,载《法学家》2015 年第 3 期。

64. 赵红梅:《经济法的私人实施与社会实施》,载《中国法学》2014 年第 1 期。

65. 张新宝:《定式合同基本问题研讨》,载《法学研究》1989 年第 6 期。

66. 张竹云:《论道德义务的来源》,载《学术交流》2012 年第 10 期。

67. 郑爱青:《从英法劳动法判例看劳动法上的忠实义务与竞业限制条款——对我国〈劳动合同法〉规范竞业限制行为的思考和建议》,载《法学家》2006 年第 2 期。

68. 郑尚元:《员工竞业禁止研究》,载《现代法学》2007 年第 4 期。

69. 郑尚元、王艺非:《用人单位劳动规章制度形成理性及法制重构》,载《现代法学》2013 年第 6 期。

(二)中文学位论文

1. 林慧贞:《附随义务与民事责任之发展》,台湾大学法学院 2005 年博士学位论文。

2. 卢周来:《企业内部权力的来源、分配及性质》,中国人民大学 2006 年博士学位论文。

3. 王风恺:《董事忠实义务研究》,吉林大学 2014 年博士学位论文。

4. 薛华勇:《职业自由及其限制》,苏州大学 2013 年博士学位论文。

5. 杨飞:《劳动法的渊源研究》,中国人民大学 2007 年博士学位论文。

三、中文译作

(一)著作类

1. [奥]欧根·埃利希:《法社会学原理》,舒国滢译,中国大百科全书出版社 2009 年版。

2. [澳]皮特·凯恩:《法律与道德中的责任》,罗李华译,商务印书馆 2008 年版。

3. [澳]约翰·L. 麦凯:《伦理学——发明对与错》,丁三东译,上海译文出版社 2007 年版。

4. [冰]思拉德·埃格特森:《新制度经济学》,吴经邦等译,商务印书馆 1996 年版。

5. 孙笑侠编译:《西方法谚精选——法权利和司法》,法律出版社 2005 年版。

6. [德]黑格尔:《精神现象学》(上),贺麟、王玖兴译,上海人民出版社 2013 年版。

7. [德]黑格尔:《法哲学原理》,范扬、张企泰译,商务印书馆 1961 年版。

8. [德]耶林:《为权利而斗争》,郑永流译,商务印书馆 2016 年版。

9. [德]伯恩哈德·格罗斯菲尔德:《比较法的力量与弱点》,孙世彦、姚宗建译,清华大学出版社 2002 年版。

10. [德]W. 杜茨:《劳动法》,张国文译,法律出版社 2005 年版。

11. [德]海因·克茨:《欧洲合同法》(上卷),周忠海等译,法律出版社 2001 年版。

12. [德]拉德布鲁赫:《法学导论》,米健、朱林译,中国大百科全书出版社 1997 年版。

13. [德]莱因哈德·齐默曼、[英]西蒙·惠特克主编:《欧洲合同法中的诚信原则》,丁广宇、杨才然、叶桂峰译,法律出版社2005年版。

14. [德]卡尔·拉伦茨:《德国民法通论》(上),王晓晔等译,法律出版社2003年版。

15. [德]卡尔·拉伦茨:《德国民法通论》(下),王晓晔等译,法律出版社2003年版。

16. [德]迪特尔·梅迪库斯:《德国民法总论》,邵建东译,法律出版社2000年版。

17. [德]迪特尔·施瓦布:《民法导论》,郑冲译,法律出版社2006年版。

18. [德]汉斯·布洛克斯、沃尔夫·迪特里希·瓦尔克:《德国民法总论》,张艳译,中国人民大学出版社2012年版。

19. [德]莱因哈德·齐默曼:《德国新债法——历史与比较的视角》,韩光明译,法律出版社2012年版。

20. [德]柯武刚、史漫飞:《制度经济学——社会秩序与公共政策》,韩朝华译,商务印书馆2000年版。

21. [德]曼弗雷德·魏斯、马琳·施米特:《德国劳动法与劳资关系》,倪斐译,商务印书馆2012年版。

22. [德]雷蒙德·瓦尔特曼:《德国劳动法》,沈建峰译,法律出版社2014年版。

23. [德]沃尔夫冈·多伊普勒:《德国劳动法》,王倩译,上海人民出版社2016年版。

24. [古罗马]西塞罗:《论义务》,王焕生译,中国政法大学出版社1999年版。

25. [法]涂尔干:《道德教育》,陈光金、沈杰、朱谐汉译,上海人民出版社2001年版。

26. [法]涂尔干:《职业伦理与公民道德》,渠敬东译,商务印书馆2015年版。

27. [法]勒内·达维:《英国法与法国法——一种实质性比较》,潘华仿、高鸿钧译,清华大学出版社2002年版。

28. [法]雅克·盖斯旦、吉勒·古博:《法国民法总论》,陈鹏等译,法律出版社2004年版。

29. [法]孟德斯鸠:《论法的精神》(上卷),许明龙译,商务印书馆2012年版。

30. [法]孟德斯鸠:《论法的精神》(下卷),许明龙译,商务印书馆2012年版。

31. [加]A. 爱德华·奥斯特、莉丝·夏莱特:《雇佣合同》,王南译,中国对外翻译出版公司1995年版。

32. [美]罗伊斯:《忠之哲学》,谢幼伟译,商务印书馆1945年(民国34年)版。

33. [美]约翰·罗尔斯:《正义论》,何怀宏等译,中国社会科学出版社1988年版。

34. [美]理查德·A. 波斯纳:《超越法律》,苏力译,中国政法大学出版社2001年版。

35. [美]麦克尼尔:《新社会契约论》,雷喜宁、潘勤译,中国政法大学出版社1994年版。

36. [美]查尔斯·霍顿·库利:《人类本性与社会秩序》,包凡一、王湲译,华夏出版社2015年版。

37. [美]J. 范伯格:《自由、权利和社会正义——现代社会哲学》,王守昌、戴栩译,贵州人民出版社1998年版。

38. [美]伯纳德·施瓦茨:《美国法律史》,王军等译,中国政法大学出版社1997年版。

39. [美]约翰·W. 巴德:《人性化的雇佣关系——效率、公平与发言权之间的平衡》,解格先、马振英译,北京大学出版社2007年版。

40. [美]艾伦·沃森:《民法法系的演变及形成》,李静冰、姚新华译,中国政法大学出版社1992年版。

41. [美]莫顿·J. 霍维茨:《美国法的变迁1780—1860》,谢鸿飞译,中国政法大学出版社 2004 年版。

42. [美]埃森博格:《普通法的本质》,张曙光等译,法律出版社 2004 年版。

43. [美]罗伯特·考特、托马斯·尤伦:《法和经济学》,张军等译,上海三联书店 1991 年版。

44. [美]弗朗西斯·福山:《大断裂——人类本性与社会秩序的重建》,唐磊译,广西师范大学出版社 2015 年版。

45. [美]汉娜·阿伦特:《人的境况》,王寅丽译,上海人民出版社 2009 年版。

46. [美]阿尔伯特·O. 赫希曼:《退出、呼吁与忠诚——对企业、组织和国家衰退的回应》,卢昌崇译,经济科学出版社 2001 年版。

47. [美]史蒂芬·霍尔姆斯、凯斯·R. 桑斯坦:《权利的成本——为什么自由依赖于税》,毕竟悦译,北京大学出版社 2011 年版。

48. [美]庞德:《法律与道德》,陈林林译,中国政法大学出版社 2003 年版。

49. [日]荒木尚志:《日本劳动法》,李坤刚、牛志奎译,北京大学出版社 2010 年版。

50. [日]内田贵:《契约的再生》,胡宝海译,中国政法大学出版社 2004 年版。

51. [日]川岛武宜:《现代化与法》,申政武等译,中国政法大学出版社 1994 年版。

52. [日]马渡淳一郎:《劳动市场法的改革》,田思路译,清华大学出版社 2006 年版。

53. [英]梅因:《古代法》,沈景一译,商务印书馆 1959 年版。

54. [英]约翰·密尔:《论自由》,许宝骙译,商务印书馆 2007 年版。

55. [英]A. J. M. 米尔恩:《人的权利与人的多样性——人权哲学》,夏勇、张志铭译,中国大百科全书出版社 1995 年版。

56. [英]大卫·休谟:《人性论》(上册),贺江译,台海出版社 2016 年版。

57. [英]大卫·休谟:《人性论》(下册),贺江译,台海出版社2016年版。

58.《劳动法》,甘勇译,武汉大学出版社2003年版。

59. [英]约翰·史密斯:《合同法》,张昕译,法律出版社2004年版。

60. [英]史蒂芬·哈迪:《英国劳动法与劳资关系》,陈融译,商务印书馆2012年版。

61. [英]H. L. A. 哈特:《法律的概念》(第2版),许家馨、李冠宜译,法律出版社2006年版。

62. [英]丹尼斯·劳埃德:《法理学》,法律出版社2007年版。

63. [英]彼得·斯坦、约翰·香德:《西方社会的法律价值》,王献平译,中国法制出版社2004年版。

64. [美]格兰特·吉尔莫:《契约的死亡》,曹士兵等译,中国法制出版社2005年版。

(二)文章类

1. [德]托马斯·维滕贝格尔:《德国视角下的基础研究与教义学》,查云飞、张小丹译,载《北航法律评论》2015年第1辑。

2. [法]让-保罗·让、让-皮埃尔·鲁瓦耶:《民法典:从政治意志到社会需要——两个世纪以来的评估》,石佳友译,载《法学家》2004年第2期。

3. [德]海尔穆特·库勒尔:《德国民法典的过去与现在》,载梁慧星主编:《民商法论丛》(第2卷),法律出版社1994年版。

4. [德]康德拉·茨威格特、海因·克茨:《合同法中的自由与强制》,孙宪忠译,载梁慧星主编:《民商法论丛》(第9卷),法律出版社1998年版。

5. [德]罗伯特·阿列克西:《合同法中的自由与强制》,雷磊译,载《华东政法大学学报》2015年第5期。

6. [日]宫本健藏:《日本的安全照顾义务论的形成与展开》,金春龙等译,载《清华法学》2004年第1期。

7. [日]内田贵:《契约的再生》,胡宝海译,载梁慧星主编:《民商法论丛》(第3卷),法律出版社1995年版。

四、外文原著

1. Richard W. Painter, Emploment Rights, 3th, Pluto Press, London, 2004.

2. Lewis, David B. , ed. ,A Global Approach to Public Interest Disclosure: What Can We Learn from Existing Whistleblowing Legislation and Research?, Edward Elgar Publishing, 2010.

3. Pittard, Marilyn J. , Australianlabour and employment law, Lexis Nexis Butterworths, 2015.

4. Zimmermann, Reinhard, Simon Whittaker, eds. ,Good faith in European contract law,Cambridge university press, 2000.

5. James E. Anderson, Public Policy-making: An Introduction, 5th ed. , Boston,Hough-ton Mifflin Company, 2003.

6. Jack Beatson, Daniel Friedmann,eds. , Good Faith and Fault in Contract Law,Clarendon Press, 1995.

7. Q. C. Kim Lewison, The Interpretation of Contracts,London, Sweet & Maxwell, 2004.

8. Wallington Peter, Butterworths employment law handbook, LexisNexis/ Butterworths,2010.

五、外文文章

1. Fahlbeck Reinhold,"Employee Loyalty in Sweden",Comparative Labor and Policy Journal,Vol. 20,1998,p. 297.

2. Aaron Benjamin, Matthew Finkin, "The law of employee loyalty in the United States",Comparative Labor and Policy Journal,Vol. 20,1998,p. 321.

3. Aaron Benjamin, "Employees' Duty of Loyalty: Introduction and Overview", Comparative Labor and Policy Journal,Vol. 20,1998,p. 143.

4. Weiss Manfred,"Employee Loyalty in Germany", Comparative Labor

and Policy Journal, Vol. 20, 1998, p. 237.

5. Takashi Araki, "Legal Issues of Employee Loyalty in Japan", Comparative Labor and Policy Journal, Vol. 20, 1998, p. 267.

6. Tory A. Weigand, "Employee Duty of Loyalty and the Doctrine of Forfeiture", Boston BJ, Vol. 42, 1998, p. 6.

7. Ronald Duska, "Whistleblowing and Employee loyalty", Contemporary reflections on business ethics, 2007, pp. 139 – 147.

8. Larmer Robert A., "Whistleblowing and employee loyalty", Journal of Business Ethics, February 1992, pp. 125 – 128.

9. Alan Schwartz, Robert E. Scott, "Contract theory and the limits of contract law", Yale Law Journal, 2003, pp. 541 – 619.

10. Arthur Allen Leff, "Contract as Thing", Americon Oniversity Law Review, Vol. 19, 1970, p. 131.

11. Charles J. Goetz, Robert E. Scott, "Principles of relational contracts", Virginia Law Review, 1981, pp. 1089 – 1150.

12. Rachel Beller, "Whistleblower Protection Legislation of the East and West: Can It Really Reduce Corporate Fraud and Improve Corporate Governance-A Study of the Successes and Failures of Whistleblower Protection Legislation in the US and China", New York Oniversity Joumal of Law and Business, Vol. 7, 2010, p. 873.

13. Ronald McCallum, Andrew Stewart, "Employee Loyalty in Australia", Comparative Labor and Policy Journal, Vol. 20, 1998, p. 155.

14. Oakley James C., "Employee Duty of Loyalty-A Canadian Perspective", Comparative Labor and Policy Journal, Vol. 20, 1998, p. 185.

15. Bob Hepple, "Employee Loyalty in English Law", Comparative Labor and Policy Journal, Vol. 20, 1998, p. 205.

16. Ray Jean-Emmanuel, Jacques Rojot, "Loyalty and Non-Competition in France", Comparative Labor and Policy Journal, Vol. 20, 1998, p. 225.

17. Biagi Marco, "Employee Loyalty in Italian Labor Law", Comparative Labor and Policy Journal, Vol. 20, 1998, p. 249.

18. Geare, A. J., "An Employee's Duty of Loyalty: New Zealand Law and Practice", Comparative Labor and Policy Journal, Vol. 20, 1998, p. 283.

19. Janet P. Near, Marcia P. Miceli, "Effective-whistle blowing", Academy of management Review 20. 3, 1995, pp. 679 – 708.

20. Johanna L. Edelstein, "Intellectual slavery: the doctrine of inevitable disclosure of trade secrets", Golden Gate Uniuorsity Law Review, Vol. 26, 1996, p. 717.

21. Bird Robert C., "Employment as a relational contract", Social Science Electronic Publishing January 2005, p. 149.

22. Wim Vandekerckhove, M. S. Ronald Commers, "Whistle blowing and rational loyalty", Journal of Business Ethics, Vol. 53, 2004, pp. 225 – 233.

23. Douglas Brodie, "The Heart of the Matter: Mutual Trust and Confidence", Industrail Law Journal, Vol. 25, 1996, p. 1124.

六、案例

1.《王云飞诉施耐德电气(中国)投资有限公司上海分公司劳动争议纠纷案》,载《最高人民法院公报》2009 年第 11 期。

2.《空姐微博吐槽遭解雇起诉航企,法院判解雇有理》,载民航资源网:http://news.carnoc.com/list/255/255318.html,2018 年 3 月 20 日访问。

3. 人民日报:《人民日报谈沃尔玛开除揭黑员工:不能听之任之》,载新浪网:http://finance.sina.com.cn/review/jcgc/20140918/084020333032.shtml,2017 年 12 月 5 日访问。

七、法典、法律

1.《德国民法典》,陈卫佐译注,法律出版社 2006 年第 2 版。

2.《德国刑法典》,徐久生、庄敬华译,中国方正出版社 2004 年版。

3.《法国民法典》(下册),罗结珍译,法律出版社 2005 年版。

4.《加拿大刑事法典》,罗文波、冯凡英译,北京大学出版社 2008 年版。

5.《瑞士债务法》,戴永盛译,中国政法大学出版社 2016 年版。

6.《意大利民法典》,费安玲、丁玫译,中国政法大学出版社 1997 年版。

7.《Labor Standards Act》(日本《劳动基准法》)。

8.《Public Interest Disclosure Act 1998》(英国 1998 年《公益披露法》)。

9.《Whistleblower Protection Act》(日本《公益通报者保护法》)。

八、网络资源

1.《海淀区劳动争议审判情况白皮书(2017)及竞业限制十大典型案例》,载 http://www.hd12333.com/info.asp? infoid=4673,2017 年 7 月 18 日访问。

2.《盘点 2010 年以来的 30 起企业泄密案件》,载 https://www.huxiu.com/article/19911/1.html,2017 年 11 月 12 日访问。

3. 孙立平:《那个纵火的保姆:与其说是贫富,不如说是阶层》,载 http://www.sohu.com/a/155386536_661945? _f=index_news_17,2017 年 7 月 8 日访问。

4. 叶明怡:《民事责任及其竞合》(实录),载 http://dpls.ruc.edu.cn/show.php? contentid=4543#top,2018 年 2 月 4 日访问。

后　记

本书是由我的博士学位论文修改而来。2018 年通过学位论文答辩之后，我再次回到了审判工作一线，两年多的刑事审判工作改变了我对很多事物的认识，其间审理的一些案件也给了我诸多启发，让我对“忠诚”“忠实”的理解有了不同的视角，在此之前我一直从事民商事审判和研究工作。2019 年年底我转任教职，继续民商法的教学和研究工作，我的知识和思考得以逐步系统化。2020 年《中华人民共和国民法典》的颁行重塑了我国的私法体系。基于此，我在学位论文的基础上做了大量实质性的修改，希冀自己的研究能有些许精进。

本书付梓之际，首先要感谢导师中国人民大学法学院黎建飞教授，作为国内劳动法研究的巨擘，恩师的法学思想和治学精神深深地影响了我的学术态度和研究路径。黎老师的研究广泛的涉及劳动法学、社会保障法学、老年人权益和残障法学等领域，老师恤老怜贫、为弱小发声的情怀将激励我在追求公平正义的道路上砥砺前行。其次感谢我曾经任职的内蒙古自治区高级人民法院，法官的工作经历是我受用终生的财富，感谢我任教的天津师范大学法学院及民商法教研室的诸位老师，是你们给予我机会圆了从教的梦想，从今而后，我可以将自己的职业经历总结为“学而优则仕，仕而优则教”。

我要特别感谢北京大学出版社的编审刘文科老师和法律出版社的编辑似玉老师，刘文科老师对于本书的出版做了大量协调工作。似玉老师作为本书的编辑付出了辛劳,虽然我们未曾谋面,平时的交流都是通过微信和邮件进行,但她认真、细致的工作作风让我印象深刻。同时感谢为本书顺利出版付出辛劳的所有编辑人员。

最后,我要由衷感谢我的家人,是他们无私的理解与付出,免除了我后顾之忧,给了我前行的勇气和动力。

虽竭尽全力写作,但错误和疏漏在所难免,希望法律界的各位同人不吝赐教,作者的常用邮箱是 xirongwang@ foxmail. com,欢迎来信交流。

王喜荣

于天津市河西区艺都花园

2021 年 9 月